编委会

语言服务书系·国际中文教育

临床医学
汉语会话教程

杨春耘　主编

Clinical Chinese Conversation

暨南大学出版社
JINAN UNIVERSITY PRESS

中国·广州

图书在版编目（CIP）数据

临床医学汉语会话教程 / 杨春耘主编. —广州：暨南大学出版社，2022.4
（语言服务书系. 国际中文教育）
ISBN 978 - 7 - 5668 - 3158 - 3

Ⅰ. ①临… Ⅱ. ①杨… Ⅲ. ①医学—汉语—口语—对外汉语教学—教材
Ⅳ. ①H195.4

中国版本图书馆 CIP 数据核字（2021）第 104918 号

临床医学汉语会话教程
LINCHUANG YIXUE HANYU HUIHUA JIAOCHENG
主　编：杨春耘

出 版 人：张晋升
策划编辑：杜小陆
责任编辑：康　蕊
责任校对：苏　洁　王燕丽　黄亦秋
责任印制：周一丹　郑玉婷

出版发行：暨南大学出版社（510630）
电　　话：总编室（8620）85221601
　　　　　营销部（8620）85225284　85228291　85228292　85226712
传　　真：（8620）85221583（办公室）　85223774（营销部）
网　　址：http://www.jnupress.com
排　　版：广州良弓广告有限公司
印　　刷：佛山市浩文彩色印刷有限公司
开　　本：787mm×960mm　1/16
印　　张：26.5
字　　数：517 千
版　　次：2022 年 4 月第 1 版
印　　次：2022 年 4 月第 1 次
定　　价：69.80 元

（暨大版图书如有印装质量问题，请与出版社总编室联系调换）

序

自 1950 年清华大学为第一批东欧国家来华留学生开设汉语课程以来，我国对外汉语教学事业已经走过了七十多年不平凡的历程。

我国招收临床医学留学生始于 20 世纪 70 年代。2000 年后，随着我国的国际影响力稳步提升，来华学习临床医学的本科留学生越来越多。临床医学汉语教学随之兴起，虽然起步晚，但历经多年艰难探索，取得了一定成绩。

出版教材并不是一件容易的事情，出一本涉外语言教材更是如此，要出一本双语的留学生临床医学汉语会话教材，其难度是不难想象的。因为编者既要坚守语言的规范化，还要兼顾会话的口语化；既要突出会话情景的真实性，又要辨析翻译的可译与不可译。此外，教材跨学科的合作需要长时间的沟通、理解与磨合，认真编写这样一部厚重的跨学科双语教材要投入的时间和精力是可想而知的。

我本人对医学英语并不在行，但通读本教材后，发现教材遵循了医学知识的专业性，对话语料采集的实践性和原创性。教材以典型病例、生活化语言为学生呈现了医院的日常工作和场景，语言朴实生动，体现了编者们丰厚的教学和工作实践之积累。不得不说，能组织一线医生和语言教师共同编写《临床医学汉语会话教程》是一次有意义的尝试，能满足普通高校临床医学留学生教学课程设置要求。一线医学专家全程参与编写是本教材的一大亮点，也是本教材严谨性和实用性的体现。另外，以学生为中心，语言能力培养和医生专业素质及职业道德培养并重是本教材的另一大亮点。相信本教材的推出，将会为我国普通高等院校临床医学留学生的教育培养带来新的启迪和贡献。

是为序。

暨南大学翻译学院教授、博士生导师

2022 年 3 月

编写说明

近年来，到中国学习临床医学的留学生一直不断增加，其人数仅次于学习汉语的留学生。目前，教育部要求凡是招收医学留学生的院校都要保证留学生能在中国实习。而仅仅把通用对外汉语教材用于临床医学专业留学生的汉语教学，已经不能满足其在中国的专业学习和临床实习需求。

为此，我们团队针对临床医学专业留学生的专业学习和临床实习需求，编写了这本切合临床实际、有针对性的临床医学汉语会话教材。该教材适合有一定汉语基础的高年级临床医学专业留学生使用，旨在培养留学生临床实习的日常交际能力和专业语言能力，让留学生学会使用医院语境下的医生用语，听懂患者的病情陈述，满足其在中国学习临床医学和进行临床实习的语言需求，切实解决留学生临床实习的语言问题。教材依据留学生所在临床医学专业的不同实习科室进行分类编写，充分考虑临床医学留学生实习阶段的学习特点和实际需求，既与其专业知识学习相呼应，又为其临床实习打下语言基础，对他们与临床指导老师进行交流以及进入临床实习有很大帮助。

本教材在编写时，突出了以下特点：

第一，充分考虑临床医学专业留学生的学习特点和需求，注重教材的针对性和实用性。

为了帮助留学生顺利掌握临床医学专业知识和进行临床实习，教材以留学生所学的专业知识为主要线索，聚焦典型病例和主要场景，在追求语言规范性的同时，力求会话语言贴近生活，再现真实生活场景，如师生对话、医患对话等。编者尽量让医学专业术语在对话中得以呈现和运用，让学生在学习语言的过程中了解医学术语、口语句型、句法等，通过课后的口语练习对所学内容进行开放式模仿。为了做到有针对性，课文内容的编排参考了留学生专业课程的顺序和内容，尽量使汉语学习与专业学习同步进行，互相促进。这虽然是一本临床医学汉语会话教材，但是，课后的医学短文阅读和句子写练也兼顾了学生临床医学汉语读写方面的能力。

第二，从医院的交际场景提炼会话内容，强调真实场景下的听说能力训练。

对于临床医学专业留学生的临床实习来说，听说能力的训练非常重要，因为他们要在汉语语境里跟医生、指导老师、护士和患者进行交流，听力水平不高会影响他们的理解以及对患者病情的判断，口语水平不高会影响他们的表达。因此，本教材的编写特别强调听说能力的训练。

所有课文都以医院各实习科室为语言背景，根据医生、护士、患者和实习留学生的日常汉语会话提炼典型场景、典型病例的典型会话语言，强调医学的专业性、语言的交际性和真实性，既方便留学生根据不同实习科室的特定场景准备交际语言，也利于他们进行模仿和操练。每一课的练习都包括听力练习和会话练习，因为目标学生已经有一定的语言基础，所以听力的训练从词汇开始，逐渐过渡到会话练习。而会话练习则以临床实习的实际需求为主，进行开放性设计，突出留学生临床医学会话学习中的重点和难点，教师也可以根据实际情况灵活处理。

第三，强调听说能力训练的同时，也重视语言知识和专业知识的扩展与延伸。

本教材虽然是以实用为主，强调听说能力的训练，但是在每一课的练习里都设计了与专业知识相关的读写练习。练习部分最后的小短文作为阅读内容，与课文有一定关联，是课文和学科知识的扩展与延伸，让留学生在学习语言知识的同时，也对专业知识有更多的了解，帮助其基本完成临床医学专业各实习科室的交际任务，如问诊、与医务人员打交道、参与病例讨论等。

本教材是在 2016 年试用版的基础上改编而成。我们深知这样的教材因为其专业性和综合性，必须要有处于临床医学前沿的医学专家的参与，才能设计出教材中的典型场景、典型病例和典型对话。来自川北医学院、四川大学华西医院、西南医科大学、成都医学院、成都大学附属医院的医学专家和语言教师，经过三年的通力合作，不断打磨，才得此成果。谨此向我们辛勤工作的团队表示衷心感谢！在教材编写和出版过程中，我们得到了暨南大学出版社的大力支持和帮助，杜小陆编辑和康蕊编辑在审校过程中给予我们许多帮助，衷心感谢他们的辛苦付出！

在教材的编写过程中，我们参阅了部分临床医学学科教材，汉语注音也借鉴了相关语料库的大数据，力求做到尽善尽美。但是，临床医学专业术语的汉语结构较复杂，可供参考的资料较少，一些医学术语和药名在不同的语料库里划分不一，难以找到统一标准。对此，我们团队参照了临床医学英语专业术语进行划分。生词的词性和注音规则以《现代汉语词典》第 7 版为主，同时参考其他专业标注规则。由于编者水平有限，难免有不当和疏漏的地方，诚望专家、同仁和使用者批评指正。

编 者

2022 年 2 月

目　录

第一课　呼吸科

Lesson One　Pneumonology

会话一　肺炎病情诊断

情　景：患者因发热、咳嗽到医院就诊。

人　物：陈劲（医生）

王晓（患者，女，二十五岁）

时　间：上午九点

地　点：医院门诊诊断室

陈　劲：您好！哪里不舒服呀？

王　晓：医生您好！我想我感冒了。

陈　劲：感冒多久了？

王　晓：五天了。

陈　劲：具体有哪些不舒服呢，比如说咳不咳嗽？

王　晓：咳嗽。

陈　劲：咳嗽有痰吗？

王　晓：开始三天咳嗽没有痰，最近两天咳嗽就有痰了。

陈　劲：每天咳几次？

王 晓：每天要咳六七次。

陈 劲：每次持续多 长 时间？

王 晓：每次要咳 两 三分 钟 ，把痰咳出来后才不再咳。

陈 劲：痰是什么颜色？

王 晓：多数时候痰是淡 黄 色的，偶尔是暗红色的。

陈 劲：量 多不多？

王 晓：不多。

陈 劲：咯血吗？

王 晓：痰里面好 像 混了少许血。

陈 劲：觉得呼吸困难吗？

王 晓：轻 微有些呼吸困难。

陈 劲：有没有 胸 痛？

王 晓：没有。

陈 劲：畏寒、发 烧吗？

王 晓：发烧，有轻 微的畏寒。

陈 劲：有没有自己测 量 体温？最高温度是多少？

王 晓：没有量 体温，但我能感觉自己在发烧。

陈 劲：感冒初期去看过医 生 吗？服过药吗？

王 晓：没有去看医 生 ，自己买了感冒药吃。

陈 劲：效果怎么样？

王 晓：效果不好。

陈　劲：让我给您检查一下，先量一下体温。

王　晓：体温很高吗？

陈　劲：嗯，39.2℃。请躺在床上，解开衬衣扣子，平静呼吸。

王　晓：好的。

（医生检查中）

陈　劲：您的右肺可能有感染。右后下胸部叩诊有浊音，右下肺听诊于吸气末可闻及湿啰音。请拿着化验血和做胸部X线检查的申请单，先到收费处缴费，然后到化验室验血，最后到放射科做检查。我在这里等报告单。

（检查结果出来以后）

王　晓：这是报告单，有什么不正常吗？

陈　劲：您的血液检查结果显示白细胞计数为$14×10^9$/L，中性粒细胞比例占86%，都高于正常值，提示有细菌感染。胸部X线正位片可见右下肺野斑片状模糊阴影，侧位片斑片影位于右下叶后基底段。血液检查和胸片都显示您得的是肺炎。应当立即住院治疗，但也不必过于担心，目前您的病情还不是很严重。

王　晓：用什么方法治疗呢？

陈　劲：主要通过输注抗菌药治疗。

王　晓：谢谢医生。我这就去办理入院手续。

Conversation One
Diagnosis of Pneumonia

Situation：A patient comes to the outpatient department because of fever and cough.

Characters：Chen Jin（Doctor）

Wang Xiao（Patient，female，25-year-old）

Time：9：00 a. m.

Site：Outpatient diagnosis room

Chen Jin：Good morning. What seems to be the problem?

Wang Xiao：Good morning, doctor. I think I have a cold.

Chen Jin：How long have you been having this problem?

Wang Xiao：Five days.

Chen Jin：What other symptoms do you have? Do you have a cough?

Wang Xiao：Yes, I do.

Chen Jin：Are you bringing up any sputum when you cough?

Wang Xiao：In the first three days, I had dry cough, but since the last two days, I'm bringing up some sputum.

Chen Jin：How many times do you cough every day?

Wang Xiao：About 6 ~ 7 times every day.

Chen Jin：How long does it take for each cough?

Wang Xiao：2 ~ 3 minutes every time. It wouldn't stop until the sputum comes out.

Chen Jin：Have you noticed the color of sputum?

Wang Xiao：Most of the time the sputum is yellowish and occasionally dark red.

Chen Jin：What is the amount of sputum?

Wang Xiao：Not much.

Chen Jin：Is there any blood in your sputum?

Wang Xiao：It seems that there is a little blood mixed in the sputum.

Chen Jin：Do you have difficulty in breathing?

Wang Xiao：I have slight difficulty in breathing（dyspnea）.

Chen Jin：　　Do you have chest pain?

Wang Xiao：No.

Chen Jin：　　Do you have a fever?

Wang Xiao：I think I have a fever, sometimes I have chills.

Chen Jin：　　Have you measured your temperature? What is the highest temperature?

Wang Xiao：No, I have not but I think I have a fever.

Chen Jin：　　Did you go to the doctor and take any medicine when you were sick?

Wang Xiao：No, I didn't. I took some cold medicine.

Chen Jin：　　Do you think the medicines are effective?

Wang Xiao：No, I don't think so.

Chen Jin：　　Let me examine you and take your temperature.

Wang Xiao：Do I have a fever, doctor?

Chen Jin：　　Yes, your temperature is 39.2 ℃. Lie down on the bed and unbutton your shirt please. Breathe normally.

Wang Xiao：OK, doctor.

(The doctor is examining)

Chen Jin：　　There is dullness on percussion at right posterior lower chest. On auscultation, I can hear moist rales at the right lower lung at the end of inspiration. Please take this form for blood test and chest X-ray examination. First, go to the cashier to pay the fee, and then go to the laboratory for blood test, after that to the X-ray room for the X-ray examination. I'll wait here for the reports.

(Test results come out later)

Wang Xiao：Chen Jin, here are the reports. Is there anything wrong?

Chen Jin：　　Blood test shows the white blood cell count is $14×10^9/L$, with 86% neutrophils. The number of white blood cells and the neutrophils is higher than normal, which means bacterial infection. The PA view chest X-ray shows white patchy shadows over the right lower lung field. The lateral X-ray shows patches over the posterior-basal segment of the lower right lobe. The blood test and X-ray show that you have pneumonia. Even though your condition is not very serious, you still need admission in the hospital.

Wang Xiao：How would I be treated?

Chen Jin：　　Intravenous antibiotics will be used to treat this condition.

Wang Xiao：Thank you. I'll go through the procedures for admission immediately.

会话二 住院治疗查房
huì huà èr   zhù yuàn zhì liáo chá fáng

情 景：患 者 住 院 治 疗 第 三 天。
qíng jǐng   huànzhě zhùyuàn zhì liáo dì sāntiān

人 物：陈 劲（主 治 医 生）
rén wù   chén jìn   zhǔ zhì yī shēng

张 莉梅（实 习 医 生）
zhāng lì méi   shí xí yī shēng

王 晓（患 者，女，二 十 五 岁）
wángxiǎo   huànzhě   nǚ   èr shí wǔ suì

时 间：上 午 八 点
shí jiān   shàng wǔ bā diǎn

地 点：医 院 住 院 部 病 房
dì diǎn   yī yuàn zhù yuàn bù bìng fáng

陈 劲：王 晓，今 天 感 觉 怎 么 样？
wángxiǎo   jīn tiāngǎn jué zěnme yàng

王 晓：好 多 了，谢 谢 陈 医 生。
hǎoduō le   xiè xie chén yī shēng

陈 劲：您 觉 得 哪 些 方 面 好 些 了 呢？
nín jué de nǎ xiē fāngmiàn hǎo xiē le ne

王 晓：咳 嗽 明 显 减 轻 了，不 再 发 烧 了。
ké soumíngxiǎnjiǎnqīng le   bú zài fā shāo le

陈 劲：（对 实 习 医 生）你 今 天 上 午 给 她 量 过 体 温 了 吗？
duì shí xí yī shēng   nǐ jīn tiānshàng wǔ gěi tā liángguo tǐ wēn le ma

张莉梅：患 者 今 天 早 上 七 点 的 体 温 是 37.5 ℃。
huànzhě jīn tiānzǎoshang qī diǎn de tǐ wēnshì

陈 劲：（对 实 习 医 生）根 据 她 的 临 床 诊 断，患 者 该 如 何 治 疗 呢？目 前 已 经
duì shí xí yī shēng   gēn jù tā de lín chuángzhěnduàn   huànzhěgāi rú hé zhì liáo ne   mù qián yǐ jīng

给 了 哪 些 治 疗 药 物？
gěi le nǎ xiē zhì liáoyào wù

张莉梅：主 要 使 用 抗 菌 药 物 抗 感 染 治 疗。目 前 给 患 者 进 行 了 头 孢 呋 辛 钠 静 脉
zhǔyào shǐ yòngkàngjūnyào wù kànggǎnrǎn zhì liáo   mù qián gěi huànzhě jìn xíng le tóubāo fū xīn nà jìngmài

滴 注，每 次 1.5 克，每 日 两 次；此 外，还 给 了 氨 溴 索 口 服 液、复 方 甘 草
dī zhù   měi cì   kè   měi rì liǎng cì   cǐ wài   hái gěi le ān xiùsuǒkǒu fú yè   fù fānggāncǎo

hé jì děng qū tán zhǐ ké zhì liáo
合剂 等 祛痰止咳治疗。

duì shí xí yī shēng　　huànzhě fā rè de shíhou　　shì fǒu shǐ yòng tuì shāoyào
陈　劲：（对实习医生）患者发热的时候，是否使用退烧药？

rú guǒhuànzhě tǐ wēn dī yú　　　kě yǐ bú yòng tuì shāoyào　　rànghuànzhěduō hē shuǐ　yǐ jí
张莉梅：如果 患者体温低于 38.5 ℃，可以不用退烧药，让 患者多喝水，以及

wù lǐ jiàngwēnchǔ lǐ jiù xíng le　　rú guǒhuànzhě tǐ wēngāo yú　　　　　kě yǐ kǒu fú jiě rè zhèn
物理降温处理就行了；如果 患者体温高于 38.5 ℃，可以口服解热镇

tòngyào　　rú bù luò fēn hùn xuán yè　　huò qí tā fēi zāi tǐ kàngyányào　　rú cù ān fēn děng jìn xíng duì
痛药，如布洛芬混悬液，或其他非甾体抗炎药，如醋氨酚等进行对

zhèng tuì shāozhì liáo
症 退烧治疗。

duì shí xí yī shēng　　rú hé pànduànhuànzhě de zhì liáoshì fǒuyǒuxiào ne
陈　劲：（对实习医生）如何判断 患者的治疗是否有效呢？

zhǔyàoguān chá huàn zhě de tǐ wēn hé ké sou qíngkuàng　　rú guǒ tǐ wēnzài sān tiān nèi zhú jiàn xià jiàng
张莉梅：主要 观察 患者的体温和咳嗽 情 况，如果体温在三天内逐渐下降，

shèn zhì jiàng zhì zhèngcháng　　bú zài fā rè　　tí shì zhì liáoyǒuxiào　　cǐ shí fù chá yí cì xuèchángguī
甚至降至正 常、不再发热，提示治疗有效，此时复查一次血常规。

rú guǒxuèchángguīxiǎn shì bái xì bāozǒngshù jí zhōngxìng lì xì bāo bǐ lì zhújiànjiàng dī huòhuī fù zhèng
如果血 常 规显示白细胞总数及 中 性粒细胞比例逐渐 降 低或恢复 正

cháng　　jiù tí shì zhì liáoyǒuxiào
常，就提示治疗有效。

duì shí xí yī shēng　　huànzhěduō jiǔ kě yǐ chūyuàn　　chūyuànhòu nǐ yǒu nǎ xiē jiàn yì
陈　劲：（对实习医生）患者多久可以出院？出院后你有哪些建议？

qíngkuànghǎozhuǎn　tǐ wēnzhèngchángsān tiānhòu kě yǐ chūyuàn　　jiàn yì chūyuànhòukǒu fú tóubāo fū
张莉梅：情 况好转、体温正 常三天后可以出院。建议出院后口服头孢呋

xīn zhǐpiàn　měi cì　　　　kè měi rì liǎng cì　　ān xiùsuǒkǒu fú yè　měi cì　　háoshēng　měi
辛酯片，每次 0.25 克，每日 两次；氨溴索口服液，每次 10 毫升，每

rì sān cì　　lián fú sān tiān zhì wǔ tiān　　shí tiānhòu fù cháxiōng bù　　xiàn
日三次，连服三天至五天；十天后复查 胸部 X 线。

duì shí xí yī shēng　　huí dá de fēi cháng hǎo
陈　劲：（对实习医生）回答得非 常 好。

Conversation Two
Ward Rounds of Hospitalization

Situation: Two days after the patient was treated with antibiotics.

Characters: Chen Jin(Attending physician)

Zhang Limei(Intern)

Wang Xiao(Patient, female, 25-year-old)

Time: 8:00 a. m.

Site: In the ward

Chen Jin: Wang Xiao, how are you feeling today?

Wang Xiao: Much better. Thank you.

Chen Jin: Would you please tell me your complaints today?

Wang Xiao: The cough is obviously relieved and I do not feel feverish any longer.

Chen Jin: (To intern) Did you take her temperature this morning?

Zhang Limei: Her temperature was 37.5 ℃ at 7 o'clock this morning.

Chen Jin: (To intern) According to the diagnosis, can you tell me how this patient should be treated? What kinds of drugs have been used until now?

Zhang Limei: Antibiotics are mainly used for the treatment. Now, the patient is given the intravenous drip of cefuroxime sodium, 1.5 g each time, twice a day. In addition, the ambroxol oral solution and compound mixture of liquorice are used to reduce the sputum and prevent cough.

Chen Jin: (To intern) If the patient has a fever, should we use antipyretic drugs?

Zhang Limei: If the temperature is lower than 38.5 ℃, the patient should drink more water and try other physical cooling treatments. Wang Xiao does not need to take any antipyretic drugs. If the temperature is higher than 38.5 ℃, patient should take some antipyretic drugs like ibuprofen suspension or other NSAIDs such as paracetamol by oral administration.

Chen Jin: (To intern) How can we determine whether the treatment is effective or not?

Zhang Limei: For one thing, monitoring the patient's temperature and cough. If the body temperature drops gradually and returns to normal within three days and the patient does not have fever any longer, which suggests effective treatment, then a blood test should be done again. If it shows that the total amount of white blood cells and the percentage of neutrophils has decreased gradually or returned to normal, then it proves that treatment is effective.

Chen Jin：　　（To intern）When can she be discharged? And what's your advice afterwards?

Zhang Limei：I think she can be discharged 3 days later if the body temperature remains normal, and her condition improves markedly. I will advise her to take cefuroxime axetil tablets, 0. 25 g orally, twice a day; ambroxol hydrochloride oral solution 10 mL, three times a day, for three to five successive days. 10 days later, if it is possible, patient should take the chest X-ray examination again.

Chen Jin：　　（To intern）Well done.

生词

肺	（名）	fèi	lung
肺炎	（名）	fèiyán	pneumonia
诊断	（动）	zhěnduàn	diagnose
咳嗽	（动）	ké·sou	cough
痰	（名）	tán	sputum
淡黄色	（名）	dànhuángsè	faint yellow
咯血	（动）	kǎ//xiě	have haemoptysis
呼吸	（动）	hūxī	breathe
呼吸困难		hūxī kùnnan	dyspnea
胸痛	（名）	xiōngtòng	chest pain
畏寒	（名）	wèihán	chills
体温	（名）	tǐwēn	temperature
解开（扣子）	（动）	jiěkāi（kòu·zi）	unbutton
感染	（动）	gǎnrǎn	infect
叩诊	（动）	kòuzhěn	percuss

浊音	（名）	zhuóyīn	dullness；dull sound
听诊	（动）	tīngzhěn	auscultate
吸气	（动）	xī//qì	inspirate
湿啰音	（名）	shīluóyīn	moist rale
白细胞	（名）	báixìbāo	white blood cell
中性粒细胞	（名）	zhōngxìng lìxìbāo	neutrophil
细菌感染		xìjūn gǎnrǎn	bacterial infection
斑片状	（形）	bānpiànzhuàng	patchy
阴影	（名）	yīnyǐng	shadow
侧位	（名）	cèwèi	lateral side
斑片	（名）	bānpiàn	patch
右下叶	（名）	yòu-xiàyè	right lower lobe
抗菌药物		kàngjūn yàowù	antibiotics
抗感染治疗		kànggǎnrǎn zhìliáo	anti-infective treatment
头孢呋辛钠	（名）	tóubāofūxīnnà	cefuroxime sodium
静脉滴注		jìngmài dīzhù	intravenous drip
氨溴索口服液	（名）	ānxiùsuǒ kǒufúyè	ambroxol hydrochloride oral solution
复方甘草合剂	（名）	fùfāng gāncǎo héjì	compound mixture of liquorice
退烧药	（名）	tuìshāoyào	antipyretic drugs
解热	（动）	jiě//rè	defervesce
布洛芬混悬液	（名）	bùluòfēn hùnxuányè	ibuprofen suspension
非甾体抗炎药	（名）	fēizāitǐ kàngyányào	NSAID
醋氨酚	（名）	cù'ānfēn	paracetamol
头孢呋辛酯片	（名）	tóubāofūxīnzhǐpiàn	cefuroxim eaxetil

练习

一、听和说

1. 听录音，连线。

退烧   xiōngpiàn

浊音   ké·sou

胸片   kǎ//xiě

肺炎	fā//rè
呼吸	zhuóyīn
咳嗽	tuì//shāo
胸痛	kǒufú
咯血	hūxī
发热	xiōngtòng
口服	fèiyán

2. **听录音，选词语。**

（1）一些简便易行的防治呼吸道感染的（　　）疗法也颇受欢迎。

　　　A. 西医药　　　B. 中医药　　　C. 中西医　　　D. 中医

（2）婴幼儿免疫功能还不完全成熟，所以住院患儿中得（　　）的最多。

　　　A. 肺炎　　　B. 肺结核　　　C. 咽炎　　　D. 胸膜炎

（3）新型冠状（　　）的传播方式主要是飞沫传播和接触传播。

　　　A. 病源　　　B. 病号　　　C. 病毒　　　D. 患者

（4）患者（　　）的时候，是否使用退烧药？

　　　A. 发热　　　B. 高热　　　C. 冷热　　　D. 热心

（5）根据检查结果诊断，你患的病是右下肺（　　）。

　　　A. 肺脏　　　B. 脑炎　　　C. 肺叶　　　D. 肺炎

3. **听对话，选答案。**

（1）A. 呼吸困难　　B. 受伤了　　　C. 发烧了　　　D. 肚子痛

（2）A. 急性肠炎　　B. 急性胃炎　　C. 心脏病　　　D. 肺炎

（3）A. 肺结核　　　B. 肺炎　　　　C. 支气管炎　　D. 气胸

（4）A. 超声　　　　B. 胸片　　　　C. 血常规　　　D. 心电图

（5）A. 流感　　　　B. 哮喘　　　　C. 气管炎　　　D. 鼻炎

4. **完成下列会话。**

（1）A：医生的初步诊断结论是什么？

　　　B：_____。（根据……）

（2）A：你咳出的痰是什么颜色？

　　　B：_____。（……偶尔也……）

（3）A：根据诊断结果该怎样治疗？

　　　B：_____。（主要……）

（4）A：什么时候可以使用退烧药？

　　　B：_____。（如果……就……）

（5）A：治疗的第三天，患者的情况怎样？

B：_____。（……明显……）

5. **情景交际练习。**

情景一：一个青年男性因为咳嗽、发烧来医院看病。请根据情景，两人一组进行会话练习。

情景二：患者住院治疗三天后，主治医生到病房查看情况。请三人一组模仿主治医生与患者及实习医生之间的对话。

二、读和写

1. **选词填空。**

肺炎　湿啰音　抗感染　正位片　呼吸　咳嗽　体温　静脉

（1）你（　　　）时有铁锈色的痰吗？

（2）这个患者听诊时可闻及（　　　　）。

（3）目前给予患者头孢呋辛钠（　　　　）滴注。

（4）我虽然没有量（　　　　），但我能感觉自己在发烧。

（5）胸部（　　　）显示右下肺斑片状模糊阴影。

（6）发热、咳嗽是（　　　）的常见症状。

（7）你会不会经常感到（　　　）困难？

（8）住院期间，患者接受了（　　　）治疗。

2. **句子排序。**

（1）A. 需要　　　　B. 肺炎患者　　　C. 抗菌治疗　　　　　（　　　　）

（2）A. 能听见　　　B. 浊音吗　　　　C. 叩诊　　　　　　（　　　　）

（3）A. 显示　　　　B. 右下肺阴影　　C. 正位胸片　　　　　（　　　　）

（4）A. 血液检查　　B. 白细胞增多　　C. 发现　　　　　　（　　　　）

（5）A. 出院后　　　B. 需要口服　　　C. 氨溴索　　　　　　（　　　　）

3. **完成下列句子。**

（1）有没有　几天　最近　咯血

_____?

（2）听到了　肺部　听诊　湿啰音

_____。

（3）我　咳嗽　这几天　很频繁

_____。

（4）患者 护士 给 测量体温

_____。

（5）服用 咳嗽 需要 止咳药吗

_____？

4. 短文阅读。

　　春天天气变暖，病原微生物大量繁殖，同时由于天气变化很大，忽冷忽热，很容易使人感冒。那么，该如何预防感冒的发生呢？下面介绍几种预防感冒的措施。

　　第一，做有氧运动。每天进行30～45分钟的有氧运动，如散步、骑车等，可极大增强人体抵御感冒的能力，避免患上呼吸道传染病。第二，勤洗手。有些病毒、细菌可以在人们手摸过的地方存活数小时甚至更长时间，因此，经常洗手的人能远离感冒。另外，不要养成揉鼻子、抠鼻孔的坏习惯，避免把手上的病毒等病原菌带到最易被传染的部位。第三，保持充足的睡眠。充足的睡眠可以帮助提高人的免疫力。第四，多喝水。大量的水可以将病毒从身体中带走。第五，远离密集的人群。尤其是流感季节，不能在人群密集的地方久待。平常要保持室内的通风换气，以防病毒在室内聚集。第六，多吃一些富含维生素 C 的水果，如橙子、橘子等，可以增强人体的抵抗力。

（陈小菊　冯颖）

dì èr kè　　xīn xuè guǎn kē
第二课　心血管科
Lesson Two　Cardiology

huì huà yī　　jí xìng xīn jī gěng sǐ bìng qíng zhěn duàn
会话一　急性心肌梗死病情诊断

qíng jǐng　　huànzhě yīn xiōngtòng　xīn jì sānxiǎoshí rù yuànzhěnliáo
情　景：患者因胸痛、心悸三小时入院诊疗。

rén wù　　zhāngmíng　yī shēng
人　物：张明（医生）

lǐ hóng　huànzhě　nán　wǔ shí sì suì
李宏（患者，男，五十四岁）

shí jiān　　shàng wǔ jiǔ diǎn bàn
时　间：上午九点半

dì diǎn　　yī yuàn ménzhěnzhěnduàn shì
地　点：医院门诊诊断室

nín hǎo　qǐngwèn nǎ lǐ bù shū fu
张　明：您好！请问哪里不舒服？

yī shēng　wǒ xiōngtòng　xīn li fā huāng
李　宏：医生，我胸痛，心里发慌。

xiōngtòngyǒuduōcháng shí jiān le
张　明：胸痛有多长时间了？

sān gè xiǎo shí le
李　宏：三个小时了。

xīn li fā huāngyǒuduōcháng shí jiān le
张　明：心里发慌有多长时间了？

yě yǒusān gè xiǎo shí le　　gēnxiōngtòng jī běnshang shì yì qǐ chūxiàn de
李　宏：也有三个小时了，跟胸痛基本上是一起出现的。

xiōngtòng shì shén me yàng de tòng
张　明：胸痛是什么样的痛？

jiù xiàngxiōngkǒu yā zhe yí kuài dà shí tou yí yàng
李　宏：就像胸口压着一块大石头一样。

xiōngtòng de yuè lái yuè jù liè　　hái shi yǒusuǒhuǎn jiě
张　明：胸痛得越来越剧烈，还是有所缓解？

李　宏：痛得越来越剧烈，没有缓解。

张　明：用过什么药吗？

李　宏：吃了速效救心丸，但效果不明显。

张　明：胸痛时还有其他地方不舒服吗？

李　宏：还有出汗、疲倦、头昏，但没有晕倒。

张　明：以前出现过胸痛吗？

李　宏：两年前出现过，但是当时痛的时间没那么长，多数持续一两分
　　　　钟，最多也就五六分钟。

张　明：您两年前是在什么情况下出现胸痛的？

李　宏：当时正在做农活，突然觉得胸痛。

张　明：当时疼痛可以缓解吗？

李　宏：坐下休息几分钟，就慢慢不痛了。后来在干重活的时候又出现过几
　　　　次胸痛。

张　明：什么时候胸痛更厉害了？

李　宏：感觉最近两个月胸痛加重了，做很轻的农活就会出现胸痛，而且
　　　　持续时间明显更长了。

张　明：您在两年前出现胸痛后去哪里治疗过吗？

李　宏：去我们县医院看过，当时医生说我得了冠心病。他给我开了阿司匹
　　　　林，还让我在胸痛时舌下含一片硝酸甘油，其他的药我就记不太清
　　　　楚了。

张　明：胸痛时含硝酸甘油有效果吗？

李 宏：有，含药后 胸 很快就不痛了。

张 明：您一直在吃药吗？

李 宏：没有，我只是痛的时候才吃，不痛的时候就没吃药。最近痛的时间比以前 长 了，硝酸甘油要加 量 服 用才能 缓解，但是今天用了硝酸甘油也 缓解不了。

张 明：您在 当 地县医院有没有做过 冠脉造影？

李 宏：没做过。

张 明：除了您说的这些以外，还有其他什么不舒服吗？

李 宏：没有了。

张 明：您有没有患过高血压、糖尿病？

李 宏：有高血压。

张 明：多 长 时间了？

李 宏：四年多了。

张 明：最高血压是多少？

李 宏：高压最高达到 170 mmHg，低压最高达到 100 mmHg.

张 明：治疗过吗？

李 宏：治疗过。也是在我们县医院治疗的，吃的是硝苯地平 缓释片，一次一片，一天吃 两次。

张 明：每天都坚持吃 降 压药了吗？

李 宏：没有。只有血压高的时候才吃，血压不高的时候就没吃。

张 明：血压 控制得好吗？

李　宏：高压是 120～150 mmHg，低压是 80～95 mmHg。

张　明：您用药有过敏现象吗？

李　宏：没有。

张　明：平时抽烟、喝酒吗？

李　宏：我抽烟，不喝酒。

张　明：抽了多久了？

李　宏：二十多年了。

张　明：一天抽多少？

李　宏：一天差不多抽半包烟。

张　明：最近抽烟的量还是和原来一样吗？

李　宏：是的。

张　明：请躺下，把衣服解开，我来听听您的心肺情况。

李　宏：有什么问题吗？

张　明：心跳慢，每分钟只有48次。接下来将完善心电图、超声心动图、心肌坏死标记物检查。

（检查结果出来后）

张　明：根据您的检查结果，心电图 ST 段呈弓背向上型抬高，心肌坏死标记肌钙蛋白升高，我考虑您患的是急性下壁 ST 段抬高性心肌梗死。

李　宏：严重吗？

张　明：严重！我建议最好立刻住院治疗，否则会有生命危险。初步估计您

de guānzhuàngdòngmài bèi xuèshuān dǔ sè le   xū yào zuò guānmài zàoyǐngjiǎnchá   yǐ míngquè nín xīn
的 冠 状 动 脉 被 血 栓 堵 塞 了，需 要 做 冠 脉 造 影 检 查，以 明 确 您 心

xuèguǎn de qíngkuàng   hěn dà kě néng xū yào zhī jià zhí rù
血 管 的 情 况 ， 很 大 可 能 需 要 支 架 植 入。

zuòguānmàizàoyǐngjiǎnchá hé ān zhī jià yǒushénme fēngxiǎn ma
李 宏：做 冠 脉 造 影 检 查 和 安 支 架 有 什 么 风 险 吗？

dōu shì wēichuàngshǒushù   zuòshǒushù de fēngxiǎn bǐ bú zuò de fēngxiǎnxiǎo   nín de qíngkuàng shì bú zuò
张 明：都 是 微 创 手 术。做 手 术 的 风 险 比 不 做 的 风 险 小。您 的 情 况 是 不 做

shǒushùxīn jī huài sǐ huì jiā zhòng   chūxiànxīn lì shuāi jié   shèn zhì huìwēi jí nín de shēngmìng
手 术 心 肌 坏 死 会 加 重 ， 出 现 心 力 衰 竭， 甚 至 会 危 及 您 的 生 命。

hǎo de   wǒ tīngcóngnín de jiàn yì   mǎshàngbàn lǐ zhùyuàn
李 宏：好 的，我 听 从 您 的 建 议，马 上 办 理 住 院。

Conversation One
Diagnosis of Acute Myocardial Infarction

Situation：A patient comes to the hospital with chest pain and palpitation for three hours.

Characters：Zhang Ming（Doctor）

Li Hong（Patient，male，54-year-old）

Time：9：30 a. m.

Site：Outpatient diagnosis room

Zhang Ming：Hello! Can you please tell me what is wrong with you?

Li Hong： Doctor, I have pain in my chest and palpitation.

Zhang Ming：How long have you had the chest pain?

Li Hong： For three hours.

Zhang Ming：How long have you had this palpitation?

Li Hong： It has been three hours since then, almost the same time as the chest pain.

Zhang Ming：Can you describe your chest pain?

Li Hong： It hurts as if a big stone is compressing my chest.

Zhang Ming：Is the chest pain increasing or decreasing?

Li Hong： The pain is increasing and getting worse without any relief.

Zhang Ming： Have you taken any medicine?

Li Hong： I have taken quick-acting pill for coronary heart disease pills, but it has not relieved my pain.

Zhang Ming： Do you have any other complaints besides chest pain?

Li Hong： I also have sweating, feeling tired and dizzy, but no fainting.

Zhang Ming： Have you ever had chest pain before?

Li Hong： It happened two years ago but the pain didn't last that long at that time. Most of the time the pain lasted for 1 to 2 minutes. The maximum it lasted was around 5 or 6 minutes.

Zhang Ming： Under what circumstances did you have chest pain two years ago?

Li Hong： While doing my farm work, I suddenly felt pain in my chest.

Zhang Ming： How did the pain subside?

Li Hong： I sat down to take a rest for few minutes, after which the pain subsided. Since then, whenever I did heavy work, I again experienced chest pain.

Zhang Ming： Since when did the chest pain worsen?

Li Hong： I feel the chest pain has become worse in the last two months. Even if I do very light farm work I feel the pain. Moreover, the pain lasts much longer.

Zhang Ming： Have you been treated for any chest pain since you had them two years ago?

Li Hong： I went to our county hospital. The doctor said I had coronary heart disease. He gave me aspirin. He also gave me nitroglycerin tablets to put under my tongue at the time of chest pain. I can't remember the other ones very well.

Zhang Ming： Did nitroglycerin have any effect on the chest pain?

Li Hong： Yes, the chest pain went away soon after the medicine was taken.

Zhang Ming： Are you taking your medicine regularly?

Li Hong： No. I only take medicine when I have chest pain. I don't take the medicine when there is no chest pain. Recently, the pain lasted longer than before, so I took more nitroglycerin to relieve the pain. But today, nitroglycerin didn't work.

Zhang Ming： Have you had a coronary angiogram at your county hospital?

Li Hong： No, I have not.

Zhang Ming： Do you have any other complaints besides what you said?

Li Hong： No. I do not have any other complaints.

Zhang Ming：Have you ever had high blood pressure or diabetes?

Li Hong：　I do have high blood pressure.

Zhang Ming：How long have you had this condition?

Li Hong：　More than four years.

Zhang Ming：What's the maximum recorded blood pressure?

Li Hong：　The maximum pressure was the top number of 170 mmHg while the bottom number of 100 mmHg.

Zhang Ming：Did you seek treatment for this condition?

Li Hong：　Yes. The hospital had prescribed me nifedipine sustained-release tablets. I had to take one tablet twice a day.

Zhang Ming：Are you taking hypotensive drugs for high blood pressure regularly?

Li Hong：　No. I take medicine only when the blood pressure is high.

Zhang Ming：Is your blood pressure under control?

Li Hong：　The upper pressure measurement is between 120~150 mmHg, and the lower pressure measurement is between 80~95 mmHg.

Zhang Ming：Do you have any known allergies?

Li Hong：　No.

Zhang Ming：Do you smoke or drink alcohol?

Li Hong：　I smoke, but I don't drink.

Zhang Ming：How long have you been smoking?

Li Hong：　Over twenty years.

Zhang Ming：How many cigarettes per day do you smoke?

Li Hong：　About half a pack a day.

Zhang Ming：Have you been smoking the same amount recently?

Li Hong：　Yes.

Zhang Ming：Could you please lie down and unbutton your coat. I'll examine your heart and lungs.

Li Hong：　Is there any problem, doctor?

Zhang Ming：The heart rate is slow, only 48 beats per minute. I would like to do an electrocardiogram, echocardiography and check myocardial necrosis markers in blood.

(After the results come out)

Zhang Ming：According to your reports, the ECG shows ST segment elevation. There is increased troponin in the blood which is the marker of myocardial necrosis. I think that you have an acute ST elevation myocardial infarction.

Li Hong：　Is it serious?

Zhang Ming：It is a serious condition，which can have life threatening consequences. So，you need to be hospitalized immediately. It is likely that your coronary artery is blocked by a blood clot which can be confirmed by coronary angiography. You also may require stent placement.

Li Hong：　Is there any risk of doing coronary angiography and stent placement?

Zhang Ming：They are all minimally invasive surgery. The risk of operation is less than the risk of not doing it. In your case，if you don't have surgery，the necrosis of the myocardium will worsen resulting in heart failure which can be life threatening.

Li Hong：　OK，doctor. I will follow your advice and get hospitalized right away.

huì huà èr　shù hòu fù chá
会话二　术后复查

qíng　jǐng　guānmàizàoyǐng jí zhī jià zhí rù shùhòu dì yī tiān
情　景：冠脉造影及支架植入术后第一天。

rén　wù　zhāngmíng　zhǔdāo yī shēng
人　物：张 明（主刀医生）

yángmèngzhú　shí xí yī shēng
杨 梦 竹（实习医生）

lǐ hóng　huànzhě　nán　wǔ shí sì suì
李 宏（患者，男，五十四岁）

shí　jiān　shàng wǔ jiǔ diǎn
时　间：上 午九点

dì　diǎn　zhùyuàn bù bìngfáng
地　点：住院部病房

shàng wǔ hǎo　lǐ xiānsheng　xiàn zài gǎn jué zěn me yàng le
张　明：上 午好，李先 生，现 在感觉怎么样了？

gǎn jué fēi cháng bú cuò　shǒu shù hòu xiōng tòng　xīn huāng dōu méi yǒu le　zhǐ shì yòu shǒu de shǒu shù
李　宏：感觉非 常 不错，手术后胸痛、心慌 都没有了，只是右手的手术

shāng kǒu hái yǒu diǎn zhàng tòng
伤 口 还有点 胀 痛。

张　明：让我看一下穿 刺点情 况。（对实习医生） 患者 生 命体征怎
me yàng
么样？

杨梦竹：穿 刺点压迫纱布无渗血，但右手有点水 肿。昨晚体温是 37.0 ℃，
今早体温是 36.9 ℃，血压是 140/90 mmHg，脉搏是 70 次/分， 生 命体
zhēng píng wěn
征 平稳。

张　明：好的。李先 生，昨天给您做了 冠脉造影检查后，发现您的右冠 状
动脉的中 段血管堵塞情 况 相 当严 重， 所以我们在您的右冠
状 动脉病变最 重的地方植入了一枚支架， 撑 开了堵塞血管， 使
您的心脏恢 复了血液 供应。如果不放支架，您的心脏就会一直处于缺
血 状态，出现大片的心肌坏死、心力 衰 竭和恶性心律失 常， 甚至
会有 生 命危险。我把压迫 穿 刺点的弹力 绷带稍微松一点儿，这样
您的手就不会胀痛了。

李　宏：太感谢您了，医 生。

张　明：不客气。还好，您来得及时，没有什 么拖延。我再听听您的心肺情 况。
（医 生 听过以后）

张　明：心率明显改善， 生 命体征平稳。现在主要的治疗方案就是抗血
小板、抗凝血、调脂等。如果没有特殊不适， 下周一就可以办理
chū yuàn
出 院。

李　宏：出院后，我还能干农活吗？

张　明：能，但要注意休 息，尤其是三个月内不能干 重体力活；还要避免 情

绪激动及焦虑，尽量保持愉悦的心情。

李　宏：生活方面需要注意些什么？还能吃肉、抽烟吗？

张　明：要注意饮食，不要吃太油腻的食物，肥肉、动物油和动物内脏尽量少吃；瘦肉和优质蛋白可以吃。要戒烟，不能再抽烟了！

李　宏：已经做了手术，是不是就完全好了？

张　明：只能说好了一部分。做手术只是解决您的血管堵塞问题，其他没有放支架的血管就只能靠吃药来控制。如果不好好吃药，放支架的血管还会堵塞。

李　宏：那需要吃很长时间的药吗？

张　明：是的。阿司匹林和他汀这两类药要长期服用。

李　宏：高血压药也需要长期吃吗？

张　明：对。控制好血压，要坚持吃药，不能随便停药！

李　宏：还需要注意哪些情况？

张　明：定期到医院门诊随访，一般是一个月随访一次。

李　宏：为什么要随访？

张　明：随访的目的是便于医生了解您的病情，监督您是否按医生说的做，更主要是看您病情是好转还是进一步恶化。

李　宏：原来如此，那需要复查吗？

张　明：需要。三个月后需要复查肝功能、血脂、肾功能及心脏彩超等。

李　宏：谢谢医生。我一定会按照您说的去做。

张　明：不客气！祝您早日康复！

Conversation Two
Post-operative Examination

Situation: The first post-operative day of coronary angiography and stent placement.

Characters: Zhang Ming (Surgeon)

Yang Mengzhu (Intern)

Li Hong (Patient, male, 54-year-old)

Time: 9:00 a.m.

Site: Inpatient ward

Zhang Ming: Good morning, Mr. Li. How are you feeling now?

Li Hong: I feel very good. After the operation, my chest pain and palpitations are gone. However, the surgical wound on the right hand is still a little swollen and painful.

Zhang Ming: Let me check the puncture site. (To the intern) How are the Li Hong's vital signs?

Yang Mengzhu: The wound looks dry, gauze is not soaked and when pressed upon, there is no bleeding or any discharge. But his right forearm is slightly oedematous. The body temperature was 37.0 ℃ last night and 36.9 ℃ this morning. Blood pressure is 140/90 mmHg and pulse is 70 beats/min. The vital signs are normal.

Zhang Ming: OK. Mr. Li, after performing the coronary angiogram yesterday, we found severe blockage in the middle section of your right coronary artery. Hence, stent placement was done in that area, which re-opened the blocked vessel and restored the blood supply to your heart. Without the stent, your heart would have remained in a state of permanent ischemia that would have resulted in extensive myocardial necrosis, heart failure and malignant arrhythmia, which are life-threatening conditions. I'll loosen the elastic bandage applied to the puncture site slightly so that your hand won't swell.

Li Hong： Thank you very much, doctor.

Zhang Ming： You're welcome. Luckily, you came in time without any delay. Now let me listen to your heart and lungs once more.

(After listening)

Zhang Ming： The heart rate has improved significantly and the vital signs are stable. Now the main treatment options are anti-platelet, anti-coagulation and lipid regulation. If there is no special discomfort, you can be discharged from the hospital next Monday.

Li Hong： After being discharged from the hospital, can I still do farm work?

Zhang Ming： Yes, but you should rest more, especially do not do hard physical work for the first three months, and try to stay cheerful to avoid excitement and anxiety.

Li Hong： What should I pay attention to in daily life? Can I still eat meat and smoke?

Doctor： You should pay strict attention to your diet. Don't eat oily food, meat with high fat content, animal oil and offal. You can eat lean meat and high-quality protein. Stop smoking! You can't smoke anymore!

Li Hong： With this operation, does that mean I am fully recovered?

Zhang Ming： It's only a partial recovery. Surgery has only fixed your blocked blood vessels while disease in the other blood vessels without stents will be controlled only by medication. If you don't take the medicine properly, the vessels with stent also can become blocked again.

Li Hong： Do I need to take medicine for a long time?

Zhang Ming： Yes, you need to take aspirin and statin for a long period of time.

Li Hong： Do I also need to take drugs to control blood pressure for a long time?

Zhang Ming： Yes. Blood pressure should be strictly controlled. Always take your medicine regularly and do not discontinue the medication by yourself.

Li Hong： What else should I pay attention to?

Zhang Ming： Visit the outpatient clinic regularly. Usually once a month.

Li Hong： Why do I need a follow-up?

Zhang Ming： The purpose of your visit is to make it easier for the doctor to understand your disease condition, to see whether you are following the doctor's advice or not and also to know that your situation is getting better or worse.

Li Hong： I see. Do I need a re-examination?

Zhang Ming： Yes. After 3 months you need to check the liver function, blood lipid, kidney function and echocardiography.

Li Hong： Thank you, doctor. I will do as you say.

Zhang Ming： You're welcome！ I wish you a speedy recovery！

生词

心悸	（动）	xīnjì	palpitate
出汗	（动）	chū//hàn	sweat
疲倦	（形）	píjuàn	tired
头昏	（形）	tóuhūn	dizzy
晕倒	（动）	yūndǎo	faint; pass out
冠心病	（名）	guānxīnbìng	coronary heart disease
阿司匹林	（名）	āsīpǐlín	aspirin
硝酸甘油	（名）	xiāosuāngānyóu	nitroglycerin
冠脉造影		guānmài zàoyǐng	coronary angiogram
高血压	（名）	gāoxuèyā	high blood pressure
糖尿病	（名）	tángniàobìng	diabetes
硝苯地平缓释片	（名）	xiāoběndìpíng huǎnshìpiàn	nifedipine sustained-release tablets
降压药	（名）	jiàngyāyào	antihypertensive drugs
心电图	（名）	xīndiàntú	electrocardiogram
超声心动图		chāoshēng xīndòngtú	echocardiography
心肌坏死		xīnjī huàisǐ	myocardial necrosis
标记物	（名）	biāojìwù	marker
肌钙蛋白	（名）	jīgàidànbái	troponin
心肌梗死		xīnjī gěngsǐ	myocardial infarction
冠状动脉		guānzhuàng-dòngmài	coronary artery
血栓	（名）	xuèshuān	blood clot; thrombus
血管	（名）	xuèguǎn	blood vessel
微创手术		wēichuàng shǒushù	minimally invasive surgery

支架植入		zhījià zhírù	stent placement；stent implantation
穿刺点	（名）	chuāncìdiǎn	puncture site
生命体征		shēngmìng tǐzhēng	vital sign
水肿	（动）	shuǐzhǒng	be oedematous；have oedema
脉搏	（名）	màibó	pulse
缺血	（动）	quē//xuè	have ischemia
心力衰竭		xīnlì shuāijié	cardiac/heart failure
恶性心律失常		èxìng xīnlǜshīcháng	malignant arrhythmia
弹力绷带		tánlì bēngdài	elastic bandage
胀痛	（形）	zhàngtòng	painful due to swelling
抗血小板		kàngxuèxiǎobǎn	anti-platelet（treatment）
抗凝血		kàngníngxuè	anti-coagulation（treatment）
调脂	（名）	tiáozhī	lipid regulation
蛋白	（名）	dànbái	protein
他汀	（名）	tātīng	statin
复查	（动）	fùchá	re-examine
肝功能	（名）	gāngōngnéng	liver function
血脂	（名）	xuèzhī	blood lipid
肾功能	（名）	shèngōngnéng	kidney function
康复	（动）	kāngfù	recover

练习

一、听和说

1. 听录音，连线。

心肌　　　　　　　　　　xuèyā

晕倒　　　　　　　　　　huǎnjiě

血压　　　　　　　　　　xīnlǜ

血脂　　　　　　　　　　xīnjì

血栓　　　　　　　　　　xuèzhī

缺血　　　　　　　　　　yūndǎo

心律　　　　　　　　　　xuèshuān

缓解　　　　　　　　　　xuèguǎn

血管　　　　　　　　　　　　　　xīnjī

心悸　　　　　　　　　　　　　　quē//xuè

2. 听录音，选词语。

（1）还好，你来得（　　），没有拖延太多的时间。

　　A. 不及时　　　B. 太迟　　　　C. 及时　　　　D. 太早

（2）手术后我感觉非常好，胸痛、（　　）都没有了。

　　A. 心动　　　　B. 心慌　　　　C. 胸痛　　　　D. 心脏

（3）如果没有特殊不适，（　　）就可以办理出院。

　　A. 下周三　　　B. 这周一　　　C. 下周二　　　D. 下周一

（4）手术后如果不好好（　　），放支架的血管还会再次堵塞。

　　A. 吃药　　　　B. 打针　　　　C. 锻炼　　　　D. 输液

（5）请躺下来，把衣服解开，让我听听你的心脏和（　　）情况。

　　A. 肝部　　　　B. 肺部　　　　C. 胃部　　　　D. 心跳

3. 听对话，选答案。

（1）A. 抽烟　　　　B. 喝酒　　　　C. 不喝酒　　　D. 又抽烟又喝酒

（2）A. 很差　　　　B. 很快　　　　C. 不明显　　　D. 很好

（3）A. B 超　　　　B. 心电图　　　C. 彩超　　　　D. 冠脉造影

（4）A. 每天晚上　　B. 每天中午　　C. 每天下午　　D. 每天早上

（5）A. 半包烟　　　B. 一包半烟　　C. 两包烟　　　D. 一包烟

4. 完成下列会话。

（1）A：王律师，手术后感觉怎么样？

　　B：_____。（……只是……）

（2）A：张医生，为什么出院后我还要到医院随访？

　　B：_____。（……还是……）

（3）A：医生，我的病情这么严重，该怎么办呢？

　　B：_____。（……否则……）

（4）A：做冠脉造影检查和支架植入有什么风险吗？

　　B：_____。（……甚至……）

（5）A：你有高血压，那你一直坚持吃药吗？

　　B：_____。（只有……才……）

5. 情景交际练习。

情景一：一位中年妇女因为胸痛和心悸，在丈夫的陪伴下来医院看病。请根据情景，三人或者两人一组进行会话练习。

情景二：患者完成心血管支架植入手术后，医生到病房查看情况。请三人一组模仿医生与患者及患者家属的对话。

二、读和写

1. 选词填空。

微创 发慌 心率 体征 胀痛 冠脉 血栓 支架

（1）我感觉心里（　　　　）跟胸痛基本上是一起出现的。

（2）支架植入是（　　　　）手术，做手术的风险比不做的风险小。

（3）你在当地县医院有没有做过（　　　　）造影？

（4）初步估计你的右冠状动脉被（　　　　）堵塞了。

（5）手术后，我妈妈的（　　　　）有明显改善。

（6）如果不放（　　　　），你的心脏就会一直处于缺血状态。

（7）患者的体温、血压、脉搏都正常，生命（　　　　）平稳。

（8）今天我感觉右手的手术伤口还有点（　　　　）。

2. 句子排序。

（1）A. 减轻没有　　B. 胸痛　　　C. 吃药后　　　　（　　　　）

（2）A. 疼痛次数　　B. 最近两个月　C. 更频繁　　　（　　　　）

（3）A. 动物油　　　B. 和动物内脏　C. 尽量少吃　　（　　　　）

（4）A. 医生说　　　B. 冠心病　　　C. 我得了　　　（　　　　）

（5）A. 心血管疾病　B. 健康饮食　　C. 有利于预防　（　　　　）

3. 完成下列句子。

（1）治疗方案　主要的　现在　就是抗血小板

_____。

（2）生活　需要注意　方面　什么

_____？

（3）做手术　血管堵塞　只是解决　你的

_____。

（4）你爸爸　长期服用　需要　这两类药

_____。

（5）压着　感觉就像　胸口　一块大石头

_____。

4. 短文阅读。

目前我国有 3 亿心血管疾病患者，其中高血压患者人数为 2.7 亿左右，糖尿病患者人数为 1.6 亿左右，高脂血症患者人数为 1 亿左右，冠心病患者人数为 1 100 万左右，脑血管疾病患者人数为 1 300 万左右。这一数据还在不断增加。

心血管疾病的高发以及年轻化，和我们生活方式的改变有着非常密切的关系。在交通不发达的年代我们主要是以走路为主，现在我们出门则习惯坐车。虽然医疗水平在不断提高，但是冠心病以及心肌梗死的死亡率也在逐渐升高。

为什么心血管疾病越来越频发呢？其实就是我们吃得越来越"好"，动得越来越少。吃盐过多、吃粗粮少、吃水果少都是和心血管疾病的形成有着非常密切关系的错误饮食结构。吃进去的盐、油、糖在体内的血管中逐渐形成血管垃圾，从而造成血管的堵塞，引发心血管疾病。因此，只有健康的饮食才可以有效地预防心血管疾病，健康的饮食原则就是：低盐、低脂、低糖、低油，多吃粗粮，多吃水果。我们要身体力行，"管住嘴、迈开腿"，饭吃八分饱，日行万步路，吃动两平衡。

（胡厚祥　王小波）

第三课　消化内科

dì sān kè　xiāo huà nèi kē

Lesson Three Gastroenterology

会话一　胰腺炎病情诊断

huì huà yī　yí xiàn yán bìng qíng zhěn duàn

情　景：患者因上腹疼痛来医院就诊。

人　物：黄伟（医生）

李娜（患者，女，四十五岁）

时　间：上午十点

地　点：消化内科门诊室

黄　伟：您好，今天来医院是哪里不舒服啊？

李　娜：肚子痛。

黄　伟：是整个腹部疼痛，还是局限于某一部位疼痛？

李　娜：上腹部痛。

黄　伟：这种情况出现多久了？

李　娜：大概三个小时，一直疼。

黄　伟：以前有过类似的疼痛吗？

李　娜：以前没有，这是第一次。

黄　伟：疼痛之前吃了什么特别的东西吗？有没有受过外伤？

chī le diǎn kòu ròu　　hái chī le yì wǎn hóng shāo ròu　　méi yǒu shòu guo wài shāng
李　娜：吃了点扣肉，还吃了一碗 红 烧肉，没有 受 过外 伤 。

chī fàn de shí hou yǒu méi yǒu hē jiǔ
黄　伟：吃饭的时候有没有喝酒？

hē le yì píng bái jiǔ
李　娜：喝了一瓶白酒。

yǒu méi yǒu fù xiè　　fā rè děng qí tā qíng kuàng
黄　伟：有没有腹泻、发热 等其他情 况 ？

chú le dù zi tòng　　hái gǎn jué ě xin　　lái zhī qián hái ǒu tù le yí cì　　qí tā méi shén me bù shū fu
李　娜：除了肚子痛，还感觉恶心，来之前还呕吐了一次，其他没什么不舒服。

yǒu méi yǒu tù xiě
黄　伟：有没有吐血？

méi yǒu tù xiě　　jiù shì tù le yì xiē shí wù
李　娜：没有吐血，就是吐了一些食物。

zài lái zhī qián　　chī guo shén me yào huò zhě qù qí tā yī yuàn　　zhěn suǒ zhì liáo guo ma
黄　伟：在来之前，吃过什么药或者去其他医院、诊所治疗过吗？

méi qù guo qí tā dì fang zhì liáo　　gāng kāi shǐ wǒ yǐ wéi shì wèi tòng　　chī le diǎn wèi yào　　dàn shì chī le
李　娜：没去过其他地方治疗。 刚 开始我以为是胃痛，吃了点胃药，但是吃了
hái shi yì zhí tòng　　jiù lái yī yuàn le
还是一直痛，就来医 院 了。

yǐ qián dé guo wèi bìng ma　　huò zhě qí tā shén me jí bìng　　lì rú dǎn jié shí děng
黄　伟：以前得过胃病吗？或者其他什么疾病，例如胆结石 等？

yǐ qián hěn shǎo qù yī yuàn　　méi fā xiàn shén me bìng
李　娜：以前很少去医院，没发现什么病。

xiǎo biàn hé dà biàn dōu zhèng cháng ma
黄　伟：小便和大便都正 常 吗？

xiǎo biàn hé dà biàn dōu gēn yǐ qián yí yàng
李　娜：小便和大便都跟以前一样。

yǐ qián zuò guo shǒu shù ma
黄　伟：以前做过手术吗？

méi yǒu
李　娜：没有。

yǒu shén me yào wù huò zhě shí wù guò mǐn ma
黄　伟：有什么药物或者食物过敏吗？

méi yǒu
李　娜：没有。

nín duō dà nián líng le
黄　伟：您多大年 龄了？

suì le
李　娜：45岁了。

qǐng bǎ yī fu jiě kāi　　lù chū dù zi　　ràng wǒ chū bù jiǎn chá yí xià　　rú guǒ àn yā bù wèi yǒu téng tòng
黄　伟：请把衣服解开，露出肚子，让我初步检查一下。如果按压部位有疼 痛

就告诉我。

李　娜：（中上腹部）这里痛。

黄　伟：好的，您可以把衣服扣上了。

李　娜：医生，我觉得肚子很痛，可以打一针止痛药吗?

黄　伟：根据您目前的情况，现在腹痛的原因不是很清楚，我怀疑是胰腺炎，暂时不能使用止痛药，避免症状掩盖后造成误诊。需要进一步做相关检查才能明确诊断，暂时不要吃东西、喝水，我给您开血常规检查、血尿淀粉酶检查和腹部超声检查等。请把这份检查表拿到病理实验室和超声科做检查。检查完成后，您就可以使用止痛药了。等报告出来后记得带上报告来找我。

李　娜：好的，谢谢医生。

（检查结果出来以后）

黄　伟：您的血尿淀粉酶明显增高，白细胞也偏高，初步诊断为急性胰腺炎，需要马上住院治疗。

李　娜：医生，那我应该怎么办呢?

黄　伟：您应该立即住院，不要进食任何水或者食物，我们会将一根导管插入您鼻孔直至胃里，以减少胃内压力，防止呕吐和误吸。

李　娜：需要手术治疗吗?

黄　伟：根据您目前的情况，暂时不用手术治疗，但如果以后形成了胰腺脓肿或者胰腺假性囊肿，会需要进行手术治疗。

李　娜：现在我需要做些什么呢?

黄 伟：现在让您的家人帮您办理入院手续，我们马上给您静脉补充液体，抑制胰腺外分泌等治疗。除此之外，由于您需要禁食，我们会给您肠外营养支持治疗。

李 娜：好的。谢谢您，医生。

黄 伟：不客气。如果有什么不舒服的地方，一定要让家属尽快联系我或者值班护士和医生。希望您能尽快康复。

Conversation One
Diagnosis of Pancreatitis

Situation：A patient comes to the hospital with pain in the upper abdomen.

Characters：Huang Wei(Doctor)

Li Na(Patient, female, 45-year-old)

Time：10:00 a.m.

Site：Gastroenterology outpatient diagnosis room

Huang Wei：Hello, what brings you to the hospital today?

Li Na：　I have pain in my abdomen.

Huang Wei：Is the pain all over the abdomen or is it limited to a certain part?

Li Na：　It is at the upper abdomen.

Huang Wei：Since when do you have pain?

Li Na：　About 3 hours, and it keeps increasing.

Huang Wei：Have you ever had similar pain before?

Li Na：　No, this is the first time.

Huang Wei：Did you eat something special before the pain occurred? Have you had any injury?

Li Na： I ate some steamed pork with pickles, and also a bowl of bouilli. But I had no injury.

Huang Wei： Did you drink any alcohol with your meal?

Li Na： I had a bottle of liquor.

Huang Wei： Do you have diarrhea, fever or any other discomfort?

Li Na： In addition to pain, I also feel nauseated. I vomited once before coming. Apart from that I have no complaints.

Huang Wei： Did your vomitus contain any blood?

Li Na： No blood, just some food.

Huang Wei： Before you came here, did you take any medicine or visit other hospitals or clinics for treatment?

Li Na： I have not been to any other place for treatment. I did take some medicine for my pain but the pain did not subside, that is why I came to the hospital.

Huang Wei： Have you ever had abdomen related disorder before? Any other diseases, such as gallstones?

Li Na： I seldom went to the hospital before and did not suffer from any disease.

Huang Wei： Are your urine and stool normal?

Li Na： Both urine and stool are the same as before.

Huang Wei： Have you had surgery before?

Li Na： No.

Huang Wei： Do you have any medicine or food allergy?

Li Na： No, I do not have any drug or food allergy.

Huang Wei： How old are you?

Li Na： 45 years old.

Huang Wei： Please unbutton your clothes so that I can examine your abdomen. I will have a preliminary check. Let me know if it hurts when I press.

Li Na： (Epigastric region) It hurts here.

Huang Wei： OK, you can button up your clothes.

Li Na： Doctor, I am not able to tolerate the pain. Can you please give me some painkillers?

Huang Wei： According to your current situation, the cause of abdominal pain is not very clear. I suspect it might be pancreatitis, and my advice is not to use analgesics for now which might mask your symptoms and cause misdiagnosis of your condition. Further checks are necessary to confirm the diagnosis. After completion of the investigation, I will prescribe you some analgesics. Please do not eat or drink for the time being. I will write some investigation application forms for you such as routine blood examination, serum and urine amylase examination and abdominal ultrasound. Please take this checklist to the pathology laboratory and ultrasound department to do these examinations. After the completion of the tests, you will be able to take the analgesics. Bring the reports of the examinations along with you when you come again.

Li Na: OK, thank you doctor.

(After the examinations, the results come out)

Huang Wei: Your serum and urine amylase is significantly high; white blood cells are also high, so the initial diagnosis is acute pancreatitis.

Li Na: Doctor, what should I do?

Huang Wei: You need to be admitted in the hospital right now. You should not eat or drink anything from now onwards. We will also insert a tube through your nose down to the stomach which will remove any content in your stomach and also prevent vomiting and aspiration.

Li Na: Do I need surgery?

Huang Wei: According to your current situation, there is no need for surgery, but if a pancreatic abscess or pancreatic pseudocyst is formed, surgery should be performed.

Li Na: What do I need to do now?

Huang Wei: Ask your family to help you with the admission procedure. We will immediately give you intravenous fluids and medications to suppress pancreatic exocrine secretion or other treatments. In addition, as you cannot eat or drink anything by mouth we will also give you parenteral nutrition support therapy.

Li Na: OK, thank you, doctor.

Huang Wei: You are welcome. If you feel uncomfortable, please let the family inform me or the doctor on duty as soon as possible. I hope you can recover soon.

会话二　病情讨论
huì huà èr　bìng qíng tǎo lùn

情　景：主治医生和实习医生正在进行病情分析和讨论。
（qíng jǐng　zhǔ zhì yī shēng hé shí xí yī shēng zhèng zài jìn xíng bìng qíng fēn xī hé tǎo lùn）

人　物：黄伟（主治医生）
（rén wù　huáng wěi　zhǔ zhì yī shēng）

　　　　　吴昊（实习医生）
（wú hào　shí xí yī shēng）

时　间：下午四点
（shí jiān　xià wǔ sì diǎn）

地　点：医院消化科病房
（dì diǎn　yī yuàn xiāohuà kē bìngfáng）

黄　伟：小吴，刚才39床这个新收的腹痛患者，你认为她得的是什么病？
（xiǎo wú　gāngcái　chuángzhè ge xīnshōu de fù tònghuànzhě　nǐ rènwéi tā dé de shì shénme bìng）

吴　昊：不太清楚，因为现在检查结果都还没出来，既往病史也没什么特殊情况。
（bú tài qīngchu　yīnwèi xiàn zài jiǎnchá jié guǒ dōu hái méi chū lái　jì wǎng bìng shǐ yě méi shén me tè shū qíngkuàng）

黄　伟：辅助检查可以帮助我们确诊疾病，在询问病史及进行基本的体格检查后，我们应该有一个初步的诊断，这样才能给患者开具相应的检查。通过基本病史我们可以了解到，患者是中年女性，发病前进食了油腻食物，有恶心、呕吐，疼痛以右上腹部为主，那么你的初步诊断是什么呢？
（fú zhùjiǎnchá kě yǐ bāngzhù wǒ menquèzhěn jí bìng　zài xúnwènbìng shǐ jí jìn xíng jī běn de tǐ gé jiǎncháhòu　wǒ menyīnggāiyǒu yí gè chū bù de zhěnduàn　zhèyàng cái néng gěi huànzhě kāi jù xiāngyìng de jiǎnchá　tōngguò jī běnbìng shǐ wǒ men kě yǐ liǎo jiě dào　huànzhě shì zhōngnián nǚ xìng　fā bìngqián jìn shí le yóu nì shí wù　yǒu ě xin　ǒu tù　téngtòng yǐ yòushàng fù bù wéizhǔ　nà me nǐ de chū bù zhěnduànshì shén me ne）

吴　昊：根据这些基本病史，初步诊断应该是胆囊结石伴急性胆囊炎。
（gēn jù zhè xiē jī běnbìngshǐ　chū bù zhěnduànyīnggāi shì dǎnnáng jié shí bàn jí xìngdǎnnángyán）

黄　伟：不错，那么如果初步诊断为胆囊结石伴急性胆囊炎，首先应该让患者做什么检查呢？
（bú cuò　nà me rú guǒchū bù zhěnduànwéidǎnnáng jié shí bàn jí xìngdǎnnángyán　shǒuxiānyīnggāi ràng huànzhězuòshénmejiǎnchá ne）

吴 昊：首 先 要 做 的 检查 应 该 是 腹 部 彩 超 以 及 血 常 规 检查。

黄 伟：非 常 好，除 胆 囊 结 石 外，还 需 要 考 虑 哪 些 疾 病？

吴 昊：患 者 有 腹 痛 、恶 心 、呕 吐，之 前 还 进 食 了 大 量 的 油 腻 食 物，还 需 要 考 虑 胃 肠 炎、急 性 胰 腺 炎。

黄 伟：非 常 正 确，那 为 了 进 行 鉴 别 诊 断，除 了 B 超 外 还 应 该 做 什 么 检查 呢？

吴 昊：要 诊 断 急 性 胰 腺 炎，我 们 需 要 患 者 检 查 血 尿 淀 粉 酶，必 要 时 还 需 要 做 腹 部 CT。如 需 排 除 胃 肠 炎，需 要 密 切 观 察 患 者 腹 痛 变 化 的 情 况 ，必 要 时 做 大 便 检查 和 胃 镜 检查。

黄 伟：你 认 为 患 者 目 前 应 该 怎 么 治 疗？

吴 昊：患 者 需 要 禁 食 禁 水，进 行 抗 炎、抑 酸、解 痉 的 补 液 治 疗，必 要 时 对 症 进 行 止 痛 治 疗，我 觉 得 目 前 就 是 这 些。

黄 伟：除 此 之 外，我 们 要 根 据 患 者 有 无 频 繁 呕 吐 的 情 况 ，适 时 安 置 鼻 胃 管 进 行 胃 肠 减 压。

吴 昊：我 知 道 了。

黄 伟：在 患 者 确 诊 为 胆 囊 结 石 伴 急 性 胆 囊 炎 后，我 们 该 怎 么 治 疗？

吴 昊：我 们 应 该 行 胆 囊 切 除 术。

黄 伟：我 们 现 在 一 般 都 行 腹 腔 镜 胆 囊 切 除 术，但 是 哪 些 患 者 不 能 行 腹 腔 镜 胆 囊 切 除 术？

吴 昊：怀 疑 有 凝 血 障 碍 的 患 者、门 静 脉 高 压 的 患 者、妊 娠 合 并 胆 结 石 的 患 者。

黄　伟：腹腔镜胆囊切除术的大致步骤是什么？

吴　昊：第一，建立操作孔；第二，制造气腹；第三，处理胆囊三角；第四，剥离胆囊；第五，取出胆囊；第六，消除气腹。

黄　伟：腹腔镜胆囊切除术比较常见的术后并发症有哪些？

吴　昊：有胆管损伤、血管损伤、肠损伤、术后腹腔内出血、皮下气肿和其他如切口疝、切口感染及腹腔脓肿等。

黄　伟：在患者完成手术后，应嘱咐患者注意哪些问题？

吴　昊：手术后因麻醉药作用可能会有短暂的恶心或呕吐，可在医生的指导下有针对性地进行药物治疗。注意休息，进食低脂、高蛋白食物，忌油炸、油腻食品，少食多餐，避免暴饮暴食，出院半个月后可正常饮食。伤口通常不需或仅需一两次换药，如发现伤口有红、肿、热、痛症状，或患者有发热、腹胀、恶心、呕吐等其他症状应及时就医。虽然腹腔镜切口小，但为防止感染，出院半个月后才可洗澡。

黄　伟：患者手术后的饮食应该注意些什么？

吴　昊：手术后八小时，若无呕吐现象，可先喝30～50毫升水，若无特殊限制，隔日即可进食流质食物，如米汤、稀饭等，但忌全脂牛奶。胆囊切除术后早期宜采用低脂肪、低胆固醇，含充足的优质蛋白、维生素和微量元素的饮食。

Conversation Two
Discussion of the Condition

Situation：An attending physician and an intern are analyzing and discussing the disease.

Characters：Huang Wei(Attending physician)

Wu Hao(Intern)

Time：4:00 p. m.

Site：Inpatient ward of gastroenterology department

Huang Wei：　Xiao Wu, for this new patient in bed 39 with abdominal pain, what do you think the cause is?

Wu Hao：　I am not very sure because the results of the examinations haven't come out yet, and there is nothing special in the past medical history, either.

Huang Wei：　Auxiliary examination can help us accurately diagnose the disease. We should have a preliminary diagnosis after enquiring the medical history and performing basic physical examination so that we can order the appropriate exams. Through the basic medical history, we learn that the patient is a middle-aged woman, who had taken some oily food before the symptoms occurred, experienced nausea and vomiting, with pain mainly at the right upper abdomen. So, what is your initial diagnosis?

Wu Hao：　Based on the basic medical history, my initial diagnosis would be gallstones with acute cholecystitis.

Huang Wei：　Yes, then if the initial diagnosis is gallstones with cholecystitis, what should be the first investigation for the patient?

Wu Hao：　The main investigations should be abdominal color Doppler ultrasound and blood routine examination.

Huang Wei：　Very good. In addition to gallstones, what other diseases should be considered?

Wu Hao：　The patient has abdominal pain, nausea, vomiting, and has eaten a lot of oily food, so we also need to consider gastroenteritis and acute pancreatitis.

Huang Wei: Very good. Then in order to rule out differential diagnosis, what other tests should be done besides ultrasound?

Wu Hao: To diagnose acute pancreatitis, we need to check serum and urine amylase, and an abdominal CT should be performed if necessary. To exclude gastroenteritis, the patient must be enquired about changes in abdominal pain. A stool test and gastroscopy should be performed when necessary.

Huang Wei: How do you think we should treat this patient now?

Wu Hao: This patient should not eat or drink anything. We need to prescribe anti-inflammatory, acid-suppressing, antispasmodic medications, IV fluids to prevent dehydration and if necessary analgesics for pain. These are all I can think of for now.

Huang Wei: You're quite right. In addition, we should insert a nasogastric tube for gastrointestinal decompression depending on whether the patient has frequent vomiting or not.

Wu Hao: I understand.

Huang Wei: What should we do if the patient is diagnosed with gallstones and acute cholecystitis?

Wu Hao: We should perform a cholecystectomy.

Huang Wei: We usually have laparoscopic surgery for cholecystectomy, but what kind of patients should not undergo laparoscopic cholecystectomy?

Wu Hao: Patients who are suspected with coagulopathy, portal hypertension, and gallstones during pregnancy.

Huang Wei: What are the general steps of laparoscopic cholecystectomy?

Wu Hao: First, create laparoscopic ports. Second, create pneumoperitoneum. Third, identify Calot's triangle. Fourth, separate the gallbladder. Fifth, remove the gallbladder. Sixth, eliminate pneumoperitoneum.

Huang Wei: What are the common complications after laparoscopic surgery?

Wu Hao: Bile duct injury, vascular injury, intestinal injury, postoperative intra-abdominal hemorrhage, subcutaneous emphysema, and others such as incisional hernia, wound infection and abdominal abscess, etc.

Huang Wei: After the operation, what should we advise the patient to be careful with?

Wu Hao: After surgery, there may be a temporary nausea or vomiting due to the reaction to anesthetic medication, therefore, we should prescribe antiemetics. The patient should have a good rest, eat low-fat, high-protein diet, avoid eating fried oily food, and eat small portion of meals frequently while overeating should be avoided. After about 15 days of discharge from the hospital, the patient can eat normal food. The wound usually does not need or only need once or twice dressing. If the wound is red, swollen, hot and painful or if patient experiences other symptoms such as fever, bloating, nausea, vomiting etc., then the patient should seek medical advice. Although the laparoscopic incision is small, in order to prevent infection, a bath can be taken half a month after discharge.

Huang Wei：What should the patient be careful about her diet?

Wu Hac：8 hours after surgery, if there is no vomiting, she can drink 30 ~ 50 mL of water first. If there is no specific contraindication, she can eat liquid food such as rice soup, porridge, etc. next day, but she should avoid drinking whole milk. Early in the gallbladder surgery recovery time, a diet with low-fat, low-cholesterol, high-quality protein, vitamins and minerals should be preferred.

生词

胰腺	（名）	yíxiàn	pancreas
胰腺炎	（名）	yíxiànyán	pancreatitis
上腹	（名）	shàngfù	upper abdomen
恶心	（形）	ě·xin	nauseous
呕吐	（动）	ǒutù	vomit
胆结石	（名）	dǎnjiéshí	gallstone
初步	（形）	chūbù	preliminary
检查	（动）	jiǎnchá	check; examine
中上腹	（名）	zhōng-shàngfù	epigastric region
止痛药	（名）	zhǐtòngyào	analgesics; painkiller
误诊	（动）	wùzhěn	misdiagnose
淀粉酶	（名）	diànfěnméi	amylase
急性	（形）	jíxìng	acute

插入	（动）	chārù	insert
误吸	（名）	wùxī	aspiration
脓肿	（名）	nóngzhǒng	abscess
假性囊肿		jiǎxìng-nángzhǒng	pseudocyst
胰腺外分泌		yíxiàn wàifēnmì	pancreatic exocrine secretion
肠外营养		chángwài yíngyǎng	parenteral nutrition
胆囊炎	（名）	dǎnnángyán	cholecystitis
胃肠炎	（名）	wèichángyán	gastroenteritis
血尿淀粉酶	（名）	xuè-niàodiànfěnméi	serum and urine amylase
胃镜	（名）	wèijìng	gastroscope
抗炎的	（形）	kàngyán de	anti-inflammatory
鼻胃管	（名）	bíwèiguǎn	nasogastric tube
减压	（动）	jiǎn//yā	decompress
腹腔镜	（名）	fùqiāngjìng	laparoscope
胆囊切除术		dǎnnáng qiēchúshù	cholecystectomy
凝血障碍		níngxuè zhàng'ài	coagulopathy
门静脉高压		ménjìngmài gāoyā	portal hypertension
气腹	（名）	qìfù	pneumoperitoneum
腹腔内	（形）	fùqiāng nèi	intra-abdominal
气肿	（名）	qìzhǒng	emphysema
切口疝	（名）	qiēkǒushàn	incisional hernia
麻醉药	（名）	mázuìyào	anesthetic
腹胀	（名）	fùzhàng	abdominal distension
流质食物		liúzhì shíwù	liquid food

练习

一、听和说

1. 听录音，连线。

解痉　　　　　　　　　　　　dǎnnángyán

腹痛　　　　　　　　　　　　yàowù

康复　　　　　　　　　　　　bàogào

药物　　　　　　　　　　　　shǒushù

胆囊炎	fùtòng
手术	xuèchángguī
饮食	jiě//jìng
血常规	dàbiàn
大便	yǐnshí
报告	kōngfù

2. 听录音，选词语。

（1）我今天早上突然感觉（　　）很不舒服。

    A. 脖子　　　　B. 肚子　　　　C. 手指　　　　D. 鼻子

（2）你需要去做一个（　　）检查。

    A. 腹部彩超　　B. 胸部彩超　　C. 腹部 B 超　　D. 胸部 B 超

（3）你是选择手术治疗还是（　　）？

    A. 药物治疗　　B. 放射治疗　　C. 保守治疗　　D. 化学治疗

（4）医生说胃炎患者需要做（　　）检查。

    A. 胃镜　　　　B. 肠镜　　　　C. B 超　　　　D. X 线

（5）伤口红肿热痛意味着伤口（　　）了。

    A. 愈合　　　　B. 破裂　　　　C. 缝合　　　　D. 发炎

3. 听对话，选答案。

（1）A. 睡觉　　　　B. 吃药　　　　C. 做手术　　　D. 查房

（2）A. 右上腹　　　B. 左上腹　　　C. 左下腹　　　D. 右下腹

（3）A. 骨科　　　　B. 急诊科　　　C. 消化科　　　D. 普外科

（4）A. 内科学　　　B. 外科学　　　C. 儿科学　　　D. 骨科学

（5）A. 不好　　　　B. 价格贵　　　C. 种类少　　　D. 种类多

4. 完成下列会话。

（1）A：刚才患者说他哪里不舒服？

    B：_____。（以……为主）

（2）A：你什么时候会对患者的病情有个初步判断？

    B：_____。（在……后）

（3）A：吃了胃药之后，胃痛有缓解吗？

    B：_____。（不但……反而……）

（4）A：医生，我什么时候可以洗澡？

    B：_____。（……才……）

（5）A：你觉得手术治疗怎么样？

B：_____。（对……来说）

5. **情景交际练习。**

情景一：一个阑尾炎患者来急诊室就诊。请以此为情景，两人一组进行会话练习。

情景二：一个胃癌患者来医院就诊。请以此为情景，两人一组进行会话练习。

二、读和写

1. **选词填空。**

肚子　手术　淀粉酶　胆囊炎　白细胞　诱发　麻醉　胃镜

（1）医生，我的妈妈（　　　　）痛得好厉害。

（2）你的血常规显示（　　　　）增高。

（3）你得的是胆囊结石合并（　　　　）。

（4）手术会给你做局部（　　　　），不会感觉到疼痛。

（5）我们怀疑你得的是胰腺炎，需要查血尿（　　　　）。

（6）你的疾病需要进行（　　　　）治疗。

（7）饮食不规律是（　　　　）胃病的重要因素。

（8）你得了胃炎，要做（　　　　）检查。

2. **句子排序。**

（1）A. 腹部 B 超　　　B. 你需要　　　C. 做一个　　　（　　　　）

（2）A. 你必须　　　　B. 抗炎药　　　C. 使用　　　　（　　　　）

（3）A. 消化科　　　　B. 在六楼　　　C. 病房　　　　（　　　　）

（4）A. 都会有　　　　B. 一定的危险　C. 手术治疗　　（　　　　）

（5）A. 术后　　　　　B. 要注意　　　C. 不要剧烈活动（　　　　）

3. **完成下列句子。**

（1）胆囊　可以　手术治疗　结石

_____。

（2）饮酒　你哥哥　发病之前　是否

_____？

（3）腹腔镜　手术　操作孔　需要建立

_____。

（4）你妈妈　食物　对　过敏吗

_____？

（5）辅助检查　血常规　是　一种

<hr/>

4. 短文阅读。

胆囊炎患者有一些饮食禁忌。

第一，胆囊炎患者在饮食上要减少胆固醇的摄入。因为有80%的患者其胆囊炎疾病是由于体内胆固醇过高所致，所以患者要减少胆固醇的摄入，少吃胆固醇含量高的食物，如蛋黄、猪脑、牛脑、羊肝、鳗鱼等。一个成年人每天摄入的胆固醇量应当不超过0.3克。

第二，少吃油腻的食物。人们吃了油腻的食物以后，胆囊会分泌出大量的胆汁帮助消化脂肪，造成胆囊收缩，胆囊炎患者会更难受。

第三，不适合喝太多的牛奶。牛奶中含有的蛋白质绝大多数都是不容易消化的酪蛋白，对肠道有一定的刺激作用，而且牛奶中的脂肪消化需要用到人体内的胆汁，因此胆囊炎患者喝牛奶会加重胆囊负担，从而使得病情加重。

第四，忌辛辣刺激食物。中国传统医学认为胆囊炎、胆结石多属湿热所致，辛辣食物可以助湿生热，故当忌。需要禁忌的常见辛辣刺激性食物有：辣椒、辣椒油、五香粉、咖喱粉、花椒粉等。

（张渊）

第四课　　内分泌和代谢性疾病

Lesson Four　Endocrinology and Metabolic Disease

huì huà yī　　táng niào bìng bìng qíng zhěn duàn
会话一　糖尿病病情诊断

qíng jǐng　　huànzhě yīn wèi kǒu gān　　xiǎobiànliàngduōdào yī yuàn jiù zhěn
情　景：患者因为口干、小便量多到医院就诊。

rén　wù　　lǐ bīn　yī shēng
人　物：李斌（医生）

zhāngshān　huànzhě　nán
张山（患者，男）

shí　jiān　　shàngwǔ shí diǎn
时　间：上午十点

dì　diǎn　　yī yuànménzhěn nèi fēn mì dài xiè kē zhěnduàn shì
地　点：医院门诊内分泌代谢科诊断室

qǐngwènnín nǎ lǐ bù shū fu
李　斌：请问您哪里不舒服？

wǒ zuì jìn shí chánggǎndàokǒugān　　hē shuǐduō　　niào yě duō　　tè bié shì wǎnshangxiǎobiàn cì shùduō
张　山：我最近时常感到口干，喝水多，尿也多，特别是晚上小便次数多，

jǐ hū měiwǎnyào qǐ yè sān cì zhì wǔ cì
几乎每晚要起夜三次至五次。

shí yù zěnme yàng　　tǐ zhòngyǒubiànhuà ma
李　斌：食欲怎么样？体重有变化吗？

fànliànghěn dà　　dànrényuè lái yuèshòu　　shòu le shí jǐ jīn
张　山：饭量很大，但人越来越瘦，瘦了十几斤。

yǒuduō jiǔ le
李　斌：有多久了？

yí gè duōyuè
张　山：一个多月。

nín xū yàozuòxuètáng hé xiǎobiànjiǎnchá
李　斌：您需要做血糖和小便检查。

hǎo de
张　山：好的。

jiǎnchá jié guǒ chū lái yǐ hòu
（检查结果出来以后）

yī shēng wǒ de jiǎnchá bàogào chū lái le
张　山：医生，我的检查报告出来了。

qǐngzuò ràng wǒ kànkan nín de bàogào nín de xuètáng shì   xiǎobiàn jiǎnchá niàotáng
李　斌：请坐。让我看看您的报告。您的血糖是12.3 mmol/L，小便检查尿糖

sān gè   yào kǎo lǜ zhěnduàn tángniàobìng
三个＋，要考虑诊断糖尿病。

tángniàobìng shì yīn wèi táng chī duō le cái dé zhè ge bìng ma
张　山：糖尿病？是因为糖吃多了才得这个病吗？

tángniàobìng bìng bú shì yīn wèi táng chī duō le cái dé de
李　斌：糖尿病并不是因为糖吃多了才得的。

zài yǐn shí shang wǒ yīng gāi zhù yì shén me ne
张　山：在饮食上我应该注意什么呢？

yǐn shí shang zhǔ yào xū yào kòng zhì zǒng rè liàng bǎo chí lǐ xiǎng tǐ zhòng bù chī hán táng liàng gāo de
李　斌：饮食上主要需要控制总热量，保持理想体重。不吃含糖量高的

shí pǐn hán zhī fáng hé diàn fěn de shí pǐn shǎo chī yǐ chī shū cài zá liáng wéi zhǔ pèi yǐ yí dìng shù
食品，含脂肪和淀粉的食品少吃，以吃蔬菜、杂粮为主，配以一定数

liàng de yōu zhì dàn bái zhì shí wù
量的优质蛋白质食物。

hǎo de nà wǒ xū yào yòng yào ma
张　山：好的，那我需要用药吗？

shì de nín xū yào shǐ yòng yào wù zhì liáo yòng yào yǐ hòu yào jiān cè xuètáng dìng qī mén zhěn suí fǎng
李　斌：是的，您需要使用药物治疗，用药以后要监测血糖，定期门诊随访。

hǎo de xiè xie yī shēng
张　山：好的，谢谢医生。

bú kè qi
李　斌：不客气。

Conversation One
Diagnosis of Diabetes Mellitus

Situation：The patient visits the hospital because of excessive thirst and urination.

Characters：Li Bin（Doctor）

　　　　　　Zhang Shan（Patient，male）

Time：10：00 a. m.

Site：Outpatient diagnosis room of endocrinology and metabolism department

Li Bin： What seems to be the problem with you?

Zhang Shan： Lately I feel my mouth is dry all the time. I feel thirsty and drink a lot of water. I also have to visit the bathroom to urinate many times, especially in the evening. Every night I have to wake up from my sleep to urinate 3 to 5 times.

Li Bin： How about your appetite? Has your weight changed?

Zhang Shan： I do eat a lot, but I am getting thinner day by day. I have lost more than five kilograms recently.

Li Bin： How long has it been like this?

Zhang Shan： More than a month.

Li Bin： You need to have your blood glucose and urine checked.

Zhang Shan： OK, doctor.

(After the checkup results come out)

Zhang Shan： Doctor Li, I've got my reports.

Li Bin： Sit down, please. Let me check your reports. Your blood glucose is 12.3 mmol/L and urine glucose is 3 +. You may have diabetes.

Zhang Shan： Diabetes? Am I getting this disease because I have eaten too much sugar?

Li Bin： Diabetes is not caused by over-eating sugar.

Zhang Shan： Do I need to pay any specific attention to my diet?

Li Bin： Chiefly you need to control the intake of total calorie and maintain a proper weight. Do not eat high sugar content food and minimize food with high fat and starch content. Your daily portions of food should contain more vegetables and grains along with adequate protein.

Zhang Shan： OK. Do I have to take medication then?

Li Bin： Yes, you need to take medicine regularly. After medication, you should monitor your blood glucose and follow up regularly at our outpatient department.

Zhang Shan： OK, thank you, doctor.

Li Bin： You're welcome.

会话二 低血糖病情诊断
huì huà èr dī xuè táng bìng qíng zhěn duàn

情 景：10 床 患 者 突 然 出 现 心 悸、手 抖、大 汗。
qíng jǐng / chuáng huàn zhě tū rán chū xiàn xīn jì / shǒu dǒu / dà hàn

人 物：谢 刚（医 生）
rén wù / xiè gāng / yī shēng

李 丹（护 士）
lǐ dān / hù shi

王 晓 璐（患 者，女）
wáng xiǎo lù / huàn zhě / nǚ

时 间：上 午 十 点 半
shí jiān / shàng wǔ shí diǎn bàn

地 点：医 院 内 分 泌 代 谢 科 住 院 部 三 号 病 房
dì diǎn / yī yuàn nèi fēn mì dài xiè kē zhù yuàn bù sān hào bìng fáng

王晓璐：医 生，我 觉 得 心 慌、手 抖，一 下 子 出 了 好 多 汗，看 东 西 也 不 清 楚。
yī shēng / wǒ jué de xīn huāng / shǒu dǒu / yí xià zi chū le hǎo duō hàn / kàn dōng xi yě bù qīng chu

谢 刚：您 今 天 早 上 吃 早 饭 了 吗？
nín jīn tiān zǎo shang chī zǎo fàn le ma

王晓璐：早 上 我 打 了 胰 岛 素 以 后，吃 了 一 个 鸡 蛋，喝 了 一 杯 牛 奶。
zǎo shang wǒ dǎ le yí dǎo sù yǐ hòu / chī le yí gè jī dàn / hē le yì bēi niú nǎi

谢 刚：那 可 能 是 低 血 糖 了。我 们 马 上 给 您 测 一 下 血 糖。
nà kě néng shì dī xuè táng le / wǒ men mǎ shàng gěi nín cè yí xià xuè táng

（护 士 给 患 者 测 指 尖 血 糖）
hù shi gěi huàn zhě cè zhǐ jiān xuè táng

李 丹：血 糖 是 3.2 mmol/L。
xuè táng shì

谢 刚：确 实 是 低 血 糖。快 拿 两 支 50% 的 高 渗 葡 萄 糖 水 给 患 者 喝。
què shí shì dī xuè táng / kuài ná liǎng zhī / de gāo shèn pú tao táng shuǐ gěi huàn zhě hē

（患 者 在 服 用 了 葡 萄 糖 水 半 小 时 以 后，症 状 慢 慢 缓 解 了）
huàn zhě zài fú yòng le pú tao táng shuǐ bàn xiǎo shí yǐ hòu / zhèng zhuàng màn màn huǎn jiě le

王晓璐：医 生，我 吃 了 早 饭 的，为 什 么 还 会 发 生 低 血 糖？是 胰 岛 素 剂 量 大
yī shēng / wǒ chī le zǎo fàn de / wèi shén me hái huì fā shēng dī xuè táng / shì yí dǎo sù jì liàng dà

了 吗？
le ma

谢 刚：应 该 主 要 和 您 的 早 饭 有 关 系。您 吃 的 东 西 大 多 是 脂 肪 和 蛋 白 质，没 有
yīng gāi zhǔ yào hé nín de zǎo fàn yǒu guān xì / nín chī de dōng xi dà duō shì zhī fáng hé dàn bái zhì / méi yǒu

duōshao tànshuǐhuà wù　jī dàn méiyǒu tànshuǐhuà hé wù　ér niú nǎi de tànshuǐhuà hé wù duì nín lái
多少碳水化合物。鸡蛋没有碳水化合物，而牛奶的碳水化合物对您来

shuō bú gòu　wǒmen de shēn tǐ zài zhèngchángzhuàng tài xià bú huì zhuǎnhuà zhīfáng hé dànbái zhì lái wéi
说不够。我们的身体在正常状态下不会转化脂肪和蛋白质来维

chí xuètáng　zhǐyǒu zài jìn shízhuàng tài xià cái huì zhuǎnhuà　zǎofàn zhōng tànshuǐhuà hé wù de hánliàng
持血糖，只有在禁食状态下才会转化。早饭中碳水化合物的含量

jiào dī　kě néng wú fǎ wéichí nín de xuètángshuǐpíng　zuì zhòngyào de shì　yí dǎo sù de yìngyòngjiàng
较低，可能无法维持您的血糖水平。最重要的是，胰岛素的应用降

dī le xuètángshuǐpíng　dǎo zhì dī xuètáng
低了血糖水平，导致低血糖。

tángniàobìnghuànzhě bú shì yīnggāishǎochīshèn zhì bù chī mǐ hé miàn yí lèi de zhǔshí ma
王晓璐：糖尿病患者不是应该少吃甚至不吃米和面一类的主食吗？

tángniàobìnghuànzhě de yǐn shí yīnggāi shì hé lǐ kòng zhì zǒng rè liàng　tànshuǐhuà hé wù　dànbái zhì
谢　刚：糖尿病患者的饮食应该是合理控制总热量，碳水化合物、蛋白质、

zhīfáng　gāoxiānwéi shí wù jūnhéng dā pèi　bìng bú shì yí wèi de jiǎnshǎoshèn zhì wánquán bù chī mǒu yì
脂肪、高纤维食物均衡搭配，并不是一味地减少甚至完全不吃某一

zhǒng shí wù　yīn cǐ　yào chī zhǔshí　dànyīnggāikòng zhì měi rì zǒng rè liàngshè rù
种食物。因此，要吃主食，但应该控制每日总热量摄入。

hǎo de　wǒ míngbai le　xiè xie yī shēng
王晓璐：好的，我明白了。谢谢医生。

Conversation Two
Diagnosis of Hypoglycemia

Situation：The patient in bed 10 suddenly complains of palpitation, tremors and excessive sweating.

Characters：Xie Gang(Doctor)

Li Dan(Nurse)

Wang Xiaolu (Patient, female)

Time：10:30 a. m.

Site：Inpatient ward 3 of endocrinology and metabolic diseases

Wang Xiaolu：Doctor, I feel flustered and my hands are trembling. I am also sweating a lot and I can not see clearly.

Xie Gang： Did you have breakfast this morning?

Wang Xiaolu：I had an egg and a glass of milk after injecting insulin in the morning.

Xie Gang： You may be suffering from hypoglycemia. We will check your blood glucose immediately.

(The nurse measures the blood glucose of the patient)

Li Dan： Blood glucose is 3.2 mmol/L.

Xie Gang： It's hypoglycemia. Give two tubes of 50% glucose to the patient.

(Half an hour after drinking the glucose water, the Wang Xiaolu's symptoms gradually relieve)

Wang Xiaolu：Doctor, even when I had eaten my breakfast, why did I get hypoglycemia? Was the dose of insulin too high?

Xie Gang： It may have something to do with your breakfast. You mostly ate fats and proteins without much carbohydrate. Eggs do not contain any carbohydrate whereas the carbohydrate in milk was not enough for you. Our body does not convert fats and proteins to maintain the blood glucose in normal state and does so only in fasting state. The amount of carbohydrate in your breakfast was less which may not have maintained your blood glucose level. On top of that, the administration of insulin, which decreases the blood glucose levels, led to hypoglycemia.

Wang Xiaolu：But shouldn't diabetics eat less or avoid even staple foods like rice and noodles?

Xie Gang： Instead of blindly reducing or not eating a certain kind of food, the diet of diabetic patients should reasonably control the total calories, with a balanced combination of carbohydrate, protein, fat, high-fiber foods. Hence, staple food can be eaten but the total daily caloric intake should be maintained.

Wang Xiaolu：OK, I see. Thank you, doctor.

huì huà sān　　táng niào bìng tóng zhèng suān zhòng dú de zhěn zhì
会话三　糖尿病酮症酸中毒的诊治

qíng jǐng　jiào xué chá fáng táng niào bìng tóng zhèng suān zhòng dú de zhěn zhì
情　景：教学查房糖尿病酮症酸中毒的诊治。

rén wù　wáng xiǎo　jiào shòu
人　物：王晓（教授）

lǐ jìng　zhǔ guǎn yī shēng
李静（主管医生）

guī péi yī shēng yī
规培医生一

guī péi yī shēng èr
规培医生二

shí xí yī shēng yī
实习医生一

shí xí yī shēng èr
实习医生二

shí jiān　shàng wǔ shí diǎn bàn
时　间：上午十点半

dì diǎn　nèi fēn mì dài xiè kē zhù yuàn bù jiào shì
地　点：内分泌代谢科住院部教室

jīn tiān wǒ men jiào xué chá fáng de nèi róng shì　chuáng táng niào bìng tóng zhèng suān zhòng dú　gāng
王　晓：今天我们教学查房的内容是 12 床糖尿病酮症酸中毒。刚

cái wǒ men yǐ jīng zài bìng fáng jìn xíng le bìng shǐ xún wèn hé tǐ gé jiǎn chá　xiàn zài wǒ men tǎo lùn yī
才我们已经在病房进行了病史询问和体格检查，现在我们讨论一

xià yǒu guān táng niào bìng tóng zhèng suān zhòng dú de zhěn duàn jí zhì liáo de yì xiē wèn tí　shǒu xiān
下有关糖尿病酮症酸中毒的诊断及治疗的一些问题。首先

wǒ yǒu yí gè wèn tí　zěn me zhěn duàn táng niào bìng tóng zhèng suān zhòng dú
我有一个问题，怎么诊断糖尿病酮症酸中毒？

huàn zhě de xuè táng míng xiǎn shēng gāo　xuè tóng shēng gāo　huò zhě xiǎo biàn zhōng niào tóng chéng yáng
实习医生一：患者的血糖明显升高，血酮升高，或者小便中尿酮呈阳

xìng　xuè qì fēn xī tí shì yǒu suān zhòng dú
性，血气分析提示有酸中毒。

kě yǐ fēn wéi táng niào bìng tóng zhèng　táng niào bìng tóng zhèng suān zhòng dú　táng niào bìng tóng
实习医生二：可以分为糖尿病酮症、糖尿病酮症酸中毒、糖尿病酮

zhèng suān zhòng dú xìng hūn mí sān gè jiē duàn　shì nèi fēn mì kē de jí zhèng　xū yào jí shí
症酸中毒性昏迷三个阶段，是内分泌科的急症，需要及时、

正 确 的 抢 救处理。

王　　晓：很好，那接下来我们再讨论一下糖尿病酮症酸中毒的处理
原则。

规培医生一：因为大量失水是糖尿病酮症酸中毒的主要症状，失水量
可以达到 100～150mL/kg，因此补液是最关键的治疗措施。在血糖
很高的时候，先用生理盐水补液，待血糖下降到 13.9 mmol/L
以下，可以换用糖水补液。开始的两小时，补液速度要快，可以
补 1 000～2 000 毫升的液体。24 小时可以补到 4 000～5 000 毫升
的液体。补液过程中需要注意患者的心功能、尿量等
情况。

规培医生二：在补液的基础上，使用小剂量的胰岛素持续静脉滴注（0.1 U/kg·h），
降低血糖。

王　　晓：大家需要注意的是，只能使用短效或速效的胰岛素静脉滴注。那
酸中毒需要积极处理吗？

李　　静：经输液和胰岛素治疗后，酮体水平下降，酸中毒可自行纠正，
一般不必补碱。如果补碱过早、过多、过浓，可能会导致一些不
良后果。快速补碱后，血液 pH 值上升，但是由于血脑屏障
的存在，脑脊液 pH 值仍低，易发生脑水肿。而且补碱过多、过
快，不利于氧合血红蛋白释放氧，导致组织缺氧。另外，快速
补碱后，易引起低钾血症。只有当血液 pH 值低于 7.1，碳酸氢
根低于 5 mmol/L，可考虑输等渗碳酸氢钠纠正糖尿病酮症

酸中毒。

王　　晓：李医生说得很对。糖尿病酮症酸中毒的纠酸一定要谨慎。那我们还有一些什么问题需要重点关注呢？

规培医生一：一定要注意电解质的情况。在糖尿病酮症酸中毒的初期，由于大量的失水和氢钾交换，钾离子从细胞内向细胞外转移，可能造成血钾正常或升高。但是随着补液、胰岛素的使用以及糖尿病酮症酸中毒的纠酸，血钾会下降，因此要监测电解质，根据尿量及血钾情况适时补钾。

规培医生二：同时还须注意处理糖尿病酮症酸中毒的诱因，比如感染，根据感染部位和病原微生物的情况选择使用敏感抗生素。

李　　静：要重视对患者进行相关的糖尿病知识普及，比如像12床这种1型糖尿病患者，要教会患者自己正确掌握胰岛素的注射方法，不能随便中断胰岛素治疗等。

王　　晓：大家的发言都很好。通过今天对糖尿病酮症酸中毒的讨论和学习，相信大家已经掌握了如何正确识别和及时抢救糖尿病酮症酸中毒的患者。谢谢大家！

Conversation Three
Diagnosis and Treatment of
Diabetic Ketoacidosis

Situation: Diagnosis and treatment of diabetic ketoacidosis in teaching ward rounds.

Characters: Wang Xiao(Professor)

Li Jing (Doctor in charge)

Resident doctor 1

Resident doctor 2

Intern 1

Intern 2

Time: 10:30 a. m.

Site: Classroom of inpatient department

Wang Xiao: Today our ward round is about the patient of diabetic ketoacidosis in bed number 12. We have just had a medical history inquiry and physical examination in the ward. Now let's discuss some questions about the diagnosis and treatment of diabetic ketoacidosis. First, I want to ask you a question, how to diagnose diabetic ketoacidosis?

Intern 1: The patient's blood glucose is increased, blood ketones are raised with positive urinary ketones. Blood gas analysis indicates acidosis.

Intern 2: We can divide it into three stages: diabetic ketosis, diabetic ketoacidosis, and diabetic ketoacidosis coma. It is an emergency of the endocrinology department and needs timely and correct treatment.

Wang Xiao: Very good, then let's talk about the principles of treatment of diabetic ketoacidosis.

Resident doctor 1: As severe dehydration is the main symptom of ketoacidosis with body water loss reaching between 100 and 150 mL/kg, rehydration is the most critical treatment. As the blood glucose is high, rehydration should be initiated with normal saline. When the blood glucose is below

13. 9 mmol/L, we can switch normal saline to dextrose water instead. In the first two hours the speed of fluid replenishment should be faster with 1 ~ 2 liters of fluid. In subsequent 24 hours 4 ~ 5 liters should be replenished in total. During rehydration, attention should be paid to the patient's cardiac function and urine volume.

Resident doctor 2: Continuous intravenous infusion of insulin in small dose (0. 1 U/kg · h) should be done to reduce blood glucose on the basis of rehydration.

Wang Xiao: It should be noted that only short-acting or quick-acting insulin intravenous drip can be used. Does acidosis need active treatment?

Li Jing: After rehydration therapy and insulin infusion the ketone body level drops. This can correct acidosis without bicarbonate replenishment. If bicarbonate supplementation is given too early, excessively or rapidly, it may lead to adverse consequences. If bicarbonate infusion is given rapidly the blood pH will rise. However, pH of cerebrospinal fluid will remain low because of blood-brain barrier and thus, prone to cerebral edema. Moreover, excessive or rapid infusion will prevent the release of oxygen by oxyhemoglobin resulting in tissue hypoxia. In addition, after rapid bicarbonate replenishment, hypokalemia is prone to occur. Only with blood pH < 7. 1 and HCO_3^- < 5 mmol/L sodium bicarbonate can be considered to correct acidosis.

Wang Xiao: Dr. Li is right. Care must be taken to correct the acidosis in diabetic ketoacidosis. Then what else do we need to focus on?

Resident doctor 1: We should pay close attention to electrolytes. In the early stage of ketoacidosis, due to severe dehydration and H^+-K^+-exchange, potassium ions transfer from intracellular to the extracellular space, which may lead to normal or elevated serum potassium level. However, with the use of fluid replacement, insulin and acidosis correction, serum potassium will decrease. Therefore, electrolyte should be monitored and potassium should be supplemented timely according to the urine volume and serum potassium status.

Resident doctor 2: At the same time, attention should also be paid to the causes of ketoacidosis. Take infection as an example, proper antibiotics should be chosen according to the infection site and pathogenic microorganisms.

Li Jing： Due attention should also be paid to educating the diabetic patients such as type 1 diabetes patient in bed 12. We should teach patients how to correctly master insulin injection methods and also not interrupt insulin therapy at will.

Wang Xiao： You all have made the points clear. Through today's discussion and study of diabetic ketoacidosis，I believe that all of you have mastered how to correctly identify and timely rescue patients with diabetic ketoacidosis. Thank you！

生词

小便	（名）	xiǎobiàn	urination
食欲	（名）	shíyù	appetite
体重	（名）	tǐzhòng	weight
血糖	（名）	xuètáng	blood glucose
尿糖	（名）	niàotáng	urine glucose
总热量	（名）	zǒngrèliàng	total calorie
淀粉	（名）	diànfěn	starch
杂粮	（名）	záliáng	grain
蛋白质	（名）	dànbáizhì	protein
胰岛素	（名）	yídǎosù	insulin
低血糖	（名）	dīxuètáng	hypoglycemia
葡萄糖	（名）	pú·taotáng	glucose
酸中毒	（名）	suānzhòngdú	acidosis
糖尿病酮症酸中毒		tángniàobìng tóngzhèng suānzhòngdú	diabetic ketoacidosis
血酮	（名）	xuètóng	blood ketone
尿酮	（名）	niàotóng	urinary ketone
血气	（名）	xuèqì	blood gas
昏迷	（动）	hūnmí	be in coma
失水	（动）	shī//shuǐ	dehydrate
补液	（动）	bǔ//yè	rehydrate

生理盐水		shēnglǐ yánshuǐ	normal saline
心功能	（名）	xīngōngnéng	cardiac function
剂量	（名）	jìliàng	dose
短效	（形）	duǎnxiào	short-acting
速效	（形）	sùxiào	quick-acting
酮体	（名）	tóngtǐ	ketone body
补碱	（动）	bǔ//jiǎn	replace bicarbonate
血脑屏障		xuè-nǎopíngzhàng	blood-brain barrier
脑脊液	（名）	nǎojǐyè	cerebrospinal fluid
脑水肿	（名）	nǎoshuǐzhǒng	cerebral edema
氧合血红蛋白		yǎnghé xuèhóngdànbái	oxyhemoglobin
缺氧	（动）	quē//yǎng	have hypoxia
低钾血症	（名）	dījiǎxuèzhèng	hypokalemia
碳酸氢钠	（名）	tànsuānqīngnà	sodium bicarbonate
电解质	（名）	diànjiězhì	electrolyte
钾离子	（名）	jiǎlízǐ	potassium ion
细胞内	（形）	xìbāo nèi	intracellular
细胞外	（形）	xìbāo wài	extracellular
血钾	（名）	xuèjiǎ	serum potassium
病原微生物		bìngyuán wēishēngwù	pathogenic microorganism
抗生素	（名）	kàngshēngsù	antibiotic
注射	（动）	zhùshè	inject

练习

一、听和说

1. **听录音，连线。**

饭量   zálíáng

血糖   shū//yè

淀粉   fàn·liàng

杂粮   xuèjiǎ

脂肪   shī//shuǐ

血钾   bǔ//yè

失水   diànfěn

补液   tóngtǐ

输液   zhīfáng

酮体   xuètáng

2. 听录音，选词语。

（1）经输液和（　　）治疗，酮体水平下降，酸中毒可自行纠正。

    A. 青霉素   B. 胰岛素   C. 红霉素   D. 维生素

（2）如果（　　）过多、过快，不利于氧合血红蛋白释放氧。

    A. 补水   B. 补血   C. 补钙   D. 补碱

（3）根据（　　）部位和病原微生物的情况选择使用敏感抗生素。

    A. 感染   B. 伤口   C. 心脏   D. 胰腺

（4）医生要重视对患者进行相关的（　　）知识普及。

    A. 冠心病   B. 尿毒症   C. 糖尿病   D. 肾功能

（5）我相信你们已经掌握了怎样诊断糖尿病酮症（　　）。

    A. 酸中毒   B. 铅中毒   C. 铊中毒   D. 急症

3. 听对话，选答案。

（1）A. 很小   B. 厌食   C. 很大   D. 不大

（2）A. 糖尿病   B. 冠心病   C. 心脏病   D. 尿毒症

（3）A. 面食   B. 肥肉   C. 甜食   D. 蔬菜

（4）A. 甲流   B. 甲状腺炎   C. 甲亢   D. 甲肝

（5）A. 血尿   B. 血糖   C. 血栓   D. 尿糖

4. 完成下列会话。

（1）A：患者为什么到医院就诊？

    B：＿＿＿＿＿＿＿＿＿＿＿＿＿＿＿＿＿＿＿＿＿。（因为……和……）

（2）A：最近你的身体出现了哪些症状？

    B：＿＿＿＿＿＿＿＿＿＿＿＿＿＿＿＿＿＿＿＿＿。（……越来越……）

（3）A：医生，我已经取了药。我会按时吃药的。

    B：＿＿＿＿＿＿＿＿＿＿＿＿＿＿＿＿＿＿＿＿＿。（如果……你可以……）

（4）A：甲亢患者在饮食上有没有什么需要注意的呢？

    B：＿＿＿＿＿＿＿＿＿＿＿＿＿＿＿＿＿＿＿＿＿。（……比如……）

（5）A：糖尿病患者不是应该少吃甚至不吃米和面一类的主食吗？

    B：＿＿＿＿＿＿＿＿＿＿＿＿＿＿＿＿＿＿＿＿＿。（……并不是……）

5. 情景交际练习。

情景一：一位五十岁左右的妇女因为口干、小便量多来医院看病。请根据情景，两人一组进行会话练习。

情景二：一位患者因为多汗、手抖、消瘦到医院看病。实习生跟着医生在门诊做诊断记录。请三人一组模仿医生、患者和实习生进行会话练习。

二、读和写

1. 选词填空。

糖尿病　高渗　失水　甲状腺　长期　胰岛素　盐水　心悸

（1）你需要抽血做（　　　　）功能检查和甲状腺彩超。

（2）患者突然出现（　　　　）、手抖、多汗等低血糖症状。

（3）这位严重的糖尿病患者学会了自己注射（　　　　）。

（4）快拿两支 50％ 的（　　　　）葡萄糖水给患者喝。

（5）今天我们的教学内容是（　　　　）酮症酸中毒。

（6）在血糖很高的时候，先用生理（　　　　）补液。

（7）甲亢是一个慢性病，需要用药物进行（　　　　）治疗。

（8）大量（　　　　）是糖尿病酮症酸中毒的主要症状。

2. 句子排序。

（1）A. 是最关键的　　B. 治疗措施　　C. 补液　　　　　　　（　　　　）

（2）A. 血糖　　　　　B. 患者的　　　C. 明显升高　　　　　（　　　　）

（3）A. 低血糖　　　　B. 还会发生　　C. 为什么　　　　　　（　　　　）

（4）A. 都要起夜　　　B. 我每天晚上　C. 两三次　　　　　　（　　　　）

（5）A. 先给你　　　　B. 做一下体检　C. 让我　　　　　　　（　　　　）

3. 完成下列句子。

（1）你太太　越来越　为什么　瘦了

_____？

（2）做血糖　你需要　检查　和小便

_____。

（3）并不是　才得糖尿病　糖吃多了　因为

_____。

（4）饮食上　总热量　需要控制　主要

_____。

（5）我们　血糖　马上　给你测一下

4. **短文阅读。**

　　低血糖症，是一组由多种病因引起的血浆（或血清）葡萄糖浓度降低，并足以引起相应症状和体征的临床综合征，但当血浆葡萄糖浓度升高后，症状和体征也随之消退。患者常以交感神经兴奋和（或）神经精神及行为异常为主要特点，血糖浓度更低时可能出现癫痫样发作、昏迷和死亡。

　　一般引起低血糖症的血浆葡萄糖阈值为 2.8 ~ 3.9 mmol/L，然而，对于反复发作的低血糖症患者，这一阈值则会向更低的血糖浓度偏移。低血糖症可以发生在非糖尿病患者身上，也可发生在糖尿病患者身上。糖尿病患者的低血糖症往往是伴随降低血糖的治疗而发生，其首要任务是调整治疗方案以尽量减少或消除低血糖症的发生。对于非糖尿病患者的低血糖症，首要任务是作出精确的病因诊断，在病因明确的基础上选择正确的治疗方案。根据低血糖症的发病机制，低血糖症可分为胰岛素介导性和非胰岛素介导性两大类。

（左莹　杨春耘）

第五课　血液科
Lesson Five　Hematology

会话一　缺铁性贫血病情诊断

情　景：林湘带她十四岁的女儿孙静雅去医院看病。

人　物：邹教授（医生）

　　　　孙静雅（患者，女）

　　　　林湘（患者母亲）

时　间：上午八点半

地　点：血液科门诊室

邹教授：谁不舒服？

林　湘：我女儿孙静雅，她有些不舒服。

邹教授：你好，孙静雅。我看你脸色有点苍白，告诉我你哪里不舒服。

孙静雅：医生好。我觉得最近有些乏力，心里有点慌。

邹教授：具体是怎么样的？

孙静雅：上体育课我感觉体力不够，稍微跑一下，就累得上气不接下气，心跳加速。我家住六楼，放学上楼感觉也没以前有力气，不想动，心里有点慌。

邹教授：还有吗？

孙静雅：总想睡觉。蹲久了站起来会觉得头晕。

邹教授：这种情况有多久了？

孙静雅：估计两个月吧，起初我认为不严重，家人也没有注意到我的症状。后来家人察觉我最近食欲很差，脸色也不好看。他们担心我，所以让我来医院检查。

林　湘：是的，医生。我女儿最近食欲很差，早上不想起床，老师也说她最近上课精力不集中。我发现她最近容易发怒，不知道是不是学习压力太大了。

邹教授：还有什么吗？

孙静雅：没有了。

邹教授：除了这些外，有没有发烧、头痛？

孙静雅：没有。

邹教授：孙静雅，你今年多大了？

孙静雅：14岁。

邹教授：在你们同学中，你的身高怎么样？

孙静雅：我个子有点矮，坐在教室前排。

邹教授：你挑食吗？最近饮食方面有没有什么改变？

孙静雅：我一般不挑食，什么都吃，但最近没有什么食欲。

邹教授：刷牙时会出血吗？

孙静雅：不会。

邹教授：你来月经了吧？

孙静雅：是的。

邹教授：那月经量怎么样？

孙静雅：还正常吧。

邹教授：能不能具体描述一下呢，比如每次月经持续几天？每天要换几次卫生巾？卫生巾都湿透了吗？

孙静雅：每次持续三四天，每天要换三次至四次，卫生巾大概打湿一半。

邹教授：最近小便怎么样？颜色正常吗？有没有腹泻？

孙静雅：小便没问题，颜色正常。没有腹泻。

邹教授：最近口腔有溃疡吗？

孙静雅：两周前有过，一个星期就好了。

邹教授：身体上有没有觉得痛或不舒服的地方？

孙静雅：没有，就是感觉没有精神。

邹教授：现在把你的手指伸出来我看看。

（患者伸出双手让医生检查。医生主要观察了她的指甲，可以看到她指甲缺乏光泽）

邹教授：现在伸出你的舌头，我看看舌苔。

（医生看到她的舌苔苍白，舌乳头略呈萎缩样干燥）

邹教授：你们有没有药物、食物或者其他过敏史？有没有什么家族遗传性疾病？

林　湘：没有。

邹教授：经过你们描述和我初步检查，孩子只是贫血，应该没有严重问题。贫血导致孩子面色苍白、身体供氧不足，所以她觉得累。久蹲起立有头晕也是大脑供氧不足引起的。另外，贫血也导致食欲不好、上课精神不集中、烦躁易怒。贫血的原因有很多种，如血细胞生成减少，或者破坏过多，或者丢失过多。我从孩子的病史了解到，她没有明显失血情况，也没有溶血的表现，所以我推测应该是红细胞生成减少所致。至于红细胞为什么生成减少，从刚才我检查孩子的舌头和指甲形状来看，推测缺铁性贫血可能性大。她现在处于青春期，生长发育较快。如果这个时候摄入含铁食物不足，可能发生缺铁性贫血。接下来需要做进一步检查来证实我的推断。现在我给你开相应的检查单，拿到结果后请再来找我看一下。

（医生开的检查有：血常规＋网织红细胞、铁蛋白、骨髓细胞检查、骨髓细胞铁染色）

林湘：好的，谢谢医生。那我们检查完后再来。

（三个小时后，医生看了报告）

邹教授：现在可以肯定孙静雅就是缺铁性贫血了。她血常规显示血红蛋白只有78，平均红细胞体积、平均红细胞血红蛋白浓度、平均红细胞血红蛋白含量都是偏低的，红细胞分布宽度增高，这属于小细胞低色素非均一性中度贫血。加上铁蛋白减低，骨髓外铁阴性，这些就肯定她是缺铁性贫血了。现在我给你开点补铁的口服药，然后多吃海带、猪肝、木耳、红枣、菠菜，这些都是含铁比较丰富的食物。两周左右

qǐng dào ménzhěn fù chá　　wǒ jiāngpànduàn nǐ bǔ tiě zhì liáo shì fǒu yǒuxiào
请 到 门 诊 复 查，我 将 判 断 你 补 铁 治 疗 是 否 有 效 。

hǎo de　　xiè xie yī shēng
孙静雅：好 的。谢 谢 医 生 。

xiè xie yī shēng　zài jiàn
林　湘：谢 谢 医 生 。再 见。

zài jiàn
邹教授：再 见。

Conversation One
Diagnosis of Iron-Deficiency Anemia（IDA）

Situation：Lin Xiang brings her 14-year-old daughter Sun Jingya to the hospital.

Characters：Professor Zou（Doctor）

Sun Jingya（Patient，female）

Lin Xiang（Patient's mother）

Time：8:30 a. m.

Site：Hematology outpatient clinic

Professor Zou：Can you please tell me who is uncomfortable?

Lin Xiang：My daughter, Sun Jingya, she is feeling sick.

Professor Zou：Hello, Jingya. You look pale. Tell me what's wrong with you?

Sun Jingya：Good morning, Professor Zou. I feel weak and have palpitations these days.

Professor Zou：Can you tell me more about it?

Sun Jingya：During my PE class, I feel weak, tired and out of breath after running for a few minutes. My heart beat speeds up. We live on the 6th floor. When I take the stairs home, I don't feel as strong as before. I feel like I have to rest and I also have palpitations at the same time.

Professor Zou：Anything else?

Sun Jingya：I always feel sleepy. I also feel dizzy after crouching.

Professor Zou: How long have you had these problems?

Sun Jingya: It has already been two months. At the beginning I did not consider it serious and nobody in my family noticed my symptoms. However, recently my family noticed that I am not eating well and also have a pale face. They are worried about me and have asked me to come here for a check-up.

Lin Xiang: Professor Zou, my daughter has a bad appetite. She doesn't want to get up in the morning. Her teacher also said that she is not concentrating in class these days. For the past few weeks I have noticed that she gets angry very quickly. I wonder if she is under too much pressure in her study.

Professor Zou: Anything else?

Sun Jingya: Nothing more, Professor Zou.

Professor Zou: Besides these, do you have any fever or headache?

Sun Jingya: No.

Professor Zou: How old are you, Jingya?

Sun Jingya: 14 years old.

Professor Zou: How is your height among your classmates?

Sun Jingya: I am a little bit short and I like to sit on the front bench in the classroom.

Professor Zou: Are you picky regarding the choice of your food? Is there any change in your diet recently?

Sun Jingya: I am not choosy regarding food. Usually, I like to eat everything. However, recently I have poor appetite.

Professor Zou: Do you have bleeding from gums while brushing your teeth?

Sun Jingya: No.

Professor Zou: Are you on your menstruation?

Sun Jingya: Yes.

Professor Zou: How about your menstrual blood volume?

Sun Jingya: It's normal.

Professor Zou: Can you describe it specifically, for example, how many days does it last every time? How many times do you need to change your sanitary napkin every day? Is it fully soaked?

Sun Jingya: The bleeding lasts for 3 ~ 4 days each time. I usually change 3 ~ 4 sanitary pads in a day. Each pad is almost half wet.

Professor Zou: How about your urination recently? Is the colour normal? Do you have diarrhea?

Sun Jingya: I don't have any problem with urination, its color is normal. I also do not have diarrhea.

Professor Zou: Do you have mouth ulcer recently?

Sun Jingya: I had it two weeks ago, and it lasted about a week.

Professor Zou: Is there any pain or discomfort in your body?

Sun Jingya: No. I just feel tired.

Professor Zou: Can you please show me your hand?

(The patient puts out her hands for examination. The Professor Zou mainly inspects her nails. Her nails lack luster)

Professor Zou: Can you please protrude your tongue.

(The Professor Zou observes that her tongue surface is pale and her tongue papilla are also slightly atrophic and dry)

Professor Zou: Do you have any allergies to drugs, food or anything which you are aware of? Is there any known genetic disease in the family?

Lin Xiang: No.

Professor Zou: After listening to your complaints and a thorough preliminary examination, I think she is having anemia. This is not a serious condition. Anemia is the reason why she looks pale. Her body doesn't have enough oxygen, so she feels tired. The dizziness she feels when she stands after prolonged squatting is also caused by insufficient oxygen supply to the brain. In addition, anemia also leads to poor appetite, the lack of concentration and irritability. There are many reasons for anemia, such as blood cell destruction(hemolysis), excessive damage to the cells, or excessive blood loss. I learn from the child's medical history that she doesn't have obvious blood loss and there is no clinical evidence of blood cell destruction. So my assumption is that her anemia is due to decreased cell production. Probably due to iron deficiency, according to my preliminary examination of her tongue and nails. As for why? She is now in adolescence and growing faster. If she is not taking enough iron-containing food, iron deficiency anemia may occur. However, a few blood tests are needed to confirm iron deficiency anemia. Now I am going to write a few blood tests. Please come back to me after you get the results.

(The Professor Zou writes these examinations: blood routine test + reticulocyte count, serum ferritin, bone marrow examination, prussian blue stain)

Lin Xiang: OK. Thank you, Professor Zou. We will come back after we get the reports.

(Three hours later, the Professor Zou reads the report)

Professor Zou: These reports confirm that Sun Jingya is suffering from iron deficiency anemia. Her blood routine shows that her hemoglobin is only 78, MCV (mean cell volume), MCHC (mean corpuscular hemoglobin concentration), MCH (mean corpuscular hemoglobin) are all reduced, RDW (red blood cell distribution width) has increased. All these indicate she is having a moderate degree of microcytic hypochromic anemia. In addition, ferritin is reduced, which indicates that her iron store is also reduced. All these indicate that she has iron deficiency anemia. So I am going to prescribe the iron supplementation tablets. Also she should eat more iron-rich food such as kelp, pork liver, fungus, red jujube, spinach. Start taking the iron tablets immediately and come to my clinic for re-examination in about two weeks. I will re-evaluate her and will also do some tests to check if these iron supplement treatments are effective or not.

Sun Jingya: OK. Thank you, Professor Zou.

Lin Xiang: Thank you Professor Zou, bye-bye.

Professor Zou: You are welcome. Bye-bye.

huì huà èr　　bái xuè bìng bìng qíng zhěn duàn
会话二　白血病病情诊断

情　景：sì shí suì de yóu qī gōng zhōu jié yīn wèi fā rè lái kàn yī shēng
四十岁的油漆工周杰因为发热来看医生。

人　物：zōu jiào shòu　yī shēng
邹教授（医生）

zhōu jié　huàn zhě　nán　yóu qī gōng
周杰（患者，男，油漆工）

时　间：shàng wǔ jiǔ diǎn
上午九点

地　点：xuè yè kē mén zhěn shì
血液科门诊室

邹教授：您好。怎么啦？
nín hǎo　zěn me la

周　杰：您好，医生。我最近总是有点发烧。
nín hǎo　yī shēng　wǒ zuì jìn zǒng shì yǒu diǎn fā shāo

邹教授：有多久了？一般烧到多少度？
yǒu duō jiǔ le　yì bān shāo dào duō shao dù

周　杰：有一个星期了。温度不高，38℃左右，低烧。我觉得没精神。
yǒu yí gè xīng qī le　wēn dù bù gāo　zuǒ yòu　dī shāo　wǒ jué de méi jīng shen

邹教授：通常什么时候发热？有规律吗？
tōng cháng shén me shí hòu fā rè　yǒu guī lǜ ma

周　杰：没有规律，一直发烧。
méi yǒu guī lǜ　yì zhí fā shāo

邹教授：那您治疗过吗？
nà nín zhì liáo guo ma

周　杰：治疗过。我以为是感冒，就去药店买了感冒药。吃了三天还不起作用，
zhì liáo guo　wǒ yǐ wéi shì gǎn mào　jiù qù yào diàn mǎi le gǎn mào yào　chī le sān tiān hái bù qǐ zuò yòng

我就去镇医院查了血。
wǒ jiù qù zhèn yī yuàn chá le xuè

邹教授：最近体重有减轻吗？
zuì jìn tǐ zhòng yǒu jiǎn qīng ma

周　杰：没有明显改变。
méi yǒu míng xiǎn gǎi biàn

邹教授：晚上睡觉怎么样？
wǎn shang shuì jiào zěn me yàng

周　杰：能睡，但睡眠质量不好。发烧呢。

邹教授：您半夜会出汗吗？

周　杰：不出汗。

邹教授：除了发热，还有其他症状吗？

周　杰：我感觉没有精神，食欲不好。

邹教授：有头痛、头晕之类的症状吗？

周　杰：没有头痛，稍微有点头晕。面色也越来越差了。

邹教授：最近大小便怎么样？

周　杰：小便正常，但是有点拉肚子。

邹教授：大便是什么颜色的？

周　杰：褐色，有点暗。

邹教授：那您刷牙时牙龈出血吗？

周　杰：有，这几天刷牙的时候就有点流血。

邹教授：那您身上有瘀斑、瘀点吗？

周　杰：没有。

邹教授：最近有没有觉得乏力、气短？

周　杰：有的。

邹教授：还有什么不舒服吗？

周　杰：没有了。

邹教授：您是做什么工作的？

周　杰：我是油漆工。

邹教授：gàn le duō jiǔ le
干了多久了？

周　杰：gàn le　　nián le
干了15年了。

邹教授：yǒudìng qī tǐ jiǎnma
有定期体检吗？

周　杰：jī hū méiyǒu tǐ jiǎn　wǒ méijué de shēn tǐ yǒuwèn tí
几乎没有体检。我没觉得身体有问题。

邹教授：nín yǒuméiyǒuguòmǐn shǐ　yǒuméiyǒushén me jiā zú yí chuánxìng jí bìng
您有没有过敏史？有没有什么家族遗传性疾病？

周　杰：méiyǒu
没有。

邹教授：nín shuōzài zhèn yī yuànchá le xuè　qǐng gěi wǒ kànkan jié guǒ
您说在镇医院查了血，请给我看看结果。

周　杰：hǎo de
好的。

yī shēngkànbàogào
（医生看报告）

邹教授：xuèchángguībàogàoxiǎn shì bái xì bāowéi　　　　dàndān hé xì bāo bǐ lì hěngāo　wéi
血常规报告显示白细胞为 14×10^9/L；但单核细胞比例很高，为54%，
xuèhóngdànbáiwéi　　　xuèxiǎobǎnwéi　　　nín jiā li yǒurén dé guobáixuèbìngma
血红蛋白为105 g/L，血小板为 63×10^{12}/L。您家里有人得过白血病吗？

周　杰：méiyǒu　yī shēng　yǒuzhè me yánzhòngma
没有。医生，有这么严重吗？

邹教授：nà nín shēnshangyǒuméiyǒushén me zhǒngkuài　zài jǐng bù　huò yè xià　yòuhuòzhě dà tuǐ gēn bù
那您身上有没有什么肿块？在颈部，或腋下，又或者大腿根部？

周　杰：méiyǒu　bú guò jīn tiānzǎoshangwānyāo de shí hougǎnjué dù zi yǒushàng bù yǒudiǎn bù shū fu
没有。不过今天早上弯腰的时候感觉肚子右上部有点不舒服。

邹教授：zài nǎ lǐ　wǒ jiǎnchá yí xià
在哪里？我检查一下。

huànzhě zhǐ zhegānzàng bù wèi　yī shēngjiǎnchá
（患者指着肝脏部位，医生检查）

邹教授：nín yǒu fā rè　chūxuè　pínxuè jí jìn rùnbiǎoxiàn　jié hé bìng shǐ　chá tǐ hé xuèchángguī jié guǒ
您有发热、出血、贫血及浸润表现，结合病史、查体和血常规结果，
wǒ huái yí nín hěn kě néng dé le báixuèbìng　bú guòxiàn zài xū yàozuò jìn yí bù de jiǎncháquèzhěn　wǒ
我怀疑您很可能得了白血病。不过现在需要做进一步的检查确诊，我
jiàn yì nín zhùyuàn
建议您住院。

周　杰：á　hǎo ba　nà wǒ zhùyuàn ba
啊？好吧，那我住院吧。

zhōu jié bàn lǐ zhùyuànhòu jìn xíng le xuèchángguī　gǔ suǐ xì bāoxíngtài xué　liú shì xì bāofēn xī děngjiǎnchá
（周杰办理住院后进行了血常规、骨髓细胞形态学、流式细胞分析等检查）

Conversation Two
Diagnosis of Leukemia

Situation: Zhou Jie, a 40-year-old painter, comes to see the doctor because of fever.

Characters: Professor Zou (Doctor)

Zhou Jie (Patient, male, painter)

Time: 9:00 a. m.

Site: Hematology outpatient clinic

Professor Zou: Hello. What makes you visit this clinic today?

Zhou Jie: Hello, doctor. I am having continuous fever recently.

Professor Zou: How long has it been? How much is the temperature when you have a fever?

Zhou Jie: It has already been a week. The temperature is about 38 ℃, and I do not feel fresh.

Professor Zou: When do you usually have a fever? Does it happen regularly?

Zhou Jie: I feel feverish all the time.

Professor Zou: Have you taken any medicine for your fever?

Zhou Jie: Yes. I thought I caught a cold, so I went to the pharmacy to buy some medicines. I took those medicines for three days, but the fever did not subside. So, I went to the town hospital to do some blood tests.

Professor Zou: Have you lost your weight recently?

Zhou Jie: There is no obvious change in my weight.

Professor Zou: How about your sleep at night?

Zhou Jie: I can fall asleep, but the sleep quality is not good because of fever.

Professor Zou: Do you sweat in the middle of the night?

Zhou Jie: No.

Professor Zou: Besides fever, are there any other symptoms?

Zhou Jie：　　　　I don't feel refreshed and also have poor appetite.

Professor Zou：　Is there any symptom such as headache or dizziness?

Zhou Jie：　　　　No headache, but I feel little dizzy. I think my face is pale and it is getting worse.

Professor Zou：　How about your stool and urination recently?

Zhou Jie：　　　　The urine is normal, but I have diarrhea.

Professor Zou：　What color is the stool?

Zhou Jie：　　　　Brown, sometimes a bit dark.

Professor Zou：　Do you have bleeding gums while brushing your teeth?

Zhou Jie：　　　　Yes, the gums bleed while I brush my teeth these days.

Professor Zou：　Have you noticed any bruises or rashes on your body?

Zhou Jie：　　　　No.

Professor Zou：　Have you felt weak and short of breath recently?

Zhou Jie：　　　　Yes.

Professor Zou：　Are there any other discomforts you are having or want to share?

Zhou Jie：　　　　Nothing, doctor.

Professor Zou：　What do you do for living?

Zhou Jie：　　　　I am a painter.

Professor Zou：　How long have you been a painter?

Zhou Jie：　　　　I have been working for 15 years.

Professor Zou：　Do you have regular medical checkups?

Zhou Jie：　　　　I barely do regular medical checkups. I didn't think there's anything wrong with my body.

Professor Zou：　Do you have any allergies? Is there any genetic disease prevalent in the family?

Zhou Jie：　　　　No.

Professor Zou：　You said that you had done a blood test at the town hospital. Can you please show me the report?

Zhou Jie：　　　　Sure, doctor.

(The doctor is reading the report)

Professor Zou：　The routine blood test shows white blood cell count is $14 \times 10^9/L$, but the proportion of monocyte is as high as 54%, hemoglobin is 105 g/L, and platelet is $63 \times 10^{12}/L$. Is there anyone who has blood related disorder in your family?

| Zhou Jie： | No, doctor. Is my report serious? |

Professor Zou： Have you noticed any lumps at your body? For example, at the neck or under the armpit or at the groin?

Zhou Jie： No, doctor. But when I bent over this morning, I felt a little discomfortable in the upper right side of my abdomen.

Professor Zou： Where is it? Let me check.

(The patient points to the right upper quadrant of abdomen and the doctor examines it)

Professor Zou： You have a fever, bleeding, anemia and features of infiltration. From your medical history, physical examination and routine blood test results, my suspicion is that you might have developed leukemia. However, to confirm this, we have to do further multiple tests. So it is better if you are hospitalized.

Zhou Jie： Ah? Sure, doctor, I will be hospitalized.

(After hospitalizing, Zhou Jie takes blood tests, bone marrow examination, flow-cytometry analysis, etc.)

生 词

缺铁性贫血		quētiěxìng pínxuè	iron-deficiency anemia
乏力	（形）	fálì	weak
蹲	（动）	dūn	squat; crouch
头晕	（形）	tóuyūn	dizzy
挑食	（动）	tiāoshí	be picky
月经	（名）	yuèjīng	menstruation
卫生巾	（名）	wèishēngjīn	sanitary napkin/pad
腹泻	（动）	fùxiè	have diarrhea
溃疡	（动）	kuìyáng	have ulcer
光泽	（名）	guāngzé	luster
舌苔	（名）	shétāi	tongue coating
舌乳头	（名）	shérǔtóu	tongue papilla
过敏	（动）	guòmǐn	be allergic

溶血	（动）	róngxuè	haemolyse
青春期	（名）	qīngchūnqī	adolescence
网织红细胞		wǎngzhī hóngxìbāo	reticulocyte
铁蛋白	（名）	tiědànbái	ferritin
骨髓	（名）	gǔsuǐ	bone marrow
白血病	（名）	báixuèbìng	leukemia
大便	（名）	dàbiàn	bowel movement；stool
瘀斑	（名）	yūbān	purpura
单核细胞	（名）	dānhéxìbāo	monocyte
血红蛋白		xuèhóngdànbái	hemoglobin
血小板	（名）	xuèxiǎobǎn	platelet
肿块	（名）	zhǒngkuài	lump
浸润	（动）	jìnrùn	infiltrate
流式细胞分析		liúshì xìbāo fēnxī	flow-cytometry analysis

练习

一、听和说

1. 听录音，连线。

溶血　　　　　　　　　　　　xuèxiǎobǎn

血红蛋白　　　　　　　　　　báixuèbìng

食欲　　　　　　　　　　　　yūbān

血小板　　　　　　　　　　　tiědànbái

铁蛋白　　　　　　　　　　　róngxuè

白血病　　　　　　　　　　　xuèhóngdànbái

瘀斑　　　　　　　　　　　　shíyù

腹泻　　　　　　　　　　　　chū//hàn

出汗　　　　　　　　　　　　dānhéxìbāo

单核细胞　　　　　　　　　　fùxiè

2. **听录音，选词语。**

(1) 妈妈，大夫说您现在需要先（   ）。

    A. 喝水　　　　B. 打针　　　　C. 吃药　　　　D. 吃饭

(2) 刷牙出血是因为你的（   ）少了。

    A. 红细胞　　　B. 白细胞　　　C. 血小板　　　D. 单核细胞

(3) 爸爸，昨天晚上你（   ）怎么样？

    A. 吃饭　　　　B. 大便　　　　C. 小便　　　　D. 睡眠

(4) 小张，明天早上（   ）前你最好不要喝水。

    A. 抽烟　　　　B. 吃饭　　　　C. 睡觉　　　　D. 抽血

(5) 如果你有（   ），最好先做检查。

    A. 出血　　　　B. 腹泻　　　　C. 贫血　　　　D. 发热

3. **听对话，选答案。**

(1) A. 球场　　　　B. 食堂　　　　C. 教室　　　　D. 寝室

(2) A. 做 B 超　　　B. 抽血　　　　C. 做 CT　　　　D. 做 MRI

(3) A. 看电影　　　B. 做作业　　　C. 打篮球　　　D. 玩网游

(4) A. 交通事故　　B. 发病　　　　C. 喝酒　　　　D. 摔倒

(5) A. 80　　　　　B. 85　　　　　C. 100　　　　　D. 60

4. **完成下列会话。**

(1) A：你好，请问去检验科怎么走？

    B：＿＿＿＿＿＿＿＿＿＿＿＿＿＿＿＿＿。（首先……然后……）

(2) A：医生，为什么说我得的是缺铁性贫血呢？

    B：＿＿＿＿＿＿＿＿＿＿＿＿＿＿＿＿＿。（因为……所以……）

(3) A：明天我要去检验科实习。你已经实习过了，有什么建议吗？

    B：＿＿＿＿＿＿＿＿＿＿＿＿＿＿＿＿＿。（根据……你应该……）

(4) A：到目前为止，哪些因素可能影响化验结果？

    B：＿＿＿＿＿＿＿＿＿＿＿＿＿＿＿＿＿。（第一……第二……）

(5) A：你胃口好不好？

    B：＿＿＿＿＿＿＿＿＿＿＿＿＿＿＿＿＿。（……但是……）

5. **情景交际练习。**

情景一：一位患者拿着血常规报告请教医生。请两人一组进行会话练习。

情景二：一位缺铁性贫血患者治疗两周后找医生复查。请两人一组进行会话练习。

二、读和写

1. 选词填空。

白细胞　空腹　喝水　血小板　骨髓　病理　化疗　红细胞

（1）（　　　　）检查是白血病诊断的关键检查项目之一。

（2）白血病患者当前主要治疗手段是（　　　　）。

（3）（　　　　）增高是产生炎症的原因。

（4）贫血是因为（　　　　）减少，血红蛋白降低。

（5）生化项目检查需要（　　　　）。

（6）感冒发烧了应该多（　　　　）。

（7）如果你经常流鼻血，建议你先做血常规检查看看（　　　　）是否降低。

（8）淋巴瘤需要做（　　　　）活检才能确诊。

2. 句子排序。

（1）A. 缺铁性贫血　B. 补铁治疗　　C. 需要　　　　　　　　（　　　　）

（2）A. 出血　　　　B. 刷牙　　　　C. 会导致　　　　　　　（　　　　）

（3）A. 苍白　　　　B. 脸色　　　　C. 她女儿的　　　　　　（　　　　）

（4）A. 有吸烟史　　B. 很多　　　　C. 肺癌患者　　　　　　（　　　　）

（5）A. 建议你　　　B. 医生　　　　C. 先抽血　　　　　　　（　　　　）

3. 完成下列句子。

（1）白血病　你　我怀疑　很可能得了

_____。

（2）有　我的身上　和瘀点　瘀斑

_____。

（3）需要　现在　检查　做进一步

_____。

（4）不舒服　一定要　如果　去看医生

_____。

（5）患者的　医生说　家属　还没来

_____。

4. 短文阅读。

贫血是指人体外周血单位容积内血红蛋白浓度、红细胞计数及血细胞比容低于正常范围下限的一种常见临床症状。基于不同的临床特点，我们可按照贫血的进展速度、红细胞形态、血红蛋白浓度、骨髓红系增生情况等对贫血进行分类。

贫血最早出现的临床表现有头晕、乏力、困倦，而最常见、最突出的体征是面色苍白。症状的轻重取决于贫血的速度、贫血的程度和机体的代偿能力。通常情况下，贫血只能作为一种临床症状，而不是一种疾病。对于营养性贫血，可以通过补充缺乏的营养物质进行治疗，如缺铁性贫血需要补铁或者治疗导致缺铁的原发病。紧急情况下，重度贫血患者、老年或合并心肺功能不全的贫血患者应输注红细胞以纠正贫血，改善体内缺氧状态。急性大量失血患者应积极止血，同时迅速恢复血容量并进行红细胞输注以纠正贫血。但是，输血只是临时性的治疗手段，多次输血可能并发血色病，须去铁治疗。因此，寻找病因进行针对性治疗是最重要的。

（刘文）

dì liù kè　　shén jīng kē

第六课　神经科

Lesson Six　Neurology

huì huà yī　　yìng mó wài xuè zhǒng bìng qíng zhěn duàn
会话一　硬膜外血肿病情诊断

qíng　jǐng　　huànzhěcóngshùshangshuāixià lái　　yīnyūnjué jiù yī
情　景：患者从树上摔下来，因晕厥就医。

rén　wù　　liú míng　　yī shēng
人　物：刘明（医生）

mǐ yà líng　　huànzhě jiā shǔ
米亚玲（患者家属）

huànzhě　　mǐ yà líng de gē ge　　sì shí suì　　yǐ hūn
患者（米亚玲的哥哥，四十岁，已婚）

shí　jiān　　xià wǔ liù diǎn
时　间：下午六点

dì　diǎn　　shén jīng kē jí zhěn shì
地　点：神经科急诊室

shén jīng kē jí zhěn shì tuī lái yí gè huànzhě
（神经科急诊室推来一个患者）

yī shēng　　kuài　　kuài lái jiù jiu wǒ gē ge ya
米亚玲：医生，快！快来救救我哥哥呀！

tā zěn me la
刘　明：他怎么啦？

wǒ gē ge gěi wǒ zhāipíngguǒ　　tū rán bù xiǎoxīncóngshùshangshuāixià lái　　yūnguò qù le
米亚玲：我哥哥给我摘苹果，突然不小心从树上摔下来，晕过去了！

xiān bú yàozháo jí　　mànmànshuō　　gào su wǒ　　nín gē ge shòushāngduō jiǔ le
刘　明：先不要着急，慢慢说，告诉我，您哥哥受伤多久了？

wǒ xiǎng yi xiǎng　　ng　　wǒ men nà lǐ jiāotōng bù fāngbiàn　　zài lái yī yuàn de lù shangyòu dǔ chē
米亚玲：我想一想，嗯……我们那里交通不方便，在来医院的路上又堵车，

xiànzài gū jì kuài jiǔ gè xiǎoshí le
现在估计快九个小时了。

shēn tǐ nǎ ge bù fen xiānzháo dì
刘　明：身体哪个部分先着地？

米亚玲：应该是头部着地。对，就是头部，左边头部先着地。

刘　明：从摔伤到现在一直都是这样处于昏迷状况吗？

米亚玲：不是。刚摔下来的时候意识不清，隔了大约五分钟才醒过来，现在又晕过去大概一个小时了。

刘　明：请您再详细描述一下刚摔下来的时候有什么表现？

米亚玲：看到哥哥从树上摔下来，我急忙跑过去问哥哥怎么样，有没有哪里不舒服，可是我叫他的名字，他都没有反应。他在地上一动不动，当时把我吓坏了。我立刻去请邻居帮忙，大家一起把哥哥抬到车上就送到这里来了。

刘　明：醒来之后他说过哪里不舒服吗？

米亚玲：哥哥说他头痛、头晕、恶心。

刘　明：有呕吐吗？

米亚玲：有，而且呕吐得很厉害。

刘　明：能描述一下呕吐时的情况吗？

米亚玲：刚开始只是呕吐一些刚吃过的食物。后来越来越严重，直接就喷出来了，把车也弄脏了。而且，他整个人也显得很烦躁，然后在来的路上逐渐就没反应了。医生，我哥哥的病情是不是很严重呀？

刘　明：嗯，目前看起来还是挺危重的。您哥哥之前确诊过高血压、糖尿病等疾病吗？

米亚玲：两年前被诊断出有高血压，最高血压达 180/100 mmHg。没有糖尿病。

刘　明：您哥哥有按规律服用 降压药吗？平日里坚持监测血压吗？

米亚玲：嗯，他每天都服用 降压药，也监测了血压，血压控 制得还不错。

刘　明：您哥哥吃的什么降压药，您知道吗？

米亚玲：我知道，服用苯 磺 酸氨氯地平，每天服用一片。

刘　明：他平 常 吸烟吗？

米亚玲：不吸烟。

刘　明：他平 常 对什么东 西过敏吗？比如：药物、食物等。

米亚玲：不过敏。

刘　明：好的，我知道了。您先别紧 张，我先给您哥哥检查一下。您哥哥的病情危重，目前初步考虑摔 伤引起颅内出血，产 生血肿合并脑疝形成。

米亚玲：医 生，针对我哥哥这个病情，接下来怎么办呀？

刘　明：您哥哥颅内出血可能 性大，但同时也不能排除颅内其他病变的可能，为了明确诊断，他现在需要马上做一个头颅CT以明确颅内病变情况，极有可能需要急诊手术，为了争取时间，我们会同时积极完善术前交叉配血、备皮等 准备工作，做完CT后再确定下一步的治疗方案。

米亚玲：好的，谢谢您，医 生。

刘　明：不客气，待 会儿将有护士陪同您哥哥一起去做CT。

（二十分 钟后做完CT）

米亚玲：医 生，这是我哥哥的头颅CT。

liú yī shēng jiē guo jiǎnchá jié guǒ
（刘医 生 接过CT检查结果）

gēn wǒ zhī qián de tuī cè hěn wěn hé nín gē ge lú nèi yǒu yí ge jiào dà de xuè zhǒng nǎo zǔ zhī shòu yā
刘　明：跟我之前的推测很吻合，您哥哥颅内有一个较大的血肿，脑组织受压

hěn míng xiǎn
很 明 显。

tiān na zhè me yán zhòng wǒ xiàn zài néng zuò shén me
米亚玲：天哪，这么严 重。我现在能做什么？

nín gē ge xū yào zuò jí zhěn shǒu shù wǒ yǐ jīng lián xì le lǐ yī shēng lǐ yī shēng shì zhè fāng miàn de
刘　明：您哥哥需要做急诊手术，我已经联系了李医生，李医生是这方面的

shǒu shù zhuān jiā tā mǎ shàng huì guò lái shǒu shù zhī qián xū yào qiān shǔ shǒu shù tóng yì shū děng yī liáo
手术专家。他马上会过来，手术之前需要签署手术同意书等医疗

wén shū nín shì wéi yī zài chǎng de jiā shǔ suǒ yǐ nín xiān kàn kan zhè xiē wén jiàn rú guǒ méi yǒu shén me
文书。您是唯一在场的家属，所以您先看看这些文件。如果没有什么

yí wèn xū yào nín qiān zì
疑问，需要您签字。

hǎo de wǒ lái qiān zì yī shēng qǐng nǐ men kuài yì diǎn gěi wǒ gē ge ān pái shǒu shù hǎo ma
米亚玲：好的，我来签字。医 生 ，请你们快一点给我哥哥安排手术，好吗？

Conversation One
Diagnosis of Epidural Hematoma

Situation：A patient fell from a tree and was hospitalized with
syncope.

Characters：Liu Ming(Doctor)

Mi Yaling (Patient's younger sister)

Patient (Mi Yaling's elder brother, 40-year-old,
married)

Time：6:00 p. m.

Site：Neurology emergency room

(A patient is rushed into the neurology emergency room)

Mi Yaling： Doctor, hurry up! Please help my brother. Please help him!

Liu Ming： What's wrong with him?

Mi Yaling： My brother was picking apples for me when he suddenly fell down from the tree accidentally and fainted！

Liu Ming：　Don't worry, tell me slowly, how long has your brother been injured？

Mi Yaling：　Let me think, um... almost 9 hours ago. We couldn't make him here until just now due to the inconvenient transportation and the traffic jam on the way.

Liu Ming：　Which part of his body hit the ground first？

Mi Yaling：　It should be the head on the ground. Yes, it is the head, and the left side of the head landed at first.

Liu Ming：　Has he been unconscious since he fell down？

Mi Yaling：　No, he was unconscious when he fell down. After about 5 minutes, he woke up, and was unconscious for about an hour again.

Liu Ming：　Would you please describe his behavior in detail when he fell down？

Mi Yaling：　When I saw my brother falling down from the tree, I rushed to ask him how he was and if there was any discomfort. But he did not respond even when I called his name. He was motionless on the ground, and I was frightened. I ran to ask the neighbors for help immediately. We carried him to the car and brought him here.

Liu Ming：　Did he say how he was feeling when he woke up？

Mi Yaling：　My brother said that he had a headache, dizziness, and nausea.

Liu Ming：　Has he vomited？

Mi Yaling：　Yes, and very serious.

Liu Ming：　Can you describe the situation when he vomited？

Mi Yaling：　At first he was just vomiting some food that he had eaten. Then it got further worse. He sprayed all over and dirtied the car. Moreover, he seemed very upset, and then gradually became unresponsive all the way. Doctor, is my brother's condition very serious？

Liu Ming：　Well, it looks very precarious at present. Has your brother ever been diagnosed with hypertension, diabetes or any other diseases before？

Mi Yaling：　Two years ago, he was diagnosed with hypertension, and the highest blood pressure was 180/100 mmHg. He doesn't have diabetes.

Liu Ming：　Does your brother regularly take anti-hypertensive medicine？ Does he also monitor the blood pressure regularly？

Mi Yaling：　Well, he takes anti-hypertensive medicine and monitors blood pressure every day. His blood pressure is under control.

Liu Ming	Do you know which anti-hypertensive medicines your brother takes?
Mi Yaling:	I know. He takes amlodipine besylate, one tablet a day.
Liu Ming:	Does he smoke?
Mi Yaling:	No.
Liu Ming:	Is he allergic to anything? For example, drugs, food, etc.
Mi Yaling:	No.
Liu Ming:	OK, I see. Don't be nervous. Let me check your brother first. Your brother's condition is serious. At present, the initial diagnosis is intracranial hemorrhage caused by the fall, forming hematoma and brain herniation.
Mi Yaling:	Doctor, what is your treatment plan for my brother's condition?
Liu Ming:	Your brother has a high possibility of intracranial hemorrhage, but at the same time the possibility of other lesions in the skull can't be excluded. In order to confirm the diagnosis, he needs a head CT to confirm the intracranial lesions. It is very likely that emergency surgery is needed. So in order to save time, pre-operative preparation such as cross-matching of blood, skin preparation and other things will be done. After the CT is performed, the next treatment plan will be determined.
Mi Yaling:	OK, thank you, doctor.
Liu Ming:	You are welcome. A nurse will accompany your brother to CT room.

(20 minutes later)

| Mi Yaling: | Doctor, this is my brother's head CT report. |

(Doctor Liu takes the CT test result)

Liu Ming:	It is very consistent with my previous speculation. Your brother has a large hematoma in his skull, and the brain tissue is obviously compressed.
Mi Yaling:	My God, it's so serious. What needs to be done now?
Liu Ming:	Your brother needs emergency surgery. I have contacted Doctor Li, who is a surgical expert in this field. He will come over immediately. We will need you to sign some medical documents such as a surgical consent form before the operation. You are the only family member present, so you should take a look at these documents first. If you have no further doubts after reading these documents, then you can sign them.
Mi Yaling:	Okay, I will sign them. Doctor, would you please arrange the operation for my brother as soon as possible?

huì huà èr   shǒu shù qián hòu
会话二 手术前后

情 景：qíng jǐng huànzhě cóng shù shang shuāi xià lái yīn yūn jué jiù yī
患者从树上 摔下来，因晕厥就医。

人 物：rén wù liú míng yī shēng
刘明（医生）

lǐ zhèng shǒu shù yī shēng
李正（手术医生）

mǐ yà líng huànzhě jiā shǔ
米亚玲（患者家属）

huànzhě mǐ yà líng de gē ge sì shí suì yǐ hūn
患者（米亚玲的哥哥，四十岁，已婚）

时 间：shí jiān wǎnshang shí diǎn
晚上十点

地 点：dì diǎn yī yuàn shǒu shù shì mén kǒu
医院手术室门口

lǐ yī shēng dào jí zhěn shì
（李医生到急诊室）

lǐ yī shēng nín hǎo zhè lǐ yǒu yí wèi tóu bù wài shāng de huànzhě yīn gāo chù zhuì luò zhì tóu bù shòu
刘 明：李医生，您好！这里有一位头部外伤的患者，因高处坠落致头部受

shāng yǐ shòushāng jiǔ xiǎo shí tā zuì chū hūn mí le wǔ fēn zhōng hòu lái yòu sū xǐng le qí jiān
伤，已受伤九小时，他最初昏迷了五分钟，后来又苏醒了。其间

chūxiàn tóu tòng ě xin ǒu tù ǒu tù chéng pēn shè yàng rán hòu zhěng gè rén fán zào bù ān zuì
出现头痛、恶心、呕吐，呕吐呈喷射样，然后整个人烦躁不安，最

hòu hūn mí yuē yì xiǎo shí jì wǎng yǒu gāo xuè yā bìng shǐ wú yào wù shí wù guò mǐn shǐ rù yuàn chá
后昏迷约一小时。既往有高血压病史，无药物、食物过敏史。入院查

tǐ hū xī lù cì fēn xuè yā shén zhì qiǎn hūn mí zhuàng zuǒ cè niè dǐng
体：呼吸率20次/分，血压130/80 mmHg，神志浅昏迷状，左侧颞顶

bù chù jí lí mǐ lí mǐ dà xiǎo tóu pí xuè zhǒng wèi chù jí míng xiǎn de lú gǔ gǔ zhé jǐng xiàng
部触及5厘米×3厘米大小头皮血肿，未触及明显的颅骨骨折，颈项

yǒu dǐ kàng shuāng cè tóngkǒng bù děng dà zuǒ cè tóngkǒng zhí jìng yòu cè tóngkǒng zhí jìng
有抵抗，双侧瞳孔不等大，左侧瞳孔直径5 mm，右侧瞳孔直径

zuǒ cè duì guāng fǎn shè chí dùn yòu cè duì guāng fǎn shè líng mǐn sì zhī jī lì hé jī zhāng lì
3 mm,左侧对光反射迟钝，右侧对光反射灵敏，四肢肌力和肌张力

jiǎn chá bù néng pèi hé yòu cè bā bīn sī jī zhēng yáng xìng yǐ jīng zuò le tóu lú xiǎn shì yǒu zuǒ
检查不能配合，右侧巴宾斯基征阳性。已经做了头颅CT，显示有左

cè niè dǐng bù yìng mó wài xuè zhǒng　　nǎo zǔ zhī shòu yā míng xiǎn
侧颞顶部硬膜外血肿，脑组织受压明显。

wǒ kàn kan piàn zi　　zhè ge huàn zhě mù qián zhěn duàn shì　　dì yī　　zuǒ cè niè dǐng bù yìng mó wài xuè
李　正：我看看片子。这个患者目前诊断是：第一，左侧颞顶部硬膜外血

zhǒng　　dì èr　　zuǒ niè dǐng gǔ gǔ zhé　　dì sān　　wài shāng xìng zhū wǎng mó xià qiāng chū xuè　　dì sì
　　　　肿；第二，左颞顶骨骨折；第三，外伤性蛛网膜下腔出血；第四，

xiǎo nǎo mù qiē jì shàn　　cóng　　piàn lái kàn xuè zhǒng liàng zhì shǎo　　qiě yǒu nǎo shàn xíng chéng
　　　　小脑幕切迹疝。从 CT 片来看血肿量至少 60 mL，且有脑疝形成。

mù qián huàn zhě xū yào lì jí jìn xíng jí zhěn shǒu shù　　nǐ men yǐ jīng zuò le shù qián zhǔn bèi le ba
　　　　目前患者需要立即进行急诊手术。你们已经做了术前准备了吧？

shì de　　yǐ jīng wán shàn shù qián zhǔn bèi le
刘　明：是的，已经完善术前准备了。

hǎo de　　wǒ lái lián xì shǒu shù shì jí má zuì kē　　qǐng tā men pèi bèi xiāng yìng rén yuán
李　正：好的，我来联系手术室及麻醉科，请他们配备相应人员。

zhěng gè shǒu shù lì shí sān xiǎo shí　　lǐ yī shēng zuò wán shǒu shù hòu zǒu chū shǒu shù shì
（整个手术历时三小时，李医生做完手术后走出手术室）

lǐ yī shēng　　shǒu shù zěn me yàng a
米亚玲：李医生，手术怎么样啊？

shǒu shù tǐng shùn lì de　　dàn yīn wèi nín gē ge shù qián yǐ jīng hūn mí bìng qiě nǎo shàn xíng chéng　　yīn cǐ shù
李　正：手术挺顺利的。但因为您哥哥术前已经昏迷并且脑疝形成，因此术

hòu xū yào jiào cháng de huī fù shí jiān　　ér qiě hái kě néng yǒu zài cì chū xuè　　gǎn rǎn　　xián xìng fā zuò
　　　　后需要较长的恢复时间。而且还可能有再次出血、感染、痫性发作、

zhī tǐ tān huàn děng bìng fā zhèng　　shèn zhì kě néng bìng qíng è huà wēi jí shēng mìng
　　　　肢体瘫痪等并发症，甚至可能病情恶化危及生命。

shén me shí hou néng zài jiàn dào wǒ gē ge
米亚玲：什么时候能再见到我哥哥？

yīn nín gē ge bìng qíng bǐ jiào yán zhòng　　zài shù hòu yí duàn shí jiān nèi xū yào rù zhù zhòng zhèng jiān hù shì
李　正：因您哥哥病情比较严重，在术后一段时间内需要入住重症监护室，

bāng zhù tā píng wěn dù guò jí xìng qī　　nín rú guǒ xiǎng jiàn nín gē ge　　zhòng zhèng jiān hù shì měi tiān xià
　　　　帮助他平稳度过急性期。您如果想见您哥哥，重症监护室每天下

wǔ sì diǎn yǔn xǔ yì míng jiā shǔ jìn qù tàn shì wǔ fēn zhōng　　zài zhè ge shí jiān nín kě yǐ qù kàn nín gē ge
　　　　午四点允许一名家属进去探视五分钟，在这个时间您可以去看您哥哥。

lìng wài　　xī wàng nín shǒu jī bú yào guān jī　　huàn zhě yí dàn chū xiàn bìng qíng biàn huà　　wǒ men huì jí
　　　　另外，希望您手机不要关机，患者一旦出现病情变化，我们会及

shí hé nín qǔ dé lián xì　　zhù nín gē ge hǎo yùn
　　　　时和您取得联系。祝您哥哥好运！

xiè xie yī shēng
米亚玲：谢谢医生。

bú kè qi
李　正：不客气。

Conversation Two
Before and After the Surgery

Situation：A patient fell from a tree and was hospitalized with syncope.

Characters：Liu Ming(Doctor)

Li Zheng(Surgeon)

Mi Yaling(Patient's younger sister)

Patient (Mi Yaling's elder brother, 40-year-old, married)

Time：10：00 p. m.

Site：Entrance of operation room

(Doctor Li enters the emergency room)

Liu Ming： Hello, Doctor Li! This is a patient with history of fall injury from higher place 9 hours ago leading to head trauma. Initially, he lost consciousness for 5 minutes, after which he regained consciousness. He then had headache, nausea, vomiting. About an hour ago, he again had loss of consciousness which is continuous till now. He has a history of hypertension, but no history of drug and food allergies. Physical examination done at admission revealed that respiration rate was 20 breaths per minute, 130/80 mmHg of blood pressure, drowsy, 5 cm×3 cm scalp hematoma in the left temporoparietal region, no obvious skull fracture, neck rigidity present, bilateral pupils unequal, left pupil diameter 5 mm, right pupil diameter 3 mm, left pupil was sluggish to light reflex, right pupil was sensitive to light reflex. His muscle power and tone were reduced in limbs. The Babinski sign on the right was positive. Head CT has been done, showing a left temporal-parietal epidural hematoma with obvious compression of brain tissue.

Li Zheng： Let me review the film. The current diagnosis of this patient is：First, left temporoparietal epidural hematoma. Second, left temporal parietal fracture.

Third, traumatic subarachnoid hemorrhage. Fourth, transtentorial herniation. From the CT film, the amount of hematoma is at least 60 mL which has led to cerebral herniation. At present, the patient needs to undergo emergency surgery. Have you already prepared for surgery?

Liu Ming：Yes, it has been well prepared.

Li Zheng：OK, I will contact the operation room and the department of anaesthesia and ask them to equip with appropriate personnel.

(The entire operation takes 3 hours. Doctor Li walks out of the operation room after completing the operation)

Mi Yaling：Doctor Li, how was the operation?

Li Zheng：The operation went well. As your brother was comatose and had a cerebral herniation before surgery, it will take a long time to recover after surgery. It may also cause complications such as re-bleeding, infection, seizures, limb paralysis, and may even deteriorate ate and endanger life.

Mi Yaling：When can I see my brother?

Li Zheng： Because your brother is in a serious condition, he needs to stay in the intensive care unit for a few days more after the operation to help him survive the acute phase smoothly. If you want to see your brother, the intensive care unit allows one family member to visit your brother for five minutes at 4 p.m. every day. During that time, you can visit your brother. In addition, I hope you keep your cell phone with you and turned on. Once the patient's condition changes, we will contact you in time. Good luck to your brother!

Mi Yaling：Thank you, doctor.

Li Zheng： You are welcome.

生词

危重	（形）	wēizhòng	precarious
苯磺酸氨氯地平	（名）	běnhuángsuān'ānlǜdìpíng	amlodipine besylate
脑疝	（名）	nǎoshàn	brain herniation
血肿	（名）	xuèzhǒng	hematoma
颅内病变		lúnèi bìngbiàn	intracranial lesion

交叉配血		jiāochā pèixuè	cross-matching of blood
头部外伤		tóubù wàishāng	head trauma
呼吸率	（名）	hūxīlǜ	respiration rate
头皮	（名）	tóupí	scalp
颅骨	（名）	lúgǔ	skull
骨折	（动）	gǔzhé	fracture
瞳孔	（名）	tóngkǒng	pupil
直径	（名）	zhíjìng	diameter
光反射	（名）	guāng fǎnshè	light reflex
迟钝	（形）	chídùn	sluggish
肌张力	（名）	jīzhānglì	muscle tone
硬膜外	（形）	yìngmówài	epidural
颞顶骨	（名）	nièdǐnggǔ	temporoparietal bone
外伤性	（形）	wàishāngxìng	traumatic
蛛网膜下腔		zhūwǎngmó xiàqiāng	subarachnoid space
出血	（动）	chū//xuè	hemorrhage
小脑幕切迹疝		xiǎonǎomùqiējìshàn	transtentorial herniation
癫痫	（名）	diānxián	seizure
肢体	（名）	zhītǐ	limb
瘫痪	（动）	tānhuàn	paralyze
恶化	（动）	èhuà	deteriorate
重症监护室		zhòngzhèng jiānhùshì	intensive care unit
急性期	（名）	jíxìngqī	acute phase

练习

一、听和说

1. **听录音，连线。**

癫痫	zhèngzhuàng
症状	nǎoshàn
并发症	zhūwǎngmó
脑疝	tóulú
蛛网膜	tóutòng

头痛 xuèzhǒng

头颅 diānxián

骨折 tóngkǒng

瞳孔 bìngfāzhèng

血肿 gǔzhé

2. 听录音，选词语。

（1）我哥哥不小心从（ ）摔了下来。

    A. 车上   B. 山上   C. 楼上   D. 树上

（2）患者颅内有一个很大的（ ）。

    A. 包块   B. 血肿   C. 血块   D. 肿瘤

（3）手术前，我们会同时积极完善交叉配血、（ ）等准备工作。

    A. 备皮   B. 备血   C. 备药   D. 备水

（4）患者摔倒时，身体哪个部位先（ ）？

    A. 落地   B. 着急   C. 着地   D. 找到

（5）术后可能会出现出血、癫痫发作等（ ）。

    A. 疾病   B. 并发症   C. 症状   D. 病史

3. 听对话，选答案。

（1）A. 颅脑   B. 肝脏   C. 手臂   D. 脖子

（2）A. 603   B. 605   C. 606   D. 608

（3）A. 查房   B. 做手术   C. 问诊   D. 开药

（4）A. 心悸   B. 感冒   C. 偏头痛   D. 牙痛

（5）A. 脖子   B. 腿   C. 脚   D. 手

4. 完成下列会话。

（1）A：你哥哥现在的情况还是有些严重。他以前有过什么病吗？

  B：_____。（……可是……）

（2）A：你认为那个患者今天能来复查吗？

  B：_____。（……然而……）

（3）A：你能记得当时怎么出的车祸吗？

  B：_____。（……突然……）

（4）A：张童，你的患者情况怎样？

  B：_____。（……而且……）

（5）A：请你给我讲讲你女儿从山上摔下来的情况。

  B：_____。（一……就……）

5. **情景交际练习。**

情景一：一个三岁的小男孩，和爷爷奶奶在家，不慎从三楼窗口摔下。请模仿课文会话一，两人或者三人一组进行会话练习。

情景二：医生带着实习生到神经外科病房查房，向家属了解一位颅内出血患者的术后情况。请多人一组进行会话练习。

二、读和写

1. **选词填空。**

降压药　组织　昏迷　摔伤　帮助　出血　明确　严重

（1）医生告诉我你哥哥病情比较（　　　　）。

（2）你奶奶被初步诊断为颅内（　　　　）。

（3）为了（　　　　）诊断，我们将进一步检查。

（4）患者颅内有一个较大的血肿，脑（　　　　）受压很明显。

（5）我们会（　　　　）你的家人渡过难关。

（6）你妹妹的病情危重，目前初步考虑（　　　　）引起颅内出血。

（7）你妈妈有高血压，那她坚持服用（　　　　）了吗？

（8）我儿子最初（　　　　）了几分钟，后来又苏醒了。

2. **句子排序。**

（1）A. 能见到　　　B. 什么时候　　　C. 我哥哥呢　　　（　　　　）

（2）A. 手术之前　　B. 手术同意书　　C. 需要签署　　　（　　　　）

（3）A. 陪同你　　　B. 一起去做检查　C. 护士　　　　　（　　　　）

（4）A. 张医生　　　B. 手术专家　　　C. 是这方面的　　（　　　　）

（5）A. 王医生　　　B. 我已经　　　　C. 联系了　　　　（　　　　）

3. **完成下列句子。**

（1）我姐姐　醒来后　厉害　呕吐得

＿＿＿＿＿＿＿＿＿＿＿＿＿＿＿＿＿＿＿＿＿＿＿＿＿＿＿＿＿＿。

（2）患者　医生　检查身体　先给

＿＿＿＿＿＿＿＿＿＿＿＿＿＿＿＿＿＿＿＿＿＿＿＿＿＿＿＿＿＿。

（3）联系　麻醉科　我去　及手术室

＿＿＿＿＿＿＿＿＿＿＿＿＿＿＿＿＿＿＿＿＿＿＿＿＿＿＿＿＿＿。

（4）的　你妈妈　挺顺利　手术

＿＿＿＿＿＿＿＿＿＿＿＿＿＿＿＿＿＿＿＿＿＿＿＿＿＿＿＿＿＿。

（5）患者　　突然出现了　　恶化　　病情

4．**短文阅读**。

　　脑卒中是由于脑局部血液循环障碍导致神经功能缺损的一类综合征，包括脑梗死、脑出血等。无论儿童、青年还是中老年均可患病，一旦发病，需要尽早就医，这对于抢救患者生命、提高生存质量意义重大。但这一切的前提是，患者要学会对该病早期识别。

　　如何快速识别脑卒中呢？目前常用的选择量表是 FAST 评估法，它由四个相关英文单词的首字母组成，具体内容为：

　　1．F（Face）：能否微笑，是否感觉一侧面部无力或者麻木。

　　2．A（Arm）：能否顺利举起双手，是否感觉一只手没有力气或根本无法抬起。

　　3．S（Speech）：能否流利对答，是否说话困难或言语含糊不清。

　　4．T（Time）：如果上述三项有一项存在，请您立即拨打急救电话120。

　　掌握简易的 FAST 评估法，学会快速识别脑卒中，在脑卒中发生的 3～6 小时最佳抢救时间内将患者送入医院进行救治，更有利于其改善功能障碍、提高生活自理能力，最大限度地回归社会和家庭。

（贾朝均）

dì qī kè chuán rǎn kē
第七课　传染科
Lesson Seven　Infections

huì huà yī　liú xíng xìng gǎn mào bìng qíng zhěn duàn
会话一　流行性感冒病情诊断

qíng jǐng　huànzhě yīn wèi fā shāo　ké sou dào yī yuàn jiù zhěn
情　景：患者因为发烧、咳嗽到医院就诊。

rén wù　xióngwěi　yī shēng
人　物：熊伟（医生）

zhāng tāo　huànzhě
张　涛（患者）

shí jiān　shàng wǔ jiǔ diǎn
时　间：上午九点

dì diǎn　yī yuànménzhěn nèi kē zhěnduàn shì
地　点：医院门诊内科诊断室

qǐng wèn nín yǒu shén me bù shū fu
熊　伟：请问您有什么不舒服？

wǒ gǎnmào le　hái fā shāo
张　涛：我感冒了，还发烧。

nín shén me shí hou kāi shǐ yǒu zhè zhǒng zhèng zhuàng de
熊　伟：您什么时候开始有这种症状的？

sān tiān qián
张　涛：三天前。

nín shì měitiān fā shāo jǐ cì hái shi yì zhí zài fā shāo
熊　伟：您是每天发烧几次还是一直在发烧？

wǒ méiyǒu yì zhí fā shāo　yì tiān fā shāo sì wǔ cì
张　涛：我没有一直发烧。一天发烧四五次。

nín zuì jìn cè guo de zuì gāo tǐ wēn shì duōshao dù
熊　伟：您最近测过的最高体温是多少度？

张　涛：39.5 ℃。

zhè jǐ tiān　nínchú le fā shāo hái yǒuméiyǒu qí tā zhèngzhuàng
熊　伟：这几天，您除了发烧还有没有其他症状？

张　涛：我还咳嗽。

熊　伟：咳嗽几天了？

张　涛：咳嗽有五天了。

熊　伟：您是白天、晚上都咳嗽，还是在某个特定的时间咳嗽？

张　涛：白天、晚上都咳，没有特定的时间。

熊　伟：您咳嗽次数多吗？

张　涛：不是很多，偶尔咳一下。

熊　伟：您咳嗽的时候有痰吗？

张　涛：没有。

熊　伟：您还有其他不舒服吗？

张　涛：还有鼻塞、流鼻涕。

熊　伟：您在来医院之前去什么地方就诊过或者自己吃过一些药没有？

张　涛：我没去看病，自己去药店买了退烧药。发烧的时候，我就吃酚麻美敏片，吃药以后能退烧，但是过几个小时又会发烧。我觉得这个药没有什么效果，所以到医院来看一下为什么反复发烧。

熊　伟：知道了。请张嘴发"啊"的音，我看看您的扁桃体和咽部情况。

张　涛：（张嘴）啊——

熊　伟：我再听一下您的肺。（用听诊器听肺）

张　涛：医生，我的问题严重吗？

熊　伟：不用担心，问题不是太严重。根据您的迹象和我刚才的查体，我认为您呼吸道感染的可能性比较大。现在还需要查血常规、C－反应蛋

bái　　hū xī dào bìng dú jiǎn cè lái jìn yí bù quèrèn bìngqíng　　zuì hòu zài quèdìng zhì liáo fāng àn
白、呼吸道病毒检测来进一步确认病情，最后再确定治疗方案。

hǎo de　　wǒ yě jué de jiǎnchá yí xià fàngxīn yì xiē
张　涛：好的。我也觉得检查一下放心一些。

zhè shì jiǎnyàndān　　qǐngxiāndào yī lóu jiǎo fèi　　zài dào èr lóu cǎi xiě　　yí gè xiǎo shí hòu ná dào huàyàn
熊　伟：这是检验单，请先到一楼缴费，再到二楼采血。一个小时后拿到化验

jié guǒ　　nín zài huí lái zhǎo wǒ
结果，您再回来找我。

yí gè xiǎo shí hòu　　huànzhě ná zhe huàyàn jié guǒ huídào yī shēng bàngōng shì
（一个小时后，患者拿着化验结果回到医生办公室）

yī shēng　　zhè shì wǒ de huàyàn jié guǒ　　má fan nín kànkan
张　涛：医生，这是我的化验结果，麻烦您看看。

hǎo de　　wǒ kàn yí xià　　xuèchángguī tí shì bái xì bāo hé zhōngxìng lì xì bāo zhèngcháng　　lín bā xì
熊　伟：好的，我看一下。血常规提示白细胞和中性粒细胞正常，淋巴细

bāo shāowēigāo yì diǎnr　　fǎnyìng dàn bái yě zhèngcháng　　hū xī dào bìng dú jiǎn cè xiǎn shì liú gǎn
胞稍微高一点儿；C－反应蛋白也正常；呼吸道病毒检测显示流感

bìng dú yángxìng
病毒阳性。

nà wǒ yīnggāi zěn me zhì liáo ne
张　涛：那我应该怎么治疗呢？

nín zhè ge jiù shì dānchúnxìng liú gǎn　　bìngqíng bǐ jiàoqīng　　wǒ gěi nín kāi yì xiē yào wù　　fú yòng hòu jǐ
熊　伟：您这个就是单纯性流感，病情比较轻，我给您开一些药物，服用后几

tiān jiù néng zhì yù　　àn shí fú yào　　zhù yì duō xiū xi　　duō yǐn shuǐ　　chī yì xiē qīngdàn de fù hán wéi
天就能治愈。按时服药，注意多休息、多饮水，吃一些清淡的富含维

shēng sù hé yíngyǎng de shí wù　　jìn shí hòu yǐ wēnkāishuǐhuòwēnyánshuǐshùkǒu　　bǎochí kǒu bí qīng jié
生素和营养的食物。进食后以温开水或温盐水漱口，保持口鼻清洁。

rú guǒchūxiàn ké sou jiā zhòng huòzhě qí tā bù shū fu de qíngkuàng　　　　yàomǎshàngdào yī yuàn jiù zhěn
如果出现咳嗽加重或者其他不舒服的情况，要马上到医院就诊。

hǎo de　　xiè xie yī shēng　　zài jiàn
张　涛：好的，谢谢医生。再见！

zhù nín zǎo rì kāng fù　　zài jiàn
熊　伟：祝您早日康复。再见！

Conversation One
Diagnosis of Influenza

Situation: The patient has come to the hospital because of fever and cough.

Characters: Xiong Wei（Doctor）

　　　　　　　Zhang Tao（Patient）

Time: 9:00 a. m.

Site: Internal medicine department

Xiong Wei: What seems to be the problem with you?

Zhang Tao: I am suffering from cold and fever.

Xiong Wei: Since when did you have this condition?

Zhang Tao: Three days ago.

Xiong Wei: Is your fever continuous throughout the day or does it come and go?

Zhang Tao: It comes and goes about four or five times per day.

Xiong Wei: What's your highest temperature recently?

Zhang Tao: 39.5 ℃.

Xiong Wei: Do you have any other symptoms except fever these days?

Zhang Tao: I also have a cough.

Xiong Wei: How many days have you been coughing?

Zhang Tao: Five days.

Xiong Wei: Is the cough continuous throughout the day or does it come at specific time?

Zhang Tao: All the day. There is no specific time.

Xiong Wei: How many times does it occur?

Zhang Tao: Sometimes.

Xiong Wei: Do you have any sputum when you cough?

Zhang Tao: No.

Xiong Wei: Do you have any other symptoms?

Zhang Tao: I also have stuffy nose and sometimes runny nose.

Xiong Wei： Have you been to any other medical institution or taken any medicine by yourself before visiting our hospital?

Zhang Tao： I didn't go to the doctor. I just bought some antipyretics and took phenolimine tablet when I had fever, but it only worked for a few hours. I came to the hospital because I would like to know why the fever occurs even after taking the medicine.

Xiong Wei： I see. I would like to check your tonsils and pharynx. Please open your mouth and make a sound "ah—".

Zhang Tao： (Opens his mouth) "ah—"

Xiong Wei： Let me check your chest (Listening with a stethoscope).

Zhang Tao： How about my condition, doctor? Is it serious?

Xiong Wei： Don't worry! It is not serious. According to your symptoms and preliminary examination, it could be respiratory infection. Now, we need to do some routine blood tests and also tests of C-reactive protein and respiratory virus. A treatment plan will be made once all the results are available.

Zhang Tao： That's good. Medical test makes me feel at ease.

Xiong Wei： This is the checklist. Please go to pay first on the first floor and do the test on the second floor. Bring back your reports to me when you get it.

(After one hour, the patient brings the reports back to doctor's office)

Zhang Tao： Here are my reports, doctor.

Xiong Wei： OK, let me see. The blood test shows that the white blood cell and neutrophils are normal, the number of lymphocytes increased slightly. The C-reactive protein is normal. The respiratory virus examination confirms flu virus (positive).

Zhang Tao： What would be the treatment, doctor?

Xiong Wei： This is simple influenza. I will prescribe you some medication which will make you feel better after few days. Please pay attention: take the medications on time, have a good rest, drink more warm water, eat foods which are rich in vitamins and nutrients. Please rinse your mouth with warm and salty water after each meal and keep your mouth and nose clean. Please come to hospital immediately if you feel worse.

Zhang Tao： I will. Thank you very much. See you!

Xiong Wei： Get well soon. Bye!

会话二　慢性乙肝病情诊断

情景：患者因为右上腹痛、乏力、厌油到医院就诊。

人物：谢军（医生）
　　　　向天（患者）

时间：上午十点半

地点：医院门诊诊断室

谢　军：您哪里不舒服？

向　天：我右上腹痛、乏力和厌油。

谢　军：有多久了？

向　天：一周左右。

谢　军：还有其他症状吗？

向　天：小便有点儿发黄。饭后感觉腹胀。

谢　军：您以前得过肝病没有？

向　天：得过，我得过乙肝。

谢　军：发现乙肝有多长时间了？

向　天：两年前公司体检发现的。

谢　军：当时查肝功能没有？

向　天：当时肝功能正常。

谢　军：好吧。您再做一个肝功能、乙肝血清标志物、乙肝病毒脱氧核糖核酸和上腹部B超，检查结果出来后再来就诊。

向　天：好吧。

（检查结果出来以后）

向　天：大夫，这是我的检查报告。

谢　军：请坐。让我看看。您的肝功能异常，转氨酶增高，乙肝血清标志物检测、表面抗原、e抗原和核心抗体阳性，上腹部B超结果正常。目前诊断慢性乙肝，须进行抗病毒治疗。

向　天：抗病毒治疗需要多长时间呢？

谢　军：疗程是三年以上。

向　天：我还需要做其他什么吗？

谢　军：抗病毒治疗开始后每三个月查一次肝功能和乙肝病毒脱氧核糖核酸。

向　天：好的。以后还要做其他检查吗？

谢　军：您每半年需要做一次乙肝血清标志物检测。

向　天：我会积极配合治疗。谢谢医生。

谢　军：不用谢。

Conversation Two
Diagnosis of Chronic Hepatitis B

Situation: The patient has come to the hospital because of right upper quadrant pain, fatigue and aversion to greasy foods.

Characters: Xie Jun (Doctor)

Xiang Tian (Patient)

Time: 10:30 a. m.

Site: Outpatient diagnosis room

Xie Jun: What's troubling you?

Xiang Tian: I have upper abdominal pain, fatigue and I am sick of oily food.

Xie Jun: How long has it been like this?

Xiang Tian: About one week.

Xie Jun: Do you have any other symptoms?

Xiang Tian: My urine is slightly yellow. I have a bloating feeling after a meal.

Xie Jun: Did you have any liver disease before?

Xiang Tian: Yes. I was diagnosed of hepatitis B before.

Xie Jun: When did you know about it?

Xiang Tian: Two years ago when I did my routine physical examination in my company.

Xie Jun: Did you have your liver function checked then?

Xiang Tian: Yes. My liver function was normal at that time.

Xie Jun: Well, I suggest you have liver function, hepatitis B serum markers, HBV-DNA and upper abdominal ultrasound tests. Come again with all the results.

Xiang Tian: OK.

(When the results come out)

Xiang Tian: Here are my reports, doctor.

Xie Jun: Please take a seat. Let me see. Your liver function and transaminase are abnormal. Hepatitis B serum markers including HBsAg, HBeAg, anti-HBc are positive. The upper abdominal ultrasound result suggests normal findings.

My diagnosis is chronic hepatitis B. You need to take anti-retroviral therapy.

Xiang Tian：How long do I need to take the medicine?

Xie Jun：   The treatment will last at least three years.

Xiang Tian：Is there any other thing I need to do?

Xie Jun：   Every three months after taking anti-retroviral therapy you need to have your liver function and HBV-DNA checked.

Xiang Tian：OK. Are there any other tests I need to do?

Xie Jun：   You need to do hepatitis B serum markers checkup every six months.

Xiang Tian：I will strictly follow your advice. Thank you, doctor.

Xie Jun：   You are welcome.

生词

传染	（动）	chuánrǎn	infect
鼻塞	（动）	bísè	get stuffy nose
流鼻涕		liú//bítì	runny nose
酚麻美敏片	（名）	fēnmáměimǐnpiàn	phenol-imine
扁桃体	（名）	biǎntáotǐ	tonsil
咽部	（名）	yānbù	pharynx
听诊器	（名）	tīngzhěnqì	stethoscope
淋巴细胞		línbāxìbāo	lymphocyte
C－反应蛋白		c-fǎnyìng dànbái	C-reactive protein
呼吸道	（名）	hūxīdào	respiratory tract
流感	（名）	liúgǎn	influenza; flu
病毒	（名）	bìngdú	virus
阳性	（名）	yángxìng	positive
维生素	（名）	wéishēngsù	vitamin
营养	（名）	yíngyǎng	nutrient
漱口	（动）	shù//kǒu	rinse
乙肝	（名）	yǐgān	hepatitis B
厌油	（动）	yànyóu	be averse to greasy food
体检	（动）	tǐjiǎn	have physical examination
血清标志物		xuèqīng biāozhìwù	serum marker

转氨酶	（名）	zhuǎn'ānméi	transaminase
表面抗原		biǎomiàn kàngyuán	HBsAg
e 抗原	（名）	e-kàngyuán	HBeAg
核心抗体		héxīn kàngtǐ	anti-HBc
慢性乙肝		mànxìng yǐgān	chronic hepatitis B
抗病毒治疗		kàngbìngdú zhìliáo	anti-retroviral therapy

练习

一、听和说

1. 听录音，连线。

慢性   liáochéng

增高   bítì

体检   fálì

乏力   bísè

肝功能   tǐjiǎn

疗程   gāngōngnéng

鼻涕   zēnggāo

鼻塞   gānyán

肝炎   yángxìng

阳性   mànxìng

2. 听录音，选词语。

（1）我这几天一直咳嗽，但没有一直（   ）。

    A. 咳嗽   B. 感冒   C. 发烧   D. 流鼻涕

（2）新型冠状病毒肺炎的（   ）症状不明显。

    A. 早期   B. 晚期   C. 中期   D. 中晚期

（3）你的呼吸道病毒检测显示（   ）。

    A. 正常   B. 阳性   C. 减少   D. 阴性

（4）新型冠状病毒肺炎患者的初始症状多为发热、（   ）和干咳。

    A. 腹胀   B. 咳痰   C. 发烧   D. 乏力

（5）所有的症状都表明你的肝功能（   ）。

    A. 异常   B. 正常   C. 阳性   D. 阴性

3. 听对话，选答案。

(1) A. 39 ℃　　　　B. 39.5 ℃　　　C. 39.6 ℃　　　D. 39.4 ℃

(2) A. 鼻塞　　　　B. 流鼻涕　　　C. 发烧　　　　D. 咳嗽

(3) A. 需要　　　　B. 不需要　　　C. 可能　　　　D. 不能

(4) A. 腹痛　　　　B. 乏力　　　　C. 干咳　　　　D. 头痛

(5) A. 现在　　　　B. 两年前　　　C. 一周前　　　D. 三年后

4. 完成下列会话。

(1) A：你在症状出现前的 14 天是否去过疫区？

　　B：＿＿＿＿＿＿＿＿＿＿＿＿＿＿＿＿＿＿＿。（一直……）

(2) A：请问，你还有其他不舒服的症状吗？

　　B：＿＿＿＿＿＿＿＿＿＿＿＿＿＿＿＿＿。（除了……没有……）

(3) A：妈妈，我今天上午已经请假去医院看了病。

　　B：＿＿＿＿＿＿＿＿＿＿＿＿＿＿＿＿＿。（如果……就……）

(4) A：对于新出现的传染性病毒可以马上研制出疫苗吗？

　　B：＿＿＿＿＿＿＿＿＿＿＿＿＿＿＿＿。（至少……）

(5) A：新型冠状病毒肺炎的主要表现是什么？

　　B：＿＿＿＿＿＿＿＿＿＿＿＿＿＿。（以……为主要表现）

5. 情景交际练习。

情景一：学生因为发烧到医院就诊。请根据情景，两人一组进行会话练习。

情景二：乙肝患者进行抗病毒治疗后到医院复查。请根据情景，两人一组进行会话练习。

二、读和写

1. 选词填空。

急性　自愈　治疗　就诊　大概　症状　正常　体温

(1) 我最近这两天一天（　　　　）发烧四次。

(2) 你最近测过的最高（　　　　）是多少度？

(3) 新型冠状病毒肺炎是一种（　　　　）感染性肺炎。

(4) 你的病情比较轻，基本都能（　　　　）。

(5) 如果出现咳嗽加重或其他不舒服的情况，要马上到医院（　　　　）。

(6) 除了头痛、鼻塞，你还有其他（　　　　）吗？

(7) 今天早上起床时，宝宝看起来还一切（　　　　）。

(8) 相信我，我会积极配合医生（　　　　）。

2. **句子排序。**

（1）A. 他们单位　　　　B. 感染者　　　　C. 出现了　　　　　（　　　）

（2）A. 咳嗽一下　　　　B. 偶尔　　　　　C. 我女儿　　　　　（　　　）

（3）A. 化验结果　　　　B. 这是　　　　　C. 我的　　　　　　（　　　）

（4）A. 新型冠状病毒肺炎　B. 患者　　　　　C. 感染了　　　　　（　　　）

（5）A. 需要进行　　　　　　　B. 你奶奶　　　　C. 抗病毒治疗　　　（　　　）

3. **完成下列句子。**

（1）流行病　他妈妈　近期有　接触史

　　_____。

（2）症状　吗　还有　孩子　其他　不舒服

　　_____？

（3）你再来　拿到　化验结果　找我

　　_____。

（4）是　疗程　这个病的　至少　三年

　　_____。

（5）存在　新型冠状病毒　潜伏期　一定的

　　_____。

4. **短文阅读。**

　　新型冠状病毒肺炎是一种急性感染性肺炎，其病原体是一种先前未被人类发现的新型冠状病毒，即2019新型冠状病毒。2020年2月7日，中国国家卫健委决定将新型冠状病毒感染的肺炎暂命名为"新型冠状病毒肺炎"，简称"新冠肺炎"。2月11日，世界卫生组织（WHO）将其英文名称定为 Corona Virus Disease 2019（COVID-19）。2月22日，中国国家卫健委决定将"新型冠状病毒肺炎"英文名称修订为"COVID-19"，与世界卫生组织命名保持一致，中文名称保持不变。

　　2020年1月30日，世界卫生组织宣布将新型冠状病毒肺炎疫情列为国际公共卫生紧急事件（PHEIC）。

　　新型冠状病毒肺炎患者初始症状多为发热、乏力和干咳，并逐渐出现呼吸困难等严重情况。多数患者愈后良好，部分重症患者可出现急性呼吸窘迫综合征或脓毒症休克，甚至死亡。

（邱小燕）

第八课 普通外科（一）

Lesson Eight General Surgery I

会话一 急性阑尾炎病情诊断

情　景：患者因为腹痛到医院就诊。

人　物：孙儒道（医生）

张林（患者，男，二十五岁，已婚）

时　间：下午三点

地　点：医院门诊诊断室

孙儒道：您好！哪里不舒服？

张　林：我有点腹痛。

孙儒道：什么时候开始疼的？

张　林：今天上午八点左右。

孙儒道：最初是哪个地方疼？

张　林：最初是上腹部，然后是肚脐周围疼，现在右下腹部疼痛比较明显。

孙儒道：是持续性疼痛还是间歇性疼痛？

张　林：持续性疼痛。

孙儒道：是轻微的疼痛还是剧烈的疼痛呢？

张　林：<ruby>剧痛<rt>jù tòng</rt></ruby>。

孙儒道：<ruby>如果体位变化，疼痛会不会减轻一点<rt>rú guǒ tǐ wèi biàn huà　téng tòng huì bú huì jiǎn qīng yì diǎn</rt></ruby>？

张　林：<ruby>弯腰会好受一点<rt>wān yāo huì hǎo shòu yì diǎn</rt></ruby>。

孙儒道：<ruby>有没有什么会加重您的疼痛<rt>yǒu méi yǒu shén me huì jiā zhòng nín de téng tòng</rt></ruby>？

张　林：<ruby>如果触碰或按压会加重疼痛<rt>rú guǒ chù pèng huò àn yā huì jiā zhòng téng tòng</rt></ruby>。

孙儒道：<ruby>有没有其他症状<rt>yǒu méi yǒu qí tā zhèng zhuàng</rt></ruby>？

张　林：<ruby>我感到有点恶心。刚才在来的路上还呕吐了一次<rt>wǒ gǎn dào yǒu diǎn ě xin　gāng cái zài lái de lù shang hái ǒu tù le yí cì</rt></ruby>。

孙儒道：<ruby>吐的都是些什么<rt>tù de dōu shì xiē shén me</rt></ruby>？

张　林：<ruby>是早晨吃的食物<rt>shì zǎo chen chī de shí wù</rt></ruby>。

孙儒道：<ruby>有没有发热<rt>yǒu méi yǒu fā rè</rt></ruby>？

张　林：<ruby>感觉身体有点发烫<rt>gǎn jué shēn tǐ yǒu diǎn fā tàng</rt></ruby>。

孙儒道：<ruby>有没有测过体温<rt>yǒu méi yǒu cè guo tǐ wēn</rt></ruby>？

张　林：<ruby>没有<rt>méi yǒu</rt></ruby>。

孙儒道：<ruby>腹痛之前您吃过不卫生的食物吗<rt>fù tòng zhī qián nín chī guo bú wèi shēng de shí wù ma</rt></ruby>？

张　林：<ruby>我记得没吃过不卫生的食物<rt>wǒ jì de méi chī guo bú wèi shēng de shí wù</rt></ruby>。

孙儒道：<ruby>有没有腹泻<rt>yǒu méi yǒu fù xiè</rt></ruby>？

张　林：<ruby>没有<rt>méi yǒu</rt></ruby>。

孙儒道：<ruby>有没有腰背部疼痛<rt>yǒu méi yǒu yāo bèi bù téng tòng</rt></ruby>？

张　林：<ruby>没有<rt>méi yǒu</rt></ruby>。

孙儒道：<ruby>来，请躺在床上，我给您做一下检查。请您把裤子脱到肚脐，即耻<rt>lái　qǐng tǎng zài chuáng shang　wǒ gěi nín zuò yí xià jiǎn chá　qǐng nín bǎ kù zi tuō dào dù qí　jí chǐ</rt></ruby>
<ruby>骨联合下面，双腿蜷起来，肚子放松，不要紧张。我触摸到您感<rt>gǔ lián hé xià miàn　shuāng tuǐ quán qǐ lái　dù zi fàng sōng　bú yào jǐn zhāng　wǒ chù mō dào nín gǎn</rt></ruby>

juéténgtòng de dì fang　qǐnggào su wǒ
觉疼痛的地方，请告诉我。

张　林：哎呀，这里好痛。
āi yā　zhè lǐ hǎotòng

孙儒道：我按上去会痛吗？
wǒ àn shàng qù huìtòng ma

张　林：非常痛。
fēi chángtòng

孙儒道：我突然放开手您仍感觉痛吗？
wǒ tū ránfàngkāishǒunínrénggǎn juétòng ma

张　林：很痛。
hěntòng

孙儒道：好，起来吧。根据您的情况，您可能患了阑尾炎。我要给您做一些辅
hǎo　qǐ lái ba　gēn jù nín de qíngkuàng　nín kě nénghuàn le lánwěiyán　wǒ yào gěi nín zuò yì xiē fǔ
助检查，以便进一步确诊。
zhùjiǎnchá　yǐ biàn jìn yí bù quèzhěn

张　林：需要做什么检查？
xū yào zuòshén me jiǎnchá

孙儒道：根据您的病情，需要做血常规、血淀粉酶、B超和尿常规检查，
gēn jù nín de bìngqíng　xū yào zuò xuè cháng guī　xuèdiàn fěn méi　chāo hé niàocháng guī jiǎnchá
帮助最后确诊，排除其他可能的疾病，如胰腺炎、尿路结石等。
bāngzhù zuì hòuquèzhěn　páichú qí tā kě néng de jí bìng　rú yí xiànyán　niào lù jié shí děng

张　林：好的，谢谢医生。我马上去检查。
hǎo de　xiè xie yī shēng　wǒ mǎshàng qù jiǎnchá

huànzhě jiā shǔ ná lái jiǎnchábàogàodān　yī shēnggěihuànzhězuòzhěnduàn
（患者家属拿来检查报告单，医生给患者做诊断）

孙儒道：血常规结果显示您体内白细胞增多，有炎症。尿常规和血淀粉酶
xuècháng guī jié guǒxiǎn shì nín tǐ nèi bái xì bāozēngduō　yǒuyánzhèng　niàocháng guī hé xuèdiàn fěn méi
水平正常。B超显示您的阑尾发炎了。结合临床症状和这些
shuǐpíngzhèngcháng　chāoxiǎn shì nín de lán wěi fā yán le　jié hé lín chuángzhèngzhuàng hé zhè xiē
检验结果，我诊断您患了急性阑尾炎。
jiǎnyàn jié guǒ　wǒ zhěnduànnínhuàn le jí xìnglánwěiyán

张　林：那该怎么办呢？
nà gāi zěn me bàn ne

孙儒道：根据您现在的病情，您可以选择手术或者药物治疗。
gēn jù nínxiànzài de bìngqíng　nín kě yǐ xuǎn zé shǒushùhuòzhěyào wù zhì liáo

张　林：我怕手术，愿意接受药物治疗。
wǒ pà shǒushù　yuàn yì jiē shòuyào wù zhì liáo

孙儒道：可以。药物治疗主要通过药物控制炎症反应，但是以后可能会复发。
kě yǐ　yào wù zhì liáozhǔyàotōngguòyào wù kòng zhì yánzhèngfǎn yìng　dàn shì yǐ hòu kě nénghuì fù fā
如果没有控制住炎症，可能导致阑尾穿孔，引起腹膜炎，会有生
rú guǒméiyǒukòng zhì zhùyánzhèng　kě néngdǎo zhì lánwěichuānkǒng　yǐn qǐ fù mó yán　huìyǒushēng

mìngwēixiǎn
命 危 险。

rú guǒshǒushù ne
张　林：如果手术呢?

shǒushùhuì qiēchúbìngbiàn de lánwěi　　dá dào zhì yù de mù dì　　bì miǎn yǐ hòu fù fā de kě néng　　jiàn
孙儒道：手术会切除病 变的阑尾，达到治愈的目的，避免以后复发的可能。建

yì nínxiān hé jiā rénshāngliang yí xià ba
议您先和家人 商 量一下吧。

huànzhě hé jiā shǔshāngliànghòuzuòchū juédìng
（患者和家属 商 量后作出决定）

yī shēng　　wǒ men juédìngzuòshǒushù
张　林：医 生，我们决定做手术。

nà jiā shǔxiān qù bàn rù yuànshǒu xù　　ná hǎo wǒ gěi nín de rù yuànzhèng　　xiāndào rù yuànchùbàn lǐ
孙儒道：那家属先去办入院手续。拿好我给您的入院 证，先到入院处办理

shǒu xù　　yù jiǎozhùyuàn fèi yòng　　ránhòudàozhùyuàn bù bàn lǐ rù yuàn
手续，预缴住院费用，然后到住院部办理入院。

hǎo de　　xiè xie
张　林：好的。谢谢!

Conversation One
Diagnosis of Acute Appendicitis

Situation：A patient comes to the emergency department because of abdominal pain.

Characters：Sun Rudao（Doctor）

Zhang Lin（Patient, male, 25-year-old, married）

Time：3:00 p.m.

Site：Outpatient diagnosis room

Sun Rudao： Hello. What seems to be the problem with you?

Zhang Lin： I have pain in my abdomen.

Sun Rudao： When did it start?

Zhang Lin： About 8 o'clock this morning.

Sun Rudao： Where did the pain occur first?

Zhang Lin:	The pain began in upper part of my abdomen, and moved towards the umbilicus. Now I feel pain around my right lower abdominal region.
Sun Rudao:	Is the pain continuous or intermittent?
Zhang Lin:	It is continuous.
Sun Rudao:	How would you describe your pain? Mild or severe?
Zhang Lin:	It is very severe.
Sun Rudao:	Is there anything that relieves your pain?
Zhang Lin:	Bending over relieves my pain.
Sun Rudao:	Is there anything that increases your pain?
Zhang Lin:	When I touch or press, it increases my pain.
Sun Rudao:	Are there any other symptoms?
Zhang Lin:	I feel a little nauseous. Just now I vomited once on the way.
Sun Rudao:	What did you vomit?
Zhang Lin:	The food I ate at breakfast.
Sun Rudao:	Do you have a fever?
Zhang Lin:	I feel feverish.
Sun Rudao:	Have you measured your body temperature?
Zhang Lin:	No.
Sun Rudao:	Did you eat any unhygienic food before this abdominal pain?
Zhang Lin:	I do not remember eating any unhygienic food.
Sun Rudao:	Do you have diarrhea?
Zhang Lin:	No.
Sun Rudao:	Is there any back pain?
Zhang Lin:	No, there isn't.
Sun Rudao:	Come here, please lie on the bed. I will examine you. Please lower your pants to your thigh(symphysis pubis), and bend your knees. Relax your abdominal muscle and take it easy. When I touch, please tell me where the pain is?
Zhang Lin:	Ouch, it hurts here.
Sun Rudao:	When I press here, is it painful?
Zhang Lin:	Very painful.
Sun Rudao:	Do you still feel pain when I suddenly remove my hands?
Zhang Lin:	Very painful.

Sun Rudao: Well, please get up. According to your situation, maybe you have an appendicitis. We will need to perform some more tests for further diagnosis.

Zhang Lin: What tests do I need?

Sun Rudao: According to your condition, you will need a routine blood test, serum amylase, B ultrasound and routine urine examination. These tests will help in your diagnosis and rule out other possible diseases such as pancreatitis, urinary calculi, etc.

Zhang Lin: OK. Thank you, doctor. I will do the tests right away.

(The patient's family comes back with the results and hands it to the doctor)

Sun Rudao: Routine blood test shows leukocytosis, which is a sign of inflammation. Routine urine and serum amylase levels are normal. Ultrasonography shows your appendix is inflammed. Combined with clinical symptoms and the test results, I think that you have acute appendicitis.

Zhang Lin: So what needs to be done, doctor?

Sun Rudao: According to your condition, you can either choose surgery or medication.

Zhang Lin: I am afraid of operation, I prefer medication.

Sun Rudao: OK. Medication will mainly control inflammation through drug, but may relapse later. If the inflammation is not controlled, it can result in appendicular perforation and peritonitis. That will be life threatening.

Zhang Lin: How about the surgery?

Sun Rudao: Diseased appendix will be removed in surgery, and this can achieve the purpose of curing and preventing relapse. You had better first discuss it with your family.

(The patient makes his decision after a discussion with his family)

Zhang Lin: Doctor, we have decided to have a surgery.

Sun Rudao: Then you have to go through the admission procedures. Take this admission certificate to the admission office and pay the expenses for hospitalization, after which you will be admitted to the inpatient department.

Zhang Lin: OK. Thank you, doctor.

会话二 阑尾切除手术
huì huà èr lán wěi qiē chú shǒu shù

情 景：患者因为急性阑尾炎接受手术治疗。
qíng jǐng huànzhě yīn wèi jí xìng lán wěi yán jiē shòu shǒu shù zhì liáo

人 物：苏宁（外科医生）
rén wù sū níng wài kē yī shēng

文迪（实习医生）
wén dí shí xí yī shēng

李丽（护士）
lǐ lì hù shi

张林（患者，男，二十五岁，已婚）
zhāng lín huànzhě nán èr shí wǔ suì yǐ hūn

时 间：下午五点
shí jiān xià wǔ wǔ diǎn

地 点：病房和手术室
dì diǎn bìng fáng hé shǒu shù shì

（医生和护士完成手术前的相关工作后，患者被推进手术室。器械护士准备好了所有手术用具，外科医生、实习医生开始做消毒工作）
yī shēng hé hù shi wán chéng shǒu shù qián de xiāng guān gōng zuò hòu huànzhě bèi tuī jìn shǒu shù shì qì xiè hù shi zhǔn bèi hǎo le suǒ yǒu shǒu shù yòng jù wài kē yī shēng shí xí yī shēng kāi shǐ zuò xiāo dú gōng zuò

苏 宁：文迪，请你先给患者的切口画线吧，然后去洗手消毒。手术一定要遵循无菌原则，你消毒时要特别注意，这决定着手术的成败。
wén dí qǐng nǐ xiān gěi huànzhě de qiē kǒu huà xiàn ba rán hòu qù xǐ shǒu xiāo dú shǒu shù yí dìng yào zūn xún wú jūn yuán zé nǐ xiāo dú shí yào tè bié zhù yì zhè jué dìng zhe shǒu shù de chéng bài

文 迪：好的，老师。请问这个患者的手术切口选哪种呢？
hǎo de lǎo shī qǐng wèn zhè ge huànzhě de shǒu shù qiē kǒu xuǎn nǎ zhǒng ne

苏 宁：一般我们对诊断不明确的急腹症，急诊手术常用剖腹探查的切口。而这个患者，阑尾炎诊断比较明确，就选麦氏切口吧。
yì bān wǒ men duì zhěn duàn bù míng què de jí fù zhèng jí zhěn shǒu shù cháng yòng pōu fù tàn chá de qiē kǒu ér zhè ge huànzhě lán wěi yán zhěn duàn bǐ jiào míng què jiù xuǎn mài shì qiē kǒu ba

文 迪：好的。谢谢老师。
hǎo de xiè xie lǎo shī

苏 宁：护士，请准备好手术刀、止血钳、止血纱布和腹腔拉钩等手术用具。
hù shi qǐng zhǔn bèi hǎo shǒu shù dāo zhǐ xuè qián zhǐ xuè shā bù hé fù qiāng lā gōu děng shǒu shù yòng jù

李　丽：都准备好了。

（手术进行中）

苏　宁：文迪，我们已经逐层切开了皮肤、皮下组织，并分开了肌肉，现在你看到的就是腹膜了。我们一旦把它切开就进入了腹腔。请准备吸引管，防止切开后腹腔里的液体溢出。

文　迪：好的。护士，请递给我方纱，准备保护切口。

李　丽：给您。

文　迪：老师，怎么找到阑尾？

苏　宁：一般情况下，阑尾就在麦氏切口的下方，容易显露。如果找不到，我们还可以沿着结肠带向盲肠末端追踪，就能找到阑尾。否则，我们应该考虑异位阑尾的可能性。

文　迪：老师，您夹的就是阑尾吧？

苏　宁：这就是病变的阑尾组织。你看它的表面还有一点儿红肿，周围有渗出液，这是阑尾炎症的表现。你看阑尾系膜里的这根血管是阑尾动脉。下面我们首先用4号丝线结扎并缝合阑尾系膜残端，然后钳夹、结扎阑尾根部（0.3～0.5厘米），最后切除阑尾。

文　迪：阑尾根部怎么处理？

苏　宁：首先将残端消毒，然后在盲肠壁上做荷包缝合，将阑尾残端埋入，必要时再做一个"8"字缝合加固。

（手术结束前）

苏　宁：你来缝皮吧，切口一定要对合良好，这样切口愈合后看起来比较

měiguān
美观。

hǎo de   lǎo shī
文 迪：好的，老师。

Conversation Two
Appendicectomy

Situation：The patient is undergoing surgery for acute appendicitis.

Characters：Su Ning（Surgeon）

Wen Di（Intern）

Li Li（Nurse）

Zhang Lin（Patient，male，25-year-old，married）

Time：5：00 p. m.

Site：Ward and operating room

(After the doctors and nurses have completed the related preoperative work, the patient is wheeled in. The instrument nurse has prepared all the surgical instruments. The surgeon and intern have started the disinfection process)

Su Ning： Wen Di, please first draw a line at the incision site, and then wash your hands. The operation must follow the Principles of Surgical Asepsis. You need to pay special attention to disinfection process, which determines the success or failure of surgery.

Wen Di： OK, professor. Could you please advise me which surgical incision to choose for the patient?

Su Ning： Generally we give midline abdominal incision for emergency surgery when the cause of acute abdomen is not clear. As for this patient, appendicitis is quite obvious. You can choose the McBurney's incision.

Wen Di： OK. Thank you, professor.

Su Ning： Nurse, please prepare the surgical appliances such as scalpels, hemostatic forceps, hemostatic gauzes and abdominal retractor.

Li Li： They are all ready, doctor.

(During the operation)

Su Ning： Wen Di, we have now cut the skin and hypodermal tissue. Now split the muscle until the peritoneum is visible. Once we incise the peritoneum, we can enter into the peritoneal cavity. Please get the suction catheter ready in case the fluid overflows when we enter the peritoneal cavity.

Wen Di： OK, professor. Nurse, please hand me the gauze to cover the incision.

Li Li： Here you are, doctor.

Wen Di： Professor, how can I find the appendix?

Su Ning： Generally, the appendix lies just under the McBurney's incision and it's not difficult to find. If it's not there, we can follow the taeniae coli to the end of the cecum, and look for the appendix there. Otherwise, we should consider the possibility of an ectopic appendix.

Wen Di： Professor, is what you are clamping the appendix?

Su Ning： Yes, this is the diseased appendix. You can see the surface is reddish, swollen, and you can see fluid oozing out, which are signs of inflammation. Now, we can make the diagnosis of acute appendicitis. Look, contained within the mesoappendix is the appendicular artery. Next, we will ligate and suture the root of mesoappendix with No. 4 silk thread and then clamp and ligate the root of the appendix (0.3 ~ 0.5 cm), after which we can remove the appendix.

Wen Di： What can I do with the root of the appendix?

Su Ning： Disinfect the root, then bury the residual appendix by a purse-string suture in the cecum wall, or you can fix it with an "8" suture type.

(Before the operation is over)

Su Ning： Now please suture the skin, and remember to oppose the incision edges well, so that the incision looks better after healing.

Wen Di： OK, professor.

生词

腹部	（名）	fùbù	belly；abdomen
肚脐	（名）	dùqí	navel，umbilicus
持续性	（形）	chíxùxìng	continous
间歇性	（形）	jiànxiēxìng	intermittent
不卫生	（形）	bú wèishēng	unhygienic
耻骨联合		chǐgǔ liánhé	symphysis pubis
阑尾	（名）	lánwěi	appendix
阑尾炎	（名）	lánwěiyán	appendicitis
血常规检查		xuèchángguī jiǎnchá	routine blood test
血淀粉酶	（名）	xuèdiànfěnméi	serum amylase
B 超	（名）	b-chāo	B ultrasound
尿路结石		niàolù jiéshí	urinary calculi；urolithiasis
白细胞增多		báixìbāo zēngduō	leukocytosis
炎症	（名）	yánzhèng	inflammation
复发	（动）	fùfā	relapse
阑尾穿孔		lánwěi chuānkǒng	appendicular perforation
腹膜炎	（名）	fùmóyán	peritonitis
消毒	（动）	xiāo//dú	disinfect
无菌原则		wújūn yuánzé	aseptic principle
急腹症	（名）	jífùzhèng	acute abdomen
麦氏切口		màishì qiēkǒu	McBurney's incision
手术刀	（名）	shǒushùdāo	scalpel
止血钳	（名）	zhǐxuèqián	hemostatic forcep
纱布	（名）	shābù	gauze
拉钩	（名）	lāgōu	retractor
皮肤	（名）	pífū	skin
组织	（名）	zǔzhī	tissue
肌肉	（名）	jīròu	muscle
腹腔	（名）	fùqiāng	peritoneal cavity
结肠带	（名）	jiéchángdài	taeniae coli

动脉	（名）	dòngmài	artery
丝线	（名）	sīxiàn	silk thread
残端	（名）	cánduān	root
盲肠壁	（名）	mángchángbì	cecum wall
荷包缝合		hébāo fénghé	a purse-string suture
愈合	（动）	yùhé	heal

练习

一、听和说

1. 听录音，连线。

胀痛   jǐnzhāng

尿急   xiāo//dú

紧张   shābù

护士   hùshi

消毒   yánzhèng

炎症   lánwěi

纱布   zhàngtòng

过敏   shǒutào

阑尾   guòmǐn

手套   niàojí

2. 听录音，选词语。

（1）医生，我今天一早起来（ ）就很痛。

  A. 脖子   B. 肚子   C. 耳朵   D. 鼻子

（2）最后的确诊还要等（ ）的结果。

  A. 病理报告 B. 验血报告 C. X 光报告 D. CT 报告

（3）（ ）正在向患者家属详细讲解患者病情。

  A. 门诊医生 B. 护士   C. 护士长   D. 主刀医生

（4）早点下床活动可以帮助（ ）恢复。

  A. 胃功能   B. 肌肉功能 C. 肠道功能 D. 肾功能

（5）如果没有控制住炎症，可能导致（ ）。

  A. 阑尾炎   B. 阑尾穿孔 C. 胃穿孔   D. 死亡

3. 听对话，选答案。

（1）A. 王大夫　　　B. 张大夫　　　C. 林大夫　　　D. 田大夫

（2）A. 葡萄糖　　　B. 止痛药　　　C. 消炎药　　　D. 麻醉药

（3）A. 得了胃病　　B. 得了肺炎　　C. 感冒了　　　D. 做了手术

（4）A. 见护士　　　B. 见医生　　　C. 见血　　　　D. 见人

（5）A. 肛门排气后　B. 伤口愈合后　C. 出院后　　　D. 晚上

4. 完成下列会话。

（1）A：患者刚来的时候，情况怎么样？

　　　B：＿＿＿＿＿＿＿＿＿＿＿＿＿＿＿＿＿＿＿＿＿＿＿。（……的时候）

（2）A：医生，我的伤口怎么突然这么痛呢？

　　　B：＿＿＿＿＿＿＿＿＿＿＿＿＿＿＿＿＿＿＿＿＿＿＿。（……只要……）

（3）A：医生，这是我的检查报告。

　　　B：＿＿＿＿＿＿＿＿＿＿＿＿＿＿＿＿＿＿＿＿＿＿＿。（结合……）

（4）A：患者做了阑尾切除手术后，住院期间需要做些什么？

　　　B：＿＿＿＿＿＿＿＿＿＿＿＿＿＿＿＿＿＿＿＿＿＿＿。（……另外……）

（5）A：医生，阑尾切除手术出院后，我应该在生活上注意些什么呢？

　　　B：＿＿＿＿＿＿＿＿＿＿＿＿＿＿＿＿＿＿＿＿＿＿＿。（……尤其……）

5. 情景交际练习。

情景一：一个中年妇女因为肚子疼，在丈夫的陪伴下来医院看病。请根据情景，三人或者两人一组进行会话练习。

情景二：患者做了阑尾切除手术后，医生到病房查看情况。请三人一组模仿医生与家属或患者进行会话练习。

二、读和写

1. 选词填空。

　　无菌　病变　隐隐　减轻　麻醉　诊断　恶心　炎症

（1）这是（　　　　）的阑尾组织，它的表面有点儿红肿。

（2）手术一定要遵循（　　　　）原则，这决定着手术的成败。

（3）我的邻居王美林被（　　　　）得了急性阑尾炎，需要我做手术。

（4）我感到有点儿（　　　　），刚才在来的路上还呕吐了一次。

（5）我的腹部刚开始一直（　　　　）作痛，后来就痛得很厉害了。

（6）药物治疗主要是控制（　　　　），但以后可能会复发。

（7）吃一片止痛药，可以（　　　　）患者的痛苦。

（8）手术前，会给你做全身（　　　　　），你不会感觉到疼痛的。

2. 句子排序。

（1）A. 止痛药　　　　B. 我可以　　　　C. 给你一些　　　　（　　　）

（2）A. 一定要　　　　B. 做手术前　　　C. 做好充分准备　（　　　）

（3）A. 肚脐下面　　　B. 脱到　　　　　C. 请把裤子　　　　（　　　）

（4）A. 我要给你　　　B. 辅助检查　　　C. 做一些　　　　　（　　　）

（5）A. 所有的　　　　B. 医疗手术　　　C. 都会有风险　　　（　　　）

3. 完成下列句子。

（1）有没有　体重　最近　变化

_____?

（2）暂时　吃东西　你现在　还不能

_____。

（3）手术　是　治疗办法　最好的

_____。

（4）办理　手续　住院部　请到

_____。

（5）主要　控制炎症　药物治疗　通过药物

_____。

4. 短文阅读。

　　急性阑尾炎是外科常见病，也是最多见的急腹症。临床上根据急性阑尾炎的临床过程和病理解剖学变化将其分为四种病理类型：急性单纯性阑尾炎、急性化脓性阑尾炎、坏疽性及穿孔性阑尾炎和阑尾周围脓肿。临床上主要根据患者病史、临床症状、体检所见以及实验室检查来诊断。其最有意义的临床症状是转移性右下腹疼痛；最有意义的体征是右下腹固定压痛。如果阑尾位置正常，依靠右下腹固定压痛、腹肌紧张和转移性腹痛三个特征即可诊断急性阑尾炎。绝大多数急性阑尾炎一旦确诊，应尽早施行阑尾切除术，此时手术操作较简单，并发症少。急性阑尾炎也有非手术治疗，但仅适用于急性单纯性阑尾炎及急性阑尾炎的早期阶段，适当的药物治疗可使患者恢复正常；针对患者不接受手术治疗、全身情况差或客观条件不允许，或患者伴有其他严重器质性疾病等手术禁忌证，其主要措施为选择有效抗生素和补液治疗。

（杨春耘）

第九课　普通外科（二）
dì jiǔ kè　pǔ tōng wài kē　　èr

Lesson Nine　General Surgery Ⅱ

会话一　结石性胆囊炎病情诊断
huì huà yī　　jié shí xìng dǎn náng yán bìng qíng zhěn duàn

情 景：患者因为腹痛到医院就诊。
qíng jǐng　huànzhě yīn wèi fù tòng dào yī yuàn jiù zhěn

人 物：刘紫苓（医生）
rén wù　liú zǐ líng　yī shēng

李玉（患者，女，三十五岁）
lǐ yù　huànzhě　nǚ　sān shí wǔ suì

时 间：上午十一点
shí jiān　shàng wǔ shí yī diǎn

地 点：医院门诊诊断室
dì diǎn　yī yuàn mén zhěn zhěn duàn shì

刘紫苓：您好。哪里不舒服？
nín hǎo　nǎ lǐ bù shū fu

李 玉：我腹痛，现在变得越来越糟糕。
wǒ fù tòng　xiàn zài biàn de yuè lái yuè zāo gāo

刘紫苓：您腹痛多长时间了？
nín fù tòng duō cháng shí jiān le

李 玉：有两天了。
yǒu liǎng tiān le

刘紫苓：哪里痛？您能指给我看吗？
nǎ lǐ tòng　nín néng zhǐ gěi wǒ kàn ma

李 玉：可以。就这里。（患者指着右上腹、肝脏、胆囊部位）
kě yǐ　jiù zhè lǐ　huànzhě zhǐ zhe yòu shàng fù　gān zāng　dǎn náng bù wèi

刘紫苓：是一直痛还是间歇性痛？
shì yì zhí tòng hái shi jiàn xiē xìng tòng

李 玉：开始的时候是间歇性痛，不过现在好像是一直痛。
kāi shǐ de shí hou shì jiàn xiē xìng tòng　bú guò xiàn zài hǎo xiàng shì yì zhí tòng

刘紫苓：如果将疼痛分成 0~10 级，0 级是一点儿都不痛，10 级是剧痛，那么
rú guǒ jiāng téng tòng fēn chéng　　　jí　jí shì yì diǎnr dōu bú tòng　jí shì jù tòng　nà me

nín jué de nín de tòng shǔ yú nǎ yì jí
您觉得您的痛属于哪一级？

李 玉：
wǒ jué de shì jí
我觉得是7级。

刘紫苓：
tòng shì cóng zhè lǐ hái shi qí tā dì fang kāi shǐ de
痛是从这里还是其他地方开始的？

李 玉：
zhè lǐ zài tòng huàn zhě zhǐ zhe yòu shàng fù gān zāng dǎn náng bù wèi
这里在痛。（患者指着右上腹、肝脏、胆囊部位）

刘紫苓：
téng tòng de shí hou huì bú huì tóng shí bàn yǒu yòu jiān bèi bù de téng tòng
疼痛的时候，会不会同时伴有右肩背部的疼痛？

李 玉：
yǒu shí huì yǒu yì diǎn dàn méi yǒu zhè lǐ yòu shàng fù tòng de lì hai
有时会有一点，但没有这里（右上腹）痛得厉害。

刘紫苓：
yǒu méi yǒu shén me huì zēng jiā nín de téng tòng yùn dòng hòu shì bú shì gèng tòng
有没有什么会增加您的疼痛？运动后是不是更痛？

李 玉：
rú guǒ zǒu tài jiǔ de huà téng tòng huì jiā jù
如果走太久的话，疼痛会加剧。

刘紫苓：
chī le huò zhě hē le shén me zhī hòu téng tòng huì jiā jù ma
吃了或者喝了什么之后，疼痛会加剧吗？

李 玉：
bù wǒ gǎn jué bú huì
不，我感觉不会。

刘紫苓：
yǒu méi yǒu shén me kě yǐ jiǎn qīng nín de téng tòng
有没有什么可以减轻您的疼痛？

李 玉：
méi yǒu shén me kě yǐ jiǎn qīng téng tòng
没有什么可以减轻疼痛。

刘紫苓：
nín zài gǎn dào yòu shàng fù téng tòng zhī qián yǒu méi yǒu chī guo yóu nì de huò zhě bú wèi shēng de shí wù
您在感到右上腹疼痛之前有没有吃过油腻的或者不卫生的食物？

李 玉：
méi yǒu bú guò wǒ píng shí bǐ jiào xǐ huan chī féi yì diǎn de zhū ròu
没有，不过我平时比较喜欢吃肥一点的猪肉。

刘紫苓：
yǒu méi yǒu hē jiǔ ne
有没有喝酒呢？

李 玉：
méi yǒu
没有。

刘紫苓：
nín jué de fā rè ma
您觉得发热吗？

李 玉：
wǒ jué de rè dàn wǒ méi yǒu cè liáng tǐ wēn
我觉得热，但我没有测量体温。

刘紫苓：
wǒ xū yào cè yí xià nín de tǐ wēn mài bó hé xuè yā nín xiǎo biàn zhèng cháng ma
我需要测一下您的体温、脉搏和血压。您小便正常吗？

李 玉：
zhèng cháng
正常。

刘紫苓：
nín ǒu tù guo ma
您呕吐过吗？

李　玉：没有。我今天早晨感到恶心，但没有呕吐。

刘紫苓：您现在食欲怎么样？

李　玉：我不是很想吃东西，来之前只喝了点东西。

刘紫苓：您喝了什么？

李　玉：我喝了两杯咖啡。

刘紫苓：小便看起来是什么颜色？

李　玉：有点儿黄，不过和平时没多大区别。

刘紫苓：您大便规律吗？

李　玉：通常很规律。不过我有两天没有大便了。

刘紫苓：您有黑色大便或者血便吗？

李　玉：没有。

刘紫苓：我需要给您做一个检查。请躺下，把衣服解开。

李　玉：好的。

刘紫苓：请指给我看您哪里最疼痛。

李　玉：就这里痛。（患者指着右上腹、肝脏、胆囊部位）

刘紫苓：好的。现在请用力吸气，然后呼出来，尽量放松。

李　玉：哎哟，好痛！

刘紫苓：好了。您现在可以穿衣服了。我需要给您做一些检查。

李　玉：我今天把所有的检查都做完吗？

刘紫苓：是的。护士会告诉您去哪里检查，从哪里可以得到检查结果。在超声波检查之前，您需要喝两三杯水。

李　玉：好的。检查结果出来后，我必须回到这里吗？

刘紫苓：是的。您回来时跟护士说一下。她会告诉我。

（检查结果出来以后）

刘紫苓：您好。您的检查结果显示您的胆囊发炎了，里面还有两颗小石头。您需要留院观察并接受治疗，我们在确诊之前可能还会根据您的病情补做一些检查。

李　玉：我的胆囊里面居然有石头，简直难以置信。我需要住院吗？可以给我一些止痛药吗？

刘紫苓：您最好住院接受进一步检查。我们要进一步检查您除了胆结石以外是否有其他更严重的肝胆疾病或者胰腺疾病。我们肯定也会给您止痛药。

李　玉：好的。您觉得我需要动手术吗？

刘紫苓：是的，我想您需要做胆囊切除手术。您也可以选择保守治疗（单纯药物治疗），但容易反复发病。

李　玉：那我选择手术治疗。现在我需要做些什么？

刘紫苓：现在您需要办理入院，入院后输液并服用些止痛的药物。

李　玉：我需要现在就住进来吗？

刘紫苓：是的。我为您填完住院表，护士会向您讲解该怎么做，怎么到病房，然后您的家人可以回家去取些东西。

李　玉：我能在病房见到您吗？

刘紫苓：会的，我门诊完了会去病房看您。不过，您办理入院以后，另外一位

yī shēng huì gěi nín kàn bìng   wèn nín yì xiē wèn tí bìng qiě bāng nín ān pái jiǎn chá
医 生 会给您看病，问您一些问题并且 帮 您安排检查。

xiè xie nín de bāng zhù   yī shēng
李　玉：谢谢您的 帮 助，医 生 。

bú kè qi   xī wàng nín jǐn kuài kāng fù
刘紫苓：不客气。希 望 您尽 快 康 复。

Conversation One
Diagnosis of Calculous Cholecystitis

Situation：A patient comes to the hospital with abdominal pain.

Characters：Liu Ziling（Doctor）

Li Yu（Patient，female，35-year-old）

Time：11:00 a. m.

Site：Outpatient department

Liu Ziling：Hello！What seems to be the problem with you？

Li Yu：　I have abdominal pain，and now it's getting worse.

Liu Ziling：How long have you had abdominal pain？

Li Yu：　About two days.

Liu Ziling：Where do you have the pain？Can you show me？

Li Yu：　Yes，just here.（The patient points to the area of right upper quadrant，liver and gallbladder）

Liu Ziling：Is it sustained pain or intermittent pain？

Li Yu：　At first it was just on and off，but now it seems to be there all the time.

Liu Ziling：On the scale of 0 to 10，if 0 means painless and 10 is severe pain，what number would you give your pain？

Li Yu：　I think it's 7.

Liu Ziling：Did the pain start here or somewhere else？

Li Yu：　 It's always been here.（The patient points to the area of the right upper quadrant，liver and gallbladder）

Liu Ziling： Does your pain radiate to right shoulder or back?

Li Yu： Sometimes, but there is severe pain here (right upper quadrant).

Liu Ziling： Is there anything that increases your pain? Any activity?

Li Yu： If I walked a lot, it would hurt a bit more.

Liu Ziling： Does the pain get worse after eating or drinking?

Li Yu： No, I do not feel like that.

Liu Ziling： Is there anything that relieves your pain?

Li Yu： No, there is nothing.

Liu Ziling： Did you eat any oily or unhygienic food before suffering from pain?

Li Yu： No, but I prefer to eat fat pork every day.

Liu Ziling： Any drink?

Li Yu： No.

Liu Ziling： Do you have a fever?

Li Yu： I feel hot, but I did not take my temperature.

Liu Ziling： I need to take your temperature, pulse and blood pressure. How about your urine?

Li Yu： It's normal.

Liu Ziling： Have you vomited?

Li Yu： No. This morning I felt nauseous, but didn't vomit afterwards.

Liu Ziling： How about your appetite?

Li Yu： I do not really feel like eating. I just drank a little before I came.

Liu Ziling： What did you drink?

Li Yu： I have had two cups of coffee.

Liu Ziling： What color does your urine look like?

Li Yu： Somewhat yellow. But it is not very different from normal.

Liu Ziling： Are your bowel motions regular?

Li Yu： They usually are. However, I haven't had a bowel movement for a couple of days.

Liu Ziling： Did you have black or bloody stool?

Li Yu： No.

Liu Ziling： Now, I need to examine you. Please lie down and remove your clothes.

Li Yu： OK.

Liu Ziling： Can you show me where the pain is?

Li Yu：   It is here. (The patient points to the area of right upper quadrant, liver and gallbladder)

Liu Ziling：OK. Take a deep breath in and then breathe out. Now try to relax.

Li Yu：   Ouch, that hurts!

Liu Ziling：OK. You can get dressed now. I need to write some tests for you.

Li Yu：   Will I get all tests done today?

Liu Ziling：Yes, you will. A nurse will show you where to go and from where you can get your results. Before the ultrasound scan, you need to drink 2 ~ 3 glasses of water.

Li Yu：   OK. Do I have to come back here after I get the results?

Liu Ziling：Yes. Inform the nurse when you come back. She will let me know.

(Test results come out later)

Liu Ziling：Hello, your results show that you might have cholecystitis. There are two small stones in your gallbladder, so you need to be hospitalized for observation and treatment. We may do more tests before we can have a definite diagnosis.

Li Yu：   There are stones inside my gallbladder. That is incredible. Do I really need to stay in hospital? Can you give me some painkillers to relieve the pain?

Liu Ziling：Yes, it is better for you to stay. You will need further tests to rule out serious liver or pancreatic diseases besides the gallstones. Painkillers will also be definitely given to you.

Li Yu：   OK. Do you think I need surgery?

Liu Ziling：Yes, I think you need a cholecystectomy. Of course, you can also choose conservative treatment (merely medication), but it can get inflamed over and over again.

Li Yu：   Well, I choose surgery. Now what do I need to do?

Liu Ziling：Now you need to apply for admission. After admission you will get intravenous medication and analgesics.

Li Yu：   Do I have to be admitted in right now?

Liu Ziling：Yes. After I finish filling in the admission form for you, the nurse will show you what to do and which ward to go to. Then your family member can go home to fetch your things.

Li Yu：   Will I see you in the ward?

Liu Ziling：Yes, I will go to the ward after outpatient service. But when you are hospitalized, another doctor will see you, ask you some questions and arrange your tests.

Li Yu： Doctor, thanks for your help.

Liu Ziling：You're welcome. I hope you'll recover soon.

---

huì huà èr dǎn náng qiē chú shǒu shù
会话二　胆囊切除手术

qíng jǐng huànzhě yīn wèi jié shí xìng dǎn náng yán jiē shòu shǒu shù zhì liáo
情　景：患者因为结石性胆囊炎接受手术治疗。

rén wù liú zǐ líng wài kē yī shēng
人　物：刘紫苓（外科医生）

zhào wén wén shí xí yī shēng
赵雯雯（实习医生）

lǐ yù huànzhě nǚ sān shí wǔ suì
李玉（患者，女，三十五岁）

shí jiān shàng wǔ jiǔ diǎn
时　间：上午九点

dì diǎn bìng fáng hé shǒu shù shì
地　点：病房和手术室

---

wài kē yī shēng yǔ huànzhě zài shǒu shù qián jìn xíng jiāo liú
（外科医生与患者在手术前进行交流）

nín hǎo gēn jù nín de bìng qíng mù qián kě yǐ cǎi yòng liǎng zhǒng shǒu shù fāng shì qiē chú nín bìng biàn de
刘紫苓：您好！根据您的病情，目前可以采用两种手术方式切除您病变的

dǎn náng yì zhǒng shì kāi fù dǎn náng qiē chú shù lìng yì zhǒng shì fù qiāng jìng dǎn náng qiē chú shù
胆囊。一种是开腹胆囊切除术，另一种是腹腔镜胆囊切除术。

yǒu qū bié ma nǎ yì zhǒng huì gèng yǒu xiào
李　玉：有区别吗？哪一种会更有效？

liǎng zhě liáo xiào xiāng dāng kāi fù dǎn náng qiē chú shù huì zài dù zi shang zuò yí gè cháng yuē lí mǐ
刘紫苓：两者疗效相当。开腹胆囊切除术会在肚子上做一个长约10厘米

de shǒu shù qiē kǒu fù qiāng jìng dǎn náng qiē chú shù shì tōng guò dǎ kǒng jiàn lì qì fù rán hòu cǎi yòng
的手术切口；腹腔镜胆囊切除术是通过打孔建立气腹，然后采用

zhuān yòng qì xiè qiē chú bìng biàn dǎn náng shù hòu dù zi shang jī hū méi yǒu shǒu shù qiē kǒu hén jì
专用器械切除病变胆囊，术后肚子上几乎没有手术切口痕迹。

shuō shí huà wǒ pà shǒu shù huì zài wǒ de dù zi shang liú xià cháng cháng de shǒu shù qiē kǒu bā hén hěn
李　玉：说实话，我怕手术会在我的肚子上留下长长的手术切口疤痕，很

bù měi guān   suǒ yǐ wǒ xuǎn zé zài fù qiāng jìng xià qiē chú bìng biàn dǎn náng
不美 观，所以我选择在腹腔镜下切除病变胆囊。

hǎo de   bú guò fù qiāng jìng dǎn náng qiē chú shù de shǒu shù fèi yòng yào guì yì diǎn   nín néng jiē shòu ma
刘紫苓：好的，不过腹腔镜胆囊切除术的手术费用要贵一点，您能接受吗？

néng
李 玉：能。

yī shēng hé hù shi wán chéng shǒu shù qián de xiāng guān gōng zuò hòu   huàn zhě bèi tuī jìn shǒu shù shì   shǒu shù kāi shǐ le
（医生和护士完成手术前的相关工作后，患者被推进手术室。手术开始了）

lǎo shī   duì yú fù qiāng jìng dǎn náng qiē chú shù wǒ men xū yào zhù yì nǎ xiē yào diǎn
赵雯雯：老师，对于腹腔镜胆囊切除术我们需要注意哪些要点？

zhǎo dào dǎn náng yǐ hòu   wǒ men xū yào xiǎo xīn de jiā zhù dǎn náng dòng mài hé dǎn náng guǎn   zài dǎn náng
刘紫苓：找到胆囊以后，我们需要小心地夹住胆囊动脉和胆囊管，在胆囊

qiē chú qián jìn xíng jié zā
切除前进行结扎。

wèi shén me yào xiān duì dǎn náng guǎn jìn xíng jié zā ne
赵雯雯：为什么要先对胆囊管进行结扎呢？

zhè yàng wǒ men kě yǐ fáng zhǐ dǎn náng nèi de xiǎo shí tou diào rù dǎn zǒng guǎn   dǔ sè yí guǎn de kāi kǒu
刘紫苓：这样我们可以防止胆囊内的小石头掉入胆总管，堵塞胰管的开口，

yǐn qǐ dǎn dào gěng zǔ hé yí xiàn yán
引起胆道梗阻和胰腺炎。

yuán lái shì zhè yàng   nà rú guǒ dǎn zǒng guǎn lǐ miàn yǒu shí tou zěn me bàn
赵雯雯：原来是这样，那如果胆总管里面有石头怎么办？

yì bān wǒ men huì yòng qǔ shí qián qǔ chū   bì yào shí huì yòng dǎn dào jìng qǔ chū diào rù dǎn zǒng guǎn de xiǎo
刘紫苓：一般我们会用取石钳取出，必要时会用胆道镜取出掉入胆总管的小

shí tou
石头。

xiè xie lǎo shī
赵雯雯：谢谢老师。

fēn zhōng hòu   shǒu shù jié shù   má zuì tíng zhǐ   huàn zhě sū xǐng hòu huí dào bìng fáng
（50分钟后，手术结束，麻醉停止。患者苏醒后回到病房）

lǐ nǚ shì   zhù hè nín   shǒu shù fēi cháng chéng gōng
刘紫苓：李女士，祝贺您！手术非常成功。

xiè xie liú yī shēng
李 玉：谢谢刘医生！

bú kè qi   gēn jù shǒu shù pàn duàn   nín huàn de shì dǎn jié shí   qiē xià lái de bìng biàn zǔ zhī yǐ jīng
刘紫苓：不客气。根据手术判断，您患的是胆结石。切下来的病变组织已经

sòng dào bìng lǐ kē zuò bìng lǐ jiǎn chá   zuì hòu de què zhěn hái yào děng bìng lǐ bào gào de jié guǒ
送到病理科做病理检查，最后的确诊还要等病理报告的结果。

xiè xie
李 玉：谢谢。

xiàn zài gǎn jué zěn me yàng a   yǒu méi yǒu nǎ lǐ bù shū fu
刘紫苓：现在感觉怎么样啊？有没有哪里不舒服？

李　玉：我感觉咽喉有点痛，是什么原因呢？

刘紫苓：除了咽喉痛还有没有其他的症状？

李　玉：只是咽喉有点痛，没有其他症状。

刘紫苓：不用太紧张。这是全身麻醉气管拔管后出现的咽喉不适，也叫术后咽喉痛。术后咽喉痛是全身麻醉气管插管患者术后较常出现的并发症，发生率为30%～70%。通常我们采用对症处理，您的情况是单纯有痛感，一般过一段时间就好了。您可以先不吃药，如果没有缓解我再给您开药，好吗？

李　玉：好的。我现在可以吃东西了吗？

刘紫苓：现在暂时还不能吃东西。等肛门排气后，肠道畅通无阻，您才可以吃东西。您可以先吃点儿流质食物，之后再逐渐过渡到固体食物。

李　玉：非常感谢！刘医生，切除胆囊对我以后的生活有没有影响？

刘紫苓：近期不能吃油腻的食物。半年以后才能恢复正常饮食。

李　玉：好的。还有什么需要注意的吗？

刘紫苓：您可以早点儿下床活动，促进肠道蠕动，这样恢复得更快。

李　玉：明白了。谢谢。

Conversation Two
Cholecystectomy

Situation: The patient decides to undergo operation for calculous cholecystitis.

Characters: Liu Ziling (Surgeon)

Zhao Wenwen (Intern)

Li Yu (Patient, female, 35-year-old)

Time: 9:00 a. m.

Site: Ward and the operation room

(The surgeon is communicating with the patient about the surgery)

Liu Ziling: Hello! According to your condition, there are two types of operation methods to remove your diseased gallbladder. One is open cholecystectomy, the other is laparoscopic cholecystectomy.

Li Yu: Is there any difference? Which one would be more effective?

Liu Ziling: Both methods are almost equal. In open cholecystectomy we will do an incision of about 10 cm long on abdomen, while in laparoscopic cholecystectomy pneumo-peritoneum is established and the diseased gallbladder is resected with special equipment. There will not be any post-operative scar on your abdomen.

Li Yu: To be honest, I am afraid that the surgery will leave a long incision scar on my belly. It's ugly. So I would rather choose laparoscopic cholecystectomy.

Liu Ziling: OK, but the cost for laparoscopic cholecystectomy is a bit more expensive. Will you accept?

Li Yu: I can.

(After the doctors and nurses complete the related work before surgery, the patient is wheeled into the operation room. The operation is commenced)

Zhao Wenwen: Teacher, what should we pay attention to in laparoscopic cholecystectomy?

Liu Ziling: After identifying the gallbladder, we need to carefully clip cystic artery and the cystic duct and then ligate these structures after which we can remove the gallbladder.

Zhao Wenwen: Why ligate cystic duct first?

Liu Ziling: By doing so, we can prevent small stones inside the gallbladder from entering into the common bile duct, and guard against blockage of the opening of pancreatic duct, biliary tract obstruction and pancreatitis.

Zhao Wenwen: I see. What if there are stones inside the common bile duct?

Liu Ziling: We generally take them out with lithotomy forceps. If necessary, we remove the stones in the common bile duct with choledochoscope.

Zhao Wenwen: Thank you, teacher.

(Fifty minutes later, the surgery is completed. After regaining her consciousness, the patient is moved to the ward)

Liu Ziling: Hello, Ms. Li! Congratulations to you! The operation is very successful.

Li Yu: Thank you! Doctor Liu.

Liu Ziling: You're welcome. According to the operation, you have gallstones. The diseased tissue has been taken to the pathology department for pathologic examination. We are waiting for the pathology report for definite diagnosis.

Li Yu: Thanks.

Liu Ziling: How are you feeling now? Do you have any complaints?

Li Yu: I have pain in my throat. What could be the reason, doctor?

Liu Ziling: Are there any other symptoms beside throat pain?

Li Yu: Just a sore throat, nothing else.

Liu Ziling: Don't be too nervous. The throat discomfort that you have is post-operative laryngopharyngeal pain that usually occurs after tracheal extubation. This post-operative complication is quite common in patients who have undergone tracheal intubation during surgery under general anaesthesia, with an incidence of 30% to 70%. Generally we treat this only if there are symptoms. You only have pain, which usually goes away after a period of time. Right now, you do not need to take any medicine. If there is no relief, I will give you medicine accordingly, is that OK with you?

Li Yu: OK. Can I eat now?

Liu Ziling: You can't eat for now. After you have passed gas, which means that the intestinal tract is unobstructed, you can start to eat. At first you should start with liquid drinks, and then slowly start eating solid food little by little.

Li Yu： Thank you very much！Doctor Liu. Will the removal of my gallbladder affect me in future？

Liu Ziling： Avoid fatty food for now. After six months you can return to normal diet.

Li Yu： OK. Is there anything else？

Liu Ziling： You should try to get out of bed and move around earlier，which can promote intestinal movement. This can help you to recover faster.

Li Yu： I see. Thank you.

生词

胆囊	（名）	dǎnnáng	gallbladder
肝脏	（名）	gānzàng	liver
加剧	（动）	jiājù	increase；intensify
测量	（动）	cèliáng	measure
区别	（名）	qūbié	difference
放松	（动）	fàngsōng	relax
保守	（形）	bǎoshǒu	conservative
疤痕	（名）	bāhén	scar
胆总管	（名）	dǎnzǒngguǎn	common bile duct
胰管	（名）	yíguǎn	pancreatic duct
胆道	（名）	dǎndào	biliary tract
梗阻	（动）	gěngzǔ	obstruct
取石钳	（名）	qǔshíqián	lithotomy forceps
胆道镜	（名）	dǎndàojìng	choledochoscope
苏醒	（动）	sūxǐng	regain one's consciousness
病理科	（名）	bìnglǐkē	pathology department
气管拔管		qìguǎn báguǎn	tracheal extubation
气管插管		qìguǎn chāguǎn	tracheal intubation
发生率	（名）	fāshēnglǜ	incidence rate
肛门	（名）	gāngmén	anus
排气	（动）	pái//qì	exit gas
肠道	（名）	chángdào	bowel；intestinal tract
畅通无阻		chàngtōngwúzǔ	unobstructed

练习

一、听和说

1. 听录音，连线。

胆囊   gānzàng

医院   bāhén

肝脏   qìxiè

石头   qiēchú

发炎   yíxiàn

胰腺   dǎnnáng

扫描   yīyuàn

切除   fāyán

器械   sǎomiáo

疤痕   shí·tou

2. 听录音，选词语。

（1）（   ）以后你才能恢复正常饮食。

      A. 一年半   B. 半月   C. 半年   D. 一年

（2）（   ）完成以后再确定具体手术日期。

      A. 血蛋白检查   B. 血常规检查   C. 身体检查   D. 常规检查

（3）这是医院（   ）最常见的手术之一。

      A. 脑外科   B. 普外科   C. 胸外科   D. 骨科

（4）你的检查结果显示你的（   ）发炎了。

      A. 胆囊   B. 皮肤   C. 肠胃   D. 肝胆

（5）你们谁能告诉我这个病的（   ）特点是什么？

      A. 临时   B. 临床   C. 医治   D. 手术

3. 听对话，选答案。

（1）A. 肚子右上方   B. 肚子右下方   C. 肚子左上方   D. 肚子左下方

（2）A. 一般   B. 马马虎虎   C. 很好   D. 不好

（3）A. 十斤左右   B. 四十多斤   C. 十七斤   D. 二十多斤

（4）A. 外公   B. 爷爷   C. 奶奶   D. 妈妈

（5）A. 前天   B. 昨天   C. 上前天   D. 今天

4. 完成下列会话。

（1）A：小黎，你这两三天感觉好些没有？

B：_____。（越来越……）

（2）A：马医生，我还需要来医院做定期检查吗？

B：_____。（如果……那么……）

（3）A：根据你的病情，目前可以采用两种手术方案。

B：_____。（说实话……）

（4）A：检查结果显示，你的胆囊里面有几颗小石头。

B：_____。（居然……）

（5）A：你是愿意选择保守治疗还是手术？

B：_____。（……更愿意……）

5. 情景交际练习。

情景一：一位老年人因为腹部疼痛，在儿女的陪伴下来医院看病。请根据情景，三人或者两人一组进行会话练习。

情景二：患者做完胆囊手术后，医生到病房查看情况。请三人一组模仿医生与家属或患者进行会话练习。

二、读和写

1. 选词填空。

需要 同意书 要点 判断 暂时 病情 剧烈 看病

（1）任何手术前，患者家属都要签署手术（　　　　）。

（2）根据手术（　　　　），你患的是胆结石。

（3）老师，请问手术中我们需要注意哪些（　　　　）？

（4）我腹痛已经大约一个小时了，现在变得越来越（　　　　）。

（5）一会儿检查结果出来后，我会再给你（　　　　）。

（6）你（　　　　）还不能吃东西。等你肛门排气后，才可以吃点儿流质食物。

（7）我（　　　　）给你检查一下，请到那边的床上躺下。

（8）根据你的（　　　　），目前可以采用两种手术方式切除你的肿瘤。

2. 句子排序。

（1）A. 手术会留下　　B. 患者怕　　C. 很长的疤痕　　（　　　　）

（2）A. 取出胆结石　　B. 我们一般会　　C. 用取石钳　　（　　　　）

（3）A. 不能吃　　B. 你近期　　C. 油腻的食物　　（　　　　）

（4）A. 见到你吗　　B. 在病房　　C. 我能　　（　　　　）

（5）A. 适当锻炼　　B. 恢复得更快　　C. 会让你　　　　　　　　（　　　　）

3. 完成下列句子。

（1）早点　你可以　活动　下床

_____。

（2）居然　胆囊里　我的　有石头

_____。

（3）恶心　我　感到　今天早上

_____。

（4）你哪里　看　指给我　最疼痛

_____。

（5）还没有　我的　出来　检查结果

_____。

4. 短文阅读。

　　急性胆囊炎分为急性结石性胆囊炎和非结石性胆囊炎，是常见的急腹症，女性多见。急性胆囊炎的发生与胆石阻塞胆囊管、胆囊管狭窄、胆汁淤积、胆汁浓缩、高浓度胆汁酸盐损害胆囊黏膜上皮有关。引起急性胆囊炎的常见细菌主要为 G－杆菌、厌氧菌等。急性胆囊炎的病理变化按炎症的严重程度分为：①急性单纯性胆囊炎——胆囊管梗阻，囊内压力升高，引起胆囊黏膜充血水肿，渗出增加；②急性化脓性胆囊炎——炎症发展波及全层胆囊壁，白细胞弥漫浸润，浆膜面出现纤维性和脓性分泌物渗出；③急性坏疽性胆囊炎——胆囊内压持续升高，囊壁受压发生血液循环障碍，引起胆囊壁组织坏疽，如发生坏死、急性穿孔，可引起胆汁性腹膜炎。胆囊穿孔常发生在底部和颈部。如果发生穿孔前胆囊被周围脏器或大网膜粘连包裹，则形成胆囊周围脓肿。

（杨春耘）

第十课 普通外科（三）

dì shí kè   pǔ tōng wài kē   sān

Lesson Ten   General Surgery Ⅲ

会话一 甲状腺功能亢进病情诊断

huì huà yī   jiǎ zhuàng xiàn gōng néng kàng jìn bìng qíng zhěn duàn

情 景： 患者因失眠、多汗、心悸等情况到医院就诊。

人 物： 李林海（医生）

王建国（患者，男，三十八岁）

时 间： 上午十点

地 点： 医院门诊诊断室

李林海：早上好！哪里不舒服？

王建国：我最近晚上总是失眠。

李林海：什么时候开始的？

王建国：只是近两个月才发生的。

李林海：以前有过这种现象吗？

王建国：以前没有。

李林海：您多少岁了？

王建国：38 岁。

李林海：还有其他症 状 吗？

王建国：我还觉得最近容易心 慌 和发脾气。

李林海：您最近出汗和往 常 一样吗？

王建国：我比原来出的汗多，尤其是天热的时候。

李林海：您的食欲怎样？

王建国：这 两个月我的饭量 增加了，体 重 却减轻了三千克。

李林海：请做一个吞咽动作，我检查一下。另外，您吃过什么药吗？

王建国：没有，我没服用过任何药物。

李林海：根据您的症 状 表 现，我估计您得了甲 状 腺功能亢进。要对您的
病情进行确切的诊断与治疗，还需要做一些甲 状 腺功 能的检查。
拿着这些检查单去检查，我在这里等结果。

（检查结果出来以后）

王建国：医 生，检查结果怎样？

李林海：根据基础代谢率测 定、甲 状 腺扫描和甲 状 腺摄碘－131率测定检
查结果，您确实得了甲 状 腺功能亢进。

王建国：医 生，能治好吗？

李林海：根据您目前的病情，我建议手术治疗，做甲 状 腺次全切除术。

王建国：好的，我听从您的治疗建议。

Conversation One
Diagnosis of Hyperthyroidism

Situation: A patient comes to the hospital with insomnia, excessive sweating and palpitation.

Characters: Li Linhai (Doctor)

Wang Jianguo (Patient, male, 38-year-old)

Time: 10:00 a. m.

Site: Outpatient diagnosis room

Li Linhai: Good morning. May I know what is troubling you?

Wang Jianguo: I am not able to sleep at night lately.

Li Linhai: When did it begin?

Wang Jianguo: This has been happening for the past two months only.

Li Linhai: Did you have insomnia before?

Wang Jianguo: No.

Li Linhai: How old are you?

Wang Jianguo: I am 38 years old.

Li Linhai: Do you have any other symptoms?

Wang Jianguo: I also think that lately I feel palpitation and get angry easily.

Li Linhai: Have you been sweating as much as you usually do lately?

Wang Jianguo: I sweat a lot more than before, especially in hot weather.

Li Linhai: Can you tell me how is your appetite?

Wang Jianguo: In the past two months, I have been eating more than I used to, but I have lost 3 kg in weight.

Li Linhai: Let me examine you now. Can you please swallow? Well, did you take any medicine?

Wang Jianguo: No, I haven't taken any medicine.

Li Linhai: According to your symptoms, I suspect that you might have hyperthyroidism. You will have to do some thyroid function tests. I need the reports to make a definite diagnosis and treatment for your disease. Take this test sheet to the laboratory，I'll wait for the results.

（Test results come out later）

Wang Jianguo：What's the result，doctor?

Li Linhai：   The reports of your basal metabolic rate test，thyroid scan and the test of iodine-131 uptake rate show that you do have hyperthyroidism.

Wang Jianguo：Can it be cured，doctor?

Li Linhai：   According to your symptoms and the reports of tests，I suggest a surgical treatment，a subtotal thyroidectomy is necessary.

Wang Jianguo：All right，I will follow your treatment recommendation.

huì huà èr　shù hòu guǎn lǐ
会话二　术后管理

qíng　jǐng　huànzhě jiē shòu jiǎ zhuàngxiàn cì quánqiēchúshùhòu yī shēngcháfáng
情　景：患者接受甲 状 腺次全切除术后医 生 查房。

rén　wù　lǐ lín hǎi　zhǔdāo yī shēng
人　物：李林海（主刀医生）

yú màn　shí xí yī shēng
于曼（实习医生）

wángjiànguó　huànzhě　nán　sānshí bā suì
王 建国（患者，男，三十八岁）

shí　jiān　shàng wǔ jiǔ diǎn
时　间：上 午九点

dì　diǎn　yī yuànzhùyuàn bù bìngfáng
地　点：医院住院部病房

nín jīn tiāngǎn jué zěnyàng
李林海：您今天感觉怎样？

hǎoduō le　gǎn xiè nín
王建国：好多了，感谢您。

duì shí xí yī shēng　huànzhěshùhòushēngmìng tǐ zhēngzěnyàng
李林海：（对实习医生）患者术后生 命体征怎样？

huànzhězǎoshang bā diǎn de tǐ wēn shì　mài bó shì　cì fēn　hū xī lǜ shì　cì fēn
于 曼：患者早上 八点的体温是37.3 ℃，脉搏是82 次/分，呼吸率是18 次/分，

xuè yā shì
血压是 120/80 mmHg。

李林海：（对实习医生）好。患者清醒后改为了半卧位。24 小时内严密观察
有无创口出血和呼吸困难等症状。如果患者术后 12～36 小时内
出现高热、心动过速、大汗、谵妄甚至昏迷，那就是甲状腺危
象，要怎么处理？

于　曼：应使用镇静剂、及时供氧、采取降温措施。增加复方碘溶液口服
量，每日四次至五次，每次十五滴。

李林海：不错。患者情况稳定的话，术后 24～48 小时可拔出引流条，四天至
五天可拆除缝线。王先生，您好好休息，很快就会好的。

王建国：谢谢医生。

Conversation Two
Ward Rounds

Situation：Ward rounds after the subtotal thyroidectomy.

Characters：Li Linhai（Head surgeon）

　　　　　　Yu Man（Intern）

　　　　　　Wang Jianguo（Patient，male，38-year-old）

Time：9:00 a. m.

Site：In the ward

Li Linhai：　　Mr. Wang, how are you feeling today?

Wang Jianguo：Much better. Thank you, doctor.

Li Linhai：　　（To intern）How about the vital signs of the patient after the operation?

Yu Man： At 8 o'clock this morning, the body temperature was 37.3 ℃, the pulse was 82 beats per minute, the respiratory rate was 18 times per minute and the blood pressure was 120/80 mmHg.

Li Linhai： (To intern) Good. The patient was changed to semi-reclining position when he was conscious. Monitor his symptoms such as hemorrhage from wound and dyspnea for 24 hours. If the patient has a fever, tachycardia, sweating, delirium or even coma within 12 ~ 36 hours after the surgery, which indicates thyroid crisis. Then what should we do?

Yu Man： Sedatives and oxygen should be given timely along with measures to cool the body. We should increase the dose of compound iodine solution, 4 to 5 times a day, 15 drops each time.

Li Linhai： All right. Mr. Wang, if all the signs are normal, the drainage tubes could be pulled out 24 ~ 48 hours later. 4 ~ 5 days later, the stitches also can be removed. Please take a good rest, I'm sure you'll recover soon.

Wang Jianguo： Thank you, doctor.

生词

失眠	（动）	shī//mián	suffer from insomnia
症状	（名）	zhèngzhuàng	symptom
吞咽	（动）	tūnyàn	swallow
甲状腺	（名）	jiǎzhuàngxiàn	thyroid; thyroid gland
甲状腺功能		jiǎzhuàngxiàn gōngnéng	thyroid function
甲状腺功能亢进		jiǎzhuàngxiàn gōngnéng kàngjìn	hyperthyroidism
基础代谢率		jīchǔ dàixièlù	basal metabolic rate
次全切除术		cìquán qiēchúshù	subtotal resection
半卧位	（名）	bànwòwèi	semi-reclining position
心动过速		xīndòngguòsù	tachycardia
谵妄	（名）	zhānwàng	delirium
甲状腺危象		jiǎzhuàngxiàn wēixiàng	thyroid crisis
镇静剂	（名）	zhènjìngjì	sedative
复方碘溶液		fùfāng diǎnróngyè	compound iodine solution
缝线	（名）	féngxiàn	（surgical）suture; stitch

练习

一、听和说

1. 听录音，连线。

失眠　　　　　　　　　　　　　bànwòwèi

吞咽　　　　　　　　　　　　　zhānwàng

拆除　　　　　　　　　　　　　qīngxǐng

检查　　　　　　　　　　　　　yǐnliútiáo

清醒　　　　　　　　　　　　　jiǎnchá

观察　　　　　　　　　　　　　tūnyàn

半卧位　　　　　　　　　　　　chāichú

谵妄　　　　　　　　　　　　　shī//mián

镇静剂　　　　　　　　　　　　guānchá

引流条　　　　　　　　　　　　zhènjìngjì

2. 听录音，选词语。

（1）24 小时内严密观察有无（　　　）出血和呼吸困难等症状。

A. 刀口　　　　B. 道口　　　　C. 伤口　　　　D. 创口

（2）我先生说最近总是（　　　），感觉心慌，容易发火。

A. 失忆　　　　B. 失眠　　　　C. 失意　　　　D. 安眠

（3）这两个月我的（　　　）增加了，体重却减轻了。

A. 体重　　　　B. 流量　　　　C. 饭量　　　　D. 心情

（4）根据相关检查结果，你确实得了甲状腺功能（　　　）。

A. 亢进　　　　B. 减退　　　　C. 衰退　　　　D. 激进

（5）请你拿着这些（　　　）去做检查，我在这里等结果。

A. 账单　　　　B. 化验单　　　　C. 检查单　　　　D. 收费单

3. 听对话，选答案。

（1）A. 在右边　　　B. 在左边　　　C. 在后面　　　D. 在对面

（2）A. 高烧　　　　B. 右下腹压痛　　C. 反跳痛　　　D. 肌紧张

（3）A. 腹部 CT　　B. 腹部 B 超　　C. X 光　　　　D. 胃肠镜

（4）A. 怕疼　　　　B. 怕苦　　　　C. 怕累　　　　D. 怕难

（5）A. 出院后　　　B. 治疗中　　　C. 入院前　　　D. 入院后

4. **完成下列会话**。

（1）A：患者为什么去医院看病？

B：_____。（因为……）

（2）A：你容易出汗吗？

B：_____。（尤其……）

（3）A：除了失眠和出汗，患者还有哪些症状？

B：_____。（常常……）

（4）A：怎么处理甲状腺危象？

B：_____。（除了……还应该）

（5）A：请问，你以前有过这些症状吗？

B：_____。（只是……）

5. **情景交际练习**。

情景一：一位 60 岁左右的老人因近期食欲不振、易疲劳，在儿子的陪伴下来医院看病。请根据情景，三人或者两人一组进行会话练习。

情景二：医生诊断病情后，与患者及家属进行会话。请三人一组模仿医生与患者及家属的会话。

二、读和写

1. **选词填空**。

镇静剂　功能　引流条　生命　切除术　失眠　半卧　谵妄

（1）患者晚上睡觉时有（　　　　）情况。

（2）（　　　　）甚至昏迷情况可能在术后出现。

（3）（　　　　）可用于处理甲状腺危象。

（4）请密切关注患者的（　　　　）体征。

（5）患者清醒后请采用（　　　　）位。

（6）甲状腺（　　　　）亢进是医生的诊断结果。

（7）患者接受了甲状腺次全（　　　　）。

（8）（　　　　）可在 24～48 小时后拔出。

2. **句子排序**。

（1）A. 出血　　　　B. 你的伤口　　　C. 有没有　　　　　　（　　　　）

（2）A. 近两个月的　B. 症状　　　　C. 这是　　　　　　　（　　　　）

（3）A. 昏迷是　　　B. 表现之一　　C. 甲状腺危象的　　　（　　　　）

（4）A. 很容易　　　B. 我最近　　　C. 发火　　　　　　　（　　　　）

（5）A. 手术后　　　　B. 心动过速　　　C. 可能出现　　　　　（　　　）

3. **完成下列句子。**

（1）饭量　有　你最近　变化吗

_____?

（2）现在　患者的　正常　生命体征

_____。

（3）密切观察　要　呼吸情况　患者的

_____。

（4）可以采用　术后　半卧位　患者

_____。

（5）建议　手术治疗　医生　进行

_____。

4. **短文阅读。**

当甲状腺无法制造足量的甲状腺激素供给身体所需时，即为甲状腺功能减退。造成甲状腺功能减退的主要原因有甲状腺切除、放射碘治疗的后遗症、甲状腺炎造成的甲状腺破坏、先天性甲状腺缺如、异位甲状腺等。

甲状腺功能减退的症状与甲状腺功能亢进刚好相反，主要造成身体的新陈代谢率降低，一切细胞活动都迟缓下来，患者会表现出食欲不振、怕冷、皮肤干而粗糙、头发脆弱、疲倦、便秘，甚至肌肉无力、声音低沉沙哑等。体检可发现脉搏变慢、眼睑水肿、面色苍白、皮肤稍黄、记忆力减退等。

临床上治疗甲状腺功能减退主要使用人工合成的甲状腺激素（如优甲乐、甲状腺素片等），它一般不会造成副作用，也很少引起过敏反应，剂量因人而异。服药期间需定期验血，以监测药物是否足量。由于甲状腺功能减退往往是由不可逆或永久性的损害造成的，所以多数甲状腺功能减退的患者需要终身服用甲状腺激素治疗而不能任意停药，尤其在怀孕期间，母亲对甲状腺的需求增加，若补充不足，会影响胎儿生长。

（刘紫麟）

第十一课　烧伤整形外科
Lesson Eleven　Burn and Plastic Surgery

会话一　烫伤急诊

情　景：患者因做饭时被开水烫伤双手到医院就诊。

人　物：李翔（医生）

张露（患者，女，五十六岁，已婚，家庭主妇）

时　间：晚上七点

地　点：烧伤整形科诊断室

张　露：医生，我双手被开水烫伤了。好疼，麻烦您快帮我看看吧。

李　翔：好的，别着急。您是什么时候被烫伤的？

张　露：大约两个小时前。

李　翔：怎么烫伤的？

张　露：我正端着装满开水的锅往房间走，突然小孙子不小心撞到了我，锅里的开水全倒在了我的手上。您看，现在手上都起水疱了。

李　翔：是多高温度的开水？

张　露：刚烧开的水。

dāng shí gǎn jué téng ma
李　翔：当 时 感 觉 疼 吗？

dāng shí gǎn jué bèi tàngshāng de dì fang tè bié téng
张　露：当 时 感 觉 被 烫 伤 的地方特别疼。

shì shén me yàng de téngtòng ne
李　翔：是 什 么 样 的 疼痛 呢？

huǒ là là de téng   ránhòu bèi tàngdào de dì fanghěnkuài jiù chūxiàn le hóngzhǒng
张　露：火 辣 辣 的疼，然后被 烫 到的地方很快 就 出现 了 红 肿。

tàngshānghòuzuòguoshén me jí jiù chǔ lǐ ma
李　翔：烫 伤 后做过什么急救处理吗？

yòng lěngshuǐchōng xǐ guo   ránhòu tú le yì diǎn yá gāo
张　露：用 冷 水 冲 洗过，然后涂了一点牙膏。

chōng xǐ le duōcháng shí jiān
李　翔：冲 洗了多 长 时间？

jǐ fēnzhōng ba   tú wán yá gāohái shi hěnténg   ér qiě shāngkǒukāi shǐ chūxiànshuǐpào   suǒ yǐ wǒ jiù
张　露：几分 钟 吧。涂完牙膏还是很疼，而且 伤 口开始出现水疱，所以我就

dào yī yuàn lái le
到医院来了。

hǎo de   nín zhī qián dé guoshén me bìng ma
李　翔：好的。您之前得过什么病吗？

sānniánqián wǒ bèi zhěnduànyǒutángniàobìng
张　露：三 年 前我被诊断有糖尿病。

píng shí jīngchángjiān cè xuètáng ma
李　翔：平时经 常 监测血糖吗？

ǒu ěr yǒu   zuì jìn jǐ tiānméiyǒujiān cè
张　露：偶尔有，最近几天没有监测。

zài fú yòngjiàngtángyào ma
李　翔：在服 用 降 糖药吗？

duì   chī de èr jiǎ shuāngguā
张　露：对，吃的二甲 双 胍。

zěn me fú yòng de
李　翔：怎么服 用 的？

měitiān yí cì   měi cì   fànqiánkōng fù fú yòng
张　露：每天一次，每次500 mg，饭前 空 腹服用。

nín de jiā li háiyǒushéihuànguo lèi sì de jí bìng
李　翔：您的家里还有谁 患 过类似的疾病？

méiyǒu
张　露：没有。

dé guoquánshēnxìngzhòng dà jí bìng ma
李　翔：得过 全 身 性 重 大疾病吗？

méiyǒu
张　露：没有。

李 翔：有药物过敏吗？

张 露：没有。

李 翔：有过手术史吗？

张 露：没有。

李 翔：之前有过输血史吗？

张 露：没有。

李 翔：请将您的急诊病历给我。我先给您做一个简单的检查。

张 露：好的。

（做完检查）

李 翔：您目前体温是36.9 ℃，血压是120/90 mmHg，心率是112 次/分，血氧饱和度是100%。我现在需要对您烫伤的部位进行检查，请您配合一下。

张 露：好的。医生，请您轻一点儿，太疼了。

李 翔：好的。现在您的烫伤创面红肿明显，已经出现多个水疱，创面上还有您自己涂抹的牙膏，烫伤面积占体表面积的2%，初步诊断为浅Ⅱ度的烫伤。为了避免发生伤口感染，我们需要对您进行初步的烫伤创面清创换药治疗。

张 露：好的。

李 翔：接下来您还需要做进一步的检查，包括血液检验和心电图检查等。这是检查单，等检查结果出来以后再来找我。

张 露：好的，谢谢医生。

李 翔：不客气。

huànzhě ná zhejiǎnchá jié guǒhuídàozhěnduàn shì
（患者拿着检查结果回到诊断室）

yī shēng　zhè shì wǒ de jiǎnchá jié guǒ　qǐngbāng wǒ kànkan
张　露：医生，这是我的检查结果，请帮我看看。

nín de xuèchángguī hé xīndiàn tú jiǎncháméiyǒu fā xiànwèn tí　dàn shì xuètáng shì　　　　jiàn
李　翔：您的血常规和心电图检查没有发现问题，但是血糖是9.8 mmol/L，建

yì nín zài wǒ kē shì chǔ lǐ wánshāngkǒu zài qù nèi fēn mì kē jiù zhěn　zhè shì nín de chǔfāng　qǐngràng jiā
议您在我科室处理完伤口再去内分泌科就诊。这是您的处方，请让家

shǔ qù yàofáng qǔ yào
属去药房取药。

huànzhě jiā shǔ qǔ huíwàiyòngyàohuídàozhěnduàn shì
（患者家属取回外用药回到诊断室）

yī shēng　zhè shì wǒ de yào
张　露：医生，这是我的药。

xiàn zài qǐnggēn wǒ dào zhì liáo shì lái chǔ lǐ shāngkǒu
李　翔：现在请跟我到治疗室来处理伤口。

hǎo de
张　露：好的。

wǒ xiānyòngxiāo dú zhēnchōuchūshuǐpào yè　zài zài yóushāshangtiān jiā shǎoliàngkàngshēng sù fù gàitàng
李　翔：我先用消毒针抽出水疱液，再在油纱上添加少量抗生素覆盖烫

shāngchù　zuì hòuyòng xī shuǐ fū liàojūnyúnbāo zā　wǒ chǔ lǐ de shí hou　huìyǒu diǎnr tòng　nínyào
伤处，最后用吸水敷料均匀包扎。我处理的时候，会有点儿痛，您要

shāowēi rěn yì rěn　bú yàodòng
稍微忍一忍，不要动。

hǎo de
张　露：好的。

bāo zā wánshāngkǒu
（包扎完伤口）

wèi le bì miǎngǎnrǎn　zuì jìn nínměitiāndōuyào jiān chí lái huànyào　shāngkǒuzài yù hé qiándōu huì yǒu
李　翔：为了避免感染，最近您每天都要坚持来换药。伤口在愈合前都会有

téngtònggǎn　suǒ yǐ wǒ zài gěi nínkāi diǎnr zhǐtòngyào　jì de měi cì fànhòu fú yòng　děng huìr ràng
疼痛感，所以我再给您开点儿止痛药，记得每次饭后服用。等会儿让

nín de jiā shǔbāngnín qù yàofáng qǔ yào　píng shí yàozhù yì wèishēng　tàngshāngchù jìn qī bú yào jiē chù
您的家属帮您去药房取药。平时要注意卫生，烫伤处近期不要接触

shuǐ　bú yàozhuānaoshāngkǒu jí qí zhōubiān　duō hē shuǐ　duōchīshuǐguǒ hé shū cài
水，不要抓挠伤口及其周边。多喝水、多吃水果和蔬菜。

hǎo de　yī shēng　shén me shí hounéngquán yù a　huì bú huì liú bānhén ne
张　露：好的。医生，什么时候能痊愈啊？会不会留瘢痕呢？

dà gài liǎng zhōu quán yù　shāng kǒu yù hé hòu bú huì liú bān hén　dàn tàngshāng chù huì yǒu sè sù
李　翔：大概两周痊愈，伤口愈合后不会留瘢痕，但烫伤处会有色素

chénzhuó
沉着。

张　露：那我就放心了。谢谢医生。

李　翔：不客气。祝您早日康复！

Conversation One
Diagnosis of Emergency Burn Injury

Situation：The patient presents to the hospital with burn injury from boiling water while cooking.

Characters：Li Xiang（Doctor）

Zhang Lu（Patient，female，56-year-old，married，housewife）

Time：7:00 p. m.

Site：Diagnosis room of burn and plastic surgery

Zhang Lu：Doctor, boiling water has scalded my hands. It hurts. Please take a look at it.

Li Xiang：OK, don't worry. When did this event occur?

Zhang Lu：About 2 hours ago.

Li Xiang：How did you get scalded?

Zhang Lu：I was carrying a pot full of boiled water to my room when my grandson accidentally bumped into me. The boiled water splashed onto my hands. You can see I've got blisters on my hands.

Li Xiang：Was the water hot?

Zhang Lu：It was boiling hot.

Li Xiang：Did you feel any pain at that time?

Zhang Lu：The scalded area was particularly painful.

Li Xiang：Can you describe the nature of pain?

Zhang Lu：It was burning type of pain. And then the scalded area soon turned red and swollen.

Li Xiang：Did you apply any first aid after injury?

Zhang Lu：I rinsed with cold water and applied a little toothpaste over the area.

Li Xiang：How long did you rinse your hands?

Zhang Lu：Only for a few minutes. It was still painful even after rubbing with the toothpaste. Soon after, blisters began to appear in the wound, so I came to the hospital.

Li Xiang：OK. Have you had any illnesses before?

Zhang Lu：I was diagnosed with diabetes three years ago.

Li Xiang：Do you often check your blood sugar?

Zhang Lu：Occasionally only. I haven't checked in the last few days.

Li Xiang：Are you taking hypoglycemic drugs?

Zhang Lu：Well, I am taking metformin.

Li Xiang：How do you take it?

Zhang Lu：I take 500 mg tablet once a day on empty stomach just before meal.

Li Xiang：Does anyone else in your family have had a similar illness?

Zhang Lu：No one.

Li Xiang：Have you ever had any serious systemic illness?

Zhang Lu：No, I don't have.

Li Xiang：Do you have any drug allergies?

Zhang Lu：No.

Li Xiang：Have you ever had an operation?

Zhang Lu：No.

Li Xiang：Have you ever had a history of blood transfusion before?

Zhang Lu：No.

Li Xiang：Please give me your emergency medical record. I'll examine you quickly.

Zhang Lu：OK.

(After the examination)

Li Xiang：Your body temperature is 36.9 ℃, blood pressure is 120/90 mmHg, heart rate is 112 beats/min and SpO_2 is 100%. Now I need to check the scalded area. Please cooperate with me.

Zhang Lu：OK. Please examine gently, doctor, it's quite painful.

Li Xiang：OK. Now your scalded area is obviously red and swollen with appearance of multiple blisters. There is also mark of toothpaste applied by yourself on the surface of wound. The scalded area takes up about 2% of your total body surface area. My preliminary diagnosis is superficial Ⅱ degree burn injury. In order to avoid wound infection, we will need to conduct a preliminary debridement and dressing of the scalded area.

Zhang Lu: OK, doctor.

Li Xiang: You will need further investigations like blood tests and ECG. Here's the checklist. Please get back to me when the results come out.

Zhang Lu: OK. Thank you, doctor.

Li Xiang: You're welcome.

(The patient returns to the diagnosis room with the results)

Zhang Lu: Doctor, here are my results. Please take a look into it.

Li Xiang: Your blood tests and ECG are normal, but your blood glucose is 9.8 mmol/L. I suggest you to consult with the doctor in Endocrinology Department after we have treated the wound. Here is your prescription. Please ask your family member to get the medicine from the pharmacy.

(The patient's family member comes back to the diagnosis room)

Zhang Lu: Here's my medicine, doctor.

Li Xiang: Now, please follow me to the treatment room.

Zhang Lu: OK, doctor.

Li Xiang: First, I will use a sterilized needle to withdraw the blister fluid, and then use antibiotics impregnated gauze to cover the scalded area. Then, I will use absorbent dressing to cover the wound evenly. It may hurt a little when I do these procedures. You have to bear it. Be steady.

Zhang Lu: OK.

(After dressing the wound)

Li Xiang: In order to avoid any infection in the wound you will have to change dressing every day. Wounds always hurt before they heal, so I'll give you some painkillers. Remember to take this medication after each meal. You can ask your family member to take the medicine from the pharmacy. Always pay attention to cleanliness of the wound. Try to keep your scalded area dry. Avoid wetting with water. Don't scratch the wound and the surrounding area. Drink plenty of water and eat more fruits and vegetables.

Zhang Lu: OK. Doctor, when will the wound heal? Will it leave any scar?

Li Xiang: It will heal in about two weeks. It won't leave any scar after healing, but there will be pigmentation on the scalded area.

Zhang Lu：Then I feel relieved. Thank you，Doctor.

Li Xiang：You're welcome. I wish you recover soon.

huì huà èr　zēng shēng xìng bān hén bìng qíng zhěn duàn
会话二　增生性瘢痕病情诊断

qíng jǐng　huànzhě yīn yòumiàn bù wàishāng hòu zēngshēng xìng bān hén dào yī yuàn
情 景：患者因右面部外伤后增生性瘢痕到医院
jiù zhěn
就诊。

rén wù　zhū yì　yī shēng
人 物：朱翌（医生）

zhūxiǎo yǔ　huàn zhě　nǚ　èr shí sān suì　wèi hūn　shāng yè
朱晓雨（患者，女，二十三岁，未婚，商业
fú wù rényuán
服务人员）

shí jiān　shàng wǔ jiǔ diǎn
时 间：上午九点

dì diǎn　shāoshāngzhěngxíng kē zhěnduàn shì
地 点：烧伤整形科诊断室

yī shēng　nínkàn wǒ yòumiàn bù zhèkuàibānhén　yǐngxiǎng le wǒ de róngmào　yǒuméiyǒushén me zhì
朱晓雨：医生，您看我右面部这块瘢痕，影响了我的容貌，有没有什么治
liáo de fāng fǎ
疗的方法？

yǒu　nǐ zhèkuàibānhéncún zài duō jiǔ le
朱 翌：有。你这块瘢痕存在多久了？

bànnián le
朱晓雨：半年了。

shén me yuányīn zàochéng de ne
朱 翌：什么原因造成的呢？

yīn wèichēhuò
朱晓雨：因为车祸。

shòushāng shí chū le duōshaoxuè
朱 翌：受伤时出了多少血？

dà yuē　háoshēng ba
朱晓雨：大约30毫升吧。

朱　翌：出血是什么颜色？

朱晓雨：鲜 红 色。

朱　翌：当 时有没有经过什么处理呢？

朱晓雨：在 当地医院进行了清 创 缝合。

朱　翌：在 医院哪个科室进行的清 创 缝合？

朱晓雨：急 诊科。

朱　翌：当时你要求过进行美容 缝合吗？

朱晓雨：没有。

朱　翌：伤 口缝合后恢复得如何？

朱晓雨：恢复 良好。

朱　翌：术后第几天拆的线？

朱晓雨：术后第七天拆的线。

朱　翌：拆线后伤 口愈合得如何？

朱晓雨：愈合 良好。

朱　翌：伤 口愈合后有没有进行 防疤治疗？

朱晓雨：没有。

朱　翌：现在你感觉有什么不适吗？

朱晓雨：就是感觉瘢痕瘙痒，偶尔感觉有点 疼痛。

朱　翌：感觉瘙痒时有没有用 手抓挠？

朱晓雨：瘙痒 明显时用手抓挠过。

朱　翌：感觉疼痛时做过什么处理没有？

朱晓雨：méiyǒu
没有。

朱　翌：chú le téngtòng hé sàoyǎngwài　háiyǒu qí tā zhèngzhuàng ma
除了疼痛和瘙痒外，还有其他症状吗？

朱晓雨：gǎnjué zuòmiàn bù dòngzuò de shíhou bānhén yǒudiǎnqiānchě
感觉做面部动作的时候瘢痕有点牵扯。

朱　翌：xiànzài bānhén yǔ gāngkāi shǐ xiāng bǐ　yǒuméiyǒushénme biànhuà
现在瘢痕与刚开始相比，有没有什么变化？

朱晓雨：gǎnjué yán sè bǐ zhīqiányǒusuǒbiàndàn　dànrénggāochū pí miàn
感觉颜色比之前有所变淡，但仍高出皮面。

朱　翌：nǐ zhè cì lái jiù zhěnzhǔyàoxiǎng jiě jué nǎ fāngmiàn de wèn tí
你这次来就诊主要想解决哪方面的问题？

朱晓雨：wǒ xiǎngliǎo jiě yǒuméiyǒushénme fāng fǎ néng bǎ zhè ge bānhén qū chú
我想了解有没有什么方法能把这个瘢痕祛除。

朱　翌：yǒu　xiànzài wǒ xū yào jìn xíngjiǎndānjiǎnchá　qǐng nǐ pèi hé yí xià
有。现在我需要进行简单检查，请你配合一下。

朱晓雨：hǎo de
好的。

朱　翌：bānhén dà xiǎoyuēwéi　lí mǐ　lí mǐ　zhì dì jiàoyìng　yán sè àn hóng　yǔ zhōuwéi zǔ zhī fēn jiè
瘢痕大小约为7厘米×3厘米，质地较硬，颜色暗红，与周围组织分界

qīngchu　lüègāochū pí miàn
清楚，略高出皮面。

朱晓雨：shì de
是的。

朱　翌：nǐ de jiā li háiyǒushéiyǒuguo lèi sì qíngkuàng
你的家里还有谁有过类似情况？

朱晓雨：méiyǒu
没有。

朱　翌：dé guoquánshēnxìngzhòng dà jí bìng ma
得过全身性重大疾病吗？

朱晓雨：méiyǒu
没有。

朱　翌：duìshénme yào wù guòmǐn ma
对什么药物过敏吗？

朱晓雨：méiyǒu
没有。

朱　翌：yǒuguo qí tā miàn bù shǒushù shǐ ma
有过其他面部手术史吗？

朱晓雨：méiyǒu
没有。

朱　翌：zhī qiányǒuguoshūxuè shǐ ma
之前有过输血史吗？

朱晓雨：没有。

朱　翌：这次 生 病后做过检 查吗？

朱晓雨：没有。

朱　翌：我的建议是用 手术方法切除瘢痕，再进行美 容 缝合。

朱晓雨：手术切除后会不会形 成 新的瘢痕？

朱　翌：手术切除后我们采用美 容 缝合的方式缝合伤 口，尽 量 将 瘢痕减

小到最低 程 度。

朱晓雨：那形 成 的瘢痕会不会比现在的瘢痕明 显？

朱　翌：手术后再通过皮肤牵 张 、防疤药物的应用，后期再进行激 光治

疗，瘢痕不会太明 显。

朱晓雨：医 生 ，我这个手术需要全麻吗？

朱　翌：不需要全麻，局麻下就可以进行。

朱晓雨：手术风险大吗？

朱　翌：任何手术都具有风险，美容手术患者最常见的并发症是麻醉意

外、术中术后出血、术后疼痛、伤口感染、愈合延迟或不愈合，术

后瘢痕形成。

朱晓雨：好的，我想 先跟家人商 量一下，可以吗？

朱　翌：好的，请你做出决定后再跟我联系。

（患者跟家属商 量后做出决定）

朱晓雨：医 生 ，我们接受您的建议，同意手术。

朱　翌：好的，接下来你需要做一些检查，包括血液检验和心电图检查等。

朱晓雨：好的。

朱　翌：这是检查单，等检查结果拿到以后立即回来找我。

朱晓雨：好的，谢谢医生。

朱　翌：不客气。

（患者拿着检查结果回到诊断室）

朱晓雨：医生，这是我的检查结果，请您帮我看看。

朱　翌：血常规提示血红蛋白和红细胞计数正常，血小板计数正常，
凝血功能正常，心电图提示正常。

朱晓雨：医生，我的身体情况可以进行手术吗？

朱　翌：根据你的检查结果，可以进行手术，请问你在月经期吗？

朱晓雨：不在。

朱　翌：好的。请你去一楼登记处预约，再去十二楼等待手术。

朱晓雨：医生，希望你们能为我仔细治疗，争取将瘢痕减小到最低程度。

朱　翌：好的，我们会尽力的，待会儿我们还会再告知你具体的手术风险和可
能出现的并发症。请你体谅并配合我们的治疗。

朱晓雨：好的，谢谢您！

Conversation Two
Diagnosis of Hypertrophic Scar

Situation: A patient goes to the hospital for the treatment of hypertrophic scar after trauma to the right face.

Characters: Zhu Yi (Doctor)

Zhu Xiaoyu (Patient, female, 23-year-old, unmarried, commercial service staff)

Time: 9:00 a. m.

Site: Diagnosis room of burn and plastic surgery

Zhu Xiaoyu: Doctor, I have a scar on my right face that is affecting my looks. Is there any treatment for this?

Zhu Yi: Yes. How long have you had this scar?

Zhu Xiaoyu: Half a year.

Zhu Yi: What has caused this scar?

Zhu Xiaoyu: It occurred after a car accident.

Zhu Yi: How much bleeding occurred from the wound when you were injured?

Zhu Xiaoyu: About 30 mL.

Zhu Yi: What was the color of the blood?

Zhu Xiaoyu: Bright red.

Zhu Yi: Did you have any treatment for it?

Zhu Xiaoyu: Debridement and suturing were done in the local hospital.

Dr. Zhu: In which department of the hospital did the debridement and suturing take place?

Zhu Xiaoyu: Emergency department.

Zhu Yi: Did you ask for cosmetic suture?

Zhu Xiaoyu: No.

Zhu Yi: How was the recovery of the wound after suturing?

Zhu Xiaoyu: It was healing well.

Zhu Yi:	On which day were the stitches removed after operation?
Zhu Xiaoyu:	The stitches were removed on the 7th day after the operation.
Zhu Yi:	How was the healing of the wound after suture removal?
Zhu Xiaoyu:	The healing was good.
Zhu Yi:	After the wound healed, did you get any anti-scar treatment?
Zhu Xiaoyu:	No.
Zhu Yi:	Do you feel any discomfort now?
Zhu Xiaoyu:	The scar is itchy and occasionally painful.
Zhu Yi:	Do you scratch when you feel itchy?
Zhu Xiaoyu:	I scratch it with my hand when there is itching.
Zhu Yi:	Do you do anything when it's painful?
Zhu Xiaoyu:	Nothing.
Zhu Yi:	Are there any other symptoms besides pain and itching?
Zhu Xiaoyu:	I feel the scar is stretched when I do facial movements.
Zhu Yi:	Is there any change in the scar compared to the beginning?
Zhu Xiaoyu:	The color is lighter than before, but the scar is still raised above the skin surface.
Zhu Yi:	What is your main concern this time?
Zhu Xiaoyu:	I wonder if there is any way to remove this scar.
Zhu Yi:	Yes, there is. Now I need to do a simple examination, please cooperate with me.
Zhu Xiaoyu:	OK, doctor.
Zhu Yi:	The scar is about 7 cm × 3 cm in size. It is hard in texture and dark red in color, well demarcated from the surrounding tissues and slightly elevated above the surrounding skin.
Zhu Xiaoyu:	Yes.
Zhu Yi:	Does anyone else in your family have had this problem?
Zhu Xiaoyu:	None.
Zhu Yi:	Have you had any serious systemic disease?
Zhu Xiaoyu:	No.
Zhu Yi:	Are you allergic to any drugs?
Zhu Xiaoyu:	No.
Zhu Yi:	Have you had any other facial surgery?

Zhu Xiaoyu:	No.

Zhu Yi: Have you ever had a history of blood transfusion before?

Zhu Xiaoyu: No.

Zhu Yi: Have you had any test done since your illness?

Zhu Xiaoyu: No.

Zhu Yi: My suggestion is to resect the scar by operation followed by cosmetic suturing.

Zhu Xiaoyu: Will there be a new scar formation after the operation?

Zhu Yi: After the operation, we will suture the wound with cosmetic suture to minimize the scar.

Zhu Xiaoyu: Will the scar be more obvious than it is now?

Zhu Yi: After the surgery, the application of skin stretching, anti-scar drugs, and laser treatment, the scar will not be too obvious.

Zhu Xiaoyu: Doctor, do I need general anesthesia for this operation?

Zhu Yi: You don't need general anesthesia. It can be done under local anesthesia.

Zhu Xiaoyu: Is the operation risky?

Zhu Yi: Any operation has its risks. The most common complications of cosmetic surgery are anesthesia-related accidents, intraoperative and postoperative bleeding, postoperative pain, wound infection, delayed or non-healing, scar formation.

Zhu Xiacyu: OK, I want to discuss it with my family members first, is that OK?

Zhu Yi: Sure. Please contact me when you have made your decision.

(The patient makes a decision after consulting with her family members)

Zhu Xiaoyu: Doctor, we accept your suggestion and agree to do the operation.

Zhu Yi: OK, then you need to do some examinations, including blood test and ECG.

Zhu Xiaoyu: OK.

Zhu Yi: Here's the checklist. Come back to me as soon as you get the results.

Zhu Xiaoyu: OK, thank you, doctor.

Zhu Yi: You're welcome.

(The patient comes back with the results)

Zhu Xiaoyu: Doctor, here are the results of my examination. Please take a look.

Zhu Yi: Blood routine examination shows that hemoglobin, red blood cell count, platelet count, coagulation function, and ECG are normal.

Zhu Xiaoyu: Doctor, am I fit for the operation?

Zhu Yi： According to your test results, you are fit for the operation. Are you having menstruation right now?

Zhu Xiaoyu： No.

Zhu Yi： OK. Please go to the registration office on the first floor to make an appointment. Then go to the 12th floor and wait for the operation.

Zhu Xiaoyu： Doctor, I hope you can treat me carefully and try to minimize the scar.

Zhu Yi： OK, we will try our best. We will inform you the specific operation risks and possible complications later. Please understand and cooperate with our treatment.

Zhu Xiaoyu： Sure, thank you doctor!

生词

烧伤	（名）	shāoshāng	burn
整形	（动）	zhěng//xíng	do plastic surgery
烫伤	（名）	tàngshāng	scald
水疱	（名）	shuǐpào	vesicle; blister
红肿	（形）	hóngzhǒng	red and swollen
急救	（动）	jíjiù	do first aid
二甲双胍	（名）	èrjiǎshuāngguā	metformin
创面	（名）	chuāngmiàn	the surface of wound
清创	（动）	qīng//chuāng	debride
药房	（名）	yàofáng	pharmacy
油纱	（名）	yóushā	impregnated gauze
吸水敷料		xīshuǐ fūliào	absorbent dressing
换药	（动）	huàn//yào	change dressing
抓挠	（动）	zhuā·nao	scratch
瘢痕	（名）	bānhén	scar
色素沉着		sèsù chénzhuó	pigmentation
增生性	（形）	zēngshēngxìng	hypertrophic
美容	（动）	měiróng	beautify
防疤	（动）	fángbā	anti-scar
瘙痒	（形）	sàoyǎng	itchy

牵扯	（动）	qiānchě	stretch
祛除	（动）	qūchú	remove
切除	（动）	qiēchú	resect
皮肤牵张		pífū qiānzhāng	skin stretching
激光	（名）	jīguāng	laser
麻醉意外		mázuì yìwài	anesthesia-related accident
伤口感染		shāngkǒu gǎnrǎn	wound infection
愈合延迟		yùhé yánchí	delayed healing

练习

一、听和说

1. 听录音，连线。

整形　　　　　　　　　　　　yóushā

激光　　　　　　　　　　　　chuāngmiàn

红肿　　　　　　　　　　　　qīng//chuāng

创面　　　　　　　　　　　　sàoyǎng

抓挠　　　　　　　　　　　　hóngzhǒng

牵扯　　　　　　　　　　　　qūchú

油纱　　　　　　　　　　　　zhuā·nao

瘙痒　　　　　　　　　　　　jīguāng

清创　　　　　　　　　　　　qiānchě

祛除　　　　　　　　　　　　zhěng//xíng

2. 听录音，选词语。

（1）姐姐被开水烫伤的地方很快就出现了（　　　）。

　　　A. 水肿　　　　B. 红肿　　　　C. 水疱　　　　D. 瘢痕

（2）她正端着装满开水的锅从（　　　）去阳台，被小孙子撞到了。

　　　A. 客厅　　　　B. 卧室　　　　C. 厨房　　　　D. 阳台

（3）我再给你开点儿（　　　），记得每次饭后服用。

　　　A. 抗生素　　　　B. 处方药　　　　C. 降糖药　　　　D. 止痛药

（4）我建议用手术方法切除瘢痕，再进行（　　　）。

　　　A. 急救处理　　　B. 清创缝合　　　C. 美容缝合　　　D. 防疤治疗

（5）手术后期再进行（　　　），瘢痕一般不会太明显。

　　　A. 皮肤牵张　　　B. 激光治疗　　　C. 防疤治疗　　　D. 色素沉着

3. **听对话，选答案。**

（1）A. 体温　　　B. 血常规　　　C. 心电图　　　D. 血压

（2）A. 女士生病了　B. 男士生病了　C. 都生病了　　D. 都没生病

（3）A. 少喝水　　　B. 少吃蔬菜　　C. 多吃水果　　D. 多接触水

（4）A. 感染　　　　B. 有激素沉着　C. 有瘢痕　　　D. 有色素沉着

（5）A. 皮肤牵张　　B. 伤口感染　　C. 愈合延迟　　D. 不愈合

4. **完成下列会话。**

（1）A：患者是怎么被烫伤的？

　　B：＿＿＿＿＿＿＿＿＿＿＿＿＿＿＿＿＿＿＿＿＿＿＿。（正……）

（2）A：患者需要每天都换药吗？

　　B：＿＿＿＿＿＿＿＿＿＿＿＿＿＿＿＿＿＿＿＿＿＿＿。（为了……）

（3）A：医生，我的烫伤处以后会不会留下瘢痕呢？

　　B：＿＿＿＿＿＿＿＿＿＿＿＿＿＿＿＿＿＿＿＿＿＿＿。（但……）

（4）A：车祸造成的瘢痕除了疼痛和瘙痒外，还有其他症状吗？

　　B：＿＿＿＿＿＿＿＿＿＿＿＿＿＿＿＿＿＿＿＿＿＿＿。（感觉……）

（5）A：有没有什么方法能把这个瘢痕去掉？

　　B：＿＿＿＿＿＿＿＿＿＿＿＿＿＿＿＿＿＿＿＿＿＿＿。（再……）

5. **情景交际练习。**

情景一：一个中年妇女因为双手被开水烫伤，在家人的陪伴下来医院看病。请根据情景，三人或者两人一组进行会话练习。

情景二：一个年轻女子因为车祸受伤造成增生性瘢痕。请根据情景，三人或者两人一组模仿医生和患者之间的对话。

二、读和写

1. **选词填空。**

油纱　水疱　烧伤　瘙痒　缝合　愈合　清创　冲洗

（1）患者指给我看了一下，他的背上被（　　　　）了一大片。

（2）妈妈手上被开水烫伤的地方已经出现了（　　　　）。

（3）刚才他被开水烫了，用冷水（　　　　）之后，他觉得舒服多了。

（4）对瘢痕进行手术切除后，我们采用美容（　　　　）的方式祛除痕迹。

（5）患者在受伤之后在当地医院进行了（　　　　）缝合。

（6）在恢复过程中，患者有时候会感觉瘢痕（　　　　）或者疼痛。

（7）我们可以用添加了抗生素的（　　　）覆盖伤口。

（8）伤口在（　　　）之前会有点疼，但是可以忍耐。

2. **句子排序。**

（1）A. 我的腿上　　　B. 起水疱了　　　C. 现在　　　　　　（　　　）

（2）A. 手术拆线后　　B. 很好　　　　　C. 愈合得　　　　　（　　　）

（3）A. 最低程度　　　B. 我们争取　　　C. 将瘢痕减小到　　（　　　）

（4）A. 瘙痒时　　　　B. 感觉　　　　　C. 不要用手抓挠　　（　　　）

（5）A. 你还要　　　　B. 检查　　　　　C. 做进一步的　　　（　　　）

3. **完成下列句子。**

（1）涂了　还是很痛　我的伤口　牙膏

　　_____。

（2）患过　还有谁　类似的疾病　家里

　　_____？

（3）体谅　并配合　我们的治疗　请您

　　_____。

（4）失败的　往往会　美容手术　毁容

　　_____。

（5）没有　防疤治疗　伤口愈合后　进行

　　_____。

4. **短文阅读。**

　　烧伤休克是严重烧伤常见并发症，可能会危及生命。烧伤休克主要因烧伤局部或远隔部位毛细血管通透性增加导致体液丢失所致。早期迅即发生的心肌损害导致循环动力减弱也是烧伤休克发生与发展的重要因素。烧伤休克的发生时间与烧伤严重程度关系密切。面积越大、深度越深者，休克发生越早、越重。休克期度过不平稳者多因补液延迟、长途转送、严重复合伤、吸入性损伤影响通气等所致。较长时间的组织缺血缺氧，既容易引发感染，又可造成多脏器损害，严重影响全病程的平稳以及救治效果。

　　烧伤休克一般发展较缓慢，且体液丧失量多，可以从烧伤严重程度进行预测，若给予及时适当处理，常可预防其发生或减轻其严重程度。液体疗法是防治烧伤休克的主要措施。患者入院后，应立即寻找一较粗且易于固定的静脉行穿刺或切开，以保持静脉输液通道的顺畅，这对严重烧伤患者的早期救治十分重要。

（陈朗　李鑫）

第十二课　心胸外科

Lesson Twelve　Cardio-Thoracic Surgery

huì huà yī　　zì fā xìng qì xiōng bìng qíng zhěn duàn
会话一　自发性气胸病情诊断

情　景：huàn zhě yīn wèi tū fā hū xī kùn nan dào yī yuàn jiù zhěn
患者因为突发呼吸困难到医院就诊。

人　物：rén wù　lǐ zhǔn　yī shēng
李准（医生）

luó lán　shí xí yī shēng
罗兰（实习医生）

táng jiàn guó　huàn zhě　nán　wǔ shí qī suì　nóng mín　cháng
唐建国（患者，男，五十七岁，农民，长

qī xī yān　yǐn jiǔ　yǐ hūn
期吸烟、饮酒，已婚）

时　间：shí jiān　xià wǔ sì diǎn
下午四点

地　点：dì diǎn　xīn xiōng wài kē zhěn duàn shì
心胸外科诊断室

李　准：xià wǔ hǎo　qǐng wèn nín nǎ lǐ bù shū fu
下午好！请问您哪里不舒服？

唐建国：wǒ gǎn jué kuài yào méi bàn fǎ hū xī le
我感觉快要没办法呼吸了。

李　准：shén me shí hou chū xiàn de
什么时候出现的？

唐建国：jīn tiān zǎoshang jiǔ diǎn zuǒ yòu kāi shǐ de
今天早上九点左右开始的。

李　准：dāng shí nín zài zuò shén me
当时您在做什么？

唐建国：wǒ zài kǎ chē shang xiè huò
我在卡车上卸货。

李　准：yǒu méi yǒu shòu shāng ne
有没有受伤呢？

唐建国：没有。

李　准：有没有咳嗽？是干咳还是咯痰？

唐建国：今天咳嗽比较厉害，没有咯痰。

李　准：呼吸困难逐渐好转还是加重了？

唐建国：越来越严重了。

李　准：有胸痛吗？

唐建国：不觉得。

李　准：生病以后吃东西可以吗？

唐建国：胃口不太好。

李　准：感觉乏困吗？

唐建国：有一点疲倦，想休息。

李　准：大小便正常吗？

唐建国：正常。

李　准：有没有觉得发热或者畏冷？

唐建国：没有。

李　准：有没有测过体温？

唐建国：没有。

李　准：生病后治疗过吗？

唐建国：没有。

李　准：还有别的地方不舒服吗？

唐建国：没有。

yǒuguoxīnzàng jí bìngma
李　准：有过心脏疾病吗？

méiyǒu
唐建国：没有。

zài nín de jiā zú li　　yǐ qiányǒuméiyǒurén hé nínyǒuguo yí yàng de qíngkuàng
李　准：在您的家族里，以前有没有人和您有过一样的情况？

méiyǒu
唐建国：没有。

yī shēngzhèngzài gěihuànzhějiǎnchá
（医生正在给患者检查）

jiē xià lái wǒmenjiāngyào jìn xíngjiǎnchá　　qǐngníntǎngxià　　jiě kāi yī fu
李　准：接下来我们将要进行检查，请您躺下，解开衣服。

hǎo de
唐建国：好的。

luó lán　　wǒmen kě yǐ kàndàohuànzhě de liǎng cè xiōngkuò bú duìchèn　　zuǒ cè xiōngkuò de hū xī dòng
李　准：罗兰，我们可以看到患者的两侧胸廓不对称，左侧胸廓的呼吸动
dù jiǎnruò
度减弱。

shì de
罗　兰：是的。

hǎo　wǒmenyàoyòngshǒuchùzhěn　　duì huànzhěshuō　　xiàn zài qǐngnínshuō　　yī　　jǐn kě néngjiǔ
李　准：好，我们要用手触诊。（对患者说）现在请您说"咿"，尽可能久
yì diǎn
一点。

yī
唐建国：咿——。

zuǒ cè fèi bù yǔ chànjiǎnruò　　jiē xià lái jìn xíngkòuzhěn
李　准：左侧肺部语颤减弱。接下来进行叩诊。

dōng　　dōng　　dōng
（咚、咚、咚）

zuǒ fèi kòuzhěnshì gǔ yīn　　yòu fèi shì qīng yīn　　wǒmen zài jìn xíngshuāng fèi tīngzhěn　　qǐngnínshēn hū xī
李　准：左肺叩诊是鼓音，右肺是清音；我们再进行双肺听诊，请您深呼吸。

huànzhěhuǎnmànshēn hū xī
（患者缓慢深呼吸）

zuǒ fèi hū xī yīnhěnruò　　yòu fèi hū xī yīnqīng xī　　méiyǒutīngdàobìng lǐ xìng zá yīn　　luó lán　　nǐ lái
李　准：左肺呼吸音很弱，右肺呼吸音清晰，没有听到病理性杂音。罗兰，你来
tǐ yàn yí xià
体验一下。

hǎo de　　xiè xie lǎo shī
罗　兰：好的，谢谢老师。

duìhuànzhěshuō　　hǎo le　　wǒ yàogěi nínzuò yì xiē fǔ zhùjiǎnchá　　zhèyàng kě yǐ míngquèzhěnduàn
李　准：（对患者说）好了，我要给您做一些辅助检查，这样可以明确诊断。

唐建国：需要做什么检查？

李　准：血常规、血气分析和胸片，这是检查单，去缴费检查吧。

唐建国：好的，谢谢医生。

（医生收到检查结果后给患者做诊断）

李　准：血常规无异常，血气分析提示氧分压降低，二氧化碳分压升高，胸片提示左肺大范围压缩，超过60%，伴有少量胸腔积液。

唐建国：医生，请问我是怎么回事？

李　准：检查结果和我们预想的一样，您得了自发性气胸伴有少量胸腔积液。

唐建国：这个病严重吗？

李　准：这个病需要及时治疗，不然呼吸困难会越来越严重，还会出现心脏疾病，目前暂时没有生命危险。

唐建国：请问我需要住院吗？

李　准：是的，我们需要给您放置一条引流管进入胸腔。

唐建国：会很痛吗？

李　准：任何手术都会很痛。在手术过程中，我们会用止痛药，您不会感到疼痛。请不要紧张。现在请把您的病情告知您的家人，然后准备住院治疗。

唐建国：好的，我接受您的建议。

李　准：这是您的住院证，现在去办理住院手续吧。

唐建国：好的。谢谢！

Conversation One
Diagnosis of Spontaneous Pneumothorax

Situation：A patient has come to the hospital because of acute dyspnea.

Characters：Li Zhun(Doctor)

Luo Lan (Intern)

Tang Jianguo (Patient, male, 57-year-old, peasant, smoking and drinking alcohol for a long time, married)

Time：4:00 p. m.

Site：Diagnosis room of cardio-thoracic surgery department

Li Zhun：   Good afternoon! What's been troubling you?

Tang Jianguo：I feel like I can hardly breathe.

Li Zhun：   When did this breathing problem start?

Tang Jianguo：Since 9 o'clock this morning.

Li Zhun：   What were you doing then?

Tang Jianguo：I was unloading the truck.

Li Zhun：   Were you injured during that time?

Tang Jianguo：No.

Li Zhun：   Do you have a cough? Is it dry or does it contain any sputum?

Tang Jianguo：I have severe cough, but without sputum.

Li Zhun：   Is your shortness of breath increasing or decreasing?

Tang Jianguo：It's getting worse.

Li Zhun：   Do you have any chest pain?

Tang Jianguo：No.

Li Zhun：   How has your appetite been after you illness?

Tang Jianguo：The appetite is bad.

Li Zhun：   Do you feel tired?

Tang Jianguo：I do feel tired and would like to have a rest.

Li Zhun： How is your urination and stool?

Tang Jianguo： They are okay.

Li Zhun： Do you have any fever or chills?

Tang Jianguo： Neither.

Li Zhun： Have you measured your temperature?

Tang Jianguo： No, I have not.

Li Zhun： Did you get any treatment after being ill?

Tang Jianguo： None.

Li Zhun： Is there any other problem?

Tang Jianguo： No.

Li Zhun： Do you suffer from any heart disease?

Tang Jianguo： No, I don't.

Li Zhun： Does anyone in your family have had similar condition before?

Tang Jianguo： No.

(The doctor is examining the patient)

Li Zhun： Then let me examine you. Could you please take off your clothes and lie down?

Tang Jianguo： Okay, doctor.

Li Zhun： Doctor Luo, we can observe the asymmetry of two sides of the patient's chest. There is decreased movement on the left side of the chest.

Luo Lan： Yes, teacher.

Li Zhun： Well, let's palpate. (To the patient)Please say "Yi" and continue repeating it.

Tang Jianguo： Yi—.

Li Zhun： The tactile fremitus of left lung is decreased. Let us proceed with percussion.

(Dong, Dong, Dong)

Li Zhun： The percussion note on the left side is hyper-resonant while on the right side is resonant. Let us auscultate the chest. Please breathe in and out.

(The patient breathes in and out)

Li Zhun： The breath sound on the left side is absent. The right side is clear and audible. Doctor Luo, come and auscultate.

Luo Lan： OK. Thank you, teacher.

Li Zhun： (To the patient)Well, I would like to perform few tests so that we can have a clear diagnosis.

Tang Jianguo: What kind of tests are needed, doctor?

Li Zhun: They are routine blood tests, blood gas analysis and chest X-ray. This is the checklist for you. Please pay for the tests.

Tang Jianguo: Well. Thank you, doctor.

(The doctor makes a diagnosis after he receives the reports)

Li Zhun: Your routine blood tests are normal. Blood gas analysis indicates decreased partial pressure of oxygen and increased partial pressure of carbon dioxide. Chest X-ray shows a compression of left lung by air in the pleural cavity, which is more than 60%, and a small amount of pleural effusion.

Tang Jianguo: Doctor, may I ask what is wrong with me?

Li Zhun: As we expected, you have spontaneous pneumothorax associated with a small amount of pleural effusion.

Tang Jianguo: It's serious, isn't it?

Li Zhun: Difficulty in breathing will be more severe without timely treatment, and may result in heart troubles, but your life is not in danger for the time being.

Tang Jianguo: Do I need to stay in hospital for the treatment?

Li Zhun: Yes, we need to put a drainage tube into your chest.

Tang Jianguo: Will it hurt?

Li Zhun: Any procedure can be painful. You will receive painkillers during the procedure and you will not feel the pain. Please don't be nervous. Now please inform your family about your condition and then prepare for hospitalization.

Tang Jianguo: OK, doctor, I will follow your advice.

Li Zhun: Here is an admission form, please go through the admission procedures right now.

Tang Jianguo: Alright, thank you doctor.

会话二　胸腔闭式引流术

情　景： 患者因为自发性气胸接受手术治疗。

人　物： 李准（手术医生）

马丽（实习医生）

张红（护士）

唐建国（患者，五十七岁，已婚）

时　间： 下午六点

地　点： 病房和手术室

（患者办完入院手续，住进了病房。实习医生马丽完成了患者的住院病历填写。手术医生向患者及家属详细讲解患者病情，交代手术风险及可能的并发症，患者家属签署手术同意书，医护人员准备手术）

李　准：您好！正如我们之前讨论的，我们需要为您行胸腔闭式引流术。

唐建国：李医生，您好。我非常担心，也害怕受不了手术。

李　准：不要担心。我会给您使用局部麻醉药，手术过程中您不会感觉到疼痛。

（护士为患者做术前准备，手术医生、实习医生开始做消毒工作）

李　准：马丽，患者需要调整成半卧位，以便气体引流。

马　丽：好的。

李　准：马丽，请你首先确定我们需要进行闭式引流的切口，然后去洗手消毒。所有操作必须无菌，防止术后感染。

马　丽：好的，老师。请问这位患者的手术切口选在哪里呢？

李　准：胸腔引流口的选择需要结合胸片或者CT等，同时，气胸引流的位置比脓胸和血胸引流的位置高一些。对于这位患者我选择在左侧锁骨中线第二肋间。

马　丽：哦。明白了！那我在切口处画一个叉。

李　准：护士，请准备好麻醉剂、注射器、手术刀、血管钳等用具。

张　红：李医生，都已经准备好了。

（手术进行中）

李　准：马丽，你已经铺好了无菌巾，现在逐层注射利多卡因浸润麻醉。

马　丽：好的。护士，请递给我麻醉剂。

张　红：给你。

（实习医生已完成麻醉程序）

李　准：我们现在需要从切口处切开皮肤和筋膜。

马　丽：好的。护士，请递给我手术刀和纱布。

张　红：给你。

马　丽：老师，皮肤已经全层切开，接下来应该怎么办呢？

李　准：纱布止血后，用血管钳分离胸壁肌肉，直到壁层胸膜，并且扩大裂口。

马　丽：老师，现在可以看见一个通道，是进入胸腔了吗？

lǐ miàn jiù shì xiōng mó qiāng wǒ men de yǐn liú guǎn jiù yào zhì rù zhè ge wèi zhì
李 准：里面就是胸膜腔，我们的引流管就要置入这个位置。

lǎo shī yǐn liú guǎn yīng gāi fàng zhì duō shēn ne
马 丽：老师，引流管应该放置多深呢？

tōng cháng wǒ men yǐ xiōng bì de hòu dù zài jiā shàng lí mǐ zuǒ yòu ér qiě xū yào tiáo zhěng wèi zhì shǐ
李 准：通常我们以胸壁的厚度再加上 1 厘米左右，而且需要调整位置，使
de yǐn liú guǎn tōng chàng jí kě
得引流管通畅即可。

hǎo de xiàn zài kě yǐ le
马 丽：好的。现在可以了。

mǎ lì wǒ men kě yǐ kàn dào yǐn liú guǎn lián jiē shuǐ fēng píng de yì duān yǒu qì tǐ pái chū zhè biǎo shì
李 准：马丽，我们可以看到引流管连接水封瓶的一端有气体排出，这表示
yǐn liú chéng gōng kě yǐ gù dìng yǐn liú guǎn de yì duān yú xiōng bì le
引流成功，可以固定引流管的一端于胸壁了。

hǎo de hù shi qǐng gěi wǒ féng zhēn
马 丽：好的。护士，请给我缝针。

gěi nǐ
张 红：给你。

qiē kǒu méi yǒu chū xuè xiàn zài yòng wú jūn shā bù bāo zā qiē kǒu jié shù shǒu shù
李 准：切口没有出血，现在用无菌纱布包扎切口，结束手术。

hǎo de nà wǒ men jiē xià lái xū yào zhù yì shén me ne
马 丽：好的，那我们接下来需要注意什么呢？

měi yì tiān xū yào guān chá yǐn liú guǎn shì fǒu tōng chàng bìng qiě jì lù yǐn liú liàng mì qiè guān chá huàn
李 准：每一天需要观察引流管是否通畅，并且记录引流量。密切观察患
zhě de hū xī qíng kuàng tǐ wēn děng biàn huà zé qī fù chá chuáng páng xiōng piàn děng dài qì tǐ tíng
者的呼吸情况、体温等变化，择期复查床旁胸片，等待气体停
zhǐ pái chū xiǎo shí hòu jí kě bá guǎn
止排出24 小时后，即可拔管。

hǎo de xiè xie lǎo shī
马 丽：好的，谢谢老师！

èr shí fēn zhōng hòu shǒu shù jié shù huàn zhě jìn rù bìng fáng
（二十分钟后，手术结束，患者进入病房）

shǒu shù fēi cháng shùn lì
李 准：手术非常顺利。

xiè xie nín lǐ yī shēng
唐建国：谢谢您！李医生。

bú kè qi jīn hòu jǐ tiān nín kě néng huì gǎn jué shāng kǒu téng tòng dàn shì yì bān kě yǐ rěn shòu
李 准：不客气。今后几天您可能会感觉伤口疼痛，但是一般可以忍受。

ò xiàn zài wǒ gǎn jué shāng kǒu bú shì hěn tòng
唐建国：哦，现在我感觉伤口不是很痛。

wǒ men měi tiān xū yào jiān cè nín de tǐ wēn guò jǐ tiān fù chá xiōng piàn
李 准：我们每天需要监测您的体温，过几天复查胸片。

wǒ de yǐn shí xū yào zhù yì shén me ma
唐建国：我的饮食需要注意什么吗？

qīng dàn　yíng yǎng　yì xiāo huà de shí wù dōu kě yǐ
李　准：清淡、营养、易消化的食物都可以。

nà shén me shí hou kě yǐ bá guǎn ne
唐建国：那什么时候可以拔管呢？

qì tǐ yǐn liú wán quán hòu　xiǎo shí jí kě kǎo lǜ bá guǎn
李　准：气体引流完全后24 小时即可考虑拔管。

hǎo de　xiè xie
唐建国：好的，谢谢！

Conversation Two
Closed Chest Drainage

Situation：The patient is undergoing surgical treatment for spontaneous pneumothorax.

Characters：Li Zhun（Surgeon）

Ma Li（Intern）

Zhang Hong（Nurse）

Tang Jianguo（Patient，57-year-old，married）

Time：6：00 p. m.

Site：Ward and operation room.

（After the completion of admission procedures，the patient is admitted to the inpatient ward. Ma Li has finished writing the medical records. Li Zhun explains in detail about the disease，operation risks and possible complications to the patient and his family members. After the patient's family signs the operation consent form，the medical staffs start to prepare for the surgery）

Li Zhun：　As we have already discussed before，now we will insert a chest tube for your condition.

Tang Jianguo：Doctor Li，I'm so worried and scared of the operation.

Li Zhun：　Don't worry. I'll give you a local anesthetic，and you won't feel pain during the whole procedure.

(Nurses complete all of the preoperative work, Li Zhun and the intern begin to do disinfection work)

Li Zhun: Ma Li, the patient needs to be adjusted to a supine (at 45°angle) position in order to facilitate the drainage.

Ma Li: Okay, doctor.

Li Zhun: Ma Li, mark the site of incision and then perform hand sterilization. All the operations should be sterile in order to prevent postoperative infection.

Ma Li: All right, sir. May I ask the location of surgical incision?

Li Zhun: The selection of thoracic drainage site requires use of clinical examination combined with chest X-ray or CT. At the same time, drainage of pneumothorax should be higher than empyema and hemothorax. For this patient, we can select the left second intercostal space at midclavicular line for an incision.

Ma Li: Oh, I see! Then I will mark a cross sign there.

Li Zhun: Nurse, please prepare the anesthetic, syringes, scalpels, forceps and other things necessary for the procedure.

Zhang Hong: Doctor Li, they have already been prepared.

(During the procedure)

Li Zhun: Ma Li, as you have already finished the draping of the patient, now you can inject lidocaine layer by layer as infiltration anesthesia.

Ma Li: Nurse, please pass me the anesthesia.

Zhang Hong: Here you are, doctor.

(The intern has completed the anesthesia procedure)

Li Zhun: Now, we need to incise the skin and fascia.

Ma Li: Okay, doctor. Nurse, please pass me the scalpel and gauze.

Zhang Hong: Here you are.

Ma Li: Sir, what is the next step after skin incision?

Li Zhun: Control and stop any bleeding with gauze. After that, we should separate the muscles of the chest wall with forceps unto the parietal pleura and expand the gap.

Ma Li: Sir, I can feel a space. Is it the pleural cavity?

Li Zhun: Yes, it is the pleural cavity. From here, we can put the drainage tube inside.

Ma Li：　　　Sir, how deep should the drainage tube be placed?

Li Zhun：　　We usually insert 1 cm more than the chest wall thickness. We also need to adjust the position of the tube, so that the drainage is unobstructed.

Ma Li：　　　Well, it's alright now.

Li Zhun：　　Ma Li, we can observe that the drainage pipe which is connected with water-sealed drainage bottle is showing the bubbling of air in the water. This shows that the chest tube insertion is successful. The tube can now be fixed in the chest wall.

Ma Li：　　　Well, nurse, please give me the surgical suture.

Zhang Hong：　Here you are.

Li Zhun：　　There is no bleeding at the incision site. Wrap the incision with the sterile gauze. The procedure is now completed.

Ma Li：　　　Okay. So what should we pay attention to next?

Li Zhun：　　We need to observe whether the drainage tube is obstructed, and also record the drainage volume every day. Meanwhile, we should closely observe the patient's breathing and body temperature. A chest X-ray should be done after few days. Once there is stoppage of bubbling in water-seal drainage for 24 hours, we can remove the tube.

Ma Li：　　　I see, thank you sir.

(The operation is over after 20 minutes. Family members of the patient come into the ward)

Li Zhun：　　Congratulations on your successful operation.

Tang Jianguo：Thank you, Doctor Li.

Li Zhun：　　It's my pleasure. You may feel the pain of the wound in the next few days, but usually it is tolerable.

Tang Jianguo：Oh, now I don't feel much pain.

Li Zhun：　　We need to monitor your temperature every day, and you should have another chest X-ray examination a few days later.

Tang Jianguo：What should I pay attention to?

Li Zhun：　　Please eat low-calorie food which is easy to digest and nutritious.

Tang Jianguo：When will you be removing the drainage tube, doctor?

Li Zhun：　　At least 24 hours after air stops flowing through the tube.

Tang Jianguo：Well, thank you, doctor.

生词

自发性	（形）	zìfāxìng	spontaneous
气胸	（名）	qìxiōng	pneumothorax
咯痰	（动）	kǎ//tán	cough up phlegm
触诊	（动）	chù//zhěn	palpate
语颤	（名）	yǔchàn	tactile fremitus
鼓音	（名）	gǔyīn	hyper-resonant
胸片	（名）	xiōngpiàn	chest X-ray
分压	（名）	fēnyā	partial pressure
压缩	（动）	yāsuō	compress
胸腔	（名）	xiōngqiāng	pleural cavity
积液	（名）	jīyè	effusion；hydrops
引流管	（名）	yǐnliúguǎn	drainage tube
闭式引流		bìshì yǐnliú	closed drainage
引流	（动）	yǐnliú	drain
脓胸	（名）	nóngxiōng	empyema
血胸	（名）	xuèxiōng	hemothorax
锁骨中线		suǒgǔ zhōngxiàn	midclavicular line
肋间	（名）	lèijiān	intercostal space
注射器	（名）	zhùshèqì	syringe
血管钳	（名）	xuèguǎnqián	forceps
利多卡因	（名）	lìduōkǎyīn	lidocaine
筋膜	（名）	jīnmó	fascia
胸壁	（名）	xiōngbì	chest wall
壁层胸膜		bìcéng xiōngmó	parietal pleura
水封瓶	（名）	shuǐfēngpíng	water-sealed drainage bottle
缝针	（名）	féngzhēn	surgical suture
引流量	（名）	yǐnliúliàng	drainage volume
消化	（动）	xiāohuà	digest

练习

一、听和说

1. 听录音，连线。

咯痰　　　　　　　　　　　　xiōngbì

触诊　　　　　　　　　　　　kǎ//tán

语颤　　　　　　　　　　　　xiōngkuò

胸壁　　　　　　　　　　　　chù//zhěn

气胸　　　　　　　　　　　　yǔchàn

分压　　　　　　　　　　　　yǐnliú

胸廓　　　　　　　　　　　　fēnyā

肋间　　　　　　　　　　　　xiōngqiāng

引流　　　　　　　　　　　　qìxiōng

胸腔　　　　　　　　　　　　lèijiān

2. 听录音，选词语。

（1）我希望将来某一天有机会（　　）机器人手术大赛。

　　　A. 增加　　　B. 拒绝　　　　C. 增援　　　　D. 参加

（2）如果看到（　　）连接水封瓶的一端有气体排出，则表示引流成功。

　　　A. 引流管　　B. 手术　　　　C. 引流　　　　D. 植入

（3）手术快要结束时，主刀医生发现患者（　　）下降了。

　　　A. 气压　　　B. 血脂　　　　C. 血压　　　　D. 血糖

（4）（　　）引流的位置比脓胸和血胸引流的位置高一些。

　　　A. 心胸　　　B. 脓胸　　　　C. 血胸　　　　D. 气胸

（5）我们可以看到患者的两侧（　　）明显不对称。

　　　A. 胸膛　　　B. 胸廓　　　　C. 胸肋　　　　D. 心脏

3. 听对话，选答案。

（1）A. 胸腔积液　　B. 肺气肿　　　C. 脑梗死　　　D. 不确定

（2）A. 建议　　　　B. 不知道　　　C. 不一定　　　D. 不建议

（3）A. 关机了　　　B. 忘带了　　　C. 坏了　　　　D. 丢了

（4）A. 休息　　　　B. 吃药　　　　C. 体检　　　　D. 工作

（5）A. 戒酒　　　　B. 喝酒　　　　C. 抽烟　　　　D. 戒烟

4. **完成下列会话**。

（1）A：医生，您根据什么判断我就是自发性气胸？

　　B：_____。（和……一样）

（2）A：手术前，主刀医生需要做什么工作？

　　B：_____。（……然后……）

（3）A：请问张医生，我们接下来该做什么呢？

　　B：_____。（正如……）

（4）A：同学，请你告诉我为什么术前患者需要被调成半卧位？

　　B：_____。（以便……）

（5）A：如果自发性气胸只伴有少量胸腔积液，有生命危险吗？

　　B：_____。（不然……）

5. **情景交际练习**。

情景一：一位老年妇女因为咳嗽、咯血感觉呼吸困难，在家属陪同下立即赶到急诊科就诊。请根据情景，两人或者三人一组进行会话练习。

情景二：主刀医生即将为肺癌患者行手术治疗，主管医生跟患者及家属进行术前谈话，告诉他们手术的方式和风险。请三人一组模仿医生与家属及患者进行对话。

二、读和写

1. **选词填空**。

病情　皮肤　肺炎　结果　胸水　转入　左肺　引流术

（1）您的病已经确诊，需要行胸腔闭式（　　　　）。

（2）您好，我们需要对您的（　　　　）进行全面评估。

（3）如果病情加重，您可能需要（　　　　）重症监护室继续治疗。

（4）我们现在需要在切口处切开（　　　　）和筋膜。

（5）胸片显示您的（　　　　）大范围压缩，超过60%。

（6）您现在确诊患（　　　　），需要使用抗生素进行治疗。

（7）请你首先进行胸部断层扫描检查，等待（　　　　）出来后再来找我。

（8）由于检查发现您的胸腔积液，需要进行（　　　　）化验。

2. **句子排序**。

（1）A. 就要置入　　B. 引流管　　C. 这个位置　　　　　（　　　）

（2）A. 左侧胸廓的　B. 呼吸动度减弱　C. 患者　　　　　（　　　）

（3）A. 患者家属　　B. 他们拒绝手术　C. 告诉我　　　　（　　　）

　　(4) A. 胸腔肌肉　　B. 分离　　　　C. 用血管钳　　　　　（　　　）

　　(5) A. 需要放置　　B. 进入胸腔　　C. 引流管　　　　　　（　　　）

3. **完成下列句子**。

　　(1) 进行　到化验室　请您　血液检查

　　_____。

　　(2) 咯血　伴有　您咳嗽　是否

　　_____？

　　(3) 吞咽困难　渐进性　有　您是否

　　_____？

　　(4) 使用　药物治疗　继续　请您

　　_____。

　　(5) 辅助检查　我们　需要　给您做

　　_____。

4. **短文阅读**。

　　原发性支气管肺癌是指起源于支气管、细支气管和肺泡上皮及腺体的恶性肿瘤。其死亡率目前居全身恶性肿瘤之首，发病率仍有逐年增加的趋势。肺癌的治疗手段如手术切除、放化疗及生物治疗等在不断进步，但是临床发现的肺癌多数为中、晚期，因此，其5年生存率仍不到13%。吸烟是公认的致病因素，其他因素为大气污染、遗传等。

　　肺癌的临床表现与肿瘤分期密切相关，早期周围型肺癌常无临床症状，主要在体检时偶然发现；中、晚期肺癌的主要临床表现为咯血、胸痛和刺激性咳嗽。中央型肺癌的临床症状出现较周围型肺癌为早，肿瘤生长致支气管腔狭窄或阻塞常伴有阻塞性肺炎或肺不张，引起发热、呼吸困难等临床症状。肿瘤邻近侵犯或纵隔转移可致上腔静脉阻塞综合征，累及交感神经可引起霍纳综合征（Horner Syndrome）。发生于肺尖的周围型肺癌称肺上沟瘤（Pancoast Tumor），常侵犯臂丛神经导致肩臂部疼痛。另外，肺癌作用于其他系统如内分泌、血液和神经肌肉系统等可引起副癌综合征，如库欣综合征、高钙血症和肥大性肺性骨关节病等。

（甘卫刚）

第十三课　泌尿外科
dì shí sān kè　mì niào wài kē

Lesson Thirteen　Urology Surgery

会话一　尿路结石病史采集
huì huà yī　niào lù jié shí bìng shǐ cǎi jí

情　景：患者因为腰部疼痛到医院就诊。
qíng jǐng　huànzhě yīn wèi yāo bù téngtòng dào yī yuàn jiù zhěn

人　物：张继禹（医生）
rén wù　zhāng jì yǔ（yī shēng）

陈杰（患者，男，二十三岁，学生，无吸烟、
chén jié（huànzhě，nán，èr shí sān suì，xuéshēng，wú xī yān、

饮酒史，未婚）
yǐn jiǔ shǐ，wèihūn）

时　间：上午八点半
shí jiān　shàng wǔ bā diǎn bàn

地　点：泌尿外科诊断室
dì diǎn　mì niào wài kē zhěnduàn shì

张继禹：早上好！请问你哪里不舒服？
zǎoshang hǎo　qǐngwèn nǐ nǎ li bù shū fu

陈　杰：我感觉腰部疼痛。
wǒ gǎnjué yāo bù téngtòng

张继禹：疼痛有多长时间了？
téngtòng yǒu duō cháng shí jiān le

陈　杰：前天早上开始，到现在两天了。
qiántiān zǎoshang kāi shǐ　dào xiàn zài liǎng tiān le

张继禹：是怎样一种疼痛？可以描述一下吗？
shì zěnyàng yì zhǒng téngtòng　kě yǐ miáoshù yí xià ma

陈　杰：刚开始是间断性的绞痛，不久就变成持续不断的了。非常疼，
gāngkāi shǐ shì jiàn duàn xìng de jiǎo tòng　bù jiǔ jiù biàn chéng chí xù bú duàn de le　fēi cháng téng

疼得我全身大汗淋漓。
téng de wǒ quánshēn dà hàn lín lí

张继禹：你排尿正常吗？
nǐ pái niào zhèngcháng ma

陈　杰：尿频，但每次尿量很少。我一有尿意就憋不住。哦，对了，有时候排
的小便是红色的，好像有血。

张继禹：你最近每天小便几次？

陈　杰：每天超过10次。

张继禹：你排尿的时候痛吗？

陈　杰：偶尔有些灼痛。

张继禹：你有没有觉得发热或者畏寒？有没有测过体温？

陈　杰：没有。我不发热，不畏寒，也没有测过体温。

张继禹：有腹泻、腹胀或者便秘吗？

陈　杰：没有。

张继禹：以前有过尿路结石吗？

陈　杰：没有。这是我第一次有这些症状。

张继禹：有没有去医院就诊过？发病以来，你服用过什么药？

陈　杰：我从诊所拿了一些止痛药吃，但是不起作用，过了一段时间腰部又开
始痛了。

张继禹：还有别的地方不舒服吗？腰部和腹部受过外伤吗？

陈　杰：没有。

张继禹：接下来我们将要进行体格检查，请你配合一下。躺在检查床上，
除了内裤外，脱去所有衣裤，不要紧张。如果在检查过程中疼痛
明显，请告诉我。

陈　杰：哎哟，很痛（肾、输尿管叩诊区）。

张继禹： fānguòshēn lái wǒ jiǎnchá yí xià fù bù yǒuméiyǒu yì cháng
翻过 身 来，我 检查 一下腹部有没有异 常 。

陈 杰： bú tòng
不痛。

张继禹： hǎo le qǐ lái chuān shàng yī fu ba gēn jù nǐ de qíng kuàng wǒ yào gěi nǐ zuò yì xiē fǔ zhù jiǎn
好了，起来 穿 上 衣服吧。根据你的情 况 ，我要给你做一些辅助检
chá yǐ biàn jìn yí bù quèzhěn
查，以便进一步确诊。

陈 杰： xū yàozuòshén me jiǎnchá
需要做什么检查？

张继禹： mì niào xì tǒng chāo hé niàocháng guī jiǎnchá niào yè qǔ qīng jié zhōngduànniào rú guǒzhěnduàn bù
泌尿系统 B 超和尿 常 规检查，尿液取清洁中 段尿。如果诊 断不
míngquè kě néng xū yàojìn yí bù zuòjìngmàiniào lù zàoyǐnghuòzhě nì xíngshèn yú zàoyǐngjiǎnchá
明 确，可能需要进一步做静脉尿路造影或者逆行肾盂造影检查。

陈 杰： hǎo de xiè xie yī shēng
好的，谢谢医 生 。

Conversation One
History Taking of Urolithiasis

Situation：A patient comes to hospital because of loin pain.

Characters：Zhang Jiyu（Doctor）

Chen Jie（Patient，male，23-year-old，student，

no smoking or drinking history，unmarried）

Time：8：30 a. m.

Site：Outpatient diagnosis room of urology surgery

Zhang Jiyu： Good morning! What seems to be bothering you?

Chen Jie： I have pain at the loin area.

Zhang Jiyu： How long have you had it?

Chen Jie： It's about two days. It started since the day before yesterday morning.

Zhang Jiyu： What kind of pain is it? Can you tell me the details?

Chen Jie： At first the pain came and went but soon after it became persistent. The pain was severe which made me sweat all over.

Zhang Jiyu：　How about your urination? Is it normal?

Chen Jie：　I have to urinate frequently but every time the urine volume is small. I cannot hold the urine once I get urge to urinate. Sometimes the urine appears reddish as if it contained blood.

Zhang Jiyu：　Recently how many times do you have to go to pass urine?

Chen Jie：　More than 10 times a day.

Zhang Jiyu：　Is there any pain while passing urine?

Chen Jie：　Occasionally, I have burning type of pain during urination.

Zhang Jiyu：　Do you have fever or chills? Have you measured your temperature?

Chen Jie：　No, I don't have a fever or chills. I also haven't measured my temperature.

Zhang Jiyu：　Do you have diarrhea, bloating or constipation?

Chen Jie：　I don't think so.

Zhang Jiyu：　Do you have any history of passing stones while urinating?

Chen Jie：　No, I do not recall passing any stones. This is the first time I have these symptoms.

Zhang Jiyu：　Have you ever gone to a hospital or taken any medication since you suffered from this condition?

Chen Jie：　I took some painkillers from the clinic, but it did not work. The loin pain started again after a while.

Zhang Jiyu：　Have you noticed anything else? Do you have history of trauma to the back and abdomen?

Chen Jie：　No.

Zhang Jiyu：　I am going to perform a physical examination next, please cooperate with me. Please, remove all your clothes except your underwear and then lie on the bed. Don't be nervous. If there is pain during the examination, please let me know.

Chen Jie：　Ouch, it hurts (the loin area).

Zhang Jiyu：　Please roll over. Let me check your abdomen.

Chen Jie：　It doesn't hurt here.

Zhang Jiyu：　Alright, you can put on your dress now. I'll write you some tests to diagnose your condition.

Chen Jie：　What tests do I need?

Zhang Jiyu： You will need ultrasound of the urinary system, routine and microscopic examination of mid-stream urine. If the diagnosis is unclear, you may need intravenous urography（IVU）or retrograde pyelography（RP）.

Chen Jie： OK, thank you, doctor.

huì huà èr　　zhěn duàn yǔ zhì liáo jué cè
会话二　诊断与治疗决策

qíng jǐng　huàn zhě zuò wán jiǎn chá　yī shēng gěi huàn zhě zuò zhěn duàn yǔ zhì liáo
情　景：患者做完检查，医生给患者做诊断与治疗
jué cè
决策。

rén　wù　zhāng jì yǔ　　yī shēng
人　物：张继禹（医生）

chén jié　huàn zhě　nán　èr shí sān suì　xué shēng　wú xī yān
陈杰（患者，男，二十三岁，学生，无吸烟、
yǐn jiǔ shǐ　wèi hūn
饮酒史，未婚）

shí　jiān　shàng wǔ shí yī diǎn sì shí fēn
时　间：上午十一点四十分

dì　diǎn　mì niào wài kē zhěn duàn shì
地　点：泌尿外科诊断室

yī shēng　wǒ zuò wán jiǎn chá le　qǐng nín bāng wǒ kàn yí xià zhěn duàn jié guǒ
陈　杰：医生，我做完检查了，请您帮我看一下诊断结果。

niào cháng guī xiǎn shì yǐn xuè yáng xìng　bái xì bāo yǒu liǎng gè　bái dàn bái yīn xìng　chāo xiǎn shì
张继禹：尿常规显示隐血阳性，白细胞有两个＋，白蛋白阴性；B超显示
yì kē jié shí qiǎ zài zuǒ cè shū niào guǎn　shèn yú hé shàng duàn shū niào guǎn qīng dù jī shuǐ　jié hé lín
一颗结石卡在左侧输尿管，肾盂和上段输尿管轻度积水。结合临
chuáng zhèng zhuàng hé zhè xiē jiǎn yàn jié guǒ　kǎo lǜ zhěn duàn wéi shū niào guǎn jié shí
床症状和这些检验结果，考虑诊断为输尿管结石。

jié shí dà ma
陈　杰：结石大吗？

chāo xiǎn shì zuǒ shèn shū niào guǎn yǒu yí gè　　lí mǐ　　lí mǐ dà xiǎo de jié shí
张继禹：B超显示左肾输尿管有一个1.5厘米×0.5厘米大小的结石。

bú huì yǒu wēi xiǎn ba
陈　杰：不会有危险吧？

bú huì yǒu shēngmìngwēixiǎn   dàn shì   nǐ huì hěntòng
张继禹：不会有 生 命危险，但是，你会很痛。

qǐngwèn xū yàozuòshǒushù ma
陈 杰：请问需要做手术吗？

nǐ kě yǐ xuǎn zé shūniàoguǎnjìng qǔ shí shǒushùhuòzhě tǐ wàichōng jī bō suì shí
张继禹：你可以选择输尿 管 镜取石手术或者体外 冲 击波碎石。

qǐngwèn tǐ wàichōng jī bō suì shí xiàoguǒzěn meyàng   wǒ shì hé nǎ yì zhǒng zhì liáo
陈 杰：请问体外 冲 击波碎石效果怎么样？我适合哪一 种 治疗？

nǐ de jié shí mùqiánqiǎ zài shūniàoguǎn   yǐn qǐ shèn yú jī shuǐ hé téngtòngzhèngzhuàng   hǎo zài jié shí
张继禹：你的结石目前卡在输尿 管，引起肾盂积水和疼痛 症 状 。好在结石

bú dà   tǐ wàichōng jī bō suì shí kě yǐ jiāng jié shí jī suì   ránhòu suí niào yè pái chū lái   nǐ xū yào
不大，体外 冲 击波碎石可以 将 结石击碎，然后随尿液排出来。你需要

pèi hé duōyǐnshuǐ   bìng jiā qiángtiàoshéngděngyùndòngduànliàn   tǐ wàichōng jī bō suì shí de quēdiǎn
配合多饮水，并加强 跳 绳 等运动 锻 炼。体外 冲 击波碎石的缺点

shì xū yàofǎn fù suì shí
是需要反复碎石。

yào shì méiyǒuzòuxiào   nà zěn me bàn   shūniàoguǎnjìng qǔ shí shǒushùxiàoguǒzěn me yàng ne
陈 杰：要是没有奏效，那怎么办？输尿 管 镜取石手术效果怎么 样 呢？

nà yàng jiù zhǐ néngzuòshǒushù le   shūniàoguǎnjìng qǔ shí shǒushù kě yǐ tōngguòshūniàoguǎnjìngjiāng jié
张继禹：那样就只能做手术了。输尿 管 镜取石手术可以 通过输尿 管 镜将 结

shí wánquán qǔ chū   dàn xū yàomá zuì   dǎoniào jí duǎn shí jiān chí xù liú zhì niàoguǎn   jù tǐ xuǎn zé
石完 全取出，但需要麻醉、导尿及 短 时间持续留置尿 管 。具体选择

nǎ zhǒng zhì liáofāng àn   nǐ xiān hé jiā rénshāngliang yí xià ba
哪 种 治疗方案，你先和家人 商 量 一下吧！

huànzhě hé jiā shǔshāngliang hòuzuòchū jué dìng
（患者和家属 商 量后作出决定）

yī shēng   wǒ jué dìng jìn xíng tǐ wàisuì shí   dànyuànchōng jī bō néng dǎ xià wǒ de jié shí
陈 杰：医 生 ，我决定进行体外碎石，但愿 冲 击波能打下我的结石。

hǎo de   wǒ gěi nǐ kāi jù zhì liáodān   nǐ xū yàoshū yè xiāoyán hé jiě jìng zhǐ tòng   jiě xiǎobiàn shí
张继禹：好的，我给你开具治疗单。你需要输液消炎和解痉止痛。解小 便时，

zhù yì yǒu wú shā shí yàngwù tǐ páichū   xiànzài qù bàn lǐ zhùyuànshǒu xù ba
注意有无砂石 样 物体排出。现在去办理住院 手续吧。

hǎo de   xiè xie zhāng yī shēng
陈 杰：好的。谢谢 张 医 生 ！

Conversation Two
Diagnosis and Treatment Strategy

Situation: The doctor makes the diagnosis and offers treatment strategy to the patient after the tests.

Characters: Zhang Jiyu (Doctor)

Chen Jie (Patient, male, 23-year-old, student, no smoking or drinking history, unmarried)

Time: 11:40 a. m.

Site: Outpatient diagnosis room of urology surgery

Chen Jie: Doctor Zhang, I have the test reports here. Could you please tell me the diagnosis?

Zhang Jiyu: The routine urine test shows occult blood in the urine is positive, leukocyte (++) and albumin negative. Ultrasonography shows presence of calculus in the left ureter with slight hydronephrosis at the renal pelvis and hydroureter at the upper ureter. Based on your symptoms and the test results, a diagnosis of ureteral calculi is considered.

Chen Jie: What is the measurement of the calculus?

Zhang Jiyu: Ultrasonography shows a 1.5 cm × 0.5 cm calculus at the left ureter.

Chen Jie: Is it a dangerous condition?

Zhang Jiyu: It is not a life threatening condition, but as you know, it can be painful.

Chen Jie: Will I need an operation?

Zhang Jiyu: You may choose ureteroscopic lithotripsy (URL) or extracorporeal shockwave lithotripsy (ESWL).

Chen Jie: What are the side effects of ESWL? Which treatment is better?

Zhang Jiyu: Your calculus is stuck in the ureter at present, causing hydronephrosis and pain. Fortunately, the stone is not very big. ESWL can break the stone, which can be expelled in urine. You need to drink plenty of water and do strengthening exercises like skipping. A disadvantage of ESWL is that you may further need repeated lithotripsy to break the stone.

Chen Jie： What if this procedure does not work? How about URL?

Zhang Jiyu： In that case you will need an operation. URL can completely remove the calculi through ureteroscopy. However, URL requires anesthesia, urinary catheterization and a short period of continuous indwelling catheter. You may consult with your family, and decide which specific treatment strategy you want to choose.

(The patient makes a final decision after consultation with his family)

Chen Jie： Doctor Zhang, I've decided to do extracorporeal shockwave lithotripsy. I hope the shockwave works.

Zhang Jiyu： Okay, I'll prescribe you some medicines. You will be given an injectable medicine to reduce inflammation and relieve the pain. After ESWL, pay attention to the expulsion of stone like objects while passing urine. Now, please proceed to register for admission in inpatient department.

Chen Jie： OK, thank you, doctor.

生词

腰部	（名）	yāobù	loin
绞痛	（形）	jiǎotòng	colic
排尿	（动）	pái//niào	urinate; pass urine
尿频	（形）	niàopín	urinate frequently
便秘	（动）	biànmì	constipate
肾	（名）	shèn	kidney
输尿管	（名）	shūniàoguǎn	ureter
泌尿系统		mìniào xìtǒng	urinary system
中段	（名）	zhōngduàn	mid-stream specimen
静脉尿路造影		jìngmài niàolù zàoyǐng	intravenous urography（IVU）
逆行肾盂造影		nìxíng shènyú zàoyǐng	retrograde pyelography（RP）
隐血	（名）	yǐnxuè	occult blood
肾盂积水		shènyú jīshuǐ	hydronephrosis
输尿管积水		shūniàoguǎn jīshuǐ	hydroureter

结石	（名）	jiéshí	calculi
输尿管镜取石手术		shūniàoguǎnjìng qǔshí shǒushù	ureteroscopic lithotripsy（URL）
输尿管镜	（名）	shūniàoguǎnjìng	ureteroscopy
体外冲击波碎石		tǐwài chōngjībō suìshí	extracorporeal shockwave lithotripsy（ESWL）
导尿	（动）	dǎoniào	do urinary catheterization
留置尿管		liúzhì niàoguǎn	indwelling catheter

练习

一、听和说

1. 听录音，连线。

绞痛　　　　　　　　　　　　　xuèniào

尿急　　　　　　　　　　　　　biànmì

尿频　　　　　　　　　　　　　yāobù

超声　　　　　　　　　　　　　niàojí

血尿　　　　　　　　　　　　　suìshí

腰部　　　　　　　　　　　　　niàoyè

结石　　　　　　　　　　　　　niàopín

便秘　　　　　　　　　　　　　chāoshēng

尿液　　　　　　　　　　　　　jiǎotòng

碎石　　　　　　　　　　　　　jiéshí

2. 听录音，选词语。

（1）医生，最近几个月我感觉（　　　）疼痛，还有些尿频、尿急。

    A．颈部　　　　B．胸部　　　　C．腰部　　　　D．背部

（2）疼痛一开始是间断性的（　　　），不久就变成持续不断的了。

    A．钝痛　　　　B．绞痛　　　　C．刺痛　　　　D．牙痛

（3）你以前得过（　　　）结石吗？比如肾结石、尿结石、膀胱结石。

    A．泌尿道　　　B．生殖道　　　C．呼吸道　　　D．胃肠道

（4）如果诊断不明确，可能需要进一步做（　　　）肾盂造影。

    A．泌尿道　　　B．胃肠道　　　C．导尿管　　　D．输尿管

（5）我决定进行（　　　），但愿冲击波能打下我的结石。

A. 体内碎石 　　B. 体外碎石 　　C. 手术治疗 　　D. 隐血试验

3. **听对话，选答案。**

(1) A. 白的 　　　B. 红色 　　　C. 棕色 　　　D. 黄色

(2) A. B 超 　　　B. X 片 　　　C. 腹部 　　　D. CT

(3) A. 5 个 　　　B. 15 个 　　　C. 4 个 　　　D. 50 个

(4) A. 身份证 　　B. 住院证 　　C. 入院证 　　D. 学生证

(5) A. 半个月 　　B. 一个半月 　　C. 一周 　　　D. 一个月

4. **完成下列会话。**

(1) A：可以描述一下你的情况吗？

　　B：＿＿＿＿＿＿＿＿＿＿＿＿＿＿＿＿＿＿＿＿＿。（一……就……）

(2) A：医生，听你这么说我的输尿管结石好像很严重？

　　B：＿＿＿＿＿＿＿＿＿＿＿＿＿＿＿＿＿＿＿＿＿。（好在……）

(3) A：碎石后，患者还可以怎样配合治疗呢？

　　B：＿＿＿＿＿＿＿＿＿＿＿＿＿＿＿＿＿＿＿＿＿。（并……）

(4) A：你口服止痛药以后，腰痛缓解了吗？

　　B：＿＿＿＿＿＿＿＿＿＿＿＿＿＿＿＿＿＿＿＿＿。（仍然没有……）

(5) A：医生，我出院以后应该注意些什么？

　　B：＿＿＿＿＿＿＿＿＿＿＿＿＿＿＿＿＿＿＿＿＿。（控制……）

5. **情景交际练习。**

情景一：一位青年男性因为腰痛、血尿去医院就诊。请根据病情，模拟病史采集情景，三人或者两人一组进行会话练习。

情景二：尿路结石患者取了检查报告后，返回诊断室。请根据检查报告，模拟诊断与治疗决策情景，三人一组模仿医生与家属和患者的对话。

二、读和写

1. **选词填空。**

习惯　输液瓶　手续　尿石症　止痛药　疾病　手术　有创

(1) 你可以把（　　　）挂在输液架上面。

(2) 他平时不怎么喝水，所以患了（　　　）。

(3) 小李吃过（　　　）以后，疼痛仍然没有缓解。

(4) 泌尿道结石是良性的（　　　），但仍有危及生命的可能。

(5) 不是所有的尿石症都需要（　　　）治疗。

(6) 常锻炼、多喝水、作息时间规律是良好生活（　　　）的重要体现。

（7）手术是需要在麻醉辅助下进行的（　　　　）治疗手段。

（8）办理住院（　　　　）时，你需要带上医生开具的入院证。

2. **句子排序**。

（1）A. 医生想看一看　　B. 肾结石　　　　C. 我有没有　　　　（　　　）

（2）A. 泌尿道结石　　　B. 超声检查　　　C. 能发现　　　　　（　　　）

（3）A. 我的腰痛　　　　B. 比较明显　　　C. 我最近发现　　　（　　　）

（4）A. 二十斤　　　　　B. 我体重　　　　C. 减轻了　　　　　（　　　）

（5）A. 低盐低脂饮食　　B. 有利于　　　　C. 身体健康　　　　（　　　）

3. **完成下列句子**。

（1）不能　止痛药　服用　随便

_____。

（2）你需要　疼痛症状　输液治疗　才能缓解

_____。

（3）确定了　通过商量　患者和家属　治疗方案

_____。

（4）觉得　发热　或者畏寒　你有没有

_____？

（5）体外碎石　请问　怎么样　效果

_____？

4. **短文阅读**。

泌尿系统结石是泌尿外科的常见病之一，在泌尿外科住院患者所患疾病中居首位。欧美国家的流行病学资料显示，5%～10%的人在其一生中至少发生1次泌尿系统结石，欧洲泌尿系统结石每年新发病率为100～400人/10万人。中国泌尿系统结石发病率为1%～5%，南方地区为5%～10%，每年新发病率为每10万人有150～200人，其中25%的患者需住院治疗。近年来，中国泌尿系统结石的发病率有增加趋势，是世界三大结石高发区之一。

泌尿系统结石绝大多数在肾或膀胱内形成，而输尿管结石和尿道结石一般是结石在排出过程中在该处停留所致。结石可以引起泌尿系统的损伤、梗阻、感染甚至恶变。通过直接刺激，结石可导致泌尿系统黏膜的充血、水肿。如果结石长期嵌顿在管腔内，还可引起溃疡、肉芽肿或瘢痕性狭窄，偶尔可并发恶变。结石堵塞泌尿系统管腔后可引起完全性或不完全性梗阻，梗阻后尿液排出不畅，又增加了感染的概率，而感染时又会引发结石体积的迅速增大，进一步加重梗阻，形成恶性循环。

（甘卫刚　刘紫麟）

第十四课　骨科

Lesson Fourteen　Orthopedics

huì huà yī　　gǔ zhé bìng qíng zhěn duàn

会话一　骨折病情诊断

qíng jǐng　　huàn zhě yīn chē huò shāng dào yī yuàn jiù zhěn
情 景： 患者因车祸 伤 到医院就诊。

rén wù　　qín lǐng　　yī shēng
人 物： 秦岭（医生）

zhào hóng　　lái zì ěr bí hóu kē de huì zhěn yī shēng
赵 红（来自耳鼻喉科的会诊医生）

liú mǐn　　hù shi
刘敏（护士）

zhāng shēng jūn　　huàn zhě　　nán　　sì shí qī suì　　cài fàn　　wú xī yān
张 生君（患者，男，四十七岁，菜贩，无吸烟、

yǐn jiǔ shǐ
饮酒史）

shí jiān　　líng chén sān diǎn
时 间： 凌晨三点

dì diǎn　　yī yuàn gǔ kē zhěn duàn shì
地 点： 医院骨科诊断室

nǐ shì zěn me shòu shāng de
秦 岭：你是怎么受 伤 的？

wǒ chū chē huò le
张生君：我出车祸了。

jǐ diǎn zhōng fā shēng de chē huò
秦 岭：几点 钟 发 生 的车祸？

líng chén liǎng diǎn bàn
张生君：凌晨 两 点半。

qǐng nín gào su wǒ　　nín xiàn zài zài nǎ lǐ
秦 岭：请您告诉我，您现在在 哪里？

wǒ xiàn zài zài yī yuàn
张生君：我现在在医院。

秦　岭：您的家庭住址在哪里？

张生君：我住在涪江路236号。

秦　岭：可以告诉我当时的具体情况吗？

张生君：我驾着一辆三轮车，拉着一车蔬菜，在十字路口和一辆卡车相撞了，三轮车翻了，我被压在了下面。

秦　岭：您当时昏迷了吗？

张生君：只是很短暂的昏迷，一会儿就清醒了。

秦　岭：有没有呕吐？

张生君：没有。

秦　岭：您现在主要是哪里不舒服？

张生君：我手臂出血了，您看骨头都出来了。

秦　岭：左手可以抬起来或者前后活动吗？

张生君：不行。

秦　岭：您的左手手指可以伸直吗？

张生君：好像都不行。

秦　岭：除了胀痛，有麻木感吗？

张生君：嗯，受伤后逐渐感觉左侧手掌麻木。

秦　岭：右侧上肢有什么不适吗？可以活动吗？

张生君：右手没有问题，活动正常。

秦　岭：双侧下肢感觉怎么样？

张生君：没有问题。

秦　岭：除了上下肢以外，还有其他部位疼痛吗？

张生君：我的左侧耳朵有点痛，听声音也不是很清楚。

秦　岭：受伤以后有没有解过大小便？

张生君：没有。

秦　岭：您有没有觉得浑身乏力或者想要睡觉？

张生君：没有。

秦　岭：胸部和腹部有没有疼痛？

张生君：没有。

秦　岭：现在呼吸顺畅吗？

张生君：顺畅。

（医生开始给患者做检查）

秦　岭：下面我们需要对您进行全身检查，请配合。首先检查四肢。

张生君：好的，我的左手很痛。

秦　岭：左侧上臂皮肤挫裂，伤口长5厘米，污染重，可见肱骨骨折，垂腕畸形。您的头痛吗？

张生君：现在不痛了。

秦　岭：接下来看看脊椎有没有受伤。

张生君：不痛。

秦　岭：胸部、腹部压痛吗？（医生正在对患者的胸部、腹部进行触诊）

张生君：不痛。

秦　岭：盆骨压痛吗？（医生压了一下患者的盆骨）

张生君：不痛。

秦　岭：接下来需要给您量一下体温、血压，测一下脉搏和呼吸率。

刘　敏：秦医生，患者的体温是 36.9 ℃，脉搏是 72 次/分，呼吸率是 21 次/分，血压是 132/80 mmHg。

秦　岭：现在是耳鼻喉科医生前来会诊，检查您的耳部情况。

赵　红：张生君，您是否清醒？

张生君：清醒。

赵　红：您的耳朵听得清楚吗？

张生君：左耳比较差。

赵　红：左耳有没有流出清亮液体？

张生君：没有。

赵　红：左耳有耳鸣吗？

张生君：没有。

赵　红：受伤以后有没有出现过眩晕？

张生君：没有。

赵　红：口鼻部有没有出血？

张生君：没有。

赵　红：请您将头向右偏，我要对您的左耳进行检查。您的左耳道有血堵住了，我现在清除干净，看见左耳廓离断，左耳鼓膜完整。现在您听声音怎么样？

张生君：现在左耳听声音和原来一样清楚了。

赵 红：您的左耳需要手术清创缝合，一会儿我会和秦医生一起做，请做好
准备。

张生君：好的，谢谢！

秦 岭：现在需要进行头颅CT检查、四肢X片、胸片、心电图、腹部B超检
查。检查结束后，请立刻将报告交给我们，以便进一步诊断。

张生君：好的，谢谢医生。

（患者拿到检查结果，医生给他做诊断）

秦 岭：CT、胸部、腹部及心电图没有发现异常，四肢拍片显示左侧肱骨骨
干开放性骨折。

张生君：秦医生，有生命危险吗？

秦 岭：根据初步检查，肱骨骨干开放性骨折合并桡神经损伤已经明确，
其他部位目前没有发现合并伤，但需要进一步观察，以免出现迟发
性损伤。

张生君：那接下来我该怎么办呢？

秦 岭：立即住院。由于您的左侧肱骨骨干开放性骨折合并桡神经损伤，同
时伤口有污染，需要立刻手术，所以现在开始不能进食，为手术做
准备。

张生君：不做手术可以吗？

秦 岭：普通的骨折可以通过手法复位固定治疗，但是您的情况比较特别。
您的骨折端暴露，伤口污染，左侧肱骨骨干开放性骨折合并桡神经
损伤，目前已经出现了并发症，如果不立即手术，今后您的左手可

néngchūxiàngōngnéngzhàngài   yě jiù shì cán jí
能 出 现 功 能 障 碍，也 就 是 残 疾。

zhè me yánzhòng   nà wǒ yào gǎnkuàizhùyuàn jìn xíngshǒushù
张生君：这么严 重？那我要赶快住院进行 手术。

zhè shì wǒ gěi nín kāi jù de zhùyuànzhèng   jiā shǔqǐng lì kè qù bàn lǐ shǒu xù
秦　岭：这是我给您开具的住院 证，家属 请 立刻去办理手续。

Conversation One
Diagnosis of Fracture

Situation：A man was injured in a car accident and comes to hospital for treatment.

Characters：Qin Ling(Doctor)

Zhao Hong (A consultant from the department of otolaryngology)

Liu Min(Nurse)

Zhang Shengjun (Patient, male, 47-year-old, greengrocer, no smoking and alcohol history)

Time：3:00 a. m.

Site：Diagnosis room of orthopedics

Qin Ling：   Please tell me what has happened to you?

Zhang Shengjun：I was involved in a vehicle accident.

Qin Ling：   When did this accident occur?

Zhang Shengjun：2:30 a. m. today.

Qin Ling：   Would you please tell me where you are now?

Zhang Shengjun：I'm at the hospital now.

Qin Ling：   And where is your home?

Zhang Shengjun：I live at 236 Fujiang Road.

Qin Ling：   Can you tell me the details of what happened to you today?

Zhang Shengjun：I was riding a tricycle loaded with vegetables when I collided with a truck at the crossroads. As a result, my tricycle flipped and I was trapped under the tricycle.

Qin Ling: Did you lose your consciousness?

Zhang Shengjun: For a little while maybe, then I woke up.

Qin Ling: Did you vomit?

Zhang Shengjun: No.

Qin Ling: What is your main complaint?

Zhang Shengjun: My arm is bleeding. And you can see my bones protruding out.

Qin Ling: Can you lift up your left hand or move it around?

Zhang Shengjun: No, I can't.

Qin Ling: Can you stretch your fingers of left hand?

Zhang Shengjun: It is not possible.

Qin Ling: Do you have abnormal sensations like numbness besides pain?

Zhang Shengjun: Yes, doctor. There is numbness in my left palm which is gradually increasing after injury.

Qin Ling: What about your right hand? Can you move it?

Zhang Shengjun: There's nothing wrong with it. I can move it.

Qin Ling: What about your legs?

Zhang Shengjun: I do not have any problem in my legs.

Qin Ling: Are there any other complaints or problem?

Zhang Shengjun: Yes, doctor. I have pain in my left ear and I do not seem to hear properly.

Qin Ling: Have you passed urine or stool after injury?

Zhang Shengjun: No, I have not.

Qin Ling: Do you feel tired or drowsy?

Zhang Shengjun: No.

Qin Ling: Is there any pain in your chest or abdomen?

Zhang Shengjun: No.

Qin Ling: Can you breathe properly?

Zhang Shengjun: Yes, I can.

(The doctor starts to examine the patient)

Qin Ling: I have to do the physical examination to you, please cooperate with me. Let me examine your limbs first.

Zhang Shengjun： OK, I feel a sharp pain in my left hand.

Qin Ling： There is a 5 cm, contaminated lacerated wound in left upper arm along with fracture of humerus and wrist drop. Do you have a headache?

Zhang Shengjun： No, I don't have a headache now.

Qin Ling： Let me examine your spine.

Zhang Shengjun： I do not feel pain.

Qin Ling： Do you feel any pain in your chest or abdomen? (The doctor is palpating the chest and abdomen)

Zhang Shengjun： No, I do not have pain.

Qin Ling： Any pain in your pelvis? (The doctor is compressing the pelvis)

Zhang Shengjun： No.

Qin Ling： Next, we will measure your temperature, blood pressure, pulse and respiratory rate.

Liu Min： Doctor Qin, the temperature of the patient is 36.9 ℃, pulse is 72 bpm, respiratory rate is 21 bpm, and blood pressure is 132/80 mmHg.

Qin Ling： We have consulted an otorhinolaryngologist who will examine your ears.

Zhao Hong： Mr. Zhang Shengjun, are you awake now?

Zhang Shengjun： Yes.

Zhao Hong： Can you hear me clearly?

Zhang Shengjun： I cannot hear clearly with my left ear.

Zhao Hong： Have you noticed any discharge coming out of your left ear?

Zhang Shengjun： Nothing.

Zhao Hong： Do you hear any ringing sound in your left ear?

Zhang Shengjun： No.

Zhao Hong： Did you feel dizzy after injury?

Zhang Shengjun： No.

Zhao Hong： Was there any bleeding from your mouth or nose?

Zhang Shengjun： No.

Zhao Hong： Please turn your head right, and I will do the examination on your left ear. I can see blood in your ear canal which is blocking it. I will clean it first. I can see that your left auricle is partially separated but the tympanic membrane is intact. Can you hear clearly now?

Zhang Shengjun： Yes, I can hear as clearly as before.

Zhao Hong: We need to do a surgical debridement of your left ear, which I will perform with Doctor Qin. Please be ready.

Zhang Shengjun: OK. Thank you, doctor.

Qin Ling: Right now, we should do the examinations such as head CT, limb X-ray, chest X-ray, ECG, and abdominal ultrasound. Please submit the reports to us as soon as you finish them, after which we can make final diagnosis.

Zhang Shengjun: Okay. Thank you, doctor.

(After getting all the reports, the doctor makes a final diagnosis)

Qin Ling: Head CT, X-ray, ECG, and abdominal ultrasound do not show any abnormality. However, X-ray of your left upper limb shows fracture of humerus.

Zhang Shengjun: Doctor Qin, is this life threatening condition?

Qin Ling: From the preliminary examination, it is clear that there is an open fracture of left humeral shaft with radial nerve injury and without other associated injuries. However, there is always a risk of delayed injuries. Hence, we should keep you under further observation.

Zhang Shengjun: What should I do next?

Qin Ling: You should stay in hospital. Since you suffer from open fracture of left humerus with radial nerve injury, and the wound is contaminated, we should do the surgery for you immediately. You will not be allowed to eat or drink. Please be ready for the surgery.

Zhang Shengjun: What if I refuse the surgery?

Qin Ling: Ordinary fracture can be treated by manipulative reduction and fixation. But yours is a serious case due to the open fracture and contaminated wound, associated with nerve injury. Therefore, your left hand may be disabled in the future if you don't have an immediate surgery.

Zhang Shengjun: Oh, my God! Then I must be hospitalized as soon as possible.

Qin Ling: This is an admission form. Please ask your family to go through the procedures immediately.

会话二　骨折切开复位固定手术
huì huà èr　gǔ zhé qiē kāi fù wèi gù dìng shǒu shù

情　景： 患者由于左侧肱骨骨干开放性骨折合并桡神经损伤接受手术。
qíng jǐng huànzhě yóu yú zuǒ cè gōng gǔ gǔ gàn kāi fàng xìng gǔ zhé hé bìng ráo shén jīng sǔn shāng jiē shòu shǒu shù

人　物： 秦岭（外科医生）
rén wù qín lǐng wài kē yī shēng

赵红（来自耳鼻喉科的会诊医生）
zhào hóng lái zì ěr bí hóu kē de huì zhěn yī shēng

陈佳（实习医生）
chén jiā shí xí yī shēng

张丽（护士）
zhāng lì hù shi

张生君（患者，男，四十七岁，已婚）
zhāng shēng jūn huànzhě nán sì shí qī suì yǐ hūn

时　间： 上午八点
shí jiān shàng wǔ bā diǎn

地　点： 病房和手术室
dì diǎn bìng fáng hé shǒu shù shì

（患者办完入院手续，住进了病房。实习医生陈佳完成了患者的住院病
huànzhě bàn wán rù yuàn shǒu xù　zhù jìn le bìng fáng　shí xí yī shēng chén jiā wánchéng le huànzhě de zhù yuàn bìng

历。外科医生向患者及家属详细讲解患者的病情，交代手术风险及可
lì　wài kē yī shēng xiàng huànzhě jí jiā shǔ xiáng xì jiǎng jiě huànzhě de bìng qíng　jiāo dài shǒu shù fēng xiǎn jí kě

能的并发症，患者家属签署手术同意书，医护人员准备手术）
néng de bìng fā zhèng　huànzhě jiā shǔ qiān shǔ shǒu shù tóng yì shū　yī hù rén yuán zhǔn bèi shǒu shù

秦　岭： 关于手术的风险和并发症你们已经清楚了吗?
guān yú shǒu shù de fēng xiǎn hé bìng fā zhèng nǐ men yǐ jīng qīng chu le ma

张生君： 清楚了。术后很痛吗?
qīng chu le shù hòu hěn tòng ma

秦　岭： 会有点儿痛，慢慢就会减轻的。请您不用担心。
huì yǒu diǎnr tòng mànmàn jiù huì jiǎn qīng de qǐng nín bú yòng dān xīn

张生君： 医生，请您认真为我做手术。谢谢!
yī shēng qǐng nín rèn zhēn wèi wǒ zuò shǒu shù xiè xie

秦　岭： 请放心。我们会尽最大努力。
qǐng fàng xīn wǒ men huì jìn zuì dà nǔ lì

suǒyǒu de shùqiángōngzuòdōu yǐ wánchéng　　huànzhěbèi tuī jìn shǒushù shì　　hù shi zhǔnbèihǎo le suǒyǒushǒushùyòng
（所有的术前 工作都已完 成， 患者被推进手术室。护士准备好了所有手术用

jù　　wài kē yī shēng hé shí xí yī shēngkāi shǐ zuòxiāo dú gōngzuò
具，外科医 生和实习医 生开始做消毒工作）

秦　岭：
chén jiā　　qǐng nǐ wèihuànzhěbǎihǎo tǐ wèi， jìn xíngxiāo dú hé pū wú jūn jīn　　xiàn zài qǐng nǐ qù xǐ shǒu
陈佳，请你为患者摆好体位，进行 消毒和铺无菌巾。现在请你去洗手

xiāo dú　　qǐngzhù yì bǎochí wú jūncāozuò
消毒，请注意保持无菌操作。

陈　佳：
hǎo de　　lǎo shī　　jiē xià lái wǒ yīnggāizuòshén me ne
好的，老师。接下来我应该做什么呢？

秦　岭：
shǒuxiān　　wǒ men jìn xíngzuǒ cè shàng bì shāngkǒuqīngchuāng　　qù diào wū huì wù　　xiāo dú shāngkǒu
首先，我们进行左侧上臂伤口清 创，去掉污秽物，消毒伤口，

ránhòuwánchéngzuǒ cè gōng gǔ gǔ gàn gǔ zhé de shǒushù zhì liáo　　qǐngbǎo hù hǎo zì jǐ
然后完 成 左侧肱骨骨干骨折的手术治疗。请保护好自己。

陈　佳：
hǎo de
好的。

秦　岭：
hù shi　　qǐngzhǔnbèi hǎojiǎndāo　　xiāo dú yè　　zhǐxuèqián　　zhǐxuèshā bù　　gǔ mó bō lí qì hé shén
护士，请准备好剪刀、消毒液、止血钳、止血纱布、骨膜剥离器和神

jīng lā gōuděng qì xiè
经拉钩等 器械。

张　丽：
yǐ jīngzhǔnbèihǎo le
已经 准备好了。

shǒushù jìn xíngzhōng
（手术进行 中）

秦　岭：
shāngkǒuwū rǎn wù yǐ jīngqīng lǐ gānjìng　　xiàn zài jìn xíng jī ròufēn lí　　bào lù shǒushù bù wèi　　zhè
伤 口污染物已经清理干净，现在进行肌肉分离，暴露手术部位。这

kuài zuìmíngxiǎn de jī ròu jiù shìgōng èr tóu jī le　　nǐ kàndào le ma
块最明 显的肌肉就是肱二头肌了，你看到了吗？

陈　佳：
ǹg　　kàndào le
嗯，看到了。

秦　岭：
xiàn zài jìn xíngdùnxìngfēn lí　　jǐn liàngjiǎnshǎochūxuè　　xiàmiànbào lù gǔ zhéduān
现在进行钝性分离，尽量 减少出血，下面暴露骨折 端。

陈　佳：
hù shi　　qǐng dì gěi wǒ zhǐxuèqián
护士，请递给我止血钳。

张　丽：
gěi nín
给您。

陈　佳：
lǎo shī　　jiē xià lái wǒ menyàozuòshén me ne
老师，接下来我们要做什么呢？

秦　岭：
zhè ge huànzhě yǐ jīngchūxiànráoshénjīngsǔnshāng de biǎoxiàn　　wǒ men bì xū fēn lí hé bǎo hù hǎoráoshén
这个患者已经出现桡神经损伤 的表现，我们必须分离和保护好桡神

jīng　　bìng jìn xíngtànchá shù　　jiě chú gǔ zhéduānduì tā de yā pò
经，并进行探查术，解除骨折 端对它的压迫。

陈 佳： 老师，您现在分离出来的是桡神经吗？
<small>lǎo shī nín xiàn zài fēn lí chū lái de shì ráo shén jīng ma</small>

秦 岭： 对。很明显，它已经被骨折端和肿胀的组织压迫了，需要对它进行
<small>duì hěn míng xiǎn tā yǐ jīng bèi gǔ zhé duān hé zhǒng zhàng de zǔ zhī yā pò le xū yào duì tā jìn xíng</small>
减压。
<small>jiǎn yā</small>

陈 佳： 这是骨折端吗？
<small>zhè shì gǔ zhé duān ma</small>

秦 岭： 对。我们将骨折的两端游离出来进行复位。复位的关键是长度、
<small>duì wǒ men jiāng gǔ zhé de liǎng duān yóu lí chū lái jìn xíng fù wèi fù wèi de guān jiàn shì cháng dù</small>
对齐和旋转。
<small>duì qí hé xuán zhuàn</small>

陈 佳： 护士，请您给我电钻和螺钉。
<small>hù shi qǐng nín gěi wǒ diàn zuàn hé luó dīng</small>

张 丽： 好的，给您。
<small>hǎo de gěi nín</small>

秦 岭： 现在已经将外固定支架安放好了，骨折端的解剖关系已经恢复，你
<small>xiàn zài yǐ jīng jiāng wài gù dìng zhī jià ān fàng hǎo le gǔ zhé duān de jiě pōu guān xì yǐ jīng huī fù nǐ</small>
来止血和缝合吧。
<small>lái zhǐ xuè hé féng hé ba</small>

陈 佳： 好的。
<small>hǎo de</small>

（一个小时后，耳鼻喉科赵医生进入手术室准备手术）
<small>yí gè xiǎo shí hòu ěr bí hóu kē zhào yī shēng jìn rù shǒu shù shì zhǔn bèi shǒu shù</small>

赵 红： 你是陈佳吗？可以和我一起完成耳廓的清创缝合术吗？
<small>nǐ shì chén jiā ma kě yǐ hé wǒ yì qǐ wán chéng ěr kuò de qīng chuāng féng hé shù ma</small>

陈 佳： 非常乐意。
<small>fēi cháng lè yì</small>

赵 红： 现在患者的头偏向右侧，请你来为患者消毒铺巾。
<small>xiàn zài huàn zhě de tóu piān xiàng yòu cè qǐng nǐ lái wèi huàn zhě xiāo dú pū jīn</small>

陈 佳： 好的。
<small>hǎo de</small>

赵 红： 我再检查一下，患者的左耳廓软骨和皮肤离断，局部有污染物，清理
<small>wǒ zài jiǎn chá yí xià huàn zhě de zuǒ ěr kuò ruǎn gǔ hé pí fū lí duàn jú bù yǒu wū rǎn wù qīng lǐ</small>
干净后，需要修剪，使断端平整。
<small>gān jìng hòu xū yào xiū jiǎn shǐ duàn duān píng zhěng</small>

陈 佳： 好的。护士，请给我镊子、剪刀和止血钳。
<small>hǎo de hù shi qǐng gěi wǒ niè zi jiǎn dāo hé zhǐ xuè qián</small>

（清创完毕）
<small>qīng chuāng wán bì</small>

赵 红： 现在已经清理干净，断端平整，可以缝合了。
<small>xiàn zài yǐ jīng qīng lǐ gān jìng duàn duān píng zhěng kě yǐ féng hé le</small>

hù shi　qǐng gěi wǒ féng hé cái liào
陈　佳：护士，请给我缝合材料。

féng hé jié shù
（缝合结束）

hǎo de　xiàn zài féng hé wán bì　jiǎn chá　wài guān bǐ jiào mǎn yì　jìn xíng bāo zā ba
赵　红：好的，现在缝合完毕，（检查）外观比较满意，进行包扎吧。

hǎo de
陈　佳：好的。

shǒu shù jié shù　fēn zhōng hòu　huàn zhě qīng xǐng　shēng mìng tǐ zhēng píng wěn　bèi sòng huí bìng fáng
（手术结束20分钟后，患者清醒，生命体征平稳，被送回病房）

zhāng xiān sheng　nín xǐng le　shǒu shù hěn shùn lì
秦　岭：张先生，您醒了？手术很顺利！

xiè xie nín　yī shēng
张生君：谢谢您！医生。

zuǒ shǒu bì de gǔ zhé yǐ jīng fù wèi hé gù dìng hǎo le　ěr duo de liè shāng yě yǐ jīng féng hé hǎo le
秦　岭：左手臂的骨折已经复位和固定好了，耳朵的裂伤也已经缝合好了。

xiè xie　kě yǐ gěi wǒ yì xiē zhǐ tòng yào ma　wǒ de shāng kǒu kāi shǐ téng le
张生君：谢谢。可以给我一些止痛药吗？我的伤口开始疼了。

bié jǐn zhāng　wǒ men yí huìr gěi nín shǐ yòng zhǐ tòng yào
秦　岭：别紧张。我们一会儿给您使用止痛药。

ńg　hǎo de
张生君：嗯，好的。

chén jiā　cóng xiàn zài kāi shǐ　huàn zhě de zuǒ shǒu huó dòng huì shòu xiàn zhì　měi tiān xū yào guān chá tǐ
秦　岭：陈佳，从现在开始，患者的左手活动会受限制，每天需要观察体
wēn hé shāng kǒu qíng kuàng　yuǎn duān de dòng mài xuè guǎn bó dòng yě xū yào jiǎn chá　tóng shí　shǒu bù
温和伤口情况，远端的动脉血管搏动也需要检查。同时，手部
de gǎn jué gōng néng yě xū yào mì qiè zhù yì
的感觉功能也需要密切注意。

hǎo de
陈　佳：好的！

Conversation Two
Open Reduction and Fixation for Fracture

Situation：The patient is scheduled for surgery of open fracture at the left humeral shaft with radial nerve injuries.

Characters：Qin Ling（Surgeon）

Zhao Hong（A consultant from the department of otolaryngology）

Chen Jia（Intern）

Zhang Li（Nurse）

Zhang Shengjun（Patient, male, 47-year-old, married）

Time：8:00 a. m.

Site：Ward and operation room

（The patient has gone through the admission procedures and is now admitted to the ward. Chen Jia has completed the medical records of the patient. The surgeon is explaining in detail about the patient's condition, operation risks and possible complications to the patient and his family members. Meanwhile, the patient's family sign the operation consent form, while the medical staff prepare for the surgery）

Qin Ling：　　　Do you understand about the risks and complications of the operation?

Zhang Shengjun：Yes, but will I experience any pain after surgery?

Qin Ling：　　　Just a little. Please don't be worried. The pain will gradually subside.

Zhang Shengjun：Doctor, please perform the operation carefully. Thank you!

Qin Ling：　　　Take it easy, we will try our best.

（All the pre-operative work is completed. The patient is being transferred into the operation room. The nurses assemble required surgical instruments. Surgeon and intern doctor begin to do disinfection work）

Qin Ling：　　　Chen Jia, please lay the patient in the proper position, then disinfect the surgical area and drape with sterile towel. When you finish, go to scrub and disinfect your hands, and also pay attention to aseptic procedures.

Chen Jia：　　　All right, sir. What is the next step?

Qin Ling:	First of all, we should debride the wound on the left upper arm, remove all the dirt, and disinfect the wound. After that, we will do the operation of the left humeral shaft fracture. Please follow the safety measures during the surgery.
Chen Jia:	OK, sir.
Qin Ling:	Nurse, please prepare a pair of scissors, disinfectant, forceps, hemostatic gauze, periosteal stripping ion, nerve retractor and other things.
Zhang Li:	They're prepared, doctor.

(During the operation)

Qin Ling:	The wound has been cleaned. Next we need to separate the muscle to expose the surgical site. Do you see the most prominent muscle here, the biceps brachii?
Chen Jia:	Well, I see it, sir.
Qin Ling:	Now we will perform the blunt dissection of the muscle, during which we will try to reduce bleeding to minimum, and then expose the fracture end.
Chen Jia:	Nurse, please pass me the hemostatic forceps.
Zhang Li:	Here you are, doctor.
Chen Jia:	Sir, what is the next procedure?
Qin Ling:	As the patient has radial nerve damage, we must separate and protect the radial nerve. We must explore deeply, and relieve the compression to the nerve.
Chen Jia:	Sir, the structure you just separated is the radial nerve, right?
Qin Ling:	Yes, it is obvious that it has been compressed by the fracture end and swollen tissue around it. Let's perform decompression procedure.
Chen Jia:	Is that the fracture end?
Qin Ling:	Yes. We will now free two ends of the fracture and reduce it. The key to the reduction is length, alignment and rotation.
Chen Jia:	Nurse, please give me a drill and screw.
Zhang Li:	Here you are, doctor.
Qin Ling:	We have finished external fixation now. The anatomic relationship between the ends of the fracture has been restored. You can now perform the hemostasis and suturing.
Chen Jia:	OK, sir.

(One hour later, the otorhinolaryngologist enters the operation room, and prepares for the surgery)

Zhao Hong:	Are you Chen Jia? Can you join me in the debridement and suturing of the ear?
Chen Jia:	Yes, doctor.
Zhao Hong:	Now turn the patient's head to the right side, then disinfect surgical area and drape with sterile towel.
Chen Jia:	Yes. doctor.
Zhao Hong:	Let me inspect the wound at the left ear. I can see that auricular cartilage and skin of left ear is missing, and the wound is contaminated. After cleaning, we should prune the edge of wound to make it flat.
Chen Jia:	Yes, doctor. Nurse, could you please give me tweezers, scissors and forceps?

(After the debridement)

Zhao Hong:	As the wound is clean and the edges of wound are flat, we are now ready to suture it.
Chen Jia:	Nurse, please give me the suture material.

(After finishing suturing)

Zhao Hong:	Well, after suturing, the appearance is satisfactory. Let's wrap it up.
Chen Jia:	Yes, doctor.

(20 minutes after the operation, the patient wakes up. The vitals signs are normal. He is then sent back to the ward)

Qin Ling:	Mr. Zhang, are you awake? Congratulation for the successful operation.
Zhang Shengjun:	Thank you, doctor.
Qin Ling:	The fracture of left arm has been reset and fixed while ear laceration has been stitched up.
Zhang Shengjun:	Thank you, doctor. Can you give me some medication for my pain?
Qin Ling:	Don't worry. We'll give you painkiller.
Zhang Shengjun:	OK!
Qin Ling:	Chen Jia, from now on, the patient's left hand must be immobilized. Please observe the temperature, the wound and the distal pulsation every day. At the same time, pay attention to the sensory function of the hand too.
Chen Jia:	Yes, sir.

生词

麻木	（形）	mámù	numb
挫裂	（动）	cuòliè	lacerate
污染	（动）	wūrǎn	contaminate
肱骨	（名）	gōnggǔ	humerus
垂腕	（名）	chuíwàn	wrist drop
脊椎	（名）	jǐzhuī	spine
盆骨	（名）	péngǔ	pelvis
耳鼻喉科医生		ěrbíhóukē yīshēng	otorhinolaryngologist
会诊	（动）	huì//zhěn	consult
耳鸣	（动）	ěrmíng	have tinnitus
耳廓	（名）	ěrkuò	auricle
鼓膜	（名）	gǔmó	tympanic membrane
完整	（形）	wánzhěng	intact
开放性骨折		kāifàngxìng gǔzhé	open fracture
桡神经	（名）	ráoshénjīng	radial nerve
迟发性损伤		chífāxìng sǔnshāng	delayed injury
手法复位		shǒufǎ fùwèi	manual reduction
无菌巾	（名）	wújūnjīn	sterile towel
肱骨骨干骨折		gōnggǔ gǔgàn gǔzhé	humeral shaft fracture
消毒液	（名）	xiāodúyè	disinfectant
骨膜剥离器		gǔmó bōlíqì	periosteal elevator
神经拉钩		shénjīng lāgōu	nerve retractor
肱二头肌	（名）	gōng'èrtóujī	biceps brachii
钝性	（形）	dùnxìng	blunt
分离	（动）	fēnlí	dissect；separate
对齐	（名）	duìqí	alignment
旋转	（动）	xuánzhuǎn	rotate
外固定支架		wàigùdìng zhījià	external fixator

软骨	（名）	ruǎngǔ	cartilage
修剪	（动）	xiūjiǎn	prune
镊子	（名）	niè·zi	tweezers
包扎	（动）	bāozā	wrap up
裂伤	（名）	lièshāng	laceration
感觉功能		gǎnjué gōngnéng	sensory function

练习

一、听和说

1. 听录音，连线。

裂伤   zhǒngzhàng

肿胀   fénghé

复位   chēhuò

骨折   shāngkǒu

耳廓   mámù

器械   lièshāng

缝合   fù//wèi

车祸   qìxiè

伤口   ěrkuò

麻木   gǔzhé

2. 听录音，选词语。

（1）我的（ ）开始痛了，可以给我打止痛针吗？

  A. 心口   B. 胸口   C. 伤口   D. 手掌

（2）田芳，可以和我一起完成（ ）的清创缝合术吗？

  A. 耳廓   B. 面部   C. 手部   D. 肩部

（3）现在已经将外固定支架安装好了，你来（ ）吧。

  A. 止血   B. 缝合   C. 清创   D. 止血和缝合

（4）我们将骨折的两端游离出来，对齐（ ）后固定。

  A. 复位   B. 交叉   C. 旋转   D. 电钻

（5）这位患者已经出现（ ）受损的表现。

  A. 桡神经 B. 脑神经 C. 神经   D. 视觉神经

3. 听对话，选答案。

（1） A. 学校　　　B. 医院　　　C. 药店　　　D. 书店

（2） A. 医患　　　B. 同事　　　C. 同学　　　D. 师生

（3） A. 右膝关节　B. 左膝关节　C. 腕关节　　D. 踝关节

（4） A. 左手　　　B. 左腿　　　C. 右手　　　D. 右脚

（5） A. 消毒液　　B. 止血钳　　C. 剪刀　　　D. 神经拉钩

4. 完成下列会话。

（1） A：患者在手术前，往往有什么表现？

　　　B：_____。（会……）

（2） A：骨折都必须做手术吗？

　　　B：_____。（……就……）

（3） A：做肱骨骨折复合手术的时候，我们应该注意什么？

　　　B：_____。（解除……的压迫）

（4） A：请你说说耳廓清创缝合术的步骤。

　　　B：_____。（在……之后）

（5） A：骨折复合手术后应该注意些什么呢？

　　　B：_____。（需要观察……）

5. 情景交际练习。

情景一：一个年轻人因为在工地劳动被钢管砸断了腿被送到医院看病。请根据情景，两人一组进行会话练习。

情景二：骨科复合手术后，医生到病房查看情况。请两人一组模仿医生与患者进行会话练习。

二、读和写

1. 选词填空。

损伤　会诊　合并伤　清创　污染　功能性　挫裂　开放性

（1）小伙子腿骨骨折，同时伤口有（　　　　）。

（2）我仔细检查过，他的其他部位没有发现（　　　　）。

（3）需要进一步观察，以免出现迟发性（　　　　）。

（4）你的情况比较复杂，我们需要几个科室的医生一起（　　　　）。

（5）你右臂上有皮肤（　　　　），伤口大约是 7 厘米。

（6）四肢拍片显示左侧肱骨骨干（　　　　）骨折。

（7）如果不手术，今后你的右手可能出现（　　　　）障碍。

（8）你的右边耳朵需要手术（　　　　）缝合。

2. **句子排序。**

（1）A. 去医院检查　　B. 赶快　　　C. 你要　　　（　　　）

（2）A. 开始　　　　　B. 从现在　　C. 不能进食　（　　　）

（3）A. 需要对　　　　B. 进一步观察　C. 患者　　（　　　）

（4）A. 肱骨骨折　　　B. 你的　　　C. 右侧　　　（　　　）

（5）A. 接下来　　　　B. 怎么办　　C. 应该　　　（　　　）

3. **完成下列句子。**

（1）污染　伤口　比较严重　你的

_____。

（2）腿骨骨折　他的　还有　合并伤

_____。

（3）你的眼皮　进行　需要　清创缝合术

_____。

（4）渐渐感觉　我　右侧上肢　麻木

_____。

（5）有没有　看看　受伤　他的脊椎

_____。

4. **短文阅读。**

　　中医骨伤科学是研究防治皮肉、筋骨、气血、脏腑经络损伤疾患的科学。中医骨伤科学历史悠久，是在我国劳动人民长期与各种伤病斗争中创造和发展起来的，具有丰富的学术内容和卓越的医疗成就，并逐渐形成一门独立的学科，是中医学重要组成部分。根据已知的最早记录，甲骨文中就已经有中医骨伤科学的相关记载。在几千年的发展过程中，中医骨伤科学形成了一套依据中医辨证论治理论，内治法、外治法相结合的诊疗体系。在骨伤科疾病的治疗中贯彻了固定活动统一（动静结合）、骨与软组织并重（筋骨并重）、局部与整体兼顾（内外兼治）、医疗措施与患者的主观能动性密切配合（医患合作）的治疗原则。在使用内治法时，给予患者内服中药治疗，根据患者的具体情况用药，促进其骨伤疾病的愈合。外治法则应用手法复位、推拿理筋等中医特色物理疗法，配合中药外用来进行治疗。随着现代医学的发展，现代医学中的手术治疗，也成为中医骨伤科外治法中不可或缺的一部分。

（杨春耘　甘卫刚）

dì shí wǔ kè　　fù kē
第十五课　妇科
Lesson Fifteen　Gynecology

huì huà yī　　zǐ gōng jī liú bìng qíng zhěn duàn
会话一　子宫肌瘤病情诊断

qíng jǐng　　huàn zhě yīn jīng qī yán cháng 、 yuè jīng liàng zēng duō dào yī yuàn
情景：患者因经期延长、月经量增多到医院

jiù zhěn
就诊。

rén wù　　wáng zhì （ yī shēng ）
人物：王治（医生）

zhāng lì　　huàn zhě
张丽（患者）

shí jiān　　shàng wǔ shí diǎn
时间：上午十点

dì diǎn　　fù kē mén zhěn shì
地点：妇科门诊室

yī shēng ， wǒ de yuè jīng bù guī lǜ
张　丽：医生，我的月经不规律。

shén me shí hou kāi shǐ de
王　治：什么时候开始的？

chà bu duō yì nián qián ba
张　丽：差不多一年前吧。

hái yǒu qí tā zhèng zhuàng ma
王　治：还有其他症状吗？

wǒ gǎn dào fù bù bù shū fu
张　丽：我感到腹部不舒服。

zěn me bù shū fu
王　治：怎么不舒服？

yǒu diǎnr bù hǎo miáo shù
张　丽：有点儿不好描述。

nín de bù shū fu shì fù tòng hái shi fù zhàng
王　治：您的不舒服是腹痛还是腹胀？

· 213 ·

张　丽：感觉更像是抽筋和压迫性疼痛。

王　治：您注意到有其他变化吗?

张　丽：我的月经量越来越多,持续时间越来越长。

王　治：您通常月经周期怎么样? 正常的月经时间是多久?

张　丽：通常我的周期是很有规律的,每个月大约在同一时间来月经。月经持
续三天至五天,大概有一天会有点儿滴血。

王　治：现在呢?

张　丽：现在我的经期是八天至十天,而且量很多。

王　治：月经量增加了几倍?

张　丽：月经量增加了一倍。

王　治：您使用卫生巾还是卫生护垫?

张　丽：以前我只需要卫生护垫,现在使用量多型的卫生巾。

王　治：您换卫生巾更频繁了吗?

张　丽：是的。我换卫生巾更频繁了。

王　治：经血会渗透到您的内裤或床单上吗?

张　丽：会。

王　治：还有没有其他症状? 比如乏力、头昏或气短?

张　丽：有头昏、乏力。

王　治：这些症状显示您可能贫血了,更具体地说,可能是您出血量多导
致了缺铁性贫血。有没有其他生活方式的改变?

张　丽：有。我最近经常便秘和大便困难。

王 治：您以前有这个问题吗？

张 丽：我不记得有这种情况，但我记得我母亲曾经有这个问题。

王 治：我想您得了良性子宫肌瘤，也被称为平滑肌瘤。它们是子宫上的肿瘤，长大会导致子宫异常出血和盆腔压迫。接下来，我们必须完善相关检查，评估其他可能引起您症状的原因。我会为您做妇科检查和阴道超声评估您的子宫，还会检查您的血细胞计数和铁含量。

张 丽：什么是阴道超声啊？

王 治：就是把探头插入阴道，让我可以看到您的子宫大小和形状以及任何可能的肌瘤。在此之前，我想先了解一下您的年龄和生育情况。

张 丽：我45岁，足月产两次，均为剖宫产，分别是20年前和10年前，目前两个男孩身体健康。早孕自然流产两次。

王 治：我想先给您做一个妇科检查来评估您子宫的大小和活动度，可以吗？

张 丽：可以。

王 治：您的子宫增大约14周妊娠子宫大小，虽然是可以活动的，但感觉很大而且不规则，这可能是造成您便秘的原因。

张 丽：我该怎么办？王医生，我需要切除子宫吗？

王 治：在我们做出任何结论之前，先给您做一个阴道超声，扫描您的子宫。

（医生检查中）

王 治：我可以看到多个4~7厘米大小不等的肌瘤在不同的位置，包括四个较大的肌壁间肌瘤，最大的一个在宫底后壁。子宫内膜线由于扭曲的子

gōng jiě pōukàn bù qīngchu　　yīnwèiyǒu yí gè　yì cháng huíshēngkào jìn gōngqiāng　　yě kě néngyǒu yí gè
宫解剖看不清楚，因为有一个异常回声靠近宫腔，也可能有一个

zǐ gōng jī liú zài zǐ gōngqiāngnèi　　bèichèngwéinián mó xià jī liú
子宫肌瘤在子宫腔内，被称为黏膜下肌瘤。

jiē xià lái zěn me chǔ lǐ ne
张　丽：接下来怎么处理呢？

jī liú shìyǒu jī sù yī lài xìng de　　nín kě nénghuì zhù yì dào zì jǐ de zhèngzhuàng yǔ yuèjīngzhōu qī yǒu
王　治：肌瘤是有激素依赖性的，您可能会注意到自己的症 状 与月经周期有

guān　zhè xiē zhèngzhuànghuì zài jué jīnghòu zì rán xiāo shī　yǒuhěnduōfāng shì kě gōngxuǎn zé　bāokuò
关。这些症 状 会在绝经后自然消失。有很多方式可供选择，包括

yào wù zhì liáo hé shǒushù zhì liáo　shǒushùhái kě xuǎn zé bǎoshǒushǒushù hé gēn zhì shǒushù　gēn jù nín
药物治疗和手术治疗，手术还可选择保守手术和根治手术。根据您

de qíngkuàng　mù qián yǐ jīngchūxiànzhōng dù quē tiě xìngpín xuè hé yā pò zhèngzhuàng　jù yǒu zǐ gōng
的情 况，目前已经出现 中度缺铁性贫血和压迫症 状，具有子宫

quánqiē zhǐzhēng　wǒ jiàn yì nínshǒushùqiēchú zǐ gōng
全切指征。我建议您手术切除子宫。

hǎo ba　zhètīng qǐ lái xiàng shì jiě jué wǒ wèn tí de zuìhǎofāng fǎ
张　丽：好吧，这听起来 像 是解决我问题的最好方法。

Conversation One
Diagnosis of Fibroid Uterus

Situation: A patient comes to the hospital due to prolonged menstrual period and increased menstrual blood volume.

Characters: Wang Zhi (Doctor)

Zhang Li (Patient)

Time: 10:00 a. m.

Site: Outpatient diagnosis room of gynecology department

Zhang Li: Doctor, I have irregularities in my menstruation.

Wang Zhi: When did it start?

Zhang Li: About one year ago.

Wang Zhi: Do you have any associated symptoms with it?

Zhang Li: I also have discomfort all over my abdomen.

Wang Zhi：How would you describe your discomfort?

Zhang Li：It's a bit difficult to describe.

Wang Zhi：Would you characterize your abdominal discomfort as pain or distension?

Zhang Li：It feels more like cramps and compressing type of pain.

Wang Zhi：Have you noticed any other abnormalities?

Zhang Li：My periods are getting heavier and longer.

Wang Zhi：Could you tell me about your usual menstrual cycle and the length of your period?

Zhang Li：Usually my periods were regular and occurred around the same time every month. The bleeding would last three to five days with perhaps one day of spotting.

Wang Zhi：What about now?

Zhang Li：Now my period lasts up to eight to ten days and the bleeding is massive.

Wang Zhi：How much has the menstruation volume increased?

Zhang Li：I suppose it has doubled.

Wang Zhi：Do you use pads or panty liners?

Zhang Li：I used to only wear panty liners, but now I am using heavy flow pads.

Wang Zhi：Have you been changing your pads more frequently than before?

Zhang Li：Yes, I am changing my pads more frequently.

Wang Zhi：Have you noticed any blood leak through your underwear and soak your bed sheet?

Zhang Li：Yes.

Wang Zhi：Do you have any other concurrent symptoms like fatigue, dizziness, or shortness of breath?

Zhang Li：I have dizziness and fatigue.

Wang Zhi：These symptoms suggest you might be suffering from anemia, more specifically iron-deficiency anemia because of your increased blood loss during menstruation. Has it interfered with your daily activities?

Zhang Li：Yes. I have been suffering from constipation and bowel trouble recently.

Wang Zhi：Have you ever had this problem before?

Zhang Li：I don't think so, but I do remember my mother has this problem too.

Wang Zhi：I think that you might have a benign disease called uterine fibroids, which is also known as leiomyomas. They are tumors of the uterus that can grow and cause symptoms like abnormal uterine bleeding and pelvic pressure. We must complete related examinations to assess other possible causes of your symptoms. I'll assess your uterus by a gynecological examination and a transvaginal ultrasound. I'll also check your blood count and iron levels.

Zhang Li： What is a transvaginal ultrasound?

Wang Zhi： It is performed with a probe that is inserted into the vagina. It helps to visualize the size and shape of your uterus as well as any possible fibroids. But first, I would like to know your age and fertility.

Zhang Li： I am 45 years old and had two full term deliveries. Both were delivered by cesarean sections. The first one was done 20 years ago and the second one 10 years ago. Currently, the two boys are healthy. I also had two spontaneous abortions in early pregnancy.

Wang Zhi： Is it OK if I perform a pelvic examination first to assess the size and mobility of your uterus?

Zhang Li： Of course.

Wang Zhi： The size of your uterus is about 14-week gestation. Although it is mobile, it feels very bulky and irregular. That could be the reason why you have constipation.

Zhang Li： What should I do? Dr. Wang, should I have my uterus removed?

Wang Zhi： Before we make any conclusion, I would like to perform a transvaginal ultrasound scan of your uterus.

（The doctor is doing the examination）

Wang Zhi： I can see multiple fibroids varying in size from 4 to 7cm at different locations, including 4 large intramural fibroids with the largest one located near posterior fundus. The endometrial lining is not visualized clearly due to distorted uterine anatomy. As an abnormal echo is noted near the uterine cavity, there may also be a fibroid inside your uterine cavity called submucosal fibroid.

Zhang Li： What is the next treatment, doctor?

Wang Zhi： Fibroids are hormone-dependent, and you may notice that your symptoms are related to your menstrual cycles. These symptoms tend to spontaneously resolve after menopause. There are many therapeutic options available, including medication and surgery. The options of surgery contain conservative surgery and radical surgery. According to your condition, the multiple fibroids have resulted in iron-deficiency anemia and pelvic pressure. These are the indications for hysterectomy, so I would recommend to have your uterus removed by the hysterectomy procedure.

Zhang Li:　OK, doctor, that sounds like the best way to resolve my problem.

会话二　腹腔镜下全子宫切除术
huì huà èr　fù qiāng jìng xià quán zǐ gōng qiē chú shù

情　景： 患者因多发性子宫肌瘤行腹腔镜下全子宫切除术。

人　物： 宋书玉（主刀医生）
　　　　　李一（实习医生）
　　　　　张丽（患者）

时　间： 下午三点

地　点： 妇科病房、手术室

宋书玉： 今天准备给您做腹腔镜下全子宫切除术。术前需要签署手术同意书和输血同意书。

张　丽： 能给我讲讲是怎么回事吗？

宋书玉： 任何手术的结果都具有不确定性，手术同意书除了告知您手术的方式和目的，也会告知您手术风险及术后可能的并发症。签署同意书就是让您授权我们医疗团队进行手术，以及在术中发生无法预料的情况时采取必要的处理措施，比如出现大出血，需要进行输血治疗；为明确病变性质，需要进行快速病理检查。请您在充分理解和自愿的情况下签署同意书。

张　丽：好的。

宋书玉：李一，请帮忙摆放患者的体位，膀胱截石位。

李　一：好的，老师。

宋书玉：为什么需要这种体位呢？

李　一：因为腹腔镜下全子宫切除术需要举宫器举子宫以充分暴露界限。合适的体位是手术完成的关键。老师，能给我讲讲手术的步骤吗？

宋书玉：首先，是气腹的建立。腹壁穿刺孔的选择比较重要，尤其是第一个穿刺孔，因为第一个穿刺是盲穿。

李　一：穿刺孔的选择有什么原则呢？

宋书玉：第一个穿刺孔一般选择在肚脐周围，我一般选择脐上0.5厘米，做10毫米横切口，穿入腹腔镜的10毫米套管，充气，建立气腹，维持压力13 mmHg。腹腔镜直视下分别于左右下腹做5毫米皮肤切口，穿入5毫米套管，探查盆腔。

李　一：然后呢？

宋书玉：然后，用电凝法切断卵巢固有韧带，接着切断圆韧带。完成后，利用超声刀与无损伤钳分离阔韧带两叶，切开阔韧带前叶的左侧向下至子宫下段中线。锐性切开阔韧带后叶，分离腹膜后组织间隙，暴露子宫动脉，同法处理右侧。钝性分离膀胱子宫间隙至子

gōng xià duàn hé gōng jǐng　　shuāng jí diàn níng duō cì diàn níng zuǒ cè　zǐ gōng dòng mài hòu　　chāo shēng dāo
宫 下 段 和 宫 颈，　双 极 电 凝 多 次 电 凝 左 侧 子 宫 动 脉 后，　超 声 刀

jiāng qí qiē duàn　　tóng fǎ chǔ lǐ yòu cè
将 其 切 断，同 法 处 理 右 侧。

李 一：jiē xià lái gāi qiē chú zǐ gōng le ba
接 下 来 该 切 除 子 宫 了 吧？

宋书玉：diàn níng qiē duàn zuǒ cè zǐ gōng dǐ rèn dài　zhǔ rèn dài　tóng fǎ chǔ lǐ duì cè　dān jí diàn dāo zì yīn dào
电 凝 切 断 左 侧 子 宫 骶 韧 带、主 韧 带，同 法 处 理 对 侧。单 极 电 刀 自 阴 道
qián bì yán jǔ gōng bēi qiē kāi yīn dào　　wán zhěng qiē chú zǐ gōng　　jīng yīn dào qǔ chū quán zǐ gōng　　jiǎn
前 壁 沿 举 宫 杯 切 开 阴 道，完 整 切 除 子 宫，经 阴 道 取 出 全 子 宫。检
chá chuāng kǒu wú chū xuè　yòng　　　　hào wēi qiáo xiàn zài fù qiāng jìng xià lián xù féng hé yīn dào duàn
查 创 口 无 出 血，用 1～0 号 薇 乔 线 在 腹 腔 镜 下 连 续 缝 合 阴 道 断
duàn　chōng xǐ fù qiāng jí pénqiāng　jiǎn chá wú chū xuè　féng hé fù bì chuāng kǒu　shǒu shù wán bì
端，冲 洗 腹 腔 及 盆 腔，检 查 无 出 血，缝 合 腹 壁 创 口。手 术 完 毕。

李 一：lǎo shī　fù qiāng jìng xià quán zǐ gōng qiē chú shù zuì xū yào zhù yì shén me
老师，腹 腔 镜 下 全 子 宫 切 除 术 最 需 要 注 意 什 么？

宋书玉：pángguāng de xià tuī zuì zhòngyào　bì miǎn shū niào guǎn de sǔn shāng
膀 胱 的 下 推 最 重 要，避 免 输 尿 管 的 损 伤。

李 一：hǎo de　xiè xie lǎo shī
好 的，谢 谢 老 师。

Conversation Two
Total Laparoscopic Hysterectomy

Situation：Total laparoscopic hysterectomy for multiple fibroids.

Characters：Song Shuyu(Head surgeon)

Li Yi (Intern)

Zhang Li(Patient)

Time：3：00 p. m.

Site：Gynecologic ward，operation room

Song Shuyu： Today we are preparing to perform the total laparoscopic hysterectomy for you. You need to sign the informed consent form for procedure and the consent form for blood transfusion.

Zhang Li： Can you explain about these forms to me?

Song Shuyu： The outcome of any operation is uncertain. The consent form informs you of the method, purpose, risks and potential complications after surgery. Signing on the consent form allows you to authorize our surgical team to perform the operation and any other treatment due to unforeseen circumstances during the operation. For example, it allows you to authorize the surgical team to transfuse blood if you develop a massive hemorrhage. A rapid pathological test is needed to know the nature of the disease. You need to sign the consent form with full understanding and willingness.

Zhang Li： OK, doctor.

Song Shuyu： Li Yi, please put the patient in a lithotomy position.

Li Yi： OK, teacher.

Song Shuyu： What is the reason for this position?

Li Yi： Because total laparoscopic hysterectomy requires lifting the uterus by uterine manipulator to fully expose the boundaries, proper position is the key for a successful operation. Teacher, can you tell me the steps of the surgery?

Song Shuyu： The first step is the establishment of pneumoperitoneum. The choice of puncture holes in the abdominal wall is very important, especially the first puncture hole, because the first puncture is a blind procedure.

Li Yi： Are there any principles for the selection of puncture holes?

Song Shuyu： The first puncture hole is generally selected around the umbilicus. I generally choose 0.5 cm above the umbilicus and make a 10 mm transverse incision. I will then insert a 10 mm trocar to inflate with gas and establish a pneumoperitoneum. A pressure of 13 mmHg should be maintained within the abdomen, after which laparoscope is introduced. Under laparoscopy, a 5 mm skin incision is made in the left and right lower abdomen, after which 5 mm cannula will be inserted to explore the pelvic cavity.

Li Yi： Yes, teacher, and after that?

Song Shuyu： First the ovarian ligament is removed by electrocoagulation, then the round ligament is removed. Following the removal, the two layers of the broad ligament are separated with an ultrasonic scalpel and non-invasive forceps. The left anterior layer of the broad ligament is cut down to the midline of the lower uterine segment to separate it from the posterior layer. The retroperitoneal space is separated to expose the uterine artery. The utero-vesical space is bluntly separated up to the lower part of the uterus and cervix uteri separating bladder from uterus. After the left uterine artery is electrocoagulated with bipolar electrocoagulation, it is ligated with an ultrasonic scalpel. The same procedure is also applied in the same way for right side ligaments and uterine artery.

Li Yi：　　　　Is it time to remove the uterus next?

Song Shuyu：　Bilaterally both the uterosacral and cardinal ligaments are separated by electrocoagulation. A unipolar knife is then used to separate the uterus from the vagina, after which the uterus is completely free to be removed. The uterus is now removed through the vagina. We have to check and make sure there is no bleeding. Exposed vaginal stump is sutured under laparoscopy with 1~0 delayed absorbable suture. Abdominal and pelvic cavity is washed to make sure there is no bleeding. After suturing the abdominal wall, we complete the surgery.

Li Yi：　　　　Teacher, what is the crucial step while performing the laparoscopic hysterectomy?

Song Shuyu：　The crucial step is to push down the bladder, which will avoid ureteral damage.

Li Yi：　　　　OK, thank you, teacher.

生词

月经周期		yuèjīng zhōuqī	menstrual cycle
卫生护垫		wèishēng hùdiàn	sanitary pad
气短	（形）	qìduǎn	be short of breath
良性	（形）	liángxìng	benign
子宫肌瘤	（名）	zǐgōng jīliú	uterine fibroid
平滑肌瘤	（名）	pínghuájīliú	leiomyoma; liomyoma
肿瘤	（名）	zhǒngliú	tumor
阴道	（名）	yīndào	vagina
剖宫产	（动）	pōugōngchǎn	do cesarean section

自然流产		zìrán liúchǎn	spontaneous abortion
子宫内膜线		zǐgōng nèimóxiàn	endometrial lining
扭曲的	（形）	niǔqū de	distorted; tortuous
黏膜下	（形）	niánmó xià	submucosal
切除子宫		qiēchú zǐgōng	do hysterectomy
全子宫切除术		quán zǐgōng qiēchúshù	panhysterectomy；total hysterectomy
子宫切除		zǐgōng qiēchú	hysterectomy
输血	（动）	shū//xuè	transfuse
授权	（动）	shòuquán	authorize
无法预料的		wúfǎ yùliào de	unforeseen
膀胱截石位		pángguāng jiéshíwèi	lithotomy position
举宫器	（名）	jǔgōngqì	uterine manipulator
穿刺	（动）	chuāncì	puncture
充气	（动）	chōng//qì	inflate
电凝法	（名）	diànníngfǎ	electrocoagulation
卵巢	（名）	luǎncháo	ovary
韧带	（名）	rèndài	ligament
无损伤钳	（名）	wúsǔnshāngqián	non-invasive forceps
前叶	（名）	qiányè	anterior layer
腹膜后	（形）	fùmóhòu	retroperitoneal
宫颈	（名）	gōngjǐng	cervix uteri
双极电凝		shuāngjí diànníng	bipolar electrocoagulation
骶韧带	（名）	dǐrèndài	uterosacral ligament
对侧	（名）	duìcè	contralateral side
单极电刀		dānjí diàndāo	unipolar knife
断端	（名）	duànduān	stump
盆腔	（名）	pénqiāng	pelvic cavity
膀胱	（名）	pángguāng	bladder

练习

一、听和说

1. 听录音，连线。

月经	wèi·zhì
肌瘤	chōng//qì
位置	yīndào
充气	yuèjīng
贫血	shìchǎn
试产	shòuquán
阴道	zǐgōng
子宫	pángguāng
授权	jīliú
膀胱	pínxuè

2. 听录音，选词语。

（1）这些症状可能是因为你（　　　）期间出血量过多导致的缺铁性贫血。

　　A. 月经　　　　B. 月子　　　　C. 哺乳　　　　D. 初潮

（2）通常我的月经（　　　）很有规律，每个月大约在同一时间来。

　　A. 时间　　　　B. 周期　　　　C. 孕期　　　　D. 时期

（3）你的（　　　）比较多，有一个很大，需要进行手术治疗。

　　A. 子宫　　　　B. 肌瘤　　　　C. 子宫肌瘤　　　D. 子宫肉瘤

（4）我会为你做妇科检查和阴道超声评估你的（　　　）情况。

　　A. 宫内　　　　B. 宫外　　　　C. 宫腔　　　　D. 子宫

（5）一般来说，我们可以从（　　　）开始，随访你的病情进展。

　　A. 保守治疗　　B. 手术治疗　　C. 根治治疗　　D. 药物治疗

3. 听对话，选答案。

（1）A. 住院医生　　B. 实习医生　　C. 见习医生　　D. 主治医生

（2）A. 阴道炎　　　B. 宫颈炎　　　C. 宫颈癌　　　D. 盆腔炎

（3）A. 细菌性　　　B. 老年性　　　C. 滴虫性　　　D. 萎缩性

（4）A. 局部用药　　B. 局部理疗　　C. 免疫治疗　　D. 全身用药

（5）A. 4～7天　　　B. 3～5天　　　C. 8～10天　　　D. 3～6天

4. **完成下列会话。**

（1）A：接下来的处理方案是什么呢？

　　　B：＿＿＿＿＿＿＿＿＿＿＿＿＿＿＿＿＿＿＿＿。（考虑到……）

（2）A：如果我的便秘是因为子宫太大、不规则引起的，那需要切除子宫吗？

　　　B：＿＿＿＿＿＿＿＿＿＿＿＿＿＿＿＿＿＿＿＿。（在……之前）

（3）A：在做检查之前，我想先了解一下你的年龄和生育情况。

　　　B：＿＿＿＿＿＿＿＿＿＿＿＿＿＿＿＿＿＿＿＿。（分别是……）

（4）A：手术前需要向患者及家属交代什么？

　　　B：＿＿＿＿＿＿＿＿＿＿＿＿＿＿＿＿＿＿＿＿。（首先……其次……）

（5）A：在什么情况下需要给患者开通急救通道？

　　　B：＿＿＿＿＿＿＿＿＿＿＿＿＿＿＿＿＿＿＿＿。（当……的时候）

5. **情景交际练习。**

情景一：一个育龄期女性因为异常子宫出血来医院看病。请根据情景，两人一组进行会话练习。

情景二：主治医师正在向子宫肌瘤患者交代手术指征、手术步骤和手术风险并让患者签署手术同意书。请根据情景，三人或两人一组进行会话练习。

二、读和写

1. **选词填空。**

　　月经　子宫　膀胱　腹壁　体位　卫生巾　卵巢　肌瘤

（1）全子宫切除术中选择合适的（　　　　）是手术完成的关键。

（2）腹腔镜下全子宫切除术最需要注意的是（　　　　）的下推。

（3）我可以通过探头看到你的（　　　　）大小和形状。

（4）你可能会注意到你的症状与（　　　　）周期有关。

（5）首先电凝切断（　　　　）固有韧带，接着切断圆韧带。

（6）子宫（　　　　）长大会导致子宫异常出血和盆腔压迫。

（7）建立气腹的时候，（　　　　）穿刺孔的选择比较重要。

（8）以前我只需要卫生护垫，现在使用量多型的（　　　　）。

2. **句子排序。**

（1）A. 术后早活动　　B. 可减少　　　C. 血栓发生　　　　　（　　　　）

（2）A. 子宫肿瘤　　　B. 良性　　　　C. 你得了　　　　　　（　　　　）

（3）A. 卵巢功能　　　B. 放射治疗　　C. 可能损伤　　　　　（　　　　）

（4）A. 以前　　　　　B. 卫生护垫　　C. 我只需要　　　　　（　　　　）

（5）A. 都需要　　　B. 综合治疗　　　C. 大部分疾病　　　（　　　）

3. **完成下列句子。**

（1）穿刺孔　在肚脐周围　第一个　一般选择

_____。

（2）是注射　宫颈癌的　一级预防　HPV 疫苗

_____。

（3）就是　阴道炎　最常见疾病　妇科门诊

_____。

（4）性生活　宫腔镜　需要禁止　检查前

_____。

（5）最准确　对妇科疾病　盆腔磁共振　诊断

_____。

4. **短文阅读。**

妇科医生建议女性们平时要注意保养。

（1）保持下半身血液循环畅通，不要穿紧身塑身衣和太紧的牛仔裤。（2）要多吃水果、蔬菜、鱼类，早餐摄取各类谷物和奶制品，适当补充纤维素、叶酸、维生素 C 和维生素 E。保证每天吃早餐能有效促进新陈代谢，保持血管和免疫系统年轻。（3）生孩子也能防止妇科病发生。研究表明，女性在一生中只要有一次完整的孕育过程，就能增加 10 年免疫力，这种免疫力主要针对妇科肿瘤。（4）月经正常是身体健康的重要标志。如果女性出现出血、白带不正常、腹部疼痛、肿块等症状，一定要马上就医。（5）养成自我检查的习惯。洗澡时，女性可以检查自己的乳房是否有肿块，早上起床或晚上睡觉前摸摸下腹部，看看有没有肿块。（6）不要久坐，下半身缺乏运动会导致盆腔淤血，对心脏和血管也没有好处，还会导致女性乳房下垂。坚持锻炼，加强腰腹肌力量对保持身材、预防盆腔炎等各种妇科病有很大帮助。

（瞿大成）

第十六课　产科
Lesson Sixteen　Obstetrics

会话一　早期妊娠的诊断

情　景：一位二十五岁的患者因停经九周来产科门诊就诊。

人　物：王明（医生）

　　　　张荔（患者）

时　间：上午九点

地　点：产科门诊室

王　明：您好，哪里不舒服？

张　荔：我已经两个月没有来月经了，最近感觉胃口不好。昨天我在家里用尿试纸检查，发现自己怀孕了。

王　明：您的最后一次月经是什么时候来的？

张　荔：7月9日，但是我平时月经不太规律，通常35天至50天来一次。

王　明：您除了胃口不好外，还有什么其他不舒服吗？

张　荔：没有了。

王　明：这是您第几次怀孕？

张　荔：这是我第一次怀孕。我特别想咨询一下怀孕期间的注意事项。

王　明：尿妊娠试验阳性只能说明您怀孕了，但不能明确妊娠的部位。我们还需要进行超声检查确定妊娠的部位，排除异位妊娠、葡萄胎等异常妊娠。

张　荔：我听说怀孕初期进行超声检查可能影响胎儿发育。我可以等到怀孕三个月以后再检查吗？

王　明：一般来说，诊断级的超声对胎儿是没有影响的。您平时月经不规律，通过末次月经计算的孕周通常不准确，需要通过早孕期的超声校正孕周。

张　荔：原来是这样呀。好吧，我就听您的，先做超声检查。

（随后患者做了经腹部超声检查，将报告交给医生）

王　明：恭喜您！已经怀孕八周了。您的实际孕周比停经时间少一周，我们将您的末次月经修正为7月16日，以后就按照这个时间计算孕周和预产期。

张　荔：好的，我已经记住了。

王　明：您和您丈夫有过什么特殊疾病吗？二位家里有特殊的遗传病家族史吗？

张　荔：我和我丈夫一家身体都很健康。

王　明：您怀孕期间有没有接触过有毒的物质和特殊药物呢？

张　荔：没有。

王　明：很好。接下来我会为您安排血常规、肝肾功能、甲状腺功能等

chángguī jiǎnchá　　　 rú guǒ méiyǒu tè shū qíngkuàng　　 nín kě yǐ sì zhōuhòu fù chá　　 jiàn lì yùn qī bǎojiàn
常 规检查。如果没有特殊情 况，您可以四周后复查，建立孕期保健

kǎ　　gēn jù yī shēng jiàn yì jìn xíng dìng qī chǎnqián jiǎnchá　　 nín xiàn zài wèi kǒu bú tài hǎo　　 yǒu xiē
卡，根据医 生 建议进行 定 期 产 前 检查。您现在胃口不太好、有些

xiǎng tù　　 dōu shì yì xiē chángjiàn de rèn shēn fǎn yìng　　 wǒ men chēng wéi zǎo yùn fǎn yìng　　 dà bù fen yùn
想 吐，都是一些 常 见 的 妊 娠 反应，我们 称 为早孕反应，大部分孕

fù zài yùn　　 zhōuhòu zì xíng huǎn jiě　　 nín zài yǐn shí fāngmiàn xū yàozhù yì yíng yǎngjūn héng　　 tóng shí
妇在孕12 周后自行 缓 解。您在饮食方 面需要注意营 养均 衡，同时

jiān chí fú yòngyùn qī zhuān yòng fù hé wéishēng sù
坚持服用孕期 专 用复合维 生 素。

　　　　　　　hǎo de　　 xiè xie yī shēng
张　荔：好的，谢谢医 生 。

Conversation One
Diagnosis of Early Pregnancy

Situation：A 25-year-old patient visits her doctor after absence
of menstruation for 9 weeks.

Characters：Wang Ming（Doctor）

Zhang Li（Patient）

Time：9:00 a. m.

Site：Obstetrics diagnosis room

Wang Ming： Hello, what seems to be troubling you?

Zhang Li： I have missed two periods in a row. I have had poor appetite recently. I did
the urine pregnancy test yesterday and found that I am pregnant.

Wang Ming： Do you remember the accurate date of your last menstrual period?

Zhang Li： It was on July 9, but my menstrual cycle is usually irregular. It occurs
between 35 and 50 days.

Wang Ming： Have you had any other discomfort besides your decreased appetite?

Zhang Li： No.

Wang Ming： Is this your first pregnancy or have you been pregnant before?

Zhang Li： This is my first pregnancy. I particularly want to consult about what I should pay attention to during my pregnancy.

Wang Ming： A positive urine pregnancy test can only indicate that you are pregnant but it can't identify the site of pregnancy. We also need to carry out ultrasonography examination to determine the location of the pregnancy and exclude ectopic pregnancy, hydatidiform mole or other abnormal pregnancy.

Zhang Li： I heard that ultrasonic examination may affect fetal development in early stage. Should I do ultrasonic examination after three months of my pregnancy?

Wang Ming： Diagnostic ultrasonography has no adverse effect on the fetus. As you have irregular menstrual cycle, the number of week of pregnancy calculated from your last period is usually inaccurate. We can get more accurate gestational age dating by ultrasound in the early pregnancy.

Zhang Li： I see. OK, I'll take your advice and have an ultrasound first.

(The patient then undergoes trans-abdominal ultrasound and returns to the doctor with the report)

Wang Ming： Congratulations! You're eight weeks pregnant. Your actual gestational week is one week less than that calculated by your last period. We will revise your last period to July 16, and calculate the gestational week and the expected date of delivery according to this date.

Zhang Li： OK, I'll keep it in mind.

Wang Ming： Do you or your husband have any specific diseases? Does either of your family have any history of genetic disease?

Zhang Li： No, both my family and my husband's family are in good health.

Wang Ming： Have you ever been exposed to any toxic substances or taken any specific drugs during your pregnancy?

Zhang Li： No.

Wang Ming： Good. Next I will arrange a routine blood test and specific tests to evaluate your liver, kidney and thyroid functions. If there are no abnormalities in these tests you can come back and have a checkup four weeks later. You need to acquire a pregnancy healthcare card and carry out regular prenatal examinations according to your doctor's advice. Abnormal appetite and slight vomiting are common early pregnancy symptoms. They will alleviate after 12 weeks in most women. You need to pay attention to take balanced diet. At the same time keep taking the pregnancy specific multivitamins.

Zhang Li： OK. Thank you very much, doctor.

会话二　足月胎膜早破的诊断与处理
huì huà èr　　zú yuè tāi mó zǎo pò de zhěn duàn yǔ chǔ lǐ

qíng jǐng　　èr shí qī suì de huàn zhě yīn tíng jīng sān shí qī zhōu　　yīn dào liú yè yì
情　景： 二十七岁的 患 者因停 经三十 七周，阴道流液一

xiǎo shí jiù zhěn
小时就诊。

rén　wù　　zhāng chéng　yī shēng
人　物： 张 成（医生）

liú xīn　huàn zhě
刘鑫（患者）

shí　jiān　　shàng wǔ shí diǎn
时　间： 上 午十点

dì　diǎn　chǎn kē zhù yuàn bù
地　点： 产科住院 部

nín jīn tiān yǒu shén me qíng kuàng ma
张　成： 您今天有什么情 况 吗？

yí gè xiǎo shí qián　　wǒ zài shuì jiào de shí hou tū rán chū xiàn yīn dào liú yè
刘　鑫： 一个小时前，我在睡觉的时候突然出现阴道流液。

yè tǐ shì shén me yán sè
张　成： 液体是什么颜色？

qīng liàng de　　méi shén me yán sè
刘　鑫： 清 亮 的，没什么颜色。

liàng duō ma
张　成： 量 多吗？

yǒu diǎn duō　　kù zi dōu shī tòu le
刘　鑫： 有点多，裤子都湿透了。

yǒu méi yǒu yì wèi
张　成： 有没有异味？

méi yì wèi
刘　鑫： 没异味。

nín yǒu gǎn jué dào yí zhèn yí zhèn de xià fù jǐn suō ma
张　成： 您有感觉到一阵一阵的下腹紧缩吗？

刘　鑫：没有，除了阴道流液，其他一切都很好。

张　成：胎动怎么样？

刘　鑫：和平时一样，没有变化。

张　成：您可能发生了胎膜早破。请平躺在床上，我先为您听胎心，做检查。

刘　鑫：好的。

（患者平躺在病床上，胎心率为150次/分，见透明水样液体自阴道口流出）

张　成：您现在胎心正常，羊水清亮，不用太担心。

刘　鑫：谢谢医生，听您这么说我就放心了。

张　成：您最后一次月经是什么时候？

刘　鑫：您说的是最后一次月经来的那天还是结束的那天？

张　成：我们所谓的末次月经是指最后一次月经来潮的第一天。

刘　鑫：2017年11月20日。

张　成：您平时月经规律吗？一般周期是多少天？

刘　鑫：我平时月经挺规律的，一般周期是28天至30天。

张　成：每次持续多长时间呢？

刘　鑫：五六天。

张　成：月经量如何？

刘　鑫：中等。

张　成：平时有没有痛经？

刘 鑫：没有。

张 成：您这是第几次怀孕？

刘 鑫：第一次。

张 成：您什么时候发现自己怀孕的？

刘 鑫：停经 40 天的时候，我自己用尿试纸检测出来的。

张 成：您什么时候做的第一次B超？

刘 鑫：停经 50 天的时候做的，医生告诉我是正常的宫内妊娠，大小符合孕周。

张 成：您在妊娠早期有恶心、呕吐等不适吗？

刘 鑫：医生，您说的是早孕反应吧？我都有，不过不太严重。

张 成：是的。您的早孕反应是什么时候开始的？

刘 鑫：50 多天的时候吧。

张 成：什么时候消失的？

刘 鑫：怀孕三个月左右的时候。

张 成：您什么时候感觉到胎动的？

刘 鑫：怀孕四个半月的时候感觉到的。

张 成：您孕期有头晕、皮肤瘙痒等异常反应吗？

刘 鑫：没有。只是最近一个月，脚有点肿，休息后就会缓解。

张 成：您怀孕后定期做产前检查没有？

刘 鑫：我是按照医生的建议定期进行产前检查的，每次检查结果都正常，孕期保健手册和检查结果都在我这里。

（医生查阅产前检查记录，产前检查正规，结果无异常，上次检查时间是一周前）

张　成：好的，我已经基本了解您的情况了。现在我需要对您进行详细的查体，然后进行胎心监护、床旁B超等相关检查，请您配合。

刘　鑫：好的，谢谢。

（医生做检查）

张　成：好，现在查体和检查做完了。目前您的诊断是足月胎膜早破。从现在开始您不能下床活动了，可以采用头低臀高的体位卧床休息，这样可以减少脐带脱垂发生。目前您的胎儿情况良好，胎位正常，胎儿大小符合孕周，估计胎儿体重3千克左右。您虽然现在还没有临产，但您自身产道条件很好，可以密切观察，等待临产后经阴道试产。

刘　鑫：我很想经阴道分娩，但现在一点产兆都没有，就这么一直等下去吗？

张　成：当然不是。足月胎膜早破常常是即将临产的先兆，如果您仍然没有自然临产，我们会在破膜后2~12小时内进行引产。随着胎膜破裂时间延长，宫内感染风险增加，如果胎膜破裂超过12小时，我们就会为您预防性使用抗生素。

刘　鑫：好的，谢谢。

Conversation Two
Diagnosis and Treatment of Premature Rupture of Membrane at Term

Situation：a 27-year-old patient who has amenorrhea for 37 weeks sees her doctor because of vaginal discharge for 1 hour.

Participants：Zhang Cheng（Doctor）

Liu Xin（Patient）

Time：10：00 a. m.

Site：Obstetrical Inpatient Department

Zhang Cheng： What brings you here today?

Liu Xin： There was a gush of fluid from my vagina 1 hour ago while I was sleeping.

Zhang Cheng： What's the color of the fluid?

Liu Xin： It was colorless and transparent.

Zhang Cheng： Was it heavy in amount?

Liu Xin： Yes. My pants were all wet.

Zhang Cheng： Was there any abnormal smell?

Liu Xin： No.

Zhang Cheng： Do you feel pain in the lower abdomen?

Liu Xin： No, everything is fine except the vaginal discharge.

Zhang Cheng： How about the fetal movement?

Liu Xin： It is as usual. There are no other changes.

Zhang Cheng： You may have premature rupture of membrane. Please lie down on your back. I will check the fetal heart rate and perform the physical examination.

Liu Xin： OK, doctor.

（The patient lies down, fetal heart rate is 150 times per minute, transparent watery discharge per vagina is noted）

Zhang Cheng： Don't worry. The fetal heart rate is normal and your amniotic fluid is transparent.

Liu Xin：　Thank you, doctor. I'm relieved to hear that.

Zhang Cheng：　When was your last menstrual period?

Liu Xin：　Do you mean the first day or last day of the last menstruation?

Zhang Cheng：　Last menstrual period refers to the first day of the last menstruation.

Liu Xin：　November 20, 2017.

Zhang Cheng：　Do you have regular periods? In how many days does the menstrual cycle occur usually?

Liu Xin：　Yes. The cycle usually ranges from 28 to 30 days.

Zhang Cheng：　How many days does the menstruation last?

Liu Xin：　5 to 6 days.

Zhang Cheng：　Tell me about the amount.

Liu Xin：　Moderate.

Zhang Cheng：　Do you have painful menstruation?

Liu Xin：　No.

Zhang Cheng：　How many times have you been pregnant?

Liu Xin：　This is the first time.

Zhang Cheng：　When did you know you were pregnant?

Liu Xin：　I had a positive result of the urine pregnancy test when I stopped menstruating for 40 days.

Zhang Cheng：　When was your first abdominal ultrasound examination done?

Liu Xin：　It was done at the 50th day. The doctor told me it was a normal intrauterine pregnancy and the size of the embryo was consistent with the gestational age.

Zhang Cheng：　Did you have nausea, vomiting and other discomfort in early pregnancy?

Liu Xin：　Doctor, are you talking about morning sickness? Yes, I had, but it was not too serious.

Zhang Cheng：　Yes. When did your morning sickness start?

Liu Xin：　It started at the 50th day or so.

Zhang Cheng：　When did it disappear?

Liu Xin：　It disappeared at about the 3rd month.

Zhang Cheng：　When did you feel the fetal movement?

Liu Xin：　I felt it when I was four and a half months pregnant.

Zhang Cheng: Did you have any discomfort during pregnancy, such as dizziness, itching, etc. ?

Liu Xin: No. But this month, I have noticed that my feet are a little swollen which decreases after resting for a while.

Zhang Cheng: Did you have regular prenatal examination during the pregnancy?

Liu Xin: I carried out antenatal examination regularly according to the doctor's advice. The examinations were normal. The healthcare manual and examination results during pregnancy are here with me.

(The doctor checks the antenatal examination records. The antenatal physical examination and lab test results are normal. The last examination was done a week ago)

Zhang Cheng: OK, I understand your situation. Now I will perform a physical examination on you, and then conduct fetal heart monitoring, bedside ultrasound test and other related examinations. Please cooperate with me.

Liu Xin: OK. Thank you, doctor.

(The doctor is performing examinations)

Zhang Cheng: Well, now we have completed the physical examination and other tests. Your diagnosis is full-term premature rupture of membrane. From now on, you should not get out of bed and move. You should lie down with head low and hip in high position. This can reduce the occurrence of cord prolapse. Now your fetus is in good condition, with normal fetal position. The size of the fetus is corresponding to the gestational week. It is estimated that the fetal weight is about 3 kg. Although you are not about to give birth, your own birth canal conditions are very good. We will closely observe your conditions and wait for the natural labor to occur.

Liu Xin: I really want to deliver the baby naturally, but now there is no sign of labor. Should I just keep waiting?

Zhang Cheng: Of course not. Premature rupture of membrane at term is often a sign of impending labor. If you will not get in labor naturally, we will induce labor within 2 ~ 12 hours after rupture of membrane. As the duration of rupture of membrane increases, the risk of intrauterine infection also increases. If the rupture of membrane lasts for more than 12 hours, we will give you antibiotics.

Liu Xin: OK. Thank you, doctor.

生词

尿试纸检查		niào shìzhǐ jiǎnchá	urine pregnancy test
妊娠	（动）	rènshēn	be pregnant
异位	（形）	yìwèi	ectopic
葡萄胎	（名）	pú·taotāi	hydatidiform mole
异常	（形）	yìcháng	abnormal
孕周	（名）	yùnzhōu	gestational week
预产期	（名）	yùchǎnqī	estimated/expected date of delivery
有毒的	（形）	youdu de	toxic
物质	（名）	wùzhì	substance
孕期保健		yùnqī bǎojiàn	antenatal care；prenatal care
复合维生素		fùhé wéishēngsù	multivitamins
胎动	（动）	tāidòng	（fetus）move
胎膜早破		tāimó zǎopò	premature rupture of membrane
胎心	（名）	tāixīn	fetal heart
透明	（形）	tòumíng	transparent
羊水	（名）	yángshuǐ	amniotic fluid；AMN
痛经	（动）	tòngjīng	have painful menstruation
宫内妊娠		gōngnèi rènshēn	intrauterine pregnancy；IUP
早孕反应		zǎoyùn fǎnyìng	morning sickness
产前检查		chǎnqián jiǎnchá	antenatal/prenatal examination
足月	（动）	zúyuè	be full-term
脐带脱垂		qídài tuōchuí	prolapse of cord
胎位	（名）	tāiwèi	fetal position
临产	（动）	línchǎn	be in labor
产道	（名）	chǎndào	birth canal
引产	（动）	yǐnchǎn	induce labor

练习

一、听和说

1. 听录音，连线。

妊娠   línchǎn

孕周   tāidòng

预产期   mòcì

胎动   tāiwèi

临产   yǐnchǎn

末次   zǎoyùn

胎位   yùchǎnqī

产道   yùnzhōu

引产   rènshēn

早孕   chǎndào

2. 听录音，选词语。

（1）医生如果问你末次月经，是指怀孕前最后一次月经来潮的（　　　）。

  A. 第一天 B. 第二天 C. 第三天 D. 第四天

（2）通常（　　　）周后，恶心、呕吐、头晕、尿频等早孕反应症状会缓解。

  A. 10   B. 11   C. 12   D. 13

（3）（　　　）检查可以明确妊娠部位，观察胎儿的各个脏器、胎心和胎动。

  A. 超声   B. 尿妊娠 C. 血 HCG D. 血孕酮

（4）如果已足月，胎膜早破的患者建议采用（　　　）体位送医院救治。

  A. 头高臀低 B. 头低臀高 C. 坐立   D. 站立

（5）产力、产道、胎儿和孕妇精神心理因素是决定（　　　）的四大要素。

  A. 分娩   B. 临产   C. 妊娠   D. 引产

3. 听对话，选答案。

（1）A. 肾功能 B. 肝功能 C. 血常规 D. 尿常规

（2）A. 孕 24～28 周 B. 孕 20～24 周 C. 孕 16～20 周 D. 孕 28～32 周

（3）A. 一个月 B. 两个月 C. 三个月 D. 四个月

（4）A. 手术出血 B. 经期出血 C. 产后出血 D. 产前出血

（5）A. 7 周   B. 17 周   C. 27 周   D. 37 周

4. **完成下列会话。**

（1）A：你认识的妇女怀孕后都有早孕反应吗？

　　B：＿＿＿＿＿＿＿＿＿＿＿＿＿＿＿＿＿＿＿＿＿。（有的……有的……）

（2）A：我想顺产，但是担心比较困难。请问什么情况下需要剖腹产？

　　B：＿＿＿＿＿＿＿＿＿＿＿＿＿＿＿＿＿＿＿＿＿。（只有……才……）

（3）A：明确妊娠部位需要做什么检查？

　　B：＿＿＿＿＿＿＿＿＿＿＿＿＿＿＿＿＿＿＿＿＿。（为了……）

（4）A：胎膜早破会增加宫内感染的风险吗？

　　B：＿＿＿＿＿＿＿＿＿＿＿＿＿＿＿＿＿＿＿＿＿。（随着……）

（5）A：孕期营养需要注意什么？

　　B：＿＿＿＿＿＿＿＿＿＿＿＿＿＿＿＿＿＿＿＿＿。（……和……）

5. **情景交际练习。**

情景一：一位育龄期女性，因停经3个月就诊。请根据情景，三人一组进行会话练习。

情景二：一位妊娠36周的患者，因阴道流液两小时就诊。请根据情景，三人或两人一组进行会话练习。

二、读和写

1. **选词填空。**

引产　月经　孕周　脐带　异位　抗生素　产前　胎动

（1）孕妇妊娠4个多月可以感到（　　　　）。

（2）早孕期的超声检查可以修正（　　　　）。

（3）足月胎膜早破的患者应该在破膜后 2～12 小时（　　　　）。

（4）胎膜破裂12小时以上需要给予（　　　　）以预防感染。

（5）胎膜早破可能增加（　　　　）脱垂的风险。

（6）预产期通常依据末次（　　　　）的时间进行计算。

（7）早期妊娠需要与（　　　　）妊娠进行鉴别。

（8）医生建议妇女们怀孕后应该做定期（　　　　）检查。

2. **句子排序。**

（1）A. 胎膜早破的　B. 患者　　C. 需要住院治疗　　　　（　　　　）

（2）A. 心情舒畅　　B. 应该保持　C. 孕妇　　　　　　　（　　　　）

（3）A. 对胎儿　　　B. 没有辐射　C. 磁共振检查　　　　（　　　　）

（4）A. 是产力的　　B. 子宫收缩力　C. 重要组成部分　　（　　　　）

（5）A. 避免接触　　B. 孕妇应该　C. 有毒有害物质　　　（　　　　）

3. **完成下列句子。**

（1）什么时候　感觉到　你是　胎动的

_____？

（2）详细询问　需要　产科患者的　月经和生育史

_____。

（3）超声检查　进行　再　请先缴费

_____。

（4）有效方法　治疗　这是　产后出血的

_____。

（5）各不相同　定义　不同国家　对早产的

_____。

4. **短文阅读。**

　　"坐月子"是中国的一种传统习俗，指孕妇产后用一个月左右的时间进行休养。"坐月子"可以追溯至西汉《礼记·内则》，被称为"月内"，距今已有两千多年的历史，为产后必需的仪式性行为。从社会学和医学的角度来看，"坐月子"是协助产妇顺利度过人生生理和心理转折的关键时期。"坐月子"讲究：

　　慎寒温：随着气候与居住环境的温湿度变化，产妇的着装与室内使用的电器设备应做适当的调整。室内温度为 25 ℃~26 ℃，湿度为 50%~60%，产妇穿长袖、长裤、袜子，以免着凉、感冒，或者使关节受到风、寒、湿的入侵。

　　适劳逸：适度的劳动与休息对于恶露的排出、筋骨及身材的恢复很有帮助。产后初始，当产妇觉得虚弱、头晕、乏力时，须适当卧床休息，避免长时间站立或固定坐姿导致腰酸、背痛、腿酸、膝踝关节疼痛。

　　勤清洁：头发、身体要经常清洗以保持清洁，避免遭受细菌感染。洗澡要用 40 ℃左右的温水，洗完头后要及时用干毛巾擦干头发。

　　调饮食：饮食方面因个人体质的差异应有所不同。总的来说坐月子的饮食还是以温补为主，根据自身情况适当调整。

（黄锦）

第十七课　儿科
Lesson Seventeen　Pediatrics

会话一　支气管肺炎病情诊断

情　景：患者因咳嗽、发热就诊。

人　物：王林（医生）

刘小宝（患者）

张琳（监护人）

时　间：上午九点

地　点：儿科门诊室

王　林：请问孩子叫什么名字？

张　琳：刘小宝。

王　林：多大了？

张　琳：两岁五个月。

王　林：你和孩子是什么关系？

张　琳：我是他母亲。

王　林：孩子体重是多少？

张　琳：13.5 千克。

王　林：这次是哪里不舒服？

张　琳：咳嗽、发热。

王　林：有多长时间了？

张　琳：咳嗽有十多天了，发热有两天了。

王　林：咳嗽是怎么咳的？有痰吗？

张　琳：阵发性的咳嗽，咳得比较厉害，喉咙里面有痰，但是吐不出来。

王　林：发热最高体温是多少？

张　琳：39.8 ℃。

王　林：做过治疗没有？

张　琳：吃了头孢和布洛芬，还有小儿肺热咳喘口服液。

王　林：吃后效果如何？

张　琳：还是继续咳嗽，体温下降后又反复。

王　林：其他还有什么症状吗？

张　琳：好像没什么问题了。

王　林：最近宝宝精神状态如何？

张　琳：精神还可以。

王　林：睡眠状态和饮食呢？

张　琳：都还行。

王　林：大小便有没有异常？

张　琳：都和以前一样。

王　林：以前有没有生过其他病？

张　琳：偶尔有感冒，没有患过其他大病。

王　林：有没有食物或者药物过敏史？

张　琳：没有。

王　林：家族有没有遗传病病史？

张　琳：没有。

王　林：好的，我给宝宝检查一下。

（检查结束）

王　林：宝宝咽喉充血，呼吸音也不正常。我怀疑是支气管肺炎，现在需要做胸片、血常规检查。

张　琳：好的，谢谢医生。

（一小时后）

张　琳：医生，您好，我们做完检查了，请帮我看一下报告单。

王　林：好的。胸片可看见斑点、斑片状模糊影，血常规显示白细胞为 $21.50 \times 10^9/L$，中性粒细胞百分比为84.3%，结合宝宝症状、体征以及辅助检查结果，考虑宝宝得了支气管肺炎。体温有可能反复，建议住院治疗。

张　琳：好的，医生。

Conversation One
Diagnosis of Bronchopneumonia

Situation: A child with cough and fever is brought to the hospital.

Characters: Wang Lin（Doctor）

Liu Xiaobao（Patient）

Zhang Lin（Guardian）

Time: 9:00 a.m.

Site: Pediatric outpatient diagnosis room

Wang Lin: What is his name, please?

Zhang Lin: Liu Xiaobao.

Wang Lin: How old is he?

Zhang Lin: 2 years and 5 months.

Wang Lin: What is the relation between you and him?

Zhang Lin: I am his mother.

Wang Lin: What is his weight?

Zhang Lin: 13.5 kg.

Wang Lin: What made you bring him here?

Zhang Lin: He has cough and fever.

Wang Lin: How long has he been suffering from this condition?

Zhang Lin: He has been coughing for more than 10 days and having fever for 2 days.

Wang Lin: What is the coughing like? Is there any sputum?

Zhang Lin: The cough occurs suddenly and sometimes it is violent. There is also some sputum in the throat, but it seems like he has difficulty in bringing out the sputum.

Wang Lin: What was his highest temperature?

Zhang Lin: 39.8 ℃.

Wang Lin: Did he receive any treatment?

Zhang Lin：He has received cephalosporin, ibuprofen and oral solution for coughing.

Wang Lin：How is the effect?

Zhang Lin：The cough is still continuous with recurrent fever.

Wang Lin：Any other symptoms?

Zhang Lin：No.

Wang Lin：How is his mental status?

Zhang Lin：He is playful.

Wang Lin：How about sleep and diet?

Zhang Lin：Quite good.

Wang Lin：Anything different in his urination and bowel habits?

Zhang Lin：Same as before.

Wang Lin：Did he have any other problems before?

Zhang Lin：He had had few episodes of common cold before, but no major disease.

Wang Lin：Any allergies to medicine or food?

Zhang Lin：No.

Wang Lin：Does your family have any history of genetic disease?

Zhang Lin：No.

Wang Lin：All right. I am going to do a physical examination now.

(After the examination)

Wang Lin：His pharynx is congested and breath sounds are abnormal. I suspect he has bronchopneumonia. He will need a chest X-ray and some routine blood tests.

Zhang Lin：OK, thank you, doctor.

(One hour later)

Zhang Lin：Doctor, here are the reports.

Wang Lin：Let me see. A white patchy opacity is found in the chests X-ray. White blood cell count is $21.50 \times 10^9/L$, neutrophil 84.3%. Bronchopneumonia is suspected based on patient's symptoms, signs and PE report. Fever might be recurrent. I advise you to hospitalize the child.

Zhang Lin：OK, doctor.

会话二 病理性黄疸病情诊断
huì huà èr bìng lǐ xìng huáng dǎn bìng qíng zhěn duàn

情 景：患者因全身皮肤、巩膜黄染就诊。
qíng jǐng huànzhě yīn quánshēn pí fū gǒng mó huángrǎn jiù zhěn

人 物：王浩（医生）
rén wù wánghào yī shēng

刘小林（患者）
liú xiǎo lín huànzhě

刘元（监护人）
liú yuán jiān hù rén

时 间：上午九点半
shí jiān shàng wǔ jiǔ diǎnbàn

地 点：儿科门诊室
dì diǎn ér kē ménzhěnshì

王 浩：请问宝宝叫什么名字？
qǐngwènbǎobaojiàoshén me míng zi

刘 元：刘小林。
liú xiǎo lín

王 浩：出生多少天了？
chūshēngduōshaotiān le

刘 元：三天。
sāntiān

王 浩：你和宝宝是什么关系？
nǐ hé bǎobao shì shén me guān xì

刘 元：我是他父亲。
wǒ shì tā fù qīn

王 浩：这次来医院就诊是什么原因？
zhè cì lái yī yuàn jiù zhěn shì shén me yuán yīn

刘 元：他全身皮肤发黄。
tā quánshēn pí fū fā huáng

王 浩：这种情况有几天了？
zhèzhǒngqíngkuàngyǒu jǐ tiān le

刘 元：两天。
liǎngtiān

王 浩：孩子母亲是第几次怀孕？小孩是第几胎？
hái zi mǔqīn shì dì jǐ cì huáiyùn xiǎohái shì dì jǐ tāi

刘　元：第一次怀孕，也是第一胎。

王　浩：小孩胎龄有多少周？

刘　元：39 周零 5 天。

王　浩：是顺产还是剖宫产？

刘　元：顺产的。

王　浩：出生时体重是多少？

刘　元：3.2 千克。

王　浩：出生时羊水正常吗？

刘　元：产科医生说羊水是正常的，清亮的。

王　浩：你知道出生时的阿普加评分吗？

刘　元：这是什么？不好意思，我不懂。

王　浩：好的，没关系。出生后母亲多久开奶的？

刘　元：大概半小时后就给孩子喂了母乳。

王　浩：出生后第一次大小便是什么时候？

刘　元：两个多小时后吧。

王　浩：给小孩预防性接种没有？

刘　元：已经接种了乙肝疫苗和卡介苗。

王　浩：这次皮肤发黄做过相关治疗没有？

刘　元：没有。

王　浩：皮肤黄染有没有加重？

刘　元：就是感觉越来越黄了。

王　浩：有咳嗽、发热 症 状 吗？

刘　元：没有。

王　浩：有没有吐奶、 呛 奶、吐沫情 况？

刘　元：没有。其他一切都比较 正 常 ，就是皮肤发 黄 。

王　浩：精 神 、饮食、睡眠 状 况 如何？

刘　元：都很好。

王　浩：大便 正 常 吗？是什么颜色？

刘　元：大便 正 常 ，是 黄 色的。

王　浩：小便 正 常 吗？

刘　元：没什么问题。

王　浩：母亲怀孕期间患过肝炎、梅毒、结核、艾滋病等疾病没有？

刘　元：没有。

王　浩：有没有高血压、糖 尿 病、妊 娠期胆汁淤积 症？

刘　元：都没有。

王　浩：母亲是什么血型？

刘　元：是A型 血。

王　浩：你是什么血型呢？

刘　元：我也是A型 血。

王　浩：小孩是什么血型？

刘　元：现在还不知道，没有检查。

王　浩：现在我给孩子进行查体。（检查后）宝宝全身皮肤、巩膜重度 黄

rǎn   jīng pí cè dǎn hóng sù zhí   qí yú zhèng cháng   zhè shì bìng lǐ xìng huáng dǎn   xū
染，经皮测胆 红 素值 18 mg/dl，其余 正 常 。这是病理性 黄 疸，需

yào zhù yuàn zhì liáo
要住 院 治疗。

　　　　hǎo de   xiè xie yī shēng
刘　元：好的，谢谢医 生 。

Conversation Two
Diagnosis of Pathological Jaundice

Situation：A child with yellow skin and sclera is taken to the
　　　　　　hospital.

Characters：Wang Hao（Doctor）

　　　　　　　Liu Xiaolin（Patient）

　　　　　　　Liu Yuan（Guardian）

Time：9：30 a. m.

Site：Pediatric outpatient diagnosis room

Wang Hao：What is his name?

Liu Yuan：Liu Xiaolin.

Wang Hao：How old is he?

Liu Yuan：Three days.

Wang Hao：What's the relation between you and him?

Liu Yuan：I am his father.

Wang Hao：What is the problem?

Liu Yuan：His skin is all yellow.

Wang Hao：How many days has it lasted?

Liu Yuan：Two days.

Wang Hao：How many times has the mother been pregnant and which birth is it for this
　　　　　　child?

Liu Yuan：This is the first time and first child.

Wang Hao：What is the gestational age?

Liu Yuan：39 weeks and 5 days.

Wang Hao：Natural birth or cesarean delivery?

Liu Yuan：It was natural birth.

Wang Hao：What was the weight at birth?

Liu Yuan：3.2 kg.

Wang Hao：Was the amniotic fluid normal?

Liu Yuan：Yes, it was clear and normal according to the obstetrician.

Wang Hao：Do you know the Apgar score at birth?

Liu Yuan：Pardon? Sorry, I don't know that.

Wang Hao：It's all right. When did the mother start producing milk?

Liu Yuan：About half an hour after birth.

Wang Hao：When did the child pass urine and stool the first time after birth?

Liu Yuan：A little more than two hours later.

Wang Hao：Is the child vaccinated?

Liu Yuan：Yes, hepatitis B and BCG vaccine.

Wang Hao：Did he get any treatment for yellow skin?

Liu Yuan：No, not yet.

Wang Hao：Is this becoming more serious?

Liu Yuan：Yes, it is getting yellower and yellower.

Wang Hao：Does he have any cough and fever?

Liu Yuan：No.

Wang Hao：Is there milk regurgitation or choking or frothy sputum?

Liu Yuan：No, everything is fine except yellow skin.

Wang Hao：How about his activity, feeding and sleeping?

Liu Yuan：Fairly good.

Wang Hao：Is the stool normal? What is the color?

Liu Yuan：Yes, it's normal.

Wang Hao：How about urination?

Liu Yuan：It's fine.

Wang Hao：Did the mother have diseases like hepatitis, syphilis, tuberculosis and AIDS during pregnancy?

Liu Yuan：No.

Wang Hao：Hypertension, diabetes and pregnancy induced cholestasis?

Liu Yuan：No.

Wang Hao：What is the blood type of the mother?

Liu Yuan：Type A.

Wang Hao：And yours?

Liu Yuan：I am the same.

Wang Hao：What is the child's blood type?

Liu Yuan：Not clear because it has not been examined.

Wang Hao：Now, the child needs to be examined. (After the examination) The child's examination shows he has dark yellow sclera and skin. Bilirubin is 18 mg/dl. Other abnormalities are not detected. It is pathological jaundice. He needs hospital admission.

Liu Yuan：OK, thank you, doctor.

生词

关系	（名）	guān·xì	relation
喉咙	（名）	hóu·lóng	throat
头孢	（名）	tóubāo	cephalosporin
布洛芬	（名）	bùluòfēn	ibuprofen
小儿肺热咳喘口服液		xiǎo'ér fèirèkéchuǎn kǒufúyè	oral solution for coughing
咽喉充血		yānhóu chōngxuè	congested pharynx
支气管肺炎		zhīqìguǎn fèiyán	bronchopneumonia
反复	（动）	fǎnfù	recur
胎龄	（名）	tāilíng	gestational age
顺产	（动）	shùnchǎn	give birth naturally
产科医生		chǎnkē yīshēng	obstetrician
阿普加评分		āpǔjiā píngfēn	Apgar score
预防性	（形）	yùfángxìng	prophylactic
接种	（动）	jiēzhòng	inoculate; vaccinate
乙肝疫苗		yǐgān yìmiáo	hepatitis B vaccine
卡介苗	（名）	kǎjièmiáo	BCG vaccine
黄染	（名）	huángrǎn	yellow stain
发热	（动）	fā//rè	fever; have a fever

呛奶	（动）	qiāng//nǎi	be choked by milk
梅毒	（名）	méidú	syphilis
结核	（名）	jiéhé	tuberculosis
艾滋病	（名）	àizībìng	AIDS
胆汁淤积症		dǎnzhī yūjīzhèng	cholestasis syndrome
血型	（名）	xuèxíng	blood type
巩膜	（名）	gǒngmó	sclera
胆红素	（名）	dǎnhóngsù	bilirubin
黄疸	（名）	huángdǎn	jaundice

练习

一、听和说

1. 听录音，连线。

接种	tāilíng
黄疸	kéchuǎn
顺产	huàn'ér
羊水	yíchuán
肺热	jiēzhòng
咳喘	huángdǎn
呛奶	yángshuǐ
患儿	shùnchǎn
遗传	fèirè
胎龄	qiāng//nǎi

2. 听录音，选词语。

（1）我是孩子的爸爸，孩子出生后就有（　　），这几天逐渐加重。

　　A. 肝胆　　　　B. 黄斑　　　　C. 黄疸　　　　D. 黄便

（2）注意饮食可增强儿童（　　），抵抗疾病，同时也有利于长高。

　　A. 体重　　　　B. 体质　　　　C. 病情　　　　D. 心情

（3）孩子应多参加室外活动，空气中的负离子和（　　）对身体有好处。

　　A. 氧离子　　　B. X线　　　　C. 红外线　　　D. 紫外线

（4）如果孩子（　　）咳嗽，你可以喂他小儿咳喘口服液。

　　A. 没有　　　　B. 停止　　　　C. 继续　　　　D. 不停

（5）（　　）喂养的优点很多，其中一项是可以降低婴儿的患病率。

　　A. 牛奶　　　　　B. 羊乳　　　　　C. 母乳　　　　　D. 米水

3. **听对话，选答案。**

　　（1）A. 外科　　　　B. 儿科　　　　C. 骨科　　　　D. 妇产科

　　（2）A. 一天　　　　B. 两天　　　　C. 三天　　　　D. 四天

　　（3）A. 两次　　　　B. 三次　　　　C. 四次　　　　D. 五次

　　（4）A. 老师　　　　B. 会计　　　　C. 律师　　　　D. 医生

　　（5）A. 打针　　　　B. 输液　　　　C. 查体　　　　D. 开药

4. **完成下列会话。**

　　（1）A：孩子咳嗽的时候有痰吗？

　　　　B：_____。（但是……）

　　（2）A：宝宝打过什么疫苗没有？

　　　　B：_____。（到……为止）

　　（3）A：孩子经常出现吐奶、呛奶现象吗？

　　　　B：_____。（只是……）

　　（4）A：他是什么时候学会走路的？

　　　　B：_____。（大概……）

　　（5）A：医生，我儿子的病情严重吗？

　　　　B：_____。（不必……）

5. **情景交际练习。**

　　情景一：一位年轻的妈妈带着咳嗽不止的两岁孩子在儿科门诊看病。请根据情景，两人一组进行会话练习。

　　情景二：小儿皮肤变黄，医生到病房查看情况。请两人一组模仿医生与家属的对话。

二、读和写

1. **选词填空。**

　　体温　关系　反复　睡眠　异常　过敏　怀孕　血型

　　（1）医生问他和患者是什么（　　　　）。

　　（2）她（　　　　）36 周了，所以行动不方便。

　　（3）医生让家长给小孩测量（　　　　）。

　　（4）他的（　　　　）不好，夜里总是睡不着觉。

　　（5）孩子的父母发现小孩皮肤颜色（　　　　）。

　　（6）儿子发烧咳嗽，不断（　　　　），她心里很着急。

（7）他对青霉素（　　　　　），不能给他注射青霉素。

（8）我不知道自己是什么（　　　　　），明天到医院去查一查。

2. 句子排序。

（1）A. 昨天　　　　B. 他的儿子　　　C. 发烧了　　　　　（　　　）

（2）A. 听起来　　　B. 喉咙有痰　　　C. 患儿　　　　　　（　　　）

（3）A. 家属　　　　B. 医生告诉　　　C. 去取药　　　　　（　　　）

（4）A. 她生了　　　B. 女儿　　　　　C. 一个　　　　　　（　　　）

（5）A. 喂母乳　　　B. 在给孩子　　　C. 母亲　　　　　　（　　　）

3. 完成下列句子。

（1）在　他的体温　升高　不断

_____。

（2）治疗　还未做　目前　任何

_____。

（3）效果　良好的　具有　这种药

_____。

（4）哪些　有　症状　小儿黄疸

_____？

（5）生了　她顺产　一个　胖小子

_____。

4. 短文阅读。

　　新生儿的正常体温是 36 ℃～37 ℃（腋下、颈下），如果新生儿体温超过了 37 ℃，那么就可能是发热了。这时，请您注意外界环境温度是否过高、宝宝衣服是否穿得过多，室内的温度是否超过 30 ℃，并根据宝宝实际情况，参考以下方法做相应处理。

　　第一，室温保持在 30 ℃以下；

　　第二，宝宝的衣服穿着适当，避免过度保暖，必要时松包布、除外衣；

　　第三，适当增加水分，多饮水。

　　若经上述处理后宝宝体温仍超过 38 ℃，可用温水擦浴，主要擦浴部位是前额、四肢、腋下、腹股沟、下腹部、背部等。若体温超过 38.5 ℃，可用 33 ℃～35 ℃ 的温水给宝宝洗澡，这样宝宝体温可能很快会降低。若为婴幼儿，要尽快到医院就诊。不要用酒精擦身，以免酒精中毒。

（王泽阳）

第十八课　放射科

dì shí bā kè　　fàng shè kē

Lesson Eighteen　Radiology

会话一　大叶性肺炎的影像学诊断

huì huà yī　　dà yè xìng fèi yán de yǐng xiàng xué zhěn duàn

情　景： 实习医生在阅片室学习阅片。
qíng jǐng　shí xí yī shēng zài yuè piàn shì xué xí yuè piàn

人　物： 李芳梅（主治医生）
rén wù　lǐ fāngméi　zhǔ zhì yī shēng

　　　　 王小华（实习医生）
wángxiǎohuá　shí xí yī shēng

时　间： 下午三点
shí jiān　xià wǔ sāndiǎn

地　点： 放射科诊断室一
dì diǎn　fàngshè kē zhěnduàn shì yī

李芳梅： 小华，看了这张胸部平片你首先考虑是什么疾病？
xiǎohuá　kàn le zhèzhāngxiōng bù píngpiàn nǐ shǒuxiānkǎo lǜ shì shénme jí bìng

王小华： 我认为应该是大叶性肺炎。
wǒ rènwéiyīnggāi shì dà yè xìng fèi yán

李芳梅： 对。那么这种肺炎的主要致病菌是什么？
duì　nà me zhèzhǒng fèi yán de zhǔyào zhì bìngjūn shì shénme

王小华： 肺炎链球菌。
fèi yánliànqiú jūn

李芳梅： 肺炎链球菌是否会产生毒素？是否会引起组织坏死？
fèi yánliànqiú jūn shì fǒu huì chǎnshēng dú sù　shì fǒu huì yǐn qǐ zǔ zhī huài sǐ

王小华： 这种细菌不会产生毒素，更不会引起组织坏死。
zhèzhǒng xì jūn bú huì chǎnshēng dú sù　gèng bú huì yǐn qǐ zǔ zhī huài sǐ

李芳梅： 不错。不引起组织坏死在 X 线上又有什么体现呢？
bú cuò　bù yǐn qǐ zǔ zhī huài sǐ zài　xiànshangyòuyǒushén me tǐ xiàn ne

王小华： X 线上一般无空洞产生。
xiànshang yì bān wú kōngdòngchǎnshēng

李芳梅： 这种病的好发年龄你应该知道吧？
zhèzhǒngbìng de hào fā niánlíng nǐ yīnggāi zhī dào ba

王小华：青 壮 年。

李芳梅：主要的临 床 表 现 呢？

王小华：患 者 表 现 为突 发 高 热、恶寒、胸痛、咳嗽，咳铁锈色痰。

李芳梅：能 说 说 大叶性肺炎的病理分期吗？

王小华：分为四期：分别是 充 血期、红色肝样 变 期、灰色肝样 变 期及消
散期。

李芳梅：首 选 的影 像学检查是什么呢？

王小华：胸 部 平 片。

李芳梅：此病的 充 血期X线有什么明 显异 常 征 象吗？

王小华：没有明 显 征 象，仅可见肺纹理增粗。

李芳梅：很好。那么，哪个时期才有明 显 征 象呢？

王小华：实变期——红色肝样 变 期及灰色肝样 变 期。

李芳梅：实变期的特殊 征 象是什么？

王小华：白色均匀不透 明 病变 中 见空 气支气管 征。

李芳梅：此 种 病 变 跨肺叶吗？

王小华：不跨肺叶，病 变 的叶间裂的一侧 常 可见平直的 界限。

李芳梅：消散期的表 现 呢？

王小华：实变影的密 度逐渐降低，病 变 呈散在斑片 状 和条索状 影。

李芳梅：该病累及肺间质吗？

王小华：不累及，表 现 为实质性炎症。

李芳梅：很棒。那这种病 的临 床 表 现和X线 征 象哪个先出现？

xiànzhēng xiàng jiào lín chuáng biǎoxiàn chūxiàn wǎn
王小华：X 线 征 象 较临 床 表现出现晚。

lìngwài   cǐ zhǒngbìng xū yào hé qí tā shénmebìng yì qǐ jiànbié ma
李芳梅：另外，此 种 病需要和其他什么病一起鉴别吗？

xū yǔ fèi bù zhāngjiànbié
王小华：需与肺不 张 鉴别。

yǒu nǎ xiē jiànbié yàodiǎn ne
李芳梅：有哪些鉴别要点呢？

shí biàn de fèi yè tǐ jī tōngcháng yǔ zhèngcháng shí xiāngděng   ér fèi bù zhāng tǐ jī huì suōxiǎo   qiě
王小华：实变的肺叶体积通 常 与 正 常 时相 等 ，而肺不 张 体积会缩小，且

fèi bù zhāngméiyǒukōng qì zhī qì guǎnzhēng
肺不 张 没有空气支气管 征 。

zhuān yè zhī shi zhǎng wò de bú cuò   zhí dé biǎoyáng
李芳梅：专 业知识 掌 握得不错，值得表扬。

xiè xie lǐ lǎo shī de kuājiǎng
王小华：谢谢李老师的夸 奖 。

Conversation One
The Imaging Diagnosis of a Lobar Pneumonia

Situation：The intern is learning to read the film in the reading
room.

Characters：Li Fangmei（Attending physician）

Wang Xiaohua（Intern）

Time：3：00 p. m.

Site：Diagnosis room 1 of radiology department

Li Fangmei：   Xiaohua, what disease comes to your mind looking at this chest X-ray？

Wang Xiaohua： I think it is a lobar pneumonia.

Li Fangmei：   Yes. So what is the causative organism of this pneumonia？

Wang Xiaohua： Streptococcus pneumoniae.

Li Fangmei：   Does streptococcus pneumoniae produce toxins？ Does it cause tissue necrosis？

Wang Xiaohua： The bacteria does not produce toxins and hence does not cause tissue necrosis.

Li Fangmei： Yes. What are the features on the plain radiograph that suggest the absence of tissue necrosis?

Wang Xiaohua： Chest X-ray does not show any cavity.

Li Fangmei： What is the most common age group that is affected?

Wang Xiaohua： Young adults.

Li Fangmei： What are the main clinical features?

Wang Xiaohua： The patient presents with sudden onset of high fever, chills, chest pain and cough with rusty sputum.

Li Fangmei： Can you tell the pathological stages of lobar pneumonia?

Wang Xiaohua： It is divided into four stages: congestive stage, stage of red hepatization, stage of grey hepatization and stage of resolution.

Li Fangmei： What is the first choice of imaging you would like to do?

Wang Xiaohua： Plain chest radiograph.

Li Fangmei： Are there any obvious signs of congestive stage on the X-ray?

Wang Xiaohua： There are no obvious signs, only the thickening of lung texture can be seen.

Li Fangmei： Good. So, which period has obvious signs?

Wang Xiaohua： Consolidation stage—red hepatization and grey hepatization.

Li Fangmei： What are the special signs of consolidation?

Wang Xiaohua： White homogenous opacity with presence of air bronchogram.

Li Fangmei： Does this disease cross the lobes?

Wang Xiaohua： It does not cross the lung lobe, and a demarcation line is visible at the diseased pulmonary fissure.

Li Fangmei： What are the signs in the phase of resolution?

Wang Xiaohua： The density of consolidation visible on X-ray gradually decreases while the lesion appears scattered, patchy with reticular shadows.

Li Fangmei： Does the disease involve the interstitial lung?

Wang Xiaohua： No. It does not involve. Only pulmonary parenchyma is involved.

Li Fangmei： Excellent. So which occurs first, the clinical or X-ray manifestations of this disease?

Wang Xiaohua： X-ray signs appear later than clinical manifestations.

Li Fangmei： Besides, does this disease have any other differential diagnosis?

Wang Xiaohua： Pulmonary atelectasis.

Li Fangmei： What are the key points of differentiation?

Wang Xiaohua： The lung lobe volume in consolidation usually remains the same as normal, whereas in atelectasis it is reduced. Atelectasis also does not have air bronchogram.

Li Fangmei： You master professional knowledge well and deserve commendation.

Wang Xiaohua： Thank you for you praise, doctor.

huì huà èr gān yìng huà de yǐng xiàng xué zhěn duàn
会话二 肝硬化的影像学诊断

qíng jǐng jiàoshòu hé guī péi yī shēng zài tàn tǎo bìng lì
情 景：教授和规培医生在探讨病例。

rén wù zhào léi jiàoshòu
人 物：赵雷（教授）

sūn yǔ guī péi yī shēng
孙宇（规培医生）

shí jiān xià wǔ sì diǎn
时 间：下午四点

dì diǎn fàngshè kē zhěnduàn shì èr
地 点：放射科诊断室二

xiǎo yǔ zhè ge huànzhěyǒushén me zhòngyàobìng shǐ ma
赵 雷：小宇，这个患者有什么重要病史吗？

zhè ge huànzhěyǒu bā nián yǐ gānbìng shǐ
孙 宇：这个患者有八年乙肝病史。

nà nǐ mùqiánzhǔyàokǎo lǜ shén me jí bìng
赵 雷：那你目前主要考虑什么疾病？

gānyìnghuà
孙 宇：肝硬化。

nǐ zhī dàoguó nèi gānyìnghuàchángjiànbìng yīn ma
赵 雷：你知道国内肝硬化常见病因吗？

bìng dú xìnggānyándǎo zhì de gānyìnghuà
孙 宇：病毒性肝炎导致的肝硬化。

赵 雷：zhǔyào shì nǎ yì xíng bìng dú ne
主要 是 哪 一 型 病毒 呢？

孙 宇：yǐ xíng gān yán bìng dú
乙 型 肝炎 病毒。

赵 雷：nà ōu měi guó jiā gān yìng huà de cháng jiàn bìng yīn ne
那 欧美 国家 肝 硬化 的 常 见 病因 呢？

孙 宇：cháng jiàn jiǔ jīng xìng gān yìng huà
常 见 酒精性 肝硬化。

赵 雷：nǐ zhī dào gān yìng huà fēn wéi dài cháng qī hé shī dài cháng qī zhè ge huàn zhě mù qián zhèng chǔ yú nǎ ge
你 知道 肝硬化 分为 代 偿 期 和 失代 偿 期，这个 患者 目前 正 处于 哪个
shí qī
时期？

孙 宇：shī dài cháng qī
失代 偿 期。

赵 雷：hěn hǎo nà me zhè ge huàn zhě dōu chū xiàn le shī dài cháng qī de nǎ xiē lín chuáng biǎo xiàn
很好，那么 这个 患者 都 出现 了 失代 偿 期 的 哪些 临 床 表现？

孙 宇：lín chuáng biǎo xiàn zhǔ yào tǐ xiàn zài gān gōng néng jiǎn tuì hé mén mài gāo yā shang fēn bié biǎo xiàn wéi
临 床 表现 主要 体现 在 肝 功 能 减退 和 门脉 高压 上，分别 表现 为
huáng dǎn pín xuè zhī zhū zhì hé fù shuǐ pí dà cè zhī xún huán
黄 疸、贫血、蜘蛛痣 和 腹水、脾大、侧枝 循环。

赵 雷：bú cuò guān yú dài cháng qī ne nǐ zhī dào yǒu nǎ xiē lín chuáng biǎo xiàn
不错，关于 代 偿 期 呢？你 知道 有 哪些 临 床 表现？

孙 宇：dài cháng qī gān gōng néng jī běn zhèng cháng jǐn biǎo xiàn wéi shí yù jiǎn tuì fá lì fù xiè děng
代 偿 期 肝功 能 基本 正 常，仅 表现 为 食欲 减退、乏力、腹泻 等
zhèng zhuàng
症 状。

赵 雷：chú cǐ zhī wài nǐ zhī dào gān yìng huà de zuì cháng jiàn bìng fā zhèng ma
除此 之外，你 知道 肝硬化 的 最 常 见 并发症 吗？

孙 宇：shí guǎn wèi dǐ jìng mài chū xuè
食管 胃底 静脉 出血。

赵 雷：hái yǒu zuì cháng jiàn de cè zhī xún huán shì shén me ne
还有 最 常 见 的 侧枝 循 环 是 什么 呢？

孙 宇：shí guǎn wèi dǐ jìng mài qū zhāng
食管 胃底 静脉 曲 张。

赵 雷：duì zài yǐng xiàng xué shang cháng yòng shén me jiǎn chá lái jiǎn cè shì fǒu yǒu shí guǎn wèi dǐ jìng mài qū
对。在 影 像 学 上 常 用 什么 检查 来 检测 是否 有 食管 胃底 静脉 曲
zhāng ne
张 呢？

孙 宇：wèi cháng dào bèi cān
胃 肠 道 钡餐。

赵 雷：duì yú gān yìng huà yǐng xiàng xué biǎo xiàn hái yǒu hěn duō nǐ kě yǐ zhòng diǎn gài kuò yí xià tā de
对于 肝硬化，影 像 学 表现 还 有 很多，你 可以 重 点 概括 一下 它 的 CT

biǎoxiànma
表现吗？

孙　宇：好的。首先，肝硬化中晚期肝脏体积缩小，边缘凹凸不平，呈
"锯齿"状，肝裂增宽。

赵　雷：还有什么继发性改变呢？

孙　宇：继发性改变有脾大、门静脉扩张、侧枝循环形成、胃底食管静脉
血管增粗扭曲和腹水等征象。

赵　雷：总结得不错，不过，你应该也知道肝硬化会有再生结节吧。那么肝硬
化的再生结节又需要和什么疾病一起鉴别呢？

孙　宇：需要和小肝癌相鉴别。

赵　雷：最重要的鉴别点是什么？

孙　宇：增强扫描时，肝硬化不但再生结节与肝实质同步，而且无明显
强化，而小肝癌明显强化。

赵　雷：对于肝硬化知识相信你已经基本掌握，但是还要注意一点，
30%～50%的肝硬化合并有肝癌，你们诊断的时候要有这种意识。

孙　宇：好的，我记住了。

Conversation Two
Imaging Diagnosis of Cirrhosis

Situation: A professor and a doctor in standardized training are discussing the case.

Characters: Zhao Lei (Professor)

Sun Yu (Resident doctor)

Time: 4:00 p. m.

Site: Diagnosis room 2 of radiology department

Zhao Lei: Xiaoyu, does this patient have any important medical history?

Sun Yu: This patient has a history of hepatitis B for 8 years.

Zhao Lei: What disease do you mainly consider at present?

Sun Yu: Cirrhosis of liver.

Zhao Lei: Do you know the common causes of cirrhosis in China?

Sun Yu: Cirrhosis of liver is usually caused by viral hepatitis.

Zhao Lei: What is the type of virus mainly responsible for cirrhosis?

Sun Yu: Hepatitis B virus.

Zhao Lei: What about the common causes of cirrhosis in European and American countries?

Sun Yu: Alcoholic liver cirrhosis is common in those regions.

Zhao Lei: Cirrhosis is divided into compensated and decompensated phases. What is the current stage of this patient?

Sun Yu: Decompensated phase.

Zhao Lei: Good. What are the clinical signs of decompensated phase in this patient?

Sun Yu: The clinical signs are mainly hepatic dysfunction and portal hypertension, showing jaundice, anemia, spider nevus, ascites, splenomegaly and collateral circulation.

Zhao Lei: Yes, what about the compensated phase? Do you know what the clinical signs are?

Sun Yu: In compensated phase, liver function is basically normal, showing clinical symptoms such as loss of appetite, fatigue, diarrhea, etc.

Zhao Lei: In addition, do you know the most common complications of cirrhosis?

Sun Yu: Esophageal and gastric variceal bleeding.

Zhao Lei: And what is the most common collateral circulation?

Sun Yu: Esophageal and gastric varices.

Zhao Lei: Right. What examinations are commonly used to detect whether there are esophageal and gastric varices in radiology?

Sun Yu: A gastrointestinal barium meal.

Zhao Lei: Yes. For cirrhosis, there are many imaging findings, but can you summarize the CT findings?

Sun Yu: Yes, professor. First, liver volume is reduced in mid- and late-stage of cirrhosis, borders are uneven and "jagged" while liver fissure is widened.

Zhao Lei: What other secondary changes are there?

Sun Yu: The secondary changes include splenomegaly, portal venous dilation, collateral circulation, thickening and distortion of esophageal and gastric vessels and ascites.

Zhao Lei: Good summary. However, you should also know that cirrhosis will have regenerative nodules. So which other disease should be differentiated for regenerative nodules?

Sun Yu: It needs to be differentiated from the small hepatocellular carcinoma.

Zhao Lei: What is the most important differentiating point?

Sun Yu: The regenerative nodules in cirrhosis are synchronous with the liver parenchyma during enhanced scanning without significant enhancement, while the small hepatocellular carcinoma is significantly enhanced.

Zhao Lei: You may be familiar with cirrhosis but should be aware that 30% ~ 50% of cirrhosis is associated with hepatocellular carcinoma.

Sun Yu: Yes, professor, I'll keep that in mind.

会话三　急性胰腺炎的影像学诊断

情　景：教授和规培医生在讨论急性胰腺炎的影像
诊断。

人　物：唐洁（教授）

吴诗诗（规培医生）

时　间：上午九点

地　点：放射科诊断室三

唐　洁：诗诗，听说你昨天研究了一下急性胰腺炎的片子，我来考考你吧？

吴诗诗：是的，我昨天仔细地看了课本。教授您问吧。

唐　洁：你知道急性胰腺炎的常见病因是什么吧？

吴诗诗：这个我当然知道，胆系疾病或饮酒。

唐　洁：不错，那么它的病理过程呢？

吴诗诗：主要是多种病因引起的胰腺组织自身消化所致的胰腺水肿、出血
坏死等损伤。

唐　洁：说一下引起它自身消化的关键酶。

吴诗诗：主要是胰蛋白酶。

唐　洁：很好，关于急性胰腺炎的临床表现呢？

吴诗诗：有持续性腹痛、恶心、呕吐等表现。

唐　洁：那么腹痛可否放射到其他部位呢？

吴诗诗：腹痛常放射到胸背部。

唐　洁：实验室检查呢？有什么不一样的地方？

吴诗诗：血尿淀粉酶升高是最主要的。

唐　洁：说得很好。病理分型呢？清楚吗？

吴诗诗：分为急性水肿性胰腺炎和急性坏死性胰腺炎。

唐　洁：是的，接下来谈谈急性水肿性胰腺炎的影像学表现。

吴诗诗：平片价值有限，CT上可见胰腺体积弥漫性增大，密度正常或均匀、不均匀轻度下降，胰腺轮廓清楚或模糊，还可有胰周积液。

唐　洁：那么急性坏死性胰腺炎呢？

吴诗诗：CT上可见胰腺体积弥漫性增大，密度不均匀，胰周模糊，胰腺周围脂肪间隙消失。

唐　洁：你刚才说的密度不均是哪些原因导致的？

吴诗诗：胰腺水肿CT值降低，坏死区则更低，而出血区CT值明显增高。

唐　洁：对。如果急性胰腺炎患者来做磁共振成像检查（MRI），你觉得合适吗？

吴诗诗：急性胰腺炎是急症，一般不考虑做MRI。

唐　洁：这种病还有什么并发症吗？

吴诗诗：胰腺脓肿和假性囊肿。

唐　洁：知道真假性囊肿的区别吗？

吴诗诗：真性囊肿的囊壁上有上皮细胞，假性囊肿则由纤维包裹。

hěn hǎo　jí xìng yí xiàn yán de jī chǔ zhī shi nǐ zhǎng wò de bú cuò

唐 洁：很好，急性胰腺炎的基础知识你 掌 握得不错。

xiè xie lǎo shī kuā jiǎng

吴诗诗：谢谢老师夸 奖 。

Conversation Three
The Imaging Diagnosis of Acute Pancreatitis

Situation：A professor and a trainee doctor are discussing the imaging diagnosis of acute pancreatitis.

Characters：Tang Jie（Professor）

Wu Shishi（Resident doctor）

Time：9：00 a. m.

Site：Diagnosis room 3 of radiology department

Tang Jie： Shishi, I heard that you studied about imaging on acute pancreatitis yesterday, shall I test you?

Wu Shishi：Yes, professor. I read my textbook carefully yesterday. You can test me.

Tang Jie： Do you know the common cause of acute pancreatitis?

Wu Shishi：Of course, I know. It is usually caused by biliary disease and drinking alcohol.

Tang Jie： Good. What about its pathologic process?

Wu Shishi：Due to various causes, pancreatic tissue undergoes autodigestion which leads to pancreatic edema, hemorrhagic necrosis and other injuries.

Tang Jie： Talk about the key enzymes that cause its own digestion.

Wu Shishi：Mainly trypsin.

Tang Jie： Good. What about the clinical manifestations of acute pancreatitis?

Wu Shishi：Persistent abdominal pain, nausea, vomiting and other symptoms.

Tang Jie： So, is there any radiation of abdominal pain to other areas?

Wu Shishi：Abdominal pain often radiates to the chest and back.

Tang Jie： What about lab tests? Is there any special finding?

Wu Shishi：The most important is the elevation of amylase in blood and urine.

Tang Jie： Good point. What about its pathological type? Are you clear with that?

Wu Shishi：It is divided into acute edematous pancreatitis and acute necrotizing pancreatitis.

Tang Jie： Yes, let's talk about the imaging findings of acute edematous pancreatitis.

Wu Shishi：The value of plain film is limited. CT may show diffuse increase in the volume of pancreas, with normal density or uniform or nonuniform decrease in density and peripancreatic fluid collection.

Tang Jie： What about acute necrotizing pancreatitis?

Wu Shishi：Diffuse increase in the volume of pancreas, nonuniform density, blurred peripancreatic outline with disappearance of fat space around the pancreas can be seen on CT.

Tang Jie： What are the reasons for the uneven density?

Wu Shishi：The CT value of pancreatic edema is decreased, necrotic area is even lower whereas. CT value of hemorrhagic area is increased.

Tang Jie： Right. If a patient with acute pancreatitis is going to do magnetic resonance imaging (MRI), do you think it is appropriate?

Wu Shishi：Acute pancreatitis is an emergency. MRI is generally not considered.

Tang Jie： Are there any complications?

Wu Shishi：Pancreatic abscess and pseudocyst.

Tang Jie： Do you know the difference between true and false cysts?

Wu Shishi：There are epithelial cells on the wall of the true cyst, pseudocyst has a fibrous wall.

Tang Jie： Good. You know the basics of acute pancreatitis well.

Wu Shishi：Thank you, professor.

生词

大叶性肺炎		dàyèxìng fèiyán	lobar pneumonia
肺炎链球菌		fèiyán liànqiújūn	Streptococcus pneumoniae
毒素	（名）	dúsù	toxin
细菌	（名）	xìjūn	bacteria
空洞	（名）	kōngdòng	cavity

临床表现		línchuáng biǎoxiàn	clinical manifestation/feature
铁锈色	（名）	tiěxiùsè	rusty color
肝样变	（名）	gānyàngbiàn	hepatization
肺纹理	（名）	fèi wénlǐ	lung marking
实变	（名）	shíbiàn	consolidation
不透明	（形）	bú tòumíng	opacity
空气支气管征		kōngqì zhīqìguǎnzhēng	air bronchogram
叶间裂	（名）	yèjiānliè	pulmonary fissure
肺不张	（名）	fèibùzhāng	pulmonary atelectasis
肺叶	（名）	fèiyè	lung lobe
肝硬化	（名）	gānyìnghuà	cirrhosis
病毒性	（形）	bìngdúxìng	viral
蜘蛛痣	（名）	zhīzhūzhì	spider nevus
脾大	（名）	pídà	splenomegaly；splenomegalia
食管	（名）	shíguǎn	esophagus
静脉	（名）	jìngmài	vein
钡餐	（名）	bèicān	barium meal
结节	（名）	jiéjié	nodule
肝癌	（名）	gān'ái	hepatocellular carcinoma
胰蛋白酶	（名）	yídànbáiméi	trypsin
坏死	（动）	huàisǐ	necrose
水肿性	（形）	shuǐzhǒngxìng	edematous
坏死性	（形）	huàisǐxìng	necrotizing
磁共振成像		cígòngzhèn chéngxiàng	magnetic resonance imaging
脓肿	（名）	nóngzhǒng	abscess
上皮细胞		shàngpí xìbāo	epithelial cell

练习

一、听和说

1. 听录音，连线。

高热　　　　　　　　　　　huàisǐ

毒素　　　　　　　　　　　ě·xin

影像　　　　　　　　　　　wùhán

坏死　　　　　　　　　　　cígòngzhèn

恶寒　　　　　　　　　　　gāorè

恶心　　　　　　　　　　　nángzhǒng

呕吐　　　　　　　　　　　dúsù

脾大　　　　　　　　　　　pídà

囊肿　　　　　　　　　　　yǐngxiàng

磁共振　　　　　　　　　　ǒutù

2. 听录音，选词语。

（1）我最近太忙了，今天才有空，下午去医院看了（　　）。

　　　A. 护士　　　　B. 医生　　　　C. 院长　　　　D. 病

（2）到了医院后，医生让我首先做了一个（　　）检查。

　　　A. 尿常规　　　B. 血常规　　　C. 心电图　　　D. 脑电图

（3）请家属帮一下忙，患者 CT 检查需要（　　）着进行。

　　　A. 蹲　　　　　B. 站　　　　　C. 躺　　　　　D. 跳

（4）医生告诉我（　　）检查没有辐射。你觉得呢？

　　　A. X 线　　　　B. CT　　　　　C. 磁共振　　　D. 透视

（5）介入手术需要（　　）作为手术器械。

　　　A. 导管　　　　B. 水管　　　　C. 吸管　　　　D. 血管

3. 听对话，选答案。

（1）A. 肝炎　　　　B. 胰腺炎　　　C. 肺炎　　　　D. 胰腺癌

（2）A. 肝硬化　　　B. 肝炎　　　　C. 胰腺炎　　　D. 肝癌

（3）A. 肺癌　　　　B. 肺不张　　　C. 肺炎　　　　D. 肺气肿

（4）A. 胃纹理　　　B. 肝炎　　　　C. 肺叶　　　　D. 肺纹理

（5）A. 心肌炎　　　　　　　　　　B. 脑炎

　　　C. 新型冠状病毒性肺炎　　　　D. 普通肺炎

4. **完成下列会话**。

(1) A：你知道在医院看病的步骤是哪些吗？

B：_____。（在……之后）

(2) A：你来说说实变的肺叶与肺不张的具体鉴别要点。

B：_____。（而……）

(3) A：36 床患者的所有检查结果出来没有？

B：_____。（不但……而且……）

(4) A：医生，做磁共振检查有什么需要注意的吗？

B：_____。（首先）

(5) A：肝硬化中晚期肝脏体积缩小，边缘凹凸不平，呈"锯齿"状，肝裂增宽。

B：_____。（……不过……）

5. **情景交际练习**。

情景一：子女把发烧、干咳、乏力的老人带来医院看病检查。请根据情景三人一组模拟对老人的 CT 片进行讨论。

情景二：一个实习医生在诊断室读片，教授和主治医生在旁边点评。请根据情景，两人或三人一组进行会话练习。

二、读和写

1. **选词填空**。

禁止　影像　腹痛　仰卧　眼睛　发烧　放射　检查

(1) 医生，我近来一直（　　　　）。是否需要做 CT 检查呢？

(2) 医生开出了腹部（　　　　）的单子。我这会儿先去缴费。

(3) 她吃了药也没见好转，昨天晚上（　　　　）到 39.3 ℃。

(4) 大爷，请您（　　　　）在 CT 检查床上。

(5) （　　　　）携带金属物品进入磁共振室。

(6) 我（　　　　）有点儿模糊，看不清东西。

(7) 急性胰腺炎的腹痛常常（　　　　）到胸背部。

(8) 今晚七点半老师要在影像诊断室一讲肺癌的（　　　　）诊断。

2. **句子排序**。

(1) A. 积极治疗　　B. 你应该　　　C. 配合医生　　　（　　　　）

(2) A. 特别害怕　　B. 我妈妈　　　C. 做磁共振　　　（　　　　）

(3) A. 一定的辐射　B. CT 检查　　C. 具有　　　　　（　　　　）

（4）A. 可以诊断　　B. 贫血　　　　C. 什么检查　　（　　　）

（5）A. 良好心态　　B. 对健康　　　C. 有好处　　　（　　　）

3. **完成下列句子。**

（1）乏力的　有没有　最近　症状

_____？

（2）诊断价值　平片　对胰腺疾病　不大

_____。

（3）很难受　患者　做 CT 检查　眩晕的

_____。

（4）请您　配合我　转动身体　拍胸片时

_____。

（5）呼吸　训练　腹部磁共振　需要

_____。

4. **短文阅读。**

　　第一代 CT 机：X 线为单形束，单个或多个探测器，运动方式为平移加旋转扫描，时长数分钟，且只限于头部扫描。

　　第二代 CT 机：X 线为多射线束，探测器数个到几十个（30 个左右），运动方式也是平移加旋转扫描，时长缩短为 18 秒左右，并可以做全身扫描，但伪影较重。

　　第三代 CT 机：X 线为扇形束，探测器也相应为扇形束，数目为几百个（300～800 个），运动方式为旋转式扫描，时长 2～5 秒，最快可达 1 秒，应用功能明显增加。

　　第四代 CT 机：探测器可增加至 1 000 个，呈扇形排列，而且固定不动，X 线球管呈旋转运动，扫描速度明显增快，从而在克服伪影方面又前进了一步。

　　第五代 CT 机：将扫描时间缩短到 50 毫秒，解决了心脏扫描，是一个电子枪产生的电子束射向环形钨靶，环形排列的探测器收集信息。推出的 64 层 CT，仅用 0.33 秒即可获得患者身体的 64 层图像，空间分辨率小于 0.4 毫米，提高了图像质量，尤其是对搏动的心脏进行的成像。

（左后东）

第十九课　口腔科
dì shí jiǔ kè　kǒu qiāng kē

Lesson Nineteen　Stomatology

会话一　口腔健康检查
huì huà yī　kǒu qiāng jiàn kāng jiǎn chá

情　景：患者到口腔科做常规口腔保健检查与预
防治疗。

人　物：刘梅（医生）

何欢（护士）

赵明（患者，男，四十六岁，已婚）

时　间：上午八点

地　点：门诊口腔科诊断室

赵　明：你好！我是赵明。我已经和刘梅医生预约好今天做口腔预防检查。

何　欢：您好！欢迎您到口腔科就诊。我是刘梅医生的口腔助理护士，我叫何欢。

赵　明：你好，何欢。请问我还需要等多久？

何　欢：我先做好诊疗前的准备，大概十分钟后医生就可以给您检查了。您先等会儿吧！请坐。

赵　明：好的。谢谢。

（shí fēn zhōng hòu　hù shi yǐ zhǔn bèi hǎo kǒuqiāng cháng guī zhì liáo yòng yào jí qì xiè　zhěn shì míng liàng qīng jié
十分钟后，护士已准备好口腔常规治疗用药及器械。诊室明亮清洁，

huànzhě yǐ jīngzuò zài jiǎnchá yǐ shang　liú méi yī shēng zǒu le jìn lái
患者已经坐在检查椅上，刘梅医生走了进来）

zhàoxiānsheng　wǒ xiān gěi nín zuò yí gè quánmiàn de kǒuqiāng jiǎnchá　ránhòu gēn jù jiǎnchá jié guǒ zuò
刘　梅：赵先生，我先给您做一个全面的口腔检查，然后根据检查结果做

yí gè kǒuqiāngbǎojiàn de zhì liáo jì huà
一个口腔保健的治疗计划。

liú yī shēng　nínhǎo　wǒ gāngbān jiā dàozhè ge chéng shì　zhè shì wǒ dì yī cì lái zhè lǐ de kǒuqiāng
赵　明：刘医生，您好！我刚搬家到这个城市，这是我第一次来这里的口腔

kē jiù zhěn　wǒ xiǎngduì wǒ de kǒuqiāng jìn xíng yí cì quánmiànjiànkāngjiǎnchá　kànkan shì fǒu xū yào
科就诊。我想对我的口腔进行一次全面健康检查，看看是否需要

jìn xíngkǒuqiāng yù fáng zhì liáo
进行口腔预防治疗。

hǎo de　wǒ xiǎngwèn yí xià nín de quán shēn jiàn kāng qíng kuàng hé kǒuqiāng bìng shǐ　nín shì fǒu dài le
刘　梅：好的。我想问一下您的全身健康情况和口腔病史。您是否带了

yǐ qián de kǒuqiāngzhěn zhì jì lù běn
以前的口腔诊治记录本？

bù hǎo yì si　liú yī shēng　wǒ bù zhī dào xū yàodài jì lù běn
赵　明：不好意思，刘医生，我不知道需要带记录本。

méiguān xì　nínměiniándìng qī jìn xíngkǒuqiāngjiànkāngjiǎncháma
刘　梅：没关系。您每年定期进行口腔健康检查吗？

méiyǒu　wǒ zhǐ shì zài kǒuqiāngyǒu bú shì de shí houcái huì qù kàn yá yī
赵　明：没有，我只是在口腔有不适的时候才会去看牙医。

nín shì fǒu huìměiniándìng qī jié yá
刘　梅：您是否会每年定期洁牙？

wǒ méiyǒudìng qī jié yá　dàomùqiánwéi zhǐ　wǒ zhǐ jié yá liǎng cì
赵　明：我没有定期洁牙，到目前为止，我只洁牙两次。

nín shì fǒu yīn qí tā xì tǒng jí bìng　rú xīnzàngbìng　tángniàobìng　gāoxuè yā huò qí tā mànxìng jí
刘　梅：您是否因其他系统疾病，如心脏病、糖尿病、高血压或其他慢性疾

bìng ér jiē shòuguo zhì liáo　rú guǒyǒu　qǐng bǎ xiáng xì qíngkuànggào su wǒ
病而接受过治疗？如果有，请把详细情况告诉我。

méiyǒu
赵　明：没有。

zài zuòmǒuxiē yá kē zhì liáo de guòchéngzhōng　xì jūn kě néng huì jìn rù nín de xuè yè li　cóng ér yǐn
刘　梅：在做某些牙科治疗的过程中，细菌可能会进入您的血液里，从而引

qǐ yánzhòng de bìng fā zhèng　suǒ yǐ　wǒ yàoxiānliǎo jiě nín shì fǒuyǒu qí tā xì tǒng jí bìng　zài jìn
起严重的并发症。所以，我要先了解您是否有其他系统疾病，在进

xíng yá kē zhì liáoqián shì fǒu xū yàoxiānkàn nèi kē yī shēng　huòzhě zài zhì liáoqiánhòu　shì fǒu xū yào yù
行牙科治疗前是否需要先看内科医生，或者在治疗前后，是否需要预

fángxìng de gěi nín shǐ yòngkàngshēng sù
防性地给您使用抗生素。

赵　明：原来如此，我不知道这些保健 常 识。

刘　梅：您是否有过血液系统的疾病？您有没有曾 经因为受 伤 或拔牙而长 期
出血？

赵　明：我记不清了。

刘　梅：您是否在进行牙科治疗 中 出现不适？您有麻醉过敏反应吗？

赵　明：没有。

刘　梅：您对药物有过敏反应吗？

赵　明：没有。

刘　梅：那我现在给您进行口 腔 检查。

赵　明：好的。

刘　梅：请您把嘴巴张 开一些，我需要仔细检查您口 腔 内所有的牙齿、牙龈以
及黏膜。

赵　明：好的，我会尽 量配合您的检查。

刘　梅：如果我在检查的时候，您有不适，请举左手示意。

赵　明：好的。

刘　梅：请保持张 嘴 状 态。——请把头 向右转——请把头 向左转——
请咬合，请咬后牙——请左右错合——请放松舌头——请放松下
颌——请漱口——您平时有牙痛以及其他不适吗？

赵　明：没有感觉牙痛，只有刷牙出血的现 象。

刘　梅：我发现您的左上颌第一磨牙有龋坏；口 腔 清洁卫生不好，牙结石较
多；牙龈有红 肿，探针有出血。您需要拍左上颌第一磨牙X光牙

piàn jìn yí bù zhěnduàn qǔ huài de shēn dù   nín hái xū yàozuò jié yá qián de xuèchángguījiǎnchá
片 ，进一步诊 断 龋坏的深度。您还需要做洁牙前的血 常 规检查。

zài nǎ lǐ zuòzhè xiē jiǎnchá   xū yàoduōcháng shí jiān
赵　明：在哪里做这些检查？需要多长 时间？

dà gài xū yàobànxiǎoshí   hù shi huì dài nín zuòzhè xiē jiǎnchá   duì hù shi   hé huān   qǐngdài huàn
刘　梅：大概需要半小时。护士会带您做这些检查。（对护士）何 欢 ，请带患

zhě pāizuǒshàng hé dì yī mó yá guāng yá piàn yǐ jí zuòxuèchángguījiǎnchá
者拍左 上 颌第一磨牙X 光 牙片以及做血 常 规检查。

hǎo de   liú yī shēng
何　欢：好的，刘医生。

Conversation One
Oral Health Examination

Situation：A patient comes to the department of stomatology for routine oral healthcare and preventive treatment.

Characters：Liu Mei（Doctor）

He Huan（Nurse）

Zhao Ming（Patient, male, 46-year-old, married）

Time：8:00 a.m.

Site：Outpatient diagnosis room of stomatology department

Zhao Ming：Good morning! I'm Zhao Ming. I have an appointment with Doctor Liu for an oral check-up today.

He Huan：Good morning, Mr. Zhao! Welcome to the department of stomatology. I'm the nurse and my name is He Huan.

Zhao Ming：Hello, He Huan. Can you please tell me how long do I have to wait?

He Huan：I have to do some preparation for the examination. Doctor Liu will see you in about 10 minutes. Would you like to sit down and wait until then?

Zhao Ming：Sure, thank you.

（10 minutes later, the nurse has prepared conventional medication and instruments for the examination and treatment. The diagnosis room is bright, neat and clean. The patient already sits in the chair when Doctor Liu comes in）

Liu Mei: Hello, Mr. Zhao, I'll examine you first and then make a treatment plan for your oral healthcare according to the results of the examination.

Zhao Ming: Hello, Doctor Liu! I've just moved to this city. This is my first visit to the stomatology department here. I'd like to have a routine health examination of my oral cavity and know whether I need any preventive treatment.

Liu Mei: OK. I'd like to ask you some questions about your general health and dental history. Do you have your previous dental record book with you now?

Zhao Ming: Sorry, Doctor Liu. I didn't know I had to bring the medical record book.

Liu Mei: It doesn't matter. Do you have a regular oral health checkup every year?

Zhao Ming: No, doctor. I only go to the dentist when I feel uncomfortable.

Liu Mei: Do you get your teeth cleaned regularly every year?

Zhao Ming: I don't clean my teeth regularly. So far, I have only cleaned my teeth twice.

Liu Mei: Have you been diagnosed and currently being treated for systemic diseases, such as heart disease, diabetes, hypertension or other chronic diseases? If you have, please tell me the details.

Zhao Ming: No, I haven't.

Liu Mei: During some dental treatment, bacteria may enter the bloodstream and cause serious complications. So it is very important for me to know if you have other systemic diseases. Also, I have to assess if you need a consultation with a physician before beginning dental treatment or whether I should prescribe an antibiotic before and after dental treatment.

Zhao Ming: Oh, sorry, doctor. I don't have any knowledge about this healthcare.

Liu Mei: Have you ever had any blood disorders? Have you ever had prolonged bleeding from an injury or a tooth extraction?

Zhao Ming: I can't remember.

Liu Mei: Have you had any discomfort during the dental treatment? Have you ever had a serious adverse reaction from a dental anaesthetic?

Zhao Ming: No, doctor.

Liu Mei: Are you allergic to any medications?

Zhao Ming: No, doctor.

Liu Mei: May I examine you now, Mr. Zhao?

Zhao Ming: Certainly, doctor.

Liu Mei: Could you open your mouth a little wider, please? I need to examine all the teeth, gums and mucous membrane in your mouth carefully.

Zhao Ming： OK, I will try my best to cooperate.

Liu Mei： If you feel uncomfortable, please raise your left hand.

Zhao Ming： Sure, doctor.

Liu Mei： Please keep your mouth open—turn your head to the right—please turn your head to the left—please clench, clench your back teeth—clench your teeth and slide your jaw from side to side—please relax your tongue—please relax your lower jaw—please rinse your mouth. Do you usually have toothache and other discomforts?

Zhao Ming： I have no toothache, but when I brush my teeth, there is bleeding.

Liu Mei： Let me see. The first upper molar on the left is decayed. Your oral hygiene is not very good and there are lots of calculus on your teeth. The gums are red and swollen. When I use the probe to touch the gum, it is bleeding. Well, you need an X-ray of the first molar of the left upper jaw to further diagnose the condition of caries and a blood test before cleaning your teeth.

Zhao Ming： Where can I do these tests? How long will it take?

Liu Mei： It takes about half an hour. The nurse will guide you through these examinations. (To nurse)He Huan, please accompany Mr. Zhao to take the X-ray of the first molar of the left upper jaw and the routine blood examination.

He Huan： Yes, doctor.

会话二　口腔预防治疗
huì huà èr　kǒu qiāng yù fáng zhì liáo

情　景： 患者赵明在护士何欢的陪同下，完成了左上颌第一磨牙X光牙片以及血常规检查，再次回到诊断室。

人　物： 刘梅（医生）

何欢（护士）

赵明（患者，男，四十六岁，已婚）

时　间： 上午九点

地　点： 门诊口腔科诊断室

赵　明：刘医生，这是我的检查结果。

刘　梅：从牙片上看，您的左上颌第一磨牙龋坏较浅，您也没有疼痛症状，可以直接补牙。但您需要预约下次补牙的时间。

赵　明：好的。

刘　梅：您的血常规结果也无异常，稍后我为您洁牙。

赵　明：刘医生您确定我今天可以洁牙吗？

刘　梅：是的，今天上午我预约的患者不多，可以洁牙。您的牙有较多结石，需要清除掉。

赵　明：医生，洁牙需要多长时间？

刘　梅：大约30分钟吧。半年后进行下一次预防性洁治和检查，您需要提前预约时间。

赵　明：好的，刘医生。

刘　梅：大多数牙病是可以预防的。我认为帮助患者预防牙病和治疗牙病同样重要，所以，定期洁牙、进行口腔健康检查是很有必要的，也很重要。

赵　明：谢谢您的建议！我知道了，口腔预防保健很重要。

刘　梅：护士已经做好洁牙的准备工作，您跟我到洁牙诊疗室吧。

赵　明：好的。

刘　梅：洁牙时，我们会告诉您口腔保健常识和正确的刷牙方法。

赵　明：那太感谢了，我平时没关注这些常识。

刘　梅：教您正确的方法进行口腔健康维护，目的是要防止龋齿和牙龈疾病。没有良好的日常护理，我的治疗也不能维持长久的疗效。

赵　明：您真是位有耐心的医生。

刘　梅：口腔卫生的重点在于控制菌斑，消除污垢和食物残渣，使口腔和牙颌系统有一个清洁健康的良好环境，从而发挥其生理功能，维护口腔健康。刷牙是常规的自我口腔保健措施，是机械性地去除菌斑和软垢最常用的有效方法。

赵　明：我每天睡前都会刷牙的。

刘　梅：每天至少早晚各刷牙一次，牙刷三个月更换一次，牙刷头宜朝上放置。刷毛与牙齿呈45度至60度角，上牙从上往下刷，下牙从下往上刷，咬合面牙齿来回刷，里里外外刷仔细。

赵　明：听您讲后我才知道，我以前刷牙方法都不正确。从现在开始，我会按正确的方法刷牙。

刘　梅：除了刷牙外，还需采用一些特殊的牙间清洁器，如牙线、牙间刷、牙签等帮助去除牙间隙的菌斑及牙垢。根据您的习惯可以选择使用这些方法。如果您用牙线，就从牙线盒里拉出一段约25厘米长的牙线，将线头两端分别在两手的食指第一节上绕两圈至三圈，两食指间的距离约5厘米。用大拇指或中指支撑着将牙线拉直，将牙线贴紧牙齿的邻接牙面并使其成C型，然后上下左右缓和地刮动，清洁牙齿的表面、侧面以及牙龈深处的牙缝，同时带出食物嵌渣。牙线能有效剔除牙缝里的残留物及牙齿邻面上的菌斑。

赵　明：谢谢刘医生。您真是太好了。

刘　梅：好啦，洁牙结束了。护士会给您的牙齿局部涂氟，防止过敏和龋坏。

何　欢：给您的牙齿涂氟大约需要三分钟。涂氟后请不要漱口，三十分钟内不要喝水和吃东西。

赵　明：好的。

何　欢：您的左上颌第一磨牙龋坏，您需要跟刘医生预约下次补牙的时间。

赵　明：那我预约下周一上午八点半，可以吗？

何　欢：我查了刘医生下周患者的预约情况，应该是可以的。

赵　明：谢谢！我一定按时复诊。

何　欢：我还要提醒您，每半年做一次洁牙和口腔健康检查，也请记得提前

yù yuē
预约。

wǒ dōu jì zhù le xiè xie nǐ hé liú yī shēng zhè shì yí cì fēi cháng yǒu yì yì de kǒuqiāng yù fáng zhì
赵　明：我都记住了，谢谢你和刘医生。这是一次非常有意义的口腔预防治

liáo hé jiànkāngjiǎnchá wǒ bù jǐn dé dào le yǒuxiào de zhìliáo hái xué xí le zhèngquè de kǒuqiāngbǎo
疗和健康检查，我不仅得到了有效的治疗，还学习了正确的口腔保

jiàn fāng fǎ
健方法。

bú kè qi xī wàng bàn nián hòu nín de kǒuqiāng jiànkāng jiǎnchá qíngkuàng bǐ zhè cì hǎo xià cì zài huì
何　欢：不客气！希望半年后您的口腔健康检查情况比这次好。下次再会！

xià cì zài huì
赵　明：下次再会！

Conversation Two
Oral Prophylaxis

Situation：He Huan accompanied Zhao Ming to complete the X-ray of the first molar of the left upper jaw and the routine blood test. Now, they return to the diagnosis room again.

Characters：Liu Mei(Doctor)

He Huan（Nurse）

Zhao Ming (Patient, male, 46-year-old, married)

Time：9:00 a.m.

Site：Outpatient diagnosis room of stomatology department

Zhao Ming：Doctor Liu, here are the reports.

Liu Mei：According to the dental film, the decay in your first molar tooth isn't that deep. You don't feel any pain either, so my suggestion is to do the dental filling. You will need an appointment for the filling.

Zhao Ming：I see, doctor.

Liu Mei：The reports of blood test are normal. I'll clean your teeth in a while.

Zhao Ming：Doctor Liu, are you sure I can have my teeth cleaned today?

Liu Mei: Yes. I don't have many patients this morning. I can clean your teeth. There's much calculus on your teeth that should be removed.

Zhao Ming: Doctor, how long does it take to clean my teeth?

Liu Mei: About 30 minutes. It is better to do the next cleaning half a year later. You will need an appointment in advance.

Zhao Ming: I see, Doctor Liu.

Liu Mei: Most dental diseases can be prevented. I believe that preventing dental diseases is just as important as treating the disease once it occurs. Therefore, regular scaling and oral health examination are necessary and important.

Zhao Ming: Thank you for your advice! I know now. Oral prophylaxis is very important.

Liu Mei: The nurse is ready for cleaning. Please come along with me to the cleaning room.

Zhao Ming: Sure, doctor.

Liu Mei: While cleaning your teeth, we are also going to teach you how to take good care of your oral cavity and how to use the toothbrush effectively.

Zhao Ming: Thank you very much, doctor. I don't usually pay much attention to it.

Liu Mei: In order to prevent dental caries and gum disease, we will be teaching you the correct method to maintain oral health. Without good daily care my treatment could fail.

Zhao Ming: You are so patient.

Liu Mei: The key point of oral hygiene is to control dental plaque and eliminate food residues, have a clean and healthy oral cavity, provide clean and healthy oral and maxillofacial environment for the physiological system to work well. Brushing teeth is a routine measure of oral healthcare. Meanwhile, it is also the most effective way to remove plaque and soft scale.

Zhao Ming: I brush my teeth before going to bed every night.

Liu Mei: At least, brush your teeth twice a day, once in the morning and once in the evening. Replace your toothbrush every 3 months. The head of the toothbrush should be placed upwards. When you brush your teeth, place the bristles of the brush 45 ~ 60 degrees to the teeth. Move the brush downwards on the upper teeth and upwards on the lower teeth. Brush the chewing surface of teeth back and forth, inside and outside carefully.

Zhao Ming: After listening to you, I now know that I have brushed my teeth incorrectly.

From now on, I will brush my teeth in the right way.

Liu Mei： In addition to brushing your teeth, you can use some special dental cleaners, such as dental floss, interdental brush and toothpick to remove plaque and calculus. Choose a proper method according to your habits. If you want to use dental floss, first, take about 25 centimeters of dental floss from the box. Then wrap the dental floss around the first segment of the finger of both hands 2 to 3 times respectively. Keep the distance between the two index fingers of about 5 centimeters. Straighten the dental floss with your thumb or middle finger. Tighten the dental floss to the proximal surface and make it C-shaped. Use an up-and-down or left-and-right scrapping motion gently to clean the outside surface and the side of each tooth. Meanwhile, it can clean teeth gap deep in the gums and bring out the food residues. Dental floss can clean the plaque and food debris from the proximal surface and the spaces between the teeth.

Zhao Ming： Thank you, Doctor Liu. It's very kind of you.

Liu Mei： Well, the cleaning is over. Miss He will apply fluoride to your teeth topically to prevent allergies and formation of new cavities.

He Huan： The procedure will take about 3 minutes. Don't rinse your mouth after applying fluoride. Don't drink or eat anything for 30 minutes.

Zhao Ming： All right.

He Huan： Your first molar of the left upper jaw is decayed. You need an appointment with Doctor Liu for the next filling.

Zhao Ming： Can I make an appointment at 8:30 a. m. next Monday?

He Huan： Let me see Doctor Liu's appointment records for next week... Well, it should be possible.

Zhao Ming： Thank you. I will visit on time.

He Huan： I would like to remind you that you should clean your teeth and have an oral health checkup every six months. Please also remember to have an appointment in advance.

Zhao Ming： I remember, thank you. This is a meaningful oral prophylaxis and oral health checkup. I not only receive an effective treatment, but also know how to take the oral healthcare correctly.

He Huan： You're welcome! I hope your oral heath will be better in half a year. See you next time！

Zhao Ming： See you next time！

生词

口腔保健		kǒuqiāng bǎojiàn	oral healthcare
治疗计划		zhìliáo jìhuà	treatment plan
预防治疗		yùfáng zhìliáo	preventive treatment
定期	（形）	dìngqī	regular
不适	（形）	búshì	uncomfortable
洁牙	（动）	jié//yá	clean teeth
心脏病	（名）	xīnzàngbìng	heart disease
牙龈	（名）	yáyín	gum
黏膜	（名）	niánmó	mucous membrane
颌	（名）	hé	jaw
磨牙	（名）	móyá	molar tooth
探针	（名）	tànzhēn	probe
补	（动）	bǔ	fill
龋齿	（名）	qǔchǐ	dental caries
菌斑	（名）	jūnbān	dental plaque
软垢	（名）	ruǎngòu	soft scale
更换	（动）	gēnghuàn	replace
咬合面	（名）	yǎohémiàn	occlusal surface; chewing surface
牙线	（名）	yáxiàn	dental floss
牙间刷	（名）	yájiānshuā	interdental brush
牙签	（名）	yáqiān	toothpick
牙缝	（名）	yáfèng	diastema; tooth gap
嵌渣	（名）	qiànzhā	residues
邻面	（名）	línmiàn	proximal surface
局部	（名）	júbù	part
氟	（名）	fú	fluoride

练习

一、听和说

1. 听录音，连线。

口腔　　　　　　　　　　　niánmó

保健　　　　　　　　　　　ruǎngòu

黏膜　　　　　　　　　　　kǒuqiāng

牙龈　　　　　　　　　　　yájiéshí

龋坏　　　　　　　　　　　yáxiàn

菌斑　　　　　　　　　　　yáfèng

牙结石　　　　　　　　　　yáyín

软垢　　　　　　　　　　　bǎojiàn

牙线　　　　　　　　　　　qǔhuài

牙缝　　　　　　　　　　　jūnbān

2. 听录音，选词语。

（1）患者希望进行一次（　　）全面健康检查。

　　A. 身体　　　　B. 牙齿　　　　C. 耳朵　　　　D. 口腔

（2）患者是否有心脏病、（　　）、高血压或其他慢性疾病？

　　A. 皮炎　　　　B. 糖尿病　　　C. 头痛　　　　D. 高血脂

（3）在某些牙科治疗过程中，（　　）可能会进入血液里。

　　A. 细菌　　　　B. 毒素　　　　C. 微生物　　　D. 病原体

（4）（　　）是常规的自我口腔保健措施，需要坚持。

　　A. 洁牙　　　　B. 刷牙　　　　C. 补牙　　　　D. 牙线

（5）您需要用含氟的牙膏，（　　）能防止牙齿过敏和龋坏。

　　A. 氮　　　　　B. 氨　　　　　C. 氟　　　　　D. 氯

3. 听对话，选答案。

（1）A. 一次　　　　B. 两次　　　　C. 三次　　　　D. 四次

（2）A. 咽喉　　　　B. 舌头　　　　C. 牙齿　　　　D. 门牙

（3）A. 牙套　　　　B. 牙线　　　　C. 牙签　　　　D. 牙间刷

（4）A. 根管治疗　　B. 窝沟封闭　　C. 补牙　　　　D. 洁牙

（5）A. 清洁　　　　B. 修复　　　　C. 保护　　　　D. 预防

4. 完成下列会话。

（1）A：患者以前来过这里的口腔科就诊吗？

B：＿＿＿＿＿＿＿＿＿＿＿＿＿＿＿＿＿＿＿＿＿。（第一次……）

（2）A：请问，你每年定期进行口腔健康检查吗？

B：＿＿＿＿＿＿＿＿＿＿＿＿＿＿＿＿＿＿＿＿＿。（只有……才……）

（3）A：预防牙病和治疗牙病哪个更重要？

B：＿＿＿＿＿＿＿＿＿＿＿＿＿＿＿＿＿＿＿＿＿。（同样……）

（4）A：这次检查让患者学到了什么？

B：＿＿＿＿＿＿＿＿＿＿＿＿＿＿＿＿＿＿＿＿＿。（不仅……而且……）

（5）A：牙齿涂氟后患者应该注意些什么呢？

B：＿＿＿＿＿＿＿＿＿＿＿＿＿＿＿＿＿＿＿＿＿。（不要……）

5. 情景交际练习。

情景一：一个 10 岁男孩因为牙齿疼，在妈妈的陪伴下来医院看病。请根据情景，三人或者两人一组进行会话练习。

情景二：患儿进行窝沟封闭后，医生与患儿及家属进行交流。请三人一组模仿医生与家属及患儿的对话。

二、读和写

1. 选词填空。

残渣　至少　抗生素　复诊　牙疼　特殊　卫生　牙缝

（1）你平时有（　　　）或其他不适吗？

（2）口腔卫生的重点在于控制菌斑、消除污垢和食物（　　　）。

（3）你的口腔清洁（　　　）不好，牙结石较多。

（4）牙科治疗时，医生可能需要预防性地使用（　　　）。

（5）请记住，每天（　　　）早晚各刷牙一次。

（6）牙线能有效剔除（　　　）里的残留物及牙齿邻面上的菌斑。

（7）牙线、牙间刷、牙签等是（　　　）的牙间清洁器。

（8）补牙后患者需要按时（　　　）。

2. 句子排序。

（1）A. 使用牙线　　B. 选择　　　C. 您可以　　　　　（　　　）

（2）A. 患者应该　　B. 刷牙方法　C. 知道正确的　　（　　　）

（3）A. 请举左手　　B. 如果有不适　C. 示意　　　　　（　　　）

（4）A. 检查磨牙　　B. 患者　　　C. 需要　　　　　　（　　　）

（5）A. 状态　　　　B. 张嘴　　　　C. 请保持　　　　　　　（　　　）

3. 完成下列句子。

（1）蛀牙　我女儿　长了　还是

_____。

（2）进行　半年后　牙齿防治　下一次

_____。

（3）并没有　每年定期　洁牙　我们

_____。

（4）假牙的　这是　底冠　金属

_____。

（5）预防　很重要　检查　口腔

_____。

4. 短文阅读。

在宝宝生长发育过程中，拥有健康的牙齿是很重要的。牙齿可以帮助宝宝咀嚼食物；当他们开始学说话时，牙齿会影响他们的发音和语言交流；牙齿的功能性刺激可促进颅颌面的发育。

一般宝宝在 6 个月大的时候开始长牙，我们有时见宝宝咧嘴一笑，上面或者下面露出两颗小牙，白白的，很是可爱。那么，宝宝长牙的正常顺序是怎样的呢？请看下表：

乳牙萌出时间和顺序表

顺序	乳牙名称	萌出时间	牙数（颗）		
			上牙	下牙	总计
1	乳中切牙	5～10 个月	2	2	4
2	乳侧切牙	6～14 个月	2	2	4
3	第一乳磨牙	10～17 个月	2	2	4
4	乳尖牙	18～24 个月	2	2	4
5	第二乳磨牙	20～30 个月	2	2	4

值得注意的是，宝宝乳牙萌出时间存在很大的个体差异，产生这些差异的原因有遗传因素的影响，也有环境因素的影响，其中，环境因素的影响更为普遍。宝宝乳牙萌出顺序也常常出现变化，但最终并不影响牙齿的排列，不需要特别处理。

（刘英　冯颖）

第二十课　眼视光学
Lesson Twenty　Optometry

huì huà yī　　jí xìng hóng mó jié zhuàng tǐ yán bìng qíng zhěn duàn
会话一　急性虹膜睫状体炎病情诊断

qíng jǐng　huàn zhě yīn wèi yǎn hóng hé yǎn tòng dào yī yuàn jiù zhěn
情 景： 患者因为眼红和眼痛到医院就诊。

rén wù　　táng yà píng　yī shēng
人 物： 唐亚平（医生）

lǐ lì　　huàn zhě　nǚ　sì shí èr suì　yǐ hūn
李丽（患者，女，四十二岁，已婚）

shí jiān　shàng wǔ jiǔ diǎn
时 间： 上午九点

dì diǎn　yǎn kē mén zhěn zhěn duàn shì
地 点： 眼科门诊诊断室

nín hǎo　nín yǎn jing zěn me la
唐亚平：您好，您眼睛怎么啦？

wǒ yǎn jing fā hóng　kàn dōng xi mó hu
李 丽：我眼睛发红，看东西模糊。

shén me shí hou kāi shǐ hóng de
唐亚平：什么时候开始红的？

zuó tiān zǎo shang qǐ chuáng hòu jiù fā xiàn yǎn hóng
李 丽：昨天早上起床后就发现眼红。

nà kàn dōng xi mó hu ne　shì shén me shí hou kāi shǐ de
唐亚平：那看东西模糊呢？是什么时候开始的？

yě shì zuó tiān zǎo shang qǐ chuáng hòu fā xiàn de
李 丽：也是昨天早上起床后发现的。

yì zhí kàn dōng xi mó hu hái shi yí zhèn zhèn mó hu
唐亚平：一直看东西模糊还是一阵阵模糊？

yì zhí mó hu
李 丽：一直模糊。

chú le yǎn hóng　kàn dōng xi mó hu　hái yǒu qí tā zhèng zhuàng ma
唐亚平：除了眼红、看东西模糊，还有其他症状吗？

李　丽：还有眼疼。

唐亚平：是眼球疼还是眼球周围疼？

李　丽：眼球疼。

唐亚平：剧痛还是钝痛？

李　丽：有点胀痛，不太明显。

唐亚平：早上醒来有眼屎吗？

李　丽：有一点，不多。

唐亚平：有没有头疼？

李　丽：没有。

唐亚平：有没有恶心、呕吐？

李　丽：没有。

唐亚平：来，请坐在凳子上。把下巴放在托架上，额部向前靠紧上方的托架。这是裂隙灯，我要检查您的眼前节部分。

李　丽：好的。

唐亚平：检查眼睛的时候会有比较强的光照射眼睛，请坚持一会儿。向前看——向上看——向下看——眨眨眼。我手指轻轻触摸您眼球时疼吗？

李　丽：很疼，一接触到眼球就疼。

唐亚平：根据您的情况，我还需要给您做一个眼压测试。

李　丽：好的。

唐亚平：这是气压式眼压计。您像刚才一样坐好，将有一股气吹在眼睛上，

duì yǎnjing bú huì yǒu yǐngxiǎng　　zhēng dà yǎnjing
对眼睛不会有影 响 。 睁 大眼睛。

yǎn yā zhèngcháng ma
李　丽：眼压 正 常 吗?

zhèngcháng
唐亚平：正 常 。

nà wǒ yǎnjing shì shén me jí bìng ne
李　丽：那我眼睛是什么疾病呢?

gēn jù jiǎnchá jié guǒ　　kǎo lǜ jí xìnghóng mó jié zhuàng tǐ yán
唐亚平：根据检查结果，考虑急性 虹 膜睫 状 体炎。

nà gāi zěn me bàn ne
李　丽：那该怎么办呢?

xū yàoyào wù zhì liáo　　zàn shí bù xū yàoshǒushù zhì liáo　　rú guǒ zhì liáo bù jí shí huòzhě yǒu bái nèi zhàng
唐亚平：需要药物治疗，暂时不需要手术治疗，如果治疗不及时或者有白内 障

děngbìng fā zhèngchǎnshēng　　hòu qī xū yàoshǒushù zhì liáo
等并发症 产 生 ，后期需要手术治疗。

xiàn zài yàoyòngshén me yào ne
李　丽：现在要用 什么药呢?

wǒ mǎshàng gěi nín kāi chǔfāng　　nín àn zhào yī zhǔyòngyào　　míngtiān zài lái fù chá
唐亚平：我马上 给您开处方，您按照医嘱用药， 明天再来复查。

hǎo de　　xiè xie
李　丽：好的，谢谢。

Conversation One
Diagnosis of Acute Iridocyclitis

Situation：The patient comes to the hospital for redness and pain of eye.

Characters：Tang Yaping（Doctor）

Li Li（Patient，female，42-year-old，married）

Time：9：00 a. m.

Site：Outpatient diagnosis room of ophthalmic department

Tang Yaping：　Good morning! What is the matter with your eyes?

Li Li：　　　　My eyes have become red and my sight is blurry.

Tang Yaping:	When did the eyes start to turn red?
Li Li:	When I woke up yesterday morning, I found my eyes red.
Tang Yaping:	What about the blurring? When did it start?
Li Li:	I also noticed it yesterday morning after getting up.
Tang Yaping:	Does the blurring occur all the time or occasionally?
Li Li:	All the time.
Tang Yaping:	Any other symptoms besides the redness of your eyes and blurring?
Li Li:	I also have pain in the eyes.
Tang Yaping:	Is the pain in the eyeballs or around the eyeballs?
Li Li:	In the eyeballs.
Tang Yaping:	Sharp pain or dull pain?
Li Li:	A little dull, not too obvious.
Tang Yaping:	Do you have any discharge when you wake up in the morning?
Li Li:	A little, not much.
Tang Yaping:	Do you have a headache?
Li Li:	No.
Tang Yaping:	Any nausea, vomiting?
Li Li:	No.
Tang Yaping:	This way please! Have a seat. Please put your chin on the chin rest and your forehead against the board. This is a slit-lamp. I will check the anterior segment of your eye.
Li Li:	OK.
Tang Yaping:	Strong lights will shine on your eyes. Keep your eyes open. Please look straight—look up—look down—blink your eyes. Does it hurt when my finger touches your eyes?
Li Li:	It hurts so much. It hurts when you touch the eyes.
Tang Yaping:	According to your condition, I need to perform an intraocular pressure test.
Li Li:	OK.
Tang Yaping:	This is a barometer (ophthalmotonometer). Please be seated like before. A puff of air will blow on your eyes. It won't hurt you. Open your eyes.
Li Li:	Is the eye pressure normal?
Tang Yaping:	Yes. It is normal.
Li Li:	What's wrong with my eyes?

Tang Yaping： According to the results, acute iridocyclitis is considered.

Li Li： So what should I do?

Tang Yaping： You need medical treatment. Surgical treatment is not required for the time being. If the treatment is not done on time or there are complications such as cataracts, then surgical treatment is needed later.

Li Li： What kind of medicine do I need now?

Tang Yaping： I'll write you a prescription right away. Take the medicine as ordered, you can come tomorrow for re-check.

Li Li： OK, thanks.

huì huà èr　　yàn guāng
会话二　验光

qíng　jǐng　 huàn zhě yīn wèi shì wù mó hu dào shì guāng mén zhěn jiù zhěn
情 景：患 者 因为 视物 模糊 到 视 光 门 诊 就 诊。

rén　wù　 lǐ tāo　　 shì guāng shī
人 物：李涛（视 光 师）

wáng wěi　 huàn zhě　 nán　 shí sān suì
王 伟（患 者，男，十 三 岁）

shí　jiān　 shàng wǔ shí diǎn
时 间：上 午 十 点

dì　diǎn　 shì guāng mén zhěn zhěn duàn shì
地 点：视 光 门 诊 诊 断 室

yī shēng　　 wǒ xū yào pèi yí fù yǎn jìng　　 yīn wèi wǒ de shì lì mó hu
王 伟：医生，我需要配一副眼镜，因为我的视力模糊。

nǐ yào dài kuàng jià yǎn jìng hái shi yǐn xíng yǎn jìng ne
李 涛：你要戴 框 架眼镜还是隐形眼镜呢？

wǒ yào dài kuàng jià yǎn jìng
王 伟：我要戴 框 架眼镜。

qǐng zuò xià　　 wǒ xiān gěi nǐ jiǎn chá yí xià yuǎn shì lì　　 qǐng zhē zhù zuǒ yǎn　　 shuō chū zì mǔ　 de
李 涛：请坐下，我先给你检查一下远视力。请遮住左眼，说出字母E的

fāng xiàng
方 向。

王　伟：向上，向右。

李　涛：很好，这个呢？

王　伟：哦，有些模糊，好像是向下，向左。

李　涛：请换一只眼。

王　伟：我左眼的视力比右眼好些。

李　涛：你的远视力是0.2/0.3。我们检查一下近视力。

王　伟：这一排字母我都能看见。

李　涛：恭喜你，你的近视力是正常的。

王　伟：我是近视眼，还是远视眼？有没有散光？

李　涛：估计你是近视眼，但还需要验光检查来证实。

王　伟：好的。

李　涛：请坐在这里，把下巴放在托架上，额部向前靠紧上方的托架。

王　伟：这是什么仪器？

李　涛：这是电脑自动验光仪，请注视前方的小孔，你看到了什么？

王　伟：我看到一张图片，上面有草地、小路和房子。

李　涛：很好，第一步已经检查完了。

王　伟：这么快，我的近视严重吗？

李　涛：不太严重。

王　伟：我的眼睛有散光吗？

李　涛：是的，有轻度的散光。

王　伟：为什么把灯光调暗？

李　涛：因为现在要给你做检影检查，这是视网膜检影仪。

王　伟：我要看着您的灯光吗？

李　涛：不，请向前看，不要眨眼。

王　伟：我要流眼泪了。

李　涛：请坚持一下，很快就完成了。

王　伟：好的。

李　涛：接下来我要用综合验光仪进一步精确你的屈光度数。请坐在椅子上。

王　伟：我们开始验光吗？

李　涛：对，现在请注视你眼前的视标。清楚吗？

王　伟：清楚。

李　涛：这样呢？

王　伟：有些模糊了。

李　涛：双眼睁开，请注视视标三分钟。

王　伟：我现在看不清楚了。

李　涛：没有关系，在模糊的情况下你的眼睛就能放松调节，这叫雾视法。现在你看到眼前的视标了吗？

王　伟：是的，那是一个放射状的线条视标。

李　涛：你能看清视标以外的数字吗？

王　伟：能。那数字好像一个时钟一样。

李　涛：很好。请仔细观察这些线条，告诉我哪一根线条特别细而黑？

王　伟：好像是两点钟至八点钟。
hǎoxiàng shì liǎng diǎnzhōng zhì bā diǎnzhōng

李　涛：那我调整一下镜片。这样呢？哪一根线条细而黑？
nà wǒ tiáozhěng yí xià jìngpiàn　zhèyàng ne　nǎ yì gēnxiàntiáo xì ér hēi

王　伟：所有的线条一样粗了。这是什么检查？
suǒyǒu de xiàntiáo yí yàng cū le　zhè shì shén me jiǎnchá

李　涛：这是散光检查，叫作散光盘视标实验。现在进行下一步检查，请
看视标板。
zhè shì sǎnguāngjiǎnchá　jiàozuò sǎnguāngpán shì biāo shí yàn　xiàn zài jìn xíng xià yí bù jiǎnchá　qǐng
kàn shì biāobǎn

王　伟：看见了，一半是红色，一半是绿色。
kànjiàn le　yí bàn shì hóng sè　yí bàn shì lǜ sè

李　涛：很好，请告诉我红色亮还是绿色亮？
hěnhǎo　qǐnggào su wǒ hóng sè liànghái shi lǜ sè liàng

王　伟：红色亮，绿色暗。
hóng sè liàng　lǜ sè àn

李　涛：这样呢？
zhèyàng ne

王　伟：还是红色比绿色亮。
hái shi hóng sè bǐ lǜ sè liàng

李　涛：这样呢？
zhèyàng ne

王　伟：哦，一样亮了。这是检查什么呢？
ò　yí yàngliàng le　zhè shì jiǎncháshén me ne

李　涛：这叫作红绿视标检查。请再次注视视标板上的视标。
zhèjiàozuòhóng lǜ shì biāojiǎnchá　qǐngzài cì zhù shì shì biāobǎnshang de shì biāo

王　伟：我看见一些黑色的斑点。
wǒ kànjiàn yì xiē hēi sè de bāndiǎn

李　涛：对。现在放上交叉柱镜。
duì　xiàn zài fàngshàngjiāochāzhùjìng

王　伟：哦，不清楚了。
ò　bù qīngchu le

李　涛：这是正常的，下面请你比较两种情况下哪一种更清楚。
zhè shì zhèngcháng de　xiàmiànqǐng nǐ bǐ jiàoliǎngzhǒngqíngkuàngxià nǎ yì zhǒnggèngqīngchu

王　伟：好的。
hǎo de

李　涛：如果那是A面，那么这就是B面，哪一面更清楚？
rú guǒ nà shì　miàn　nà me zhè jiù shì　miàn　nǎ yí miàngèngqīngchu

王　伟：A面更清楚。
miàngèngqīngchu

李　涛：这样呢？哪一面更清楚？
zhèyàng ne　nǎ yí miàngèngqīngchu

王 伟：两 面 一 样 清 楚 了。

李 涛：这叫交叉柱镜检查，为了更精确地检查你眼睛的散光。下面我们对你的左眼进行同样的检查。

王 伟：好的。

李 涛：现在进行双眼屈光平衡的检查，目的是让你不仅看得清楚，而且看得更持久。

王 伟：谢谢。

李 涛：现在把两只眼睛都睁开，你看到了什么？

王 伟：我看见9、6、3和5四个数字。

李 涛：这些数字有背景颜色吗？

王 伟：9和3的背景颜色是绿色，5和6的背景颜色是红色。

李 涛：请注视视标板，你能发现哪一个数字的背景颜色更亮吗？

王 伟：好像是3和6的背景颜色更亮。

李 涛：这样呢？

王 伟：这样四个数字的背景颜色一样亮了。

李 涛：好了，请看视力表，让我们再查一次双眼视力。

王 伟：现在我的眼睛都能看到1.0的视标了。

李 涛：我给你开个处方，现在你可以配眼镜了。

王 伟：我的眼睛是真性近视，还是假性近视？

李 涛：真性近视。根据你近视的程度，你必须随时戴眼镜。

王 伟：我需要注意什么吗？

李 涛：
qǐng bú yào cháng shí jiān yuè dú   yuè dú shí jīng cháng tiào wàng yuǎn chù de fēng jǐng   jiǎn shǎo yǎn jing pí
请不要长 时间阅读，阅读时经 常 眺 望 远处的风景，减 少 眼 睛疲

láo   yuè dú shí guāng xiàn bù néng tài àn   hái yào zhù yì duàn liàn shēn tǐ
劳，阅读时 光 线不能太暗。还要注意锻 炼 身体。

王 伟：
hǎo de   xiè xie nín
好的，谢谢您!

Conversation Two
Optometry

Situation：The patient comes to optometric outpatient center for blurring of vision.

Characters：Li Tao（Optometrist）

Wang Wei（Patient，male，13-year-old）

Time：10：00 a. m.

Site：Optometric outpatient diagnosis room of ophthalmic department

Wang Wei：Doctor, I think I need to wear glasses because my eyesight has become blurry.

Li Tao：Would you prefer frame eyeglasses or contact lenses?

Wang Wei：I would like to have frame eyeglasses, please.

Li Tao：Please sit down. Let me check your distant vision first. Cover your left eye, tell me the direction of the letter E.

Wang Wei：Up, right.

Li Tao：Good, and this one?

Wang Wei：Oh, little blurred, but it seems down, left.

Li Tao：Change to the other eye, please.

Wang Wei：My left vision is better than the right one.

Li Tao：Your distant vision is 0. 2/0. 3. Next, let me check your near vision.

Wang Wei：I can differentiate every letter on this row.

Li Tao：Congratulations, your near vision is normal.

Wang Wei：	Am I myopic, or hyperopic? Is there any astigmatism?
Li Tao：	Probably myopic, but I must complete the refraction to confirm.
Wang Wei：	OK.
Li Tao：	Please sit down here, put your chin on the bracket with your forehead forward and against the upper bracket.
Wang Wei：	What equipment is this?
Li Tao：	This is an autorefractor. Please look through the pinhole, what do you see?
Wang Wei：	I see a picture. There is grass, road and house.
Li Tao：	Very good, the first step is finished.
Wang Wei：	So quickly. Is my nearsightedness serious?
Li Tao：	It is not too serious.
Wang Wei：	Is there astigmatism in my eyes?
Li Tao：	Yes, there is slight astigmatism.
Wang Wei：	Why have you dimmed the light?
Li Tao：	Because now I will perform the skiascopy. This is a skiascope.
Wang Wei：	Should I look at the light?
Li Tao：	No, look straight, don't blink.
Wang Wei：	My eyes are starting to tear.
Li Tao：	Hold on, please. It'll be done soon.
Wang Wei：	OK.
Li Tao：	Next I'm going to use a comprehensive optometry to further pinpoint your diopter count. Sit in the chair.
Wang Wei：	Shall we start the refraction?
Li Tao：	Yes, now watch the test object please. Is it clear?
Wang Wei：	Very clear.
Li Tao：	How about this?
Wang Wei：	A little blurry.
Li Tao：	Fine. Open your eyes. Please watch the test object for three minutes.
Wang Wei：	I can't see clearly now.
Li Tao：	It doesn't matter. In a blurry situation, your eyes can relax and adjust, which is called the fog test. Can you see the test object now?
Wang Wei：	Yes. That is a radial line test object.
Li Tao：	Can you see the numbers outside the test object?

Wang Wei:	Yes, it is the same as a clock.
Li Tao:	Good. Please watch those lines carefully, tell me which is more thin and black.
Wang Wei:	It seems to be the line connecting 2 and 8 o'clock.
Li Tao:	Let me adjust the lenses. How about this? Which line is thin and black?
Wang Wei:	All the lines are the same. What is this testing?
Li Tao:	This is astigmatism test, or the astigmatism dial testing. Now we will conduct other test. Please look at the test-object board.
Wang Wei:	Yes, I see. One half is red and the other half is green.
Li Tao:	Good. Please tell me which one is brighter, red or green?
Wang Wei:	Let me see, the red one is bright, the green one is dark.
Li Tao:	And now?
Wang Wei:	Still the red one is bright.
Li Tao:	How about now?
Wang Wei:	Oh, both are bright. What is this testing?
Li Tao:	This is a red-green test. Please look at the test-object again.
Wang Wei:	I see some black spots.
Li Tao:	OK. Now let us put on the Jackson Cross-Cylinders(JCC).
Wang Wei:	Oh, they are not clear.
Li Tao:	It's normal. Now, please compare the two situations. Which one is clearer?
Wang Wei:	OK.
Li Tao:	If that is side A, this is side B, which side is clearer?
Wang Wei:	Side A is clearer.
Li Tao:	How about this? Which side is clearer?
Wang Wei:	Both sides are the same.
Li Tao:	This is cross-cylinder lenses test for checking your astigmatism exactly. Now we're going to do the same to check your left eye.
Wang Wei:	OK.
Li Tao:	Now, let us do the refraction balanced testing. The purpose of this step is to let you see not only clearly, but also more consistently.
Wang Wei:	Thanks.
Li Tao:	Now open your both eyes please. What do you see?
Wang Wei:	I see the numbers 9, 6, 3 and 5.

Li Tao：　Do these numbers have a background color?

Wang Wei：　The background of 9 and 3 is green，and the background of 5 and 6 is red.

Li Tao：　Please watch the test-object board. Can you find which number has the brightest background color?

Wang Wei：　It looks like 3 and 6 with a brighter background.

Li Tao：　And now?

Wang Wei：　Now all four numbers are equally bright.

Li Tao：　That is right. Please look at the visual acuity chart. Let us check the eyesight again.

Wang Wei：　Now I can see the 1. 0 object.

Li Tao：　You need to wear spectacles. I'll write up a prescription for you.

Wang Wei：　Am I myopic or pseudomyopic?

Li Tao：　You are really myopic. Depending on your degree of myopia，you must wear glasses at all times.

Wang Wei：　Is there anything I should pay attention to?

Li Tao：　Please don't read for a long time. Look away from what you are reading often to reduce your visual fatigue. When you are reading，make sure you have adequate light. Do more physical exercise.

Wang Wei：　OK. Thank you！

生 词

模糊	（形）	mó·hu	blurry
眼球	（名）	yǎnqiú	eyeball
剧痛	（名）	jùtòng	acute pain
钝痛	（名）	dùntòng	dull pain
眼屎	（名）	yǎnshǐ	discharge
下巴	（名）	xià·ba	chin
托架	（名）	tuōjià	chin rest；bracket
额部	（名）	ébù	forehead
裂隙灯	（名）	lièxìdēng	slit-lamp
眼前节	（名）	yǎnqiánjié	anterior segment

眨眼	（动）	zhǎ//yǎn	blink
眼压	（名）	yǎnyā	intraocular pressure；IOP
气压式眼压计		qìyāshì yǎnyājì	barometer
虹膜睫状体炎		hóngmójiézhuàngtǐyán	iridocyclitis
白内障	（名）	báinèizhàng	cataract
处方	（名）	chǔfāng	prescription
验光	（动）	yàn//guāng	have refraction；have optometry
框架眼镜		kuàngjià yǎnjìng	frame eyeglasses；spectacles
隐形眼镜		yǐnxíng yǎnjìng	contact lenses
远视力	（名）	yuǎnshìlì	distant vision
远视	（形）	yuǎnshì	hyperopic
自动验光仪		zìdòng yànguāngyí	autorefractor
小孔	（名）	xiǎokǒng	pinhole
散光	（形）	sǎnguāng	astigmatic
检影检查		jiǎnyǐng jiǎnchá	skiascopy；retinoscopy
视网膜检影仪		shìwǎngmó jiǎnyǐngyí	skiascope
综合验光		zōnghé yànguāng	comprehensive optometry
综合验光仪		zōnghé yànguāngyí	phoropter
屈光度	（量）	qūguāngdù	diopter
调节	（动）	tiáojié	adjust
雾视法	（名）	wùshìfǎ	fog test
放射状	（名）	fàngshèzhuàng	radial pattern
散光检查		sǎnguāng jiǎnchá	astigmatism test
散光盘视标实验		sǎnguāngpán shìbiāo shíyàn	astigmatism dial testing
交叉柱镜	（名）	jiāochāzhùjìng	Jackson cross-cylinders；JCC
屈光平衡		qūguāng pínghéng	refraction balance
视力表	（名）	shìlìbiǎo	visual acuity chart
假性近视		jiǎxìng-jìnshì	pseudomyopia

练习

一、听和说

1. 听录音，连线。

眼球   yǎnténg

近视   yǎn·jing

远视   yǎnyā

下巴   yǎnqiú

眨眼   yàn//guāng

眼压   xià·ba

眼睛   jìnshì

眼疼   zhǎ//yǎn

散光   yuǎnshì

验光   sǎnguāng

2. 听录音，选词语。

（1）好奇怪啊，我昨天下午眼睛突然很（　　　）。

    A. 疼　　　　　B. 胀　　　　　C. 红　　　　　D. 痒

（2）我远近都看不清楚，以前做过（　　　）手术。

    A. 近视　　　　B. 青光眼　　　C. 结膜炎　　　D. 白内障

（3）现在帮您检查（　　　）视力，请您读出视标的缺口方向。

    A. 周边　　　　B. 裸眼　　　　C. 远距离　　　D. 戴镜

（4）如果你要配眼镜，你希望戴（　　　）还是隐形眼镜呢？

    A. 隐形眼镜　　B. 太阳镜　　　C. 框架眼镜　　D. 变色眼镜

（5）为了减少眼睛（　　　），请不要长时间阅读，阅读时光线不能太暗。

    A. 疼痛　　　　B. 疲劳　　　　C. 眼红　　　　D. 流泪

3. 听对话，选答案。

（1）A. 急性虹膜炎　B. 白内障　　　C. 急性青光眼　D. 急性结膜炎

（2）A. 近视　　　　B. 结膜炎　　　C. 白内障　　　D. 视网膜脱离

（3）A. 视力　　　　B. 近视　　　　C. 眼压　　　　D. 远视

（4）A. 近视和散光　B. 远视　　　　C. 散光　　　　D. 近视

（5）A. 脑外科　　　B. 眼科　　　　C. 心内科　　　D. 耳鼻喉科

4. **完成下列会话。**

(1) A：我给你开个处方，现在你可以配眼镜了。

  B：_____？（······还是······）

(2) A：医生，作为学生我平时应该怎样保护眼睛啊？

  B：_____。（经常······）

(3) A：双眼屈光平衡检查的目的是什么？

  B：_____。（不仅······而且······）

(4) A：请告诉我，哪一种情况下你的眼睛看东西会模糊？

  B：_____。（如果······那么······）

(5) A：妈妈，最近上课我看不清黑板上的字，可能要配眼镜。

  B：_____？（······呢）

5. **情景交际练习。**

情景一：一位老年人因为眼睛视力模糊，伴有疼痛症状，在女儿的陪伴下来医院看病。请根据情景，三人或者两人一组进行会话练习。

情景二：一位中学生因为在教室后方看不清楚黑板上的字，到医院眼科检查视力。请两人一组模仿医生与学生的对话。

二、读和写

1. **选词填空。**

眼睛　隐形　突然　模糊　容易　眼压　框架　眼球

(1) 我爸爸喜欢戴框架眼镜，但是我妈妈喜欢戴（　　　）眼镜。

(2) 因为您的眼距比较小，所以不适合配这么宽的眼镜（　　　）。

(3) 长时间在阳光下阅读，眼睛（　　　）疲劳。

(4) 这个情况是（　　　）发生的还是逐渐发生的？

(5) 这一段时间，我的眼睛看东西大多数时候都很（　　　）。

(6) 我用手指轻轻触摸你的（　　　）的时候，疼吗？

(7) 今天早上我一起床就发现我的（　　　）很红。

(8) 根据您的情况，我还需要给您测个（　　　）。

2. **句子排序。**

(1) A. 检查一下　　B. 我先给你　　C. 远视力　　　　　　　（　　　）

(2) A. 曾经得过　　B. 什么眼病　　C. 你的妈妈　　　　　　（　　　）

(3) A. 哪一条线　　B. 特别细而黑　　C. 告诉我　　　　　　（　　　）

(4) A. 眼睛　　　　B. 我的　　　　C. 突然非常疼　　　　　（　　　）

（5）A. 过度看手机　B. 眼睛负担　　　C. 会导致　　　　　（　　　　　）

3. **完成下列句子。**

（1）有什么　眼睛　以前　问题吗

_____？

（2）视标　你能看清　数字吗　以外的

_____？

（3）眼睛　胀痛　有多久了　你的

_____？

（4）都睁开　现在　请把　两只眼睛

_____。

（5）下一步　现在　检查　进行

_____。

4. **短文阅读。**

　　屈光不正是指眼睛在未动用调节功能时，远处（6 米之外）来的平行光线通过眼睛的屈光作用后，不能在视网膜上形成清晰的物像，而是在位于视网膜的前方（近视）或后方（远视）形成清晰的物像。屈光不正的主要类型包括近视、远视、散光，其中最常见的是近视，散光往往和前两者混合出现。

　　2016 年，中国第一份系统性研究视觉健康的白皮书——《国民视觉健康》发布。白皮书显示，近视的发生已经非常普遍，而且呈现地区性差异，经济条件好的城市居民近视发生率大于经济条件稍落后的农村居民近视发生率。调查还发现：近视的发生相对于以前，呈现出早期化、低龄化和逐年增高的新趋势。

　　青少年近视的预防和控制是我们面临的主要公共卫生问题，需要政府、学校、医疗卫生机构、家庭等多方面的共同努力。比如建立青少年视力档案，规范诊断治疗；规范视光学眼镜行业市场的生产、加工、销售、监督与管理工作；加强视觉健康教育，强化青少年视力健康意识，养成健康的用眼习惯。如果孩子出现视力问题，首先应该去眼视光中心就诊，在专业视光医师的帮助下找到问题根源，才能很好地解决问题。

（邹云春）

第二十一课　耳鼻咽喉头颈外科

Lesson Twenty-One　Otolaryngology Head and Neck Surgery

会话一　鼻出血病情诊断

情　景：患者因左侧鼻腔大量出血到医院就诊。

人　物：朱翌（医生）

王耀成（患者，男，六十一岁，已婚，退休

人员，高血压病史十七年）

时　间：晚上十点

地　点：耳鼻咽喉头颈外科诊断室

朱　翌：请问您怎么了？

王耀成：我的鼻子出血了。

朱　翌：出血的时间有多久了？

王耀成：今天早晨九点开始的。

朱　翌：是哪一边鼻腔在出血？

王耀成：左边鼻子。

朱　翌：到现在为止大概出了多少血？

王耀成：至少200毫升吧。

朱　翌：出血是什么颜色？

王耀成：鲜红色。

朱　翌：从鼻腔流出多还是从口腔吐出多呢？

王耀成：鼻腔流出多一些，也有从口里吐出的鲜血。

朱　翌：除了出血，还有什么不舒服吗？比如头晕、乏力等。

王耀成：我觉得心跳比较快。

朱　翌：以前遇到过这样的情况吗？

王耀成：没有，这是第一次。

朱　翌：今天发生鼻出血后，处理过吗？

王耀成：我去社区诊所看了，医生给我塞了一些东西在鼻腔里。

朱　翌：这样处理以后，还有出血吗？

王耀成：是的，多次从口中吐出鲜血。

朱　翌：之前有什么疾病吗？

王耀成：17年前我被诊断有高血压。

朱　翌：血压最高达多少？

王耀成：200/120 mmHg。

朱　翌：在服用降压药吗？

王耀成：对，吃的美托洛尔。

朱　翌：怎么使用的？

王耀成：每天一次，每次50毫克，空腹服用。

朱　翌：平时经常监测血压吗？

ǒu ěr yǒu　　zuì jìn jǐ tiān méi yǒu jiān cè
王耀成：偶尔有，最近几天没有监测。

chú le bí qiāng chū xuè　　shì fǒu hái yǒu qí tā bù wèi chū xuè
朱　翌：除了鼻腔出血，是否还有其他部位出血？

méi yǒu
王耀成：没有。

nín de jiā li hái yǒu shéi huàn guo lèi sì de jí bìng
朱　翌：您的家里还有谁患过类似的疾病？

méi yǒu
王耀成：没有。

dé guo quán shēn xìng zhòng dà de jí bìng ma
朱　翌：得过全身性重大的疾病吗？

méi yǒu
王耀成：没有。

duì yào wù guò mǐn ma
朱　翌：对药物过敏吗？

méi yǒu
王耀成：没有。

yǒu guo bí bù huò zhě miàn bù shǒu shù shǐ ma
朱　翌：有过鼻部或者面部手术史吗？

méi yǒu
王耀成：没有。

zhī qián yǒu guo shū xuè shǐ ma
朱　翌：之前有过输血史吗？

méi yǒu
王耀成：没有。

zhè cì shēng bìng hòu zuò guo shén me jiǎn chá ma
朱　翌：这次生病后做过什么检查吗？

méi yǒu
王耀成：没有。

qǐng jiāng nín de jí zhěn bìng lì gěi wǒ
朱　翌：请将您的急诊病历给我。

hǎo de
王耀成：好的。

xiàn zài wǒ xū yào jìn xíng jiǎn dān jiǎn chá　　qǐng nín zhāng kāi zuǐ ba　　fā　　ā
朱　翌：现在我需要进行简单检查，请您张开嘴巴，发"啊"。

hǎo de　　ā　　ā
王耀成：好的。啊——啊——。

qǐng nín tái tóu　　wǒ yào jiǎn chá bí qiāng
朱　翌：请您抬头，我要检查鼻腔。

hǎo de
王耀成：好的。

朱　翌：现在您的鼻腔仍然有少量鲜血流到口腔里，需要进一步处理。您还需要做一些检查，包括血液检验和心电图检查等。这是检查单，等检查结果拿到以后立即回来找我。

（患者拿着检查结果回到诊断室）

王耀成：医生，这是我的检查结果，请您帮我看看。

朱　翌：血常规提示血红蛋白和红细胞计数减低，考虑中度贫血。血小板计数正常，凝血功能正常，心电图提示心率增快。

王耀成：医生，我的病情严重吗？

朱　翌：由于您的出血量较大，而且目前仍然有少量活动性出血，我们需要查找鼻腔出血点，建议您进行急诊手术。

王耀成：我接受您的建议。

朱　翌：好的，请告诉我您的血型，必要的时候可能需要输血。

王耀成：我是O型血，Rh阳性。

朱　翌：这是入院证，请您先去一楼登记处办理入院，再前往十楼等待手术。

王耀成：医生，我这个手术需要全麻吗？

朱　翌：局麻效果较差，建议全麻下进行手术。

王耀成：我很害怕，手术风险大吗？

朱　翌：任何手术都具有风险，请不要担心，我们会尽最大努力争取手术成功。

Conversation One
Diagnosis of Epistaxis

Situation: A patient comes to the hospital due to massive bleeding from left nasal cavity.

Characters: Zhu Yi (Doctor)

Wang Yaocheng (Patient, male, 61-year-old, married, retired, with a history of high blood pressure for 17 years)

Time: 10:00 p. m.

Site: Outpatient diagnosis room of otolaryngology department

Zhu Yi: Hello. What's the trouble with you?

Wang Yaocheng: I am bleeding through my nose.

Zhu Yi: Since when do you have the bleeding?

Wang Yaocheng: The bleeding began at about 9 o'clock this morning.

Zhu Yi: From which side of the nasal cavity is it bleeding?

Wang Yaocheng: The left side.

Zhu Yi: Can you tell me what might be the amount of blood?

Wang Yaocheng: At least 200 mL.

Zhu Yi: What's the color of the blood?

Wang Yaocheng: Bright red.

Zhu Yi: Do you have blood coming out from nose or through the mouth also?

Wang Yaocheng: Mainly from the nose, but I have been spitting blood from my mouth occasionally.

Zhu Yi: Besides the bleeding, is there anything wrong with you additionally? Such as dizziness or fatigue?

Wang Yaocheng: I feel my heartbeat is faster than before.

Zhu Yi: Have you ever encountered such a situation before?

Wang Yaocheng: No. This is the first time.

Zhu Yi: Did you seek any treatment for the nasal bleeding when it happened today?

Wang Yaocheng: I went to the community clinic and the doctor over there packed something in my nose.

Zhu Yi: Was there any bleeding after the treatment?

Wang Yaocheng: Yes, I still spitted blood out of my mouth many times.

Zhu Yi: Have you been diagnosed with any other diseases before?

Wang Yaocheng: I was diagnosed with hypertension 17 years ago.

Zhu Yi: What is the highest blood pressure ever recorded?

Wang Yaocheng: 200/120 mmHg.

Zhu Yi: Do you regularly take any anti-hypertensive drugs?

Wang Yaocheng: Well, yes, I do take Metoprolol.

Zhu Yi: How do you take it?

Wang Yaocheng: Once a day, 50 mg each time on an empty stomach.

Zhu Yi: Do you always monitor your blood pressure?

Wang Yaocheng: Occasionally. However, I have not monitored my blood pressure recently.

Zhu Yi: Besides this nose bleeding, is there any bleeding from other parts of your body?

Wang Yaocheng: No.

Zhu Yi: Who else in your family has had a similar disease?

Wang Yaocheng: No one.

Zhu Yi: Have you ever suffered a serious systemic illness?

Wang Yaocheng: No.

Zhu Yi: Are you allergic to any drugs?

Wang Yaocheng: Not yet.

Zhu Yi: Did you have a history of surgery on nose or face?

Wang Yaocheng: No.

Zhu Yi: Have you had a history of blood transfusion before?

Wang Yaocheng: No.

Zhu Yi: Have you had any examinations or tests this time?

Wang Yaocheng: Not for the time being.

Zhu Yi: Please give me your emergency medical record.

Wang Yaocheng: Okay.

Zhu Yi: Now I need to do a simple examination. Please open your mouth and say "ah".

Wang Yaocheng: Alright. Ah…Ah…

Zhu Yi: Please look up. I want to check your nasal cavity.

Wang Yaocheng: Okay.

Zhu Yi: At present, there is still a small amount of blood flowing into your mouth from nasal cavity. Further treatment is needed for you. Meanwhile you also need to do some tests, including blood test and electrocardiogram examination. Here is the checklist. Come back to me as soon as you get the results.

(The patient has collected the results and comes back to the diagnosis room)

Wang Yaocheng: Here are the results of my examination, doctor.

Zhu Yi: The routine blood tests suggest decreased hemoglobin and red blood cell count, which is considered as a diagnosis of moderate anemia. The platelet count and coagulation profile are normal. And the electrocardiogram suggests you also have increased heart rate.

Wang Yaocheng: Doctor, is my condition serious?

Zhu Yi: Since you have had a large amount of bleeding and there is still ongoing active but small bleeding, we need to look for nasal bleeding points. I suggest that you undergo an emergency surgery.

Wang Yaocheng: OK doctor, I accept your suggestion.

Zhu Yi: OK, please tell me your blood type. A blood transfusion may be needed if necessary.

Wang Yaocheng: I have type O blood, and I'm Rh positive.

Zhu Yi: This is the admission certificate. Please go to the registration office on the first floor for admission. After that go to the tenth floor where you will be admitted and prepared for surgery.

Wang Yaocheng: Will I need general anesthesia for this operation, doctor?

Zhu Yi: Due to poor effect of local anesthesia, it is recommended to perform surgery under general anesthesia.

Wang Yaocheng: I'm scared. Is this surgery risky?

Zhu Yi: Any operation has its own risks. Please don't worry. We will try our best to aim for a successful outcome.

会话二 鼻内窥镜下鼻腔探查止血术

情 景：在手术室准备为患者进行全麻鼻内窥镜下鼻腔探查止血术。

人 物：朱翌（主管医生）

张童（助手）

王晖（麻醉医生）

王耀成（患者）

时 间：晚上十一点

地 点：急诊手术室

（患者办理入院手续后，主管医生进行常规术前评估，主管医生向患者及家属交代病情，告知手术必要性，强调术中、术后可能出现的风险及并发症，患者及家属签字同意手术）

朱 翌：老王，请保持镇静。我们已经完成手术前的准备工作了，等麻醉医生完成全身麻醉后，我们就开始手术。

王耀成：好的，谢谢您。朱医生，我还是很紧张。

朱 翌：请放松。我们会尽最大努力为您进行治疗。

王耀成：好吧，我相信你们。

三 晖：现在我们开始核对个人信息，"王耀成，男，61岁"，是吗？

shì de
王耀成：是的。

zhī qián yǒu guo xīn xuè guǎn jí bìng ma
王　晖：之前有过心血管疾病吗？

wǒ huàn gāo xuè yā　　nián le
王耀成：我患高血压17年了。

hǎo　zhè ge wǒ men liǎo jiě guo le　nín zuì jìn yǒu méi yǒu chū xiàn tóu yūn　xiōng mèn ne
王　晖：好，这个我们了解过了，您最近有没有出现头晕、胸闷呢？

méi yǒu
王耀成：没有。

xīn diàn tú hé xīn jī sǔn shāng biāo zhì wèi jiàn míng xiǎn yì cháng　kě yǐ jìn xíng quán shēn má zuì　qǐng nín
王　晖：心电图和心肌损伤标志未见明显异常。可以进行全身麻醉，请您

mì qiè pèi hé
密切配合。

hǎo de　xiè xie nín
王耀成：好的，谢谢您！

quán shēn má zuì chéng gōng hòu
（全身麻醉成功后）

xiàn zài kāi shǐ shǒu shù　zhāng yī shēng　qǐng nǐ jiāng huàn zhě tóu wèi tái gāo　dù　xǐ shǒu hòu　jìn
朱　翌：现在开始手术，张医生，请你将患者头位抬高15度，洗手后，进

xíng cháng guī xiāo dú　pū jīn
行常规消毒、铺巾。

hǎo de　zhū lǎo shī
张　童：好的，朱老师。

hǎo le　wǒ men xiàn zài wèi huàn zhě bí qiāng jìn xíng nián mó shōu suō chǔ lǐ　jǐn kě néng tí gōng chōng fèn
朱　翌：好了，我们现在为患者鼻腔进行黏膜收缩处理，尽可能提供充分

de kōng jiān
的空间。

zhū lǎo shī　zhè shì shèn shàng xiàn sù mián piàn
张　童：朱老师，这是肾上腺素棉片。

xiàn zài wǒ men cóng wài xiàng nèi　cóng shàng xiàng xià jiǎn chá bí qiāng　xún zhǎo chū xuè diǎn
朱　翌：现在我们从外向内、从上向下检查鼻腔，寻找出血点。

zhū lǎo shī　zhè shì xī yǐn guǎn　gěi nín
张　童：朱老师，这是吸引管，给您。

wǒ men yì biān xī chú bí qiāng fēn mì wù hé xuè yè　yì biān tàn chá kě yí de chū xuè diǎn
朱　翌：我们一边吸除鼻腔分泌物和血液，一边探查可疑的出血点。

zhū lǎo shī　méi kàn dào zuǒ cè bí qiāng de qián duān yǒu chū xuè　duì ba
张　童：朱老师，没看到左侧鼻腔的前端有出血，对吧？

shì de　xiàn zài wǒ men zài chè dǐ jiǎn chá yí xià
朱　翌：是的。现在我们再彻底检查一下。

bí dǐng méi yǒu kàn dào chū xuè
张　童：鼻顶没有看到出血。

朱 翌：是的。鼻中隔有血凝块，看到了吗？

张 童：看到了。那我们需要清理以后再看吧？

朱 翌：是的。你看，这里有一个搏动性出血点。

张 童：是的，真的很清楚。朱老师，请问这条是什么血管呢？

朱 翌：这是鼻后中隔动脉。

张 童：那我们现在怎么处理呢？

朱 翌：用低温等离子进行止血。

张 童：好的。朱老师，给您鼻用等离子刀。

朱 翌：我们通过等离子刀处理血管断端，进行止血。

张 童：好的，现在已经停止了。

朱 翌：这个时候我们还需要常规检查鼻腔底部、鼻咽部等。

张 童：明白。

朱 翌：好了，鼻腔其余部位没有看到出血点，也没有看到新生物，现在填塞可吸收海绵压迫创面，进行保护。好啦，手术结束。

张 童：好的，接下来我们需要注意什么呢？

朱 翌：叮嘱患者静养、卧床休息，监测和控制血压，复查血常规，关注贫血情况，补充电解质，维持酸碱平衡。

Conversation Two
Nasal Exploration and Hemostasis
under Nasal Endoscope

Situation: In the operation room the patient is prepared to undergo nasal exploration and hemostasis assisted by general anesthesia under nasal endoscopy.

Characters: Zhu Yi(Doctor in charge)

Zhang Tong (Assistant)

Wang Hui (Anesthesiologist)

Wang Yaocheng (Patient)

Time: 11:00 p. m.

Site: Emergency operation room

(After the patient goes through the admission procedure, a routine pre-operative evaluation is carried out by the doctor in charge. He explains the patient's condition to the patient and his family, informs them of the necessity of the operation, and stresses the possible risks and complications that can occur during and after the operation. Then the patient and family sign the consent form for the operation)

Zhu Yi: Please keep calm, Lao Wang. We have finished the preparation before the operation. Now, we will start the operation after the anesthesiologist administers the general anesthesia.

Wang Yaocheng: OK, thank you. Dr. Zhu. I'm still nervous.

Zhu Yi: Take it easy. We'll do our best to treat you.

Wang Yaocheng: OK, I have trust in your team.

Wang Hui: Now we start checking your information, "Wang Yaocheng, male, 61 years old", right?

Wang Yaocheng: Yes.

Wang Hui: Have you had any cardiovascular or cerebrovascular diseases before?

Wang Yaocheng: I have been diagnosed with hypertension for 17 years.

Wang Hui: Yes, we've seen that. Have you had any dizziness or chest tightness recently?

Wang Yaocheng:	No.
Wang Hui:	There was no obvious abnormality in ECG and myocardial injury markers were normal. General anesthesia can be given. Please cooperate with us closely.
Wang Yaocheng:	OK, thank you!

(General anesthesia is successful)

Zhu Yi:	The operation can begin now. Dr. Zhang, can you please lift the head end of the patient's bed to 15 degrees? Now, prepare yourself for the surgery by scrubbing and following regular disinfection procedures. Then disinfect the surgical site followed by surgical draping.
Zhang Tong:	OK, Dr. Zhu.
Zhu Yi:	OK, now we're going to perform mucosal retraction of the nasal cavity to create enough space as much as possible.
Zhang Tong:	Dr. Zhu, here is the epinephrine soaked cotton.
Zhu Yi:	Now let's check the inside of the nasal cavity thoroughly from outside to inside, from top to bottom to identify the bleeding spot.
Zhang Tong:	Dr. Zhu, suction tube is ready.
Zhu Yi:	We are searching for any suspicious bleeding points as we clean nasal secretions and blood.
Zhang Tong:	Dr. Zhu, you did not find any bleeding points at the frontal part of the left nasal cavity, right?
Zhu Yi:	No. Let's check the nasal cavity thoroughly again.
Zhang Tong:	I don't see any bleeding from the superior portion of nasal cavity.
Zhu Yi:	Well, yes. There's a blood clot on the nasal septum, do you see it?
Zhang Tong:	Yes. Should we clear it up before we check it again?
Zhu Yi:	Yes. Look, there is a pulsating hemorrhagic site.
Zhang Tong:	Well, it's really clear, Dr. Zhu. Which blood vessel might this be, please?
Zhu Yi:	It's the posterior nasal septal artery.
Zhang Tong:	What should we do now?
Zhu Yi:	We can use low-temperature plasma to stop bleeding.
Zhang Tong:	OK. The nasal plasma blade is ready, Dr. Zhu.

Zhu Yi:	We should cauterize the blood vessels with plasma blade to stop bleeding.
Zhang Tong:	Well, it has stopped now.
Zhu Yi:	At the same time, we also need to conduct routine examination of posterior nasal cavity, nasopharynx and other structures.
Zhang Tong:	I see.
Zhu Yi:	Well, there are no bleeding points or neoplasm visible in the rest of the nasal cavity. Now, pack absorbable sponge and compress the wound surface for protection. The operation is over.
Zhang Tong:	OK. What should we pay attention to next?
Zhu Yi:	Ask the patient to rest in bed, monitor and control blood pressure, review blood routine tests, pay attention to severity of anemia, replenish electrolytes and maintain acid-base balance.

生词

鼻出血		bíchūxuè	epistaxis
鼻腔	（名）	bíqiāng	nasal cavity
鲜红色	（名）	xiānhóngsè	bright red
心跳	（动）	xīn//tiào	heartbeat
遇到	（动）	yùdào	encounter
社区诊所		shèqū zhěnsuǒ	community clinic
吐出	（动）	tùchū	spit out
美托洛尔	（名）	měituōluò'ěr	Metoprolol
急诊	（名）	jízhěn	emergency
病历	（名）	bìnglì	medical record
血液检验		xuèyè jiǎnyàn	blood test
红细胞计数		hóngxìbāo jìshù	red blood cell count
心率	（名）	xīnlǜ	heart rate
全麻	（名）	quánmá	general anesthesia
局麻	（名）	júmá	local anesthesia
害怕	（动）	hài//pà	fear
风险	（名）	fēngxiǎn	risk

鼻内窥镜	（名）	bínèikūijìng	nasal endoscope
止血术	（名）	zhǐxuèshù	hemostasis
评估	（动）	pínggū	evaluate
心血管疾病		xīnxuèguǎn jíbìng	cardiovascular disease
心肌损伤		xīnjī sǔnshāng	myocardial injury/damage
肾上腺素	（名）	shènshàngxiànsù	epinephrine
棉片	（名）	miánpiàn	cotton pledget
吸引管	（名）	xīyǐnguǎn	aspirator
分泌物	（名）	fēnmìwù	secretion
鼻中隔	（名）	bízhōnggé	nasal septum
血凝块	（名）	xuèníngkuài	blood clot
搏动性	（形）	bódòngxìng	pulsating
等离子刀	（名）	děnglízǐdāo	plasma blade
血管	（名）	xuèguǎn	blood vessel
鼻腔底部		bíqiāng dǐbù	posterior nasal cavity
鼻咽部	（名）	bíyānbù	nasopharynx
新生物	（名）	xīnshēngwù	neoplasm
海绵	（名）	hǎimián	sponge
补充	（动）	bǔchōng	replenish
维持	（动）	wéichí	maintain
酸碱平衡		suān-jiǎn pínghéng	acid-base balance

练习

一、听和说

1. 听录音，连线。

鼻腔　　　　　　　　　　tiánsè

全麻　　　　　　　　　　yāpò

海绵　　　　　　　　　　bǔchōng

填塞　　　　　　　　　　pínggū

压迫　　　　　　　　　　quánmá

补充　　　　　　　　　　qīnglǐ

评估　　　　　　　　　　bódòng

清理　　　　　　　　　　zhǐ//xuè

止血　　　　　　　　　　bíqiāng

搏动　　　　　　　　　　hǎimián

2. **听录音，选词语。**

（1）今天早上我的鼻子（　　）了。

　　　　A. 流血　　　　B. 堵住　　　　C. 出血　　　　D. 不通

（2）医生在我的鼻腔里（　　）了东西。

　　　　A. 放进　　　　B. 填塞　　　　C. 取出　　　　D. 压迫

（3）麻醉医生向患者及家属（　　）全身麻醉风险及并发症。

　　　　A. 告知　　　　B. 询问　　　　C. 要求　　　　D. 回答

（4）鼻出血患者需要卧床休息，（　　）再次出血。

　　　　A. 以便　　　　B. 不用　　　　C. 万一　　　　D. 防止

（5）重度（　　）的患者，需要立刻输血治疗。

　　　　A. 口腔炎症　　B. 失血性贫血　　C. 腹泻　　　　D. 抑郁

3. **听对话，选答案。**

（1）A. 泌尿外科　　B. 普通外科　　C. 神经外科　　D. 耳鼻咽喉科

（2）A. 二楼3号　　B. 三楼3号　　C. 三楼2号　　D. 二楼2号

（3）A. 上午9点　　B. 上午11点　　C. 下午3点　　D. 下午4点

（4）A. 鼻子　　　　B. 口中　　　　C. 眼睛　　　　D. 耳朵

（5）A. 胸外科　　　B. 普外科　　　C. 耳鼻喉科　　D. 骨外科

4. **完成下列会话。**

（1）A：请您告诉我最坏的结果。

　　　B：＿＿＿＿＿＿＿＿＿＿＿＿＿＿＿＿＿＿＿＿＿。（从……来看）

（2）A：老师，对于这个患者的鼻腔出血情况，该怎么处理？

　　　B：＿＿＿＿＿＿＿＿＿＿＿＿＿＿＿＿＿＿＿＿＿。（由于……而且……）

（3）A：哎，如果要做手术，我还是很担心。

　　　B：＿＿＿＿＿＿＿＿＿＿＿＿＿＿＿＿＿＿＿＿＿。（尽最大努力……）

（4）A：你怎样检查患者鼻腔的出血点？

　　　B：＿＿＿＿＿＿＿＿＿＿＿＿＿＿＿＿＿＿＿＿＿。（从……向……）

（5）A：在鼻内窥镜下鼻腔探查止血术中，你用吸引管做什么？

　　　B：＿＿＿＿＿＿＿＿＿＿＿＿＿＿＿＿＿＿＿＿＿。（一边……一边……）

5. **情景交际练习。**

情景一：一个年轻人鼻塞、头痛，感觉无法呼吸，匆匆忙忙来到耳鼻咽喉科诊断室。请根据情景，两人一组进行会话练习。

情景二：鼻出血患者即将进入手术室进行手术，家属安慰患者，主管医生前来查看患者，并鼓励他勇敢面对。请三人一组模仿医生与家属及患者的对话。

二、读和写

1. 选词填空。

血管　输血　鼻腔　血凝块　探查　查找　常规　黏膜

（1）医生正在为患者进行全麻鼻内窥镜下鼻腔（　　　　）止血术。

（2）我们现在为患者鼻腔进行（　　　　）收缩处理。

（3）这个时候还需要（　　　　）检查鼻腔底部、鼻咽部等。

（4）现在您的（　　　　）仍然有少量鲜血流到口腔里。

（5）请告诉我您的血型，必要的时候可能需要（　　　　）。

（6）我们看到患者的鼻中隔有（　　　　）。

（7）医生通过等离子刀处理（　　　　）断端进行止血。

（8）我们需要进一步（　　　　）鼻腔出血点。

2. 句子排序。

（1）A. 要注意观察患者　B. 在手术后　C. 值班医师　（　　　　）

（2）A. 用药医嘱　B. 下班前　C. 再核查一下　（　　　　）

（3）A. 通知说　B. 都停止　C. 明天所有手术　（　　　　）

（4）A. 脸上所有的　B. 我缝合了　C. 伤口　（　　　　）

（5）A. 寻找异物　B. 实在太难了　C. 在肌肉里　（　　　　）

3. 完成下列句子。

（1）鼻部　你有过　手术史吗　或者面部

_____？

（2）没有　鼻腔内　新生物　看到

_____。

（3）刀　给你　等离子　鼻用

_____。

（4）这里　搏动性　有一个　出血点

_____。

（5）后止血　我们　先清理　需要

_____。

4. 阅读短文。

喉癌在发病早期会与咽喉疾病症状比较相似，比较容易被忽略。

声音嘶哑是喉癌最早期也是最常见的症状。大多数喉癌病变始发于声带，即使非常小的声带肿瘤也会使声带震动异常并引起声音嘶哑。当喉癌发展到一定程度并在咽喉部位产生溃疡和严重炎症时，可引起神经的反射性疼痛。症状最常见的表现为同侧的耳内疼痛。

声带原发肿瘤一旦发展至中后期也会产生咽喉异物感或吞咽疼痛。这种类型的症状往往在发病初期并不明显，因此患者和医生也较容易忽视。

另外，由于肿瘤分布大量畸形的新生血管，患者咳嗽后常常会发现黏液或痰里带有血丝。这类症状主要见于声门上型、声门下型喉癌患者和中晚期的声门型喉癌患者，早期声门型喉癌一般不会产生出血现象。

当肿瘤在原发部位增长到一定程度，会直接阻塞气管，影响呼吸或阻碍气管内分泌物排出，从而导致呼吸困难。这种现象一般只有在喉癌晚期才会发生。

（甘卫刚）

第二十二课　皮肤科
Lesson Twenty-two　Dermatology

会话一　急性荨麻疹病情诊断

情　景：患者因为起皮疹到医院皮肤科就诊。

人　物：李好（医生）

　　　　王东（患者，男，三十五岁，已婚）

时　间：下午三点

地　点：医院门诊诊断室

李　好：您好！哪里不舒服？

王　东：我全身长皮疹了。

李　好：什么时候开始长的？

王　东：昨天晚上，大概九点。

李　好：从哪里开始长的？

王　东：我不记得，我注意到的时候已经全身有了。

李　好：在发病前您吃过什么特殊的食物吗？

王　东：晚餐时我吃了一些鱼虾，此外，还喝了一点酒。

李　好：您以前对这些食物过敏吗？

王　东：不过敏。我以前很少吃海鲜，也很少喝酒。

李　好：您有什么感觉？
nín yǒu shén me gǎn jué

王　东：非常痒，无法忍受。
fēi cháng yǎng   wú fǎ rěn shòu

李　好：是持续性瘙痒还是阵发性瘙痒？
shì chí xù xìng sào yǎng hái shi zhèn fā xìng sào yǎng

王　东：一直痒。
yì zhí yǎng

李　好：有没有其他症状？如发烧、腹痛、关节痛？
yǒu méi yǒu qí tā zhèng zhuàng   rú fā shāo   fù tòng   guān jié tòng

王　东：没有。
méi yǒu

李　好：有没有呼吸困难或喉头梗阻？
yǒu méi yǒu hū xī kùn nan huò hóu tóu gěng zǔ

王　东：有一点喉头梗阻。
yǒu yì diǎn hóu tóu gěng zǔ

李　好：请到这边来，我给您检查。请脱下您的衣服，让我看一下您的皮疹。
qǐng dào zhè biān lái   wǒ gěi nín jiǎn chá   qǐng tuō xià nín de yī fu   ràng wǒ kàn yí xià nín de pí zhěn

王　东：好的。您看，我全身都是，一会儿出现，一会儿消失。
hǎo de   nín kàn   wǒ quán shēn dōu shì   yí huìr chū xiàn   yí huìr xiāo shī

李　好：好啦，请穿上衣服。根据您的临床症状，我诊断您患了急性荨麻疹。
hǎo la   qǐng chuān shàng yī fu   gēn jù nín de lín chuáng zhèng zhuàng   wǒ zhěn duàn nín huàn le jí xìng xún má zhěn

王　东：我该怎么办呢？病情严重吗？我几乎一个晚上都没有睡觉。
wǒ gāi zěn me bàn ne   bìng qíng yán zhòng ma   wǒ jī hū yí gè wǎn shang dōu méi yǒu shuì jiào

李　好：别担心。急性荨麻疹是常见疾病。根据您现在的病情，可以选择门诊治疗或住院治疗。我可以先开一些药给您减轻症状，但是如果没有控制住病情，喉头梗阻进一步加重，可能出现呼吸困难，甚至过敏性休克，会有生命危险。我建议住院治疗会更安全。
bié dān xīn   jí xìng xún má zhěn shì cháng jiàn jí bìng   gēn jù nín xiàn zài de bìng qíng   kě yǐ xuǎn zé mén zhěn zhì liáo huò zhù yuàn zhì liáo   wǒ kě yǐ xiān kāi yì xiē yào gěi nín jiǎn qīng zhèng zhuàng   dàn shì rú guǒ méi yǒu kòng zhì zhù bìng qíng   hóu tóu gěng zǔ jìn yí bù jiā zhòng   kě néng chū xiàn hū xī kùn nan   shèn zhì guò mǐn xìng xiū kè   huì yǒu shēng mìng wēi xiǎn   wǒ jiàn yì zhù yuàn zhì liáo huì gèng ān quán

王　东：好的，谢谢。我决定住院治疗。
hǎo de   xiè xie   wǒ jué dìng zhù yuàn zhì liáo

李　好：那请您拿好入院证，先到入院处办理手续，预缴住院费用，再到住院部登记入院。
nà qǐng nín ná hǎo rù yuàn zhèng   xiān dào rù yuàn chù bàn lǐ shǒu xù   yù jiǎo zhù yuàn fèi yòng   zài dào zhù yuàn bù dēng jì rù yuàn

王　东：好的，谢谢。
hǎo de   xiè xie

Conversation One
Diagnosis of Acute Urticaria

Situation: A patient comes to the dermatology department because of rash.

Characters: Li Hao (Doctor)

Wang Dong (Patient, male, 35-year-old, married)

Time: 3:00 p. m.

Site: Outpatient diagnosis room

Li Hao: Good morning! What can I do for you?

Wang Dong: I have rash all over my body.

Li Hao: When did it begin?

Wang Dong: Yesterday evening, about 9:00 p. m.

Li Hao: Where did it start from?

Wang Dong: I do not remember. I only noticed when it was all over my body.

Li Hao: Do you remember eating any special food before rash?

Wang Dong: Yes, I had some fish and shrimp for dinner. Besides, I also drank a little bit of wine.

Li Hao: Were you allergic to these foods in the past?

Wang Dong: No, I wasn't. I seldom ate sea foods and drank wine.

Li Hao: Do you have any more complaints?

Wang Dong: I feel intense itching and cannot bear it.

Li Hao: Is the itching continuous or intermittent?

Wang Dong: I feel itchy all the time.

Li Hao: Are there any other symptoms? Such as fever? abdominal pain? joint pain?

Wang Dong: No.

Li Hao: Do you have shortness of breath (dyspnea) or feel like something obstructing your throat?

Wang Dong: Yes, I have difficulty in breathing.

Li Hao: Please come here. I need to examine you now. Could you please take off your clothes and show me your rash?

Wang Dong: OK. There are many rashes all over my body. The rashes appear and go.

Li Hao: Well, please put on your clothes. According to your clinical symptoms and signs, I think you have acute urticaria.

Wang Dong: So what needs to be done, doctor? Is it severe? I could hardly sleep all night.

Li Hao: Don't worry. Acute urticaria is a common disease. According to your situation, you may choose either outpatient treatment or inpatient treatment. At first, I will prescribe some drugs to relieve your symptoms. But if the condition is not controlled and if the larynx is obstructed further it can result in severe shortness of breath (dyspnea). You might also develop anaphylactic shock. That could be life threatening. So it is better for you to be hospitalized.

Wang Dong: OK. Thank you. I would prefer to be hospitalized.

Li Hao: Please take this admission certificate and go through the admission procedures. First, you should check in at the admission office and pre-pay the expense for hospitalization, and then get admitted in the inpatient department.

Wang Dong: OK. Thank you, doctor.

会话二 查房
huì huà èr chá fáng

情 景：患 者 因 为 急 性 荨 麻 疹 住 院 治 疗。
qíng jǐng huànzhě yīn wèi jí xìng xún má zhěn zhù yuàn zhì liáo

人 物：李好（医生）
rén wù lǐ hǎo yī shēng

苏 珊（实 习 医 生）
sū shān shí xí yī shēng

王 东（患 者，男，三 十 五 岁，已 婚）
wáng dōng huànzhě nán sān shí wǔ suì yǐ hūn

时 间：上 午 八 点
shí jiān shàng wǔ bā diǎn

地 点：医 院 病 房
dì diǎn yī yuàn bìng fáng

李 好：早 上 好，今 天 感 觉 怎 么 样？
zǎoshanghǎo jīn tiān gǎn jué zěn me yàng

王 东：李医 生，早 上 好。今 天 感 觉 好 多 了。皮 损 有 部 分 已 经 消 退 了，瘙 痒
lǐ yī shēng zǎoshanghǎo jīn tiān gǎn jué hǎoduō le pí sǔnyǒu bù fen yǐ jīngxiāo tuì le sào yǎng

也 稍 微 减 轻 了，昨 晚 睡 了 几 个 小 时。
yě shāowēijiǎnqīng le zuówǎnshuì le jǐ gè xiǎoshí

李 好：很 好。现 在 请 脱 下 衣 服，让 苏 珊 医 生 给 您 再 做 一 次 检 查。
hěnhǎo xiàn zài qǐngtuō xià yī fu ràng sū shān yī shēnggěi nín zài zuò yí cì jiǎnchá

王 东：好 的。
hǎo de

（查 体 进 行 中）
chá tǐ jìn xíngzhōng

苏 珊：老 师，在 患 者 背 上 和 腿 上 还 有 一 些 水 肿 性 红 斑。
lǎo shī zài huànzhěbèi shang hé tuǐ shanghái yǒu yì xiē shuǐzhǒngxìnghóngbān

李 好：皮 损 是 什 么 形 状？
pí sǔnshì shén me xíngzhuàng

苏 珊：有 圆 形、椭 圆 形，还 有 一 些 呈 环 状。
yǒuyuánxíng tuǒyuánxíng hái yǒu yì xiē chénghuánzhuàng

李 好：王 先 生，皮 疹 消 退 以 后 有 痕 迹 吗？
wángxiānsheng pí zhěnxiāo tuì yǐ hòuyǒuhén jì ma

王 东：没 有，和 正 常 皮 肤 完 全 一 样。
méiyǒu hé zhèngcháng pí fū wánquán yí yàng

xiè xie nín　wáng xiān sheng　　zhuǎn xiàng sū shān　　sū shān　zhè jiù shì fēng tuán de tè diǎn　shì xún

李　好：谢谢您，王先生。（转向苏珊）苏珊，这就是风团的特点，是荨

má zhěn de diǎn xíng pí sǔn　xún má zhěn yì bān bàn yǒu bù tóng chéng dù de sào yǎng　yán zhòng zhě kě chū

麻疹的典型皮损。荨麻疹一般伴有不同程度的瘙痒，严重者可出

xiàn hóu tóu shuǐ zhǒng jí bù tóng chéng dù de hū xī kùn nan　shèn zhì guò mǐn xìng xiū kè　wēi jí shēng

现喉头水肿及不同程度的呼吸困难，甚至过敏性休克，危及生

mìng　zhè wèi huàn zhě fā bìng qián yǒu jìn shí hǎi xiān shǐ　qǐ bìng jí　pí sǔn wéi diǎn xíng fēng tuán　bàn

命。这位患者发病前有进食海鲜史，起病急，皮损为典型风团，伴

jù liè sào yǎng　zhěn duàn jí xìng xún má zhěn míng què

剧烈瘙痒，诊断急性荨麻疹明确。

xiè xie lǎo shī　rú hé zhì liáo zhè ge jí bìng ne

苏　珊：谢谢老师。如何治疗这个疾病呢？

shǒu xiān shì kàng zǔ àn zhì liáo　kě yǐ xuǎn yòng dì yī dài huò dì èr dài kàng zǔ àn yào wù　bǐ rú pū

李　好：首先是抗组胺治疗，可以选用第一代或第二代抗组胺药物，比如扑

ěr mǐn　lǜ léi tā dìng huò zhě fǎ mò tì dīng děng　qí cì shì wài yòng lú gān shí bò he xǐ jì　yán

尔敏，氯雷他定或者法莫替丁等。其次是外用炉甘石薄荷洗剂，严

zhòng huàn zhě kě jiā yòng shì liàng de táng pí zhì jī sù yǐ jiǎn qīng zhèng zhuàng　chū xiàn guò mǐn xìng xiū kè

重患者可加用适量的糖皮质激素以减轻症状。出现过敏性休克

jiù yào kàng xiū kè zhì liáo

就要抗休克治疗。

xiè xie lǎo shī

苏　珊：谢谢老师！

Conversation Two
Ward Round

Situation：The patient is hospitalized because of acute urticaria.

Characters：Li Hao（Doctor）

Su San（Intern）

Wang Dong（Patient, male, 35-year-old, married）

Time：8:00 a.m.

Site：Inpatient ward

Li Hao：　　　Good morning. How are you feeling today?

Wang Dong：　Good morning, Dr. Li. I feel much better today. The rash has partially subsided and itching is slightly relieved. I also slept for several hours last night.

Li Hao: Good. Could you please take off your clothes so that Dr. Su can examine you?

Wang Dong: OK, doctor.

(During the physical examination)

Su San: Sir, there are still some edematous and erythematous lesion on his back and legs.

Li Hao: What is the shape of the skin lesion?

Su San: Some of them are round or oval, and some are ringlike.

Li Hao: Mr. Wang, is there any skin discoloration where the rash subsided?

Wang Dong: No, it is just like normal skin.

Li Hao: Thank you, Mr. Wang. (Turning to Su Shan) Su Shan, this is the characteristic of wheals, which is a typical skin lesion of urticaria. Urticaria is usually accompanied by varying degrees of itching. In some severe cases, we can observe laryngeal edema and varying degrees of dyspnea. Sometimes anaphylactic shock can also occur, which can be life-threatening. From the history, we know that this patient ate seafood before the rapid onset of illness. The skin lesions with typical wheals and accompanied by severe itching point towards a clear diagnosis of acute urticaria.

Su San: Thank you, sir. How can we treat this condition?

Li Hao: Firstly, medication with first-generation or second-generation anti-histamines, such as diphenhydramine, cyproheptadine or famotidine, may be considered. Secondly, the application of calamine lotion is helpful. For serious patients, we can give glucocorticoid to relieve the symptoms. Treatment of shock is also required for patients who suffer from anaphylactic shock.

Su San: Thank you, sir.

会话三　带状疱疹病例讨论

情　景：上午，一位女性患者因为起皮疹到医院就诊。现在，教授和规培医生在探讨病例。

人　物：王平（教授）

孙丽（规培医生）

时　间：下午三点

地　点：皮肤科医生办公室

王　平：孙丽，这位患者的主要病史特点是什么？

孙　丽：这位患者是位55岁的老年人，病情急，病程有三天，发病前有劳累史，皮损位于左侧头面部，以红斑、丘疹、水疱为主，并伴同侧头部阵发性疼痛，院外治疗无效。既往史及家族史无特殊。

王　平：那你目前主要考虑什么疾病？

孙　丽：带状疱疹。

王　平：你知道带状疱疹的病因吗？

孙　丽：带状疱疹病毒。

王　平：这类型病毒还可以引起哪种疾病呢？

孙　丽：水痘。

王　平：你对水痘了解多少？

孙　丽：水痘好发于冬春季，最常见于2~12岁的儿童，是一种较轻但传染性强的疾病。

王　平：很好。那么为什么同一种病毒会引起不同的疾病呢？

孙　丽：水痘是该病毒的原发感染，而带状疱疹实际由该病毒潜伏感染后再激活所致。

王　平：你知道带状疱疹有哪些临床表现吗？

孙　丽：簇集性水疱，沿周围神经单侧排列分布，伴有明显的神经痛。

王　平：除此之外，你知道带状疱疹的最常见并发症吗？

孙　丽：带状疱疹后遗神经痛。

王　平：那耳带状疱疹综合征是什么呢？

孙　丽：面瘫、耳痛、外耳道疱疹。

王　平：对。在带状疱疹治疗上我们采用哪些方案呢？

孙　丽：使用抗病毒、神经营养的药物及局部治疗。

王　平：很好。你认为对于带状疱疹采用激素治疗有效吗？

孙　丽：我不太确定。

王　平：早期小剂量短期系统使用糖皮质激素可以减轻后遗神经痛的发生。如强的松，每天早上给药一次15~30毫克，疗程不超过一周。

孙　丽：我知道了。

王　平：带状疱疹需要和什么疾病鉴别呢？

孙　丽：需要和单纯疱疹鉴别。

zuì zhòng yào de jiàn bié diǎn shì shén me
王 平：最 重 要 的 鉴别 点 是 什么？

pí sǔn fēn bù de tè diǎn jí shén jīng tòng
孙 丽：皮损 分布 的 特点 及 神经 痛。

guān yú dài zhuàng pào zhěn   wǒ xiāng xìn nǐ yǐ jīng jī běn zhǎng wò   dàn shì hái yào zhù yì yì diǎn   gāi
王 平：关于 带 状 疱疹，我 相 信 你 已经 基本 掌 握，但是 还要 注意 一点，该

bìng cháng cháng bàn fā yì xiē miǎn yì quē xiàn xìng jí bìng   rú ài zī bìng
病 常 常 伴发 一些 免疫 缺陷 性 疾病，如 艾滋病。

hǎo de   wǒ huì jì zhù de
孙 丽：好的，我 会 记住 的。

Conversation Three
Case Discussion on Herpes Zoster

Situation：A woman came to the dermatology department because of rash this morning. Now a professor and a resident doctor are discussing the case.

Characters：Wang Ping（Professor）

Sun Li（Resident doctor）

Time：3:00 p. m.

Site：The doctor's office at dermatology department

Wang Ping： Doctor Sun, what is the major history of this patient?

Sun Li： The patient is a 55-year-old woman. This is an acute condition. She has a history of 3 days of tiredness before the onset of skin lesions. Skin lesions are located on the left side of head and face. The lesions are erythematous, papules, blisters which are mainly accompanied by lateral headache. Out-patient treatment has been ineffective. Past history and family history are not significant.

Wang Ping： Which disease are you thinking about now?

Sun Li： Herpes zoster.

Wang Ping： Do you know the causative organism of herpes zoster?

Sun Li：　　　VZV (Varicella-Zoster Virus).

Wang Ping：　What are the other diseases caused by this virus?

Sun Li：　　　Varicella (chickenpox).

Wang Ping：　What do you know about chickenpox?

Sun Li：　　　It often occurs in winter and spring and most commonly occurs in children between 2 and 12-year-old. It is a mild, but highly contagious disease.

Wang Ping：　Good. Do you know why the same virus causes two different diseases?

Sun Li：　　　Varicella (chickenpox) is the primary infection of VZV, herpes zoster (shingles) is in fact the manifestation of the reactivation of a latent VZV infection.

Wang Ping：　Do you know what the clinical manifestations of herpes zoster are?

Sun Li：　　　Grouped vesicles, unilaterally distributed along a peripheral nerve with intense neuralgia.

Wang Ping：　In addition, do you know the most common complications of herpes zoster?

Sun Li：　　　Post-Herpetic Neuralgia (PHN).

Wang Ping：　And what is the Ramsay-Hunt syndrome?

Sun Li：　　　Facial paralysis, otalgia, herpetiform rashes on the external auditory canal.

Wang Ping：　Right. What are the options we use for herpes zoster treatment?

Sun Li：　　　Antiviral drugs, neurotrophic drugs and topical therapy.

Wang Ping：　Good. Do you think glucocorticoids therapy is effective for herpes zoster?

Sun Li：　　　I am not sure.

Wang Ping：　Early and short-term use of systemic glucocorticoids may decrease the incidence of PHN. A short course of prednisone therapy 15 ~ 30 mg a day for a few days can be given.

Sun Li：　　　I understand.

Wang Ping：　From which disease does herpes zoster need to be differentiated?

Sun Li：　　　It needs to be differentiated from herpes simplex.

Wang Ping：　What is the most important identification point?

Sun Li：　　　Characteristics of skin lesion distribution and neuralgia.

Wang Ping：　Now you may be familiar with herpes zoster, but be aware that sometimes it is associated with other immune deficiency diseases, such as AIDS.

Sun Li：　　　OK, I'll remember it, professor.

生词

荨麻疹	（名）	xúnmázhěn	urticaria
皮疹	（名）	pízhěn	rash
阵发性	（形）	zhènfāxìng	intermittent；paroxysmal
关节	（名）	guānjié	joint
喉头	（名）	hóutóu	larynx
过敏性	（形）	guòmǐnxìng	allergic
休克	（名）	xiūkè	shock
入院证	（名）	rùyuànzhèng	admission certificate
红斑	（名）	hóngbān	erythematous lesion
皮损	（名）	písǔn	skin lesion
圆形	（名）	yuánxíng	circular shape
椭圆形	（名）	tuǒyuánxíng	oval
环状	（名）	huánzhuàng	ringlike shape
风团	（名）	fēngtuán	wheal
典型	（形）	diǎnxíng	typical
伴有	（动）	bànyǒu	be accompanied by
抗组胺	（名）	kàngzǔ'àn	anti-histamine
扑尔敏	（名）	pū'ěrmǐn	diphenhydramine
氯雷他定	（名）	lùléitādìng	cyproheptadine
法莫替丁	（名）	fǎmòtìdīng	famotidine
糖皮质激素		tángpízhì jīsù	glucocorticoid
带状疱疹		dàizhuàng pàozhěn	herpes zoster
丘疹	（名）	qiūzhěn	papule
无效	（动）	wúxiào	have no effect；do not work
水痘	（名）	shuǐdòu	varicella；chickenpox
传染性	（形）	chuánrǎnxìng	contagious
原发感染		yuánfā gǎnrǎn	primary infection
潜伏	（动）	qiánfú	lurk；conceal；be latent
激活	（动）	jīhuó	activate
周围	（名）	zhōuwéi	periphery
外耳道	（名）	wài'ěrdào	external auditory canal

神经营养的		shénjīng yíngyǎng de	neurotrophic
强的松	（名）	qiángdìsōng	prednisone
单纯疱疹		dānchún pàozhěn	herpes simplex
免疫	（动）	miǎnyì	be immune to
缺陷性	（形）	quēxiànxìng	deficient

练习

一、听和说

1. 听录音，连线。

水痘   miǎnyì

丘疹   miàntān

红斑   fēngtuán

水疱   huánzhuàng

面瘫   pízhěn

免疫   shuǐdòu

皮疹   qiūzhěn

皮损   hóngbān

环状   shuǐpào

风团   písǔn

2. 听录音，选词语。

（1）在发病前您吃过什么特殊的（ ）吗？

  A. 药物   B. 食物   C. 生物   D. 动物

（2）她喜欢吃（ ），此外，还喜欢喝酒。

  A. 鸡肉   B. 鸭肉   C. 猪肉   D. 鱼虾

（3）你有没有感觉呼吸困难或者（ ）梗阻？

  A. 喉头   B. 心头   C. 肠胃   D. 呼吸

（4）我看见患者背上和（ ）还有一些水肿性红斑。

  A. 脚上   B. 手上   C. 腿上   D. 头上

（5）如果患者出现过敏性休克，就要进行（ ）。

  A. 消炎治疗 B. 抗休克治疗 C. 手术治疗 D. 静脉注射

3. 听对话，选答案。

（1）A. 右侧头部 B. 左侧头面部 C. 左侧面部 D. 左侧头部

(2) A. 一两次　　　B. 两三次　　　C. 三四次　　　D. 两次

(3) A. 中药　　　　B. 外用药　　　C. 消炎药　　　D. 止痛药

(4) A. 现钱　　　　B. 住院证明　　C. 处方　　　　D. 发票

(5) A. 冬春季　　　B. 夏季　　　　C. 秋季　　　　D. 夏秋季

4. **完成下列会话。**

(1) A：你长皮疹有没有什么规律？

B：＿＿＿＿＿＿＿＿＿＿＿＿＿＿＿＿＿＿＿＿＿。（一会儿……一会儿……）

(2) A：为什么水痘和带状疱疹是同一种病毒引起的两种不同疾病？请解释一下。

B：＿＿＿＿＿＿＿＿＿＿＿＿＿＿＿＿＿＿＿。（……而……）

(3) A：根据您现在的病情，可以选择门诊治疗或住院治疗。

B：＿＿＿＿＿＿＿＿＿＿＿＿＿＿＿＿＿＿＿。（先……再……）

(4) A：请告诉我你生病后有一些什么症状。

B：＿＿＿＿＿＿＿＿＿＿＿＿＿＿＿＿＿。（有……也有……）

(5) A：医生，这种急性荨麻疹该怎么治疗呢？

B：＿＿＿＿＿＿＿＿＿＿＿＿＿＿＿＿＿。（……但是……）

5. **情景交际练习。**

情景一：一位小伙子因为皮疹，到医院来看病。请根据情景，两人一组进行会话练习。

情景二：一位老妇人因为皮疹，在家人的陪同下到医院皮肤科看病，并被确诊为带状疱疹。请三人一组模仿医生与患者及家属的对话。

二、读和写

1. **选词填空。**

针扎　流泪　表现　常常　减轻　特点　皮损　头面

(1) 在您的左侧（　　　　）部我看到了一些红斑和丘疹。

(2) 这次的疼痛像（　　　　），像刀割，还有烧灼感。

(3) 请问你有没有眼部疼痛、畏光、（　　　　）这些症状呢？

(4) 根据您的（　　　　）及临床症状，我认为您患了带状疱疹。

(5) 告诉我，这位患者的主要病史（　　　　）是什么？

(6) 我们今天讲一讲急性荨麻疹的临床（　　　　）。

(7) 早期小剂量短期系统使用糖皮质激素可以（　　　　）后遗神经痛。

(8) 带状疱疹（　　　　）伴发一些免疫缺陷性疾病。

2. **句子排序。**

(1) A. 带状疱疹知识　　B. 我已经　　　　C. 掌握了　　　　　　　　（　　　　）

（2）A. 特点　　　　　B. 是什么　　　　C. 皮损分布的　　　（　　　）

（3）A. 可以引起　　　B. 这种病毒　　　C. 多种疾病　　　（　　　）

（4）A. 我的右眼　　　B. 不舒服　　　　C. 有一点　　　　（　　　）

（5）A. 患者的病史　　B. 正在了解　　　C. 医生　　　　　（　　　）

3. **完成下列句子。**

（1）之前　在长皮疹　我就感到　头部疼痛

_____。

（2）您的皮疹　吗　让我看一下　您能

_____？

（3）起皮疹　因为　到医院就诊　患者

_____。

（4）荨麻疹　一般伴有　瘙痒　不同程度的

_____。

（5）休克　过敏性　可以　危及生命

_____。

4. **短文阅读。**

　　水痘是临床比较常见的一种皮肤疾病，多发生于 2～12 岁的儿童身上。儿童长有水痘时常常伴有发热，同时还会有头晕、咳嗽等症状。水痘的皮损表现为红斑、丘疹、丘疱疹、水疱，特别是脐凹状水疱是特征性皮损。皮损分布以头面部和躯干为主，可伴有轻度瘙痒。

　　水痘具有一定的自限性，从出现到恢复需要一个过程，自然病程是 10～14 天。治疗水痘最主要的是对症处理，把患儿隔离，待到水痘完全结痂痊愈后才解除隔离。这样做是因为水痘具有一定传染性，要预防它传染给其他儿童。儿童被隔离后，家长要对儿童进行合理护理，缓解儿童的难受程度，千万不要去碰患处，更不要用不干净的毛巾给儿童擦拭，避免碰破水痘或增加细菌感染。如果儿童体温太高，可以在医生的叮嘱下服用适当的药物进行缓解。如果有瘙痒等症状，家长要教儿童不要抓挠，否则会把水痘抓破，蔓延到周边的患处引起感染。

（牟韵竹）

第二十三课　急诊科

Lesson Twenty-three　Emergency Department

huì huà yī   xīn zàngzhòu tíng yuànqián jí jiù
会话一　心脏骤停院前急救

qíng jǐng   lù rén fā xiàn yí wèi èr shí jǐ suì de nǚ xìng huàn zhě dǎo zài lù biān
情　景：路人发现一位二十几岁的女性患者倒在路边，

kǒu tǔ bái mò   yú shì hū jiào   jí jiù
口吐白沫，于是呼叫 120 急救。

rén wù   lù rén
人　物：路人

jiē xiàn yuán
120 接线员

zhāngchōng   jí jiù yī shēng
张　冲（急救医生）

lǐ yún   jí jiù hù shi
李云（急救护士）

wángzhāo   jí jiù yuán
王昭（急救员）

xǔ yuán xīn   jiù hù chē sī jī
许元新（救护车司机）

shí jiān   xià wǔ sì diǎn
时　间：下午四点

dì diǎn   yī yuànwài   fā bìngxiànchǎng
地　点：医院外——发病现场

ma   wǒ menzhè lǐ yǒu yí gè nǚ háidǎozài lù biān le
路　　人：120 吗？我们这里有一个女孩倒在路边了。

jù tǐ zài nǎ ge dì fang
120 接线员：具体在哪个地方？

zài huǒchēzhànpáng
路　　人：在火车站旁。

huǒchē běizhànhái shi huǒchēnánzhàn
120 接线员：火车北站还是火车南站？

huǒchē běizhàn   tiě xīn lù   zhèngduìhuǒchēzhànchūzhànkǒu
路　　人：火车北站，铁欣路，正对火车站出站口。

huànzhě shì shén me qíngkuàng
120 接线员：患者是什么情况？

路　　　人：喊她没反应，口吐白沫。

120 接线员：患者有无抽搐？

路　　　人：没有。

120 接线员：有无呼吸？

路　　　人：好像有，但很慢。

120 接线员：您把她的头偏向一侧，避免发生窒息，我们马上派救护车到现场，请您不要离开，并保持您的电话随时可接通，便于救护车及时到达患者身边。

路　　　人：好的，我等你们。

120 接线员：另外，如果您发现患者呼吸停止，请您给她做心肺复苏。

路　　　人：心肺复苏！可我没做过。

120 接线员：不要紧，您先观察吧，如果患者停止呼吸，请再次拨打这个电话，我指导您做。

路　　　人：还有什么需要注意的吗？

120 接线员：没有了，我们派出的救护车很快会到。

（路人挂了电话。八分钟后救护车到达现场，急救医生、急救护士小李、急救员小王拿上内科急救包、心电监护仪、心电图机、气管插管设备、转运呼吸机，冲出了救护车，来到患者身边，展开急救。患者侧卧在地上，急救医生评估病情）

张　　　冲：患者呼吸微弱，呼之不应。颈动脉搏动可触及。控制气道，否则患者会出现心脏骤停。小王，准备一根 7 号气管导管，并

jiǎnchá qì guǎndǎoguǎn shì fǒu lòu qì　　chā shàng dǎo sī　jiǎnchá hóujìngguāngyuán shì fǒu wánhǎo
检查气管导管是否漏气，插上导丝，检查喉镜光源是否完好。

王　　昭：好的。
hǎo de

张　　冲：小李，给患者建立静脉通道，准备500毫升生理盐水，然后
xiǎo lǐ　gěi huànzhě jiàn lì jìngmàitōngdào　zhǔn bèi　　háoshēngshēng lǐ yánshuǐ　ránhòu

行心电监护。
xíng xīn diàn jiān hù

李　　云：好的。
hǎo de

jí jiù yī shēngyòng　　shǒu fǎ gù dìngmiànzhào　shǐ yòngqiúnángmiànzhàogěi huànzhěgōngyǎng
（急救医生用EC手法固定面罩，使用球囊面罩给患者供氧）

王　　昭：气管导管及喉镜已准备好。
qì guǎndǎoguǎn jí hóujìng yǐ zhǔnbèi hǎo

张　　冲：患者口腔内分泌物多，把吸引器拿过来。
huànzhě kǒuqiāng nèi fēn mì wù duō　bǎ xī yǐn qì ná guò lái

王　　昭：好的。
hǎo de

jí jiù yī shēng kāi shǐ xī kǒuqiāng nèi fēn mì wù　ránhòu　jì xù shǐ yòngqiúnángmiànzhàogōngyǎng
（急救医生开始吸口腔内分泌物，然后继续使用球囊面罩供氧）

张　　冲：我使用球囊面罩把血氧饱和度升起来就插管。你马上准备呼
wǒ shǐ yòngqiúnángmiànzhào bǎ xuèyǎngbǎo hé dù shēng qǐ lái jiù chāguǎn　nǐ mǎshàngzhǔn bèi hū

吸机并调试好。
xī jī bìng tiáo shì hǎo

王　　昭：好的。
hǎo de

李　　云：静脉通道已建立好，需要使用呼吸兴奋剂吗？
jìngmàitōngdào yǐ jiàn lì hǎo　xū yào shǐ yòng hū xī xīngfèn jì ma

张　　冲：暂时不需要，马上给她的气管插管。马上连接心电监护仪。
zànshí bù xū yào　mǎshàng gěi tā de qì guǎnchāguǎn　mǎshànglián jiē xīndiànjiān hù yí

李　　云：好的。
hǎo de

张　　冲：患者缺氧体征未改善，快把心电电极片连接好。
huànzhě quē yǎng tǐ zhēngwèigǎishàn　kuài bǎ xīndiàndiàn jí piànlián jiē hǎo

李　　云：患者心跳停了，心电监护仪显示呈室颤。
huànzhě xīn tiàotíng le　xīndiànjiān hù yí xiǎn shì chéng shì chàn

张　　冲：小王，赶紧给她做胸外心脏按压。小李，肾上腺素1毫克，
xiǎo wáng　gǎn jǐn gěi tā zuòxiōngwài xīn zàng àn yā　xiǎo lǐ　shèngshàngxiàn sù　háo kè

每三分钟静脉推注一次。许师傅，把除颤仪拿过来。
měi sān fēn zhōngjìngmài tuī zhù yí cì　xǔ shī fu　bǎ chúchàn yí ná guò lái

jiù hù chē sī jī xǔ shī fu bǎ chúchàn yí cóng jiù hù chēshang ná le guò lái
（救护车司机许师傅把除颤仪从救护车上拿了过来）

李　　云：肾 上 腺素 1 毫克，静 脉 推注（ 抢 救 患 者时复述 医嘱与急 救 医 生

核对）。肾 上 腺素 1 毫克静 脉 推注完毕。

王　　昭：一、二、三……（ 每个 循 环 需 要按压 30 次，所以急 救 员 需 要在按压

时高 声 报数，以便 相 互配合好）

李　　云：张 医 生，心 电 监护仪显示患者出 现 室颤。

张　　冲：许师傅，您来给患 者做心 脏 按压。小李，你来给患 者做球 囊 面

罩 供 氧。患者皮肤无破损，无金 属导电物质。我来给患者除颤。

（急 救 医 生 立即打开除颤 仪，选 择 非 同 步 模式，涂 上导电 糊，选 择 双 向

波 200J，充 电）

张　　冲：暂时停 止 按压，你们后退一 步，不 要接 触 患 者，我马 上给患 者

除颤。

（除 颤 完毕）

张　　冲：继 续心 脏 按压五个 30∶2，两 分 钟。

（两 分 钟后）

张　　冲：心 电 监 护 仪显示仍然 是 室颤，静 脉注射胺 碘 酮 300 毫克，肾 上

腺素 1 毫克，准 备再次除颤。

李　　云：胺碘酮 300 毫克，肾 上 腺素 1 毫克注射完毕。

张　　冲：请 你们不 要接 触患者，我再次给患者除颤。

（除 颤 完毕）

张　　冲：继 续心 脏 按压五个 30∶2，两 分 钟。

（两 分 钟后）

张　　冲：心电监护仪显示，患者心跳恢复，可触及颈动脉搏动，面色、嘴唇由紫绀转为红润，心率104次/分，尚无自主呼吸，血氧饱和度98%，复苏有效。（轻拍患者）患者仍处昏迷状态。马上给她测血压，准备气管插管。

李　　云：心电监护仪显示血压180/105 mmHg，是否需要处理？

张　　冲：暂时先观察，这可能与我们之前使用了很多肾上腺素有关，患者心跳刚恢复，还不稳定，注意观察，每五分钟测一次血压。另外给她做一个心电图。

（急救医生给患者气管插管，挑起会厌，将气管导管置入了气管内并给气管导管的气囊充气）

张　　冲：看看气管导管是否在气管内。

（急救护士立即使用听诊器听诊）

李　　云：气管导管在气管内。

张　　冲：小李，把胶布拿来，固定气管导管。小王，转运呼吸机准备好了吧？

王　　昭：准备好了。

（急救医生固定气管导管，连接转运呼吸机）

张　　冲：给急诊监护室打电话，告诉他们把呼吸机准备好，说有一位心肺复苏后的患者十分钟后送回医院。

（急救护士联系急诊监护室，急救医生对患者做了简单查体。发现患者双侧瞳孔缩小、双侧肺部湿啰音）

张　　冲：huànzhě kě néng wù hē le nóngyào，chákàn yí xià tā kǒudai li yǒu wú shēn fèn xìn xī，yǐ biànlián
患者可能误喝了农药，查看一下她口袋里有无身份信息，以便联
xì tā de qīnshǔ
系她的亲属。

李　　云：huànzhěshēnshangyǒu gè gōngzuòzhèng，tā shì dà fēnggōng sī de yuángōng
患者身 上 有个工 作 证。她是大风公司的员工。

jí jiù yī shēngliánxì le tā de gōng sī lǐngdǎo，bìng ān pái lì jí jiānghuànzhězhuǎnsònghuí yī yuàn
（急救医生联系了她的公司领导，并安排立即将患者转送回医院）

Conversation One
Pre-hospital First-aid of Cardiac Arrest

Situation: A passer-by is calling 120 after coming across a girl in her twenties who had collapsed on the pavement with foamy secretions at the mouth.

Characters: Passerby

120 operator

Zhang Chong (First-aid doctor)

Li Yun (First-aid nurse)

Wang Zhao (First aider)

Xu Yuanxin (Ambulance driver)

Time: 4:00 p. m.

Site: Outside the hospital—the scene of event

Passer-by: 120? There is a girl lying on the side of the road.

120 operator: Where is the location?

Passer-by: We are by the railway station.

120 operator: Which station? North Railway Station or South Railway Station?

Passer-by: North Railway Station, Tiexin Road, just opposite to the exit of the train station.

120 operator: What's wrong with the patient?

Passer-by: The patient did not respond to voices. Foamy secretions are coming from her mouth.

120 operator: Does the patient have convulsions?

Passer-by: No.

120 operator: Is she breathing?

Passer-by: She seems to be breathing, but it's very slow.

120 operator: Please, turn her head to one side to avoid suffocation. We will immediately send an ambulance over there. Please don't leave, and make sure your phone can be connected, so that we can contact you when we arrive there.

Passer-by: OK, I will be waiting for you.

120 operator: In addition, if you notice the patient has stopped breathing, you can give her cardiopulmonary resuscitation.

Passer-by: Cardiopulmonary resuscitation! But I can't do it.

120 operator: It doesn't matter. You may observe her first. If the patient is not breathing, please dial the number again, I will guide you how to give CPR.

Passer-by: Is there anything else I should pay attention to?

120 operator: No need, the ambulance will arrive soon.

(The passer-by disconnects the phone. 8 minutes later, the ambulance arrives at the scene. First-aid doctor, first-aid nurse and first aider carry the medical first-aid kit, ECG monitor, ECG machine, tracheal intubation equipment and portable ventilator. They rush to the patient and initiate the first-aid treatment. The patient is lying on her side on the ground. The first-aid doctor assesses the condition of the patient)

Zhang Chong: The patient has lost consciousness, the breathing is weak but the carotid pulse is palpable. Airway must be secured, otherwise, the patient will develop a sudden cardiac arrest. Xiao Wang, please get a No. 7 endotracheal tube and check whether endotracheal tube cuff is leaking. Insert a guide wire, and check whether the laryngoscope light source works.

Wang Zhao: OK, doctor.

Zhang Chong: Xiao Li, please open an IV line, prepare 500 mL of normal saline and then place the patient on ECG monitor.

Li Yun: OK, doctor.

(The first-aid doctor fixes the mask with one-handed "EC-clamp" technique and uses bag-valve-mask ventilation to give oxygen to the patient)

Wang Zhao: Doctor, the ET tube and laryngoscope are ready.

Zhang Chong: The patient has a lot of oral secretions. Please bring the suction apparatus quickly.

Wang Zhao: OK, doctor.

(The first-aid doctor does the suction of oral secretions and continues bag-valve-mask ventilation)

Zhang Chong: I will use bag-valve-mask ventilation to raise the oxygen saturation and then intubate. Could you please prepare the portable ventilator and adjust it?

Wang Zhao: OK, doctor.

Li Yun: Doctor, the IV line has been opened. Are respiratory stimulants necessary?

Zhang Chong: No, we should immediately intubate her. Please connect the ECG monitor quickly.

Li Yun: OK, doctor.

Zhang Chong: The patient's hypoxic signs have not improved. Connect the electrocardiogram electrodes.

Li Yun: Doctor, the patient's heartbeat has stopped, and the ECG monitor is showing ventricular fibrillation.

Zhang Chong: Xiao Wang, please start CPR immediately and Xiao Li, please give IV adrenaline 1 mg every 3 minutes. Mr. Xu, could you please bring the defibrillator quickly?

(The ambulance driver brings the defibrillator from the ambulance)

Li Yun: Adrenaline 1 mg, intravenous bolus (When rescuing the patient, she repeats doctor's advice to check with emergency doctor) Doctor, adrenaline 1mg is given.

Wang Zhao: 1, 2, 3... (The first aider needs to give 30 compressions per cycle, and counts out loud during chest-compressions to match each other)

Li Yun: Dr. Zhang, ECG is still showing ventricular fibrillation.

Zhang Chong: Mr. Xu, please continue CPR. Xiao Li, please take control of the airway. The skin over the patient's chest is not damaged and I do not see any metal conductive material on her. I am going to defibrillate her now.

(The first-aid doctor immediately turns on the defibrillator, selects non-synchronous model, applies conductive paste, selects two-way wave 200 J, and charges)

Zhang Chong: Please hold CPR, everybody, please take a step back, don't touch the patient, I am going to defibrillate right away.

(Defibrillation is completed)

Zhang Chong: Please continue CPR for 5 cycles, 30:2, 2 minutes.

(After 2 minutes)

Zhang Chong: ECG still shows ventricular fibrillation. Please prepare to give intravenous injection of amiodarone 300 mg, adrenaline 1mg, and be ready to defibrillate again.

Li Yun: Doctor, 300 mg of amiodarone and 1 mg of adrenaline are given.

Zhang Chong: Please don't touch the patient, I have to defibrillate the patient again.

(Defibrillation is completed)

Zhang Chong: Continue CPR for 5 cycles, 30:2, 2 minutes.

(After 2 minutes)

Zhang Chong: ECG monitor shows that the patient's heartbeat has recovered. The carotid pulsation can be felt. The cyanosed patient's complexion and lips have now become rosy pink. Heart rate is 104 beats/min. SaO_2 is 98%. CPR is successful and she has recovered well. (Patting the patient) However, the patient is still in a coma and there is no spontaneous breathing. Please immediately measure blood pressure and prepare for tracheal intubation.

Li Yun: Doctor, the monitor displays blood pressure as 180/105 mmHg. Does this need treatment?

Zhang Chong: This patient needs careful observation. This may be related to the use of excessive adrenaline before. The patient's heartbeat has just restored, but it is still unstable, please pay attention to vital signs and blood pressure should be measured every 5 minutes. Please take an electrocardiogram also.

(The first-aid doctor intubates the patient with an endotracheal tube, identifies the epiglottis, places the tracheal tube into the trachea and inflates the tracheal tube cuff)

Zhang Chong: Please check if the tracheal tube is in the trachea or not.

(The first-aid nurse immediately auscultates the lung with a stethoscope)

Li Yun: Doctor, the tracheal tube is in the trachea.

Zhang Chong: Xiao Li, please use the adhesive to fix the tracheal tube. Xiao Wang, is the portable ventilator ready?

Wang Zhao: It's ready, doctor.

(The first-aid doctor fixes the tracheal tube and connects it to the ventilator)

Zhang Chong: Please call the emergency ICU, tell them to prepare the ventilator for a patient who has undergone CPR. We will reach the hospital in 10 minutes.

(The first-aid nurse calls the emergency ICU. The first-aid doctor performs a basic physical examination of the patient and finds the patient's pupils are constricted bilaterally and moist crackles are heard in both lungs)

Zhang Chong：The patient probably has ingested some pesticide by mistake. Please ascertain her identity information so that we can contact her relatives.

Li Yun：　　There is a work card. She is a staff of Dafeng Campany.

(The first-aid doctor contacts the leader of the company while the patient is being transferred to the hospital)

huì huà èr　　zài jí zhěn jiān hù shì
会话二　在急诊监护室

qíng jǐng
情　景：患者被收入急诊监护室。急救医生与急诊
监护室医生交接患者。心电监护仪显示：
患者心率80次/分，血氧饱和度98%，血压
130/70 mmHg。

rén wù
人　物：张　冲（急救医生）

曾伟（急诊监护室医生）

陈敏（急诊监护室护士）

关飞（检验科医生）

唐军（患者丈夫）

shí jiān
时　间：下午四点五十分

dì diǎn
地　点：急诊监护室（EICU）

张 冲： 患者被人发现倒在路边。当我们到达现场时，患者很快心脏骤
停，做心肺复苏后自主循环恢复，瞳孔缩小，肺部湿啰音多，不排除
有机磷农药中毒的可能。建议查血常规、胆碱酯酶、血液生化
全套。

曾 伟： 好的，我马上安排相关检查。谢谢！（简单做了查体）陈敏，马
上给她抽血检查血常规、胆碱酯酶和血液生化全套。

陈 敏： 好的。

曾 伟： 另外给她静脉注射阿托品2毫克，观察心率、肺部啰音等有无变化。

陈 敏： 阿托品2毫克静脉注射完毕，心率变化不太明显。

曾 伟： 阿托品2毫克注射后心率变化不明显，患者很可能是口服了有机磷
农药，可继续阿托品2毫克注射。

（半小时后，检验科医生打来电话）

关 飞： 急诊监护室吗？

陈 敏： 是的。请问您是哪位？

关 飞： 我是检验科医生关飞，你们刚才送来的血标本检查提示胆碱酯酶
很低，225 U/mL。

陈 敏： 知道了，谢谢您！

（急诊监护室护士挂了电话）

陈 敏： 曾医生，检验科打电话说患者胆碱酯酶只有225 U/mL。

曾 伟： 患者要考虑急性有机磷农药中毒，马上注射阿托品4毫克，每
5～20分钟给药一次，注意观察皮肤、瞳孔、肺部啰音及心率情

况 ，尽快达到阿托品化，另外注射氯解磷定 1.5 克。

（患者的丈夫这时到了急诊监护室）

曾 伟： 患者家属来了没有？

陈 敏： 她丈夫刚到，在门外。

（急诊监护室医生与患者丈夫沟通中）

曾 伟： 您好！我是曾医生。

唐 军： 您好！我姓唐。我是患者的丈夫。请问我妻子情况怎么样了？是不是很危险？

曾 伟： 唐先生，是这样的。您妻子被人发现倒在路旁，后来由我院 120 救护车接回来。她曾出现心脏骤停，经我们院前急救，目前心跳已恢复，但还没有脱离危险。另外，结合她的表现和我们的检查结果，我们考虑她为急性有机磷农药中毒。

唐 军： 她现在怎么样了，脱离危险了吗？

曾 伟： 我们正在抢救。如果她生命体征能够逐渐稳定，我想恢复过来的可能性还是比较大的。

唐 军： 医生，您可要尽力救救我爱人啊。

曾 伟： 我们会尽力的。

唐 军： 谢谢医生！

Conversation Two
Inside EICU

Situation: The patient has been admitted to the EICU. The emergency doctor hands over the patient to the EICU doctor. ECG monitor shows that the patient's heart rate is 80 beats/min, SaO_2 is 98%, and blood pressure is 130/70 mmHg.

Characters: Zhang Chong (First-aid doctor)

Zeng Wei (EICU doctor)

Chen Min (EICU nurse)

Guan Fei (Doctor of clinical laboratory)

Tang Jun (The patient's husband)

Time: 4:50 p. m.

Site: Emergency intensive care unit (EICU)

Zhang Chong: The patient was found lying on the side of the road. We were called upon by a passerby. When we arrived at the scene, we found that the patient's heartbeat had stopped. After the cardiopulmonary resuscitation, spontaneous circulation was restored. The pupils were constricted bilaterally and both the lungs had moist crackles on auscultation. There is a possibility of organophosphorus pesticide poisoning. It is recommended to do routine blood test, blood cholinesterase, and blood biochemistry.

Zeng Wei: OK, I will arrange the relevant examinations immediately. Thank you. (Performing basic physical examination on the patient) Chen Min, please immediately collect blood for routine, cholinesterase, and a full set of biochemical test.

Chen Min: Yes, doctor.

Zeng Wei: In addition, please give 2 mg of atropine intravenously and check whether there is any change in heart rate, lung sounds, etc.

Chen Min: Doctor, 2 mg atropine intravenous injection is given. There is no obvious change in the heart rate .

Zeng Wei: After 2 mg atropine injection, there is no obvious change in the heart rate. The patient is likely to have ingested organophosphorus pesticides. Please, continue 2 mg atropine injection.

(Half an hour later, a doctor of clinical laboratory calls)

Guan Fei: Is it EICU?

Chen Min: Yes. Who am I speaking to?

Guan Fei: This is the laboratory doctor Guan Fei. The results of the blood specimens you just sent show that the cholinesterase level is very low, 225 U/mL.

Chen Min: I see, thank you!

(The EICU nurse disconnects the call)

Chen Min: Dr. Zeng, the laboratory doctor informs that the patient's cholinesterase is only 225 U/mL.

Zeng Wei: The laboratory report support our diagnosis as acute organophosphorus pesticide poisoning. Please give atropine 4 mg every 5 minutes up to 20 minutes. Pay attention to the skin, pupils, lung sounds and heart rate. We have to achieve atropinization as soon as possible. Also give 1. 5 g pralidoxime chloride injection.

(The patient's husband arrives at the EICU at this time)

Zeng Wei: Have the patient's relatives arrived?

Chen Min: The patient's husband has arrived. He is just outside the door.

(The EICU doctor communicates with the patient's husband about the patient)

Zeng Wei: Hello, I am Dr. Zeng.

Tang Jun: Hello, doctor. My family name is Tang. I am the patient's husband. Could you please tell me the situation of my wife? Is she in danger?

Zeng Wei: Mr. Tang, your wife was found lying on the roadside and was later picked up by 120 ambulance to our hospital. She had a cardiac arrest. After first aid, her heartbeat recovered, but she is still in danger. Based on her clinical presentation and laboratory reports, we have diagnosed her condition as acute organophosphorus pesticide poisoning.

Tang Jun: Doctor, what about her situation now? Is she out of danger?

Zeng Wei: We are treating her with our best effort. If her vital signs can be stabilized, the possibility of her recovery is still relatively high.

Tang Jun：   Doctor，please try your best to save my wife.

Zeng Wei：   We will try our best.

Tang Jun：   Thank you！

生词

抽搐	（动）	chōuchù	have convulsion
窒息	（动）	zhìxī	suffocate
救护车	（名）	jiùhùchē	ambulance
心肺复苏		xīn-fèi fùsū	cardiopulmonary resuscitation
急救包	（名）	jíjiùbāo	first-aid kit
心电监护仪		xīndiàn jiānhùyí	ECG monitor
心电图机	（名）	xīndiàntújī	ECG machine
颈动脉	（名）	jǐngdòngmài	carotid artery
心脏骤停		xīnzàng zhòutíng	sudden cardiac arrest
气管导管		qìguǎn dǎoguǎn	endotracheal tube
喉镜	（名）	hóujìng	laryngoscope
球囊面罩		qiúnáng miànzhào	bag-valve-mask
吸引器	（名）	xīyǐnqì	aspirator
血氧饱和度		xuèyǎng bǎohédù	oxygen saturation
兴奋剂	（名）	xīngfènjì	stimulant
电极片	（名）	diànjípiàn	electrode
室颤	（名）	shìchàn	ventricular fibrillation
除颤仪	（名）	chúchànyí	defibrillator
除颤	（动）	chú//chàn	defibrillate
非同步	（形）	fēitóngbù	non-synchronous
静脉注射		jìngmài zhùshè	intravenous injection
胺碘酮	（名）	àndiǎntóng	amiodarone
紫绀	（名）	zǐgàn	cyanosis
自主	（动）	zìzhǔ	be spontaneous；act on one's own
会厌	（名）	huìyàn	epiglottis
胶布	（名）	jiāobù	adhesive plaster
呼吸机	（名）	hūxījī	ventilator；respirator
循环	（动）	xúnhuán	circulate
有机磷	（名）	yǒujīlín	organophosphorus
农药	（名）	nóngyào	pesticide
胆碱酯酶	（名）	dǎnjiǎnzhǐméi	cholinesterase

阿托品	（名）	ātuōpǐn	atropine
阿托品化	（名）	ātuōpǐnhuà	atropinization
氯解磷定	（名）	lùjiělíndìng	pralidoxime chloride

练习

一、听和说

1. 听录音，连线。

气道　　　　　　　　　　zhìxī

循环　　　　　　　　　　zhòng//dú

急救　　　　　　　　　　qìdào

窒息　　　　　　　　　　shìchàn

湿啰音　　　　　　　　　xúnhuán

心电图　　　　　　　　　zǐgàn

室颤　　　　　　　　　　xīndiàntú

紫绀　　　　　　　　　　chú//chàn

除颤　　　　　　　　　　shīluóyīn

中毒　　　　　　　　　　jíjiù

2. 听录音，选词语。

（1）我们这里有一个（　　）晕倒在路边了。

  A. 女孩子　　　B. 男孩子　　　C. 老人家　　　D. 小伙子

（2）麻烦您守护一下，我们派出的（　　）很快会到的。

  A. 自行车　　　B. 救护车　　　C. 三轮车　　　D. 大卡车

（3）患者一旦（　　）停止，你就给他做心肺复苏。

  A. 呼吸　　　　B. 心脏　　　　C. 脉搏　　　　D. 血液

（4）请给患者建立静脉通道，准备输入500毫升（　　）。

  A. 热水　　　　B. 开水　　　　C. 生理盐水　　　D. 盐水

（5）患者心跳停了，心电监护仪显示呈（　　）。

  A. 室速　　　　B. 室颤　　　　C. 房颤　　　　D. 肌颤

3. 听对话，选答案。

（1）A. 停止了　　B. 无呼吸　　C. 呼吸慢　　D. 呼吸快

（2）A. 医院里　　B. 学校图书馆　　C. 汽车站旁　　D. 医院旁

（3）A. 输兴奋剂　　B. 气管插管　　C. 输血　　D. 输液

（4）A. 家属　　　　B. 没有人　　　　C. 同学　　　　D. 老师

（5）A. 同事　　　　B. 同学　　　　C. 亲属　　　　D. 老师

4. **完成下列会话。**

（1）A：你的胸痛一般在什么情况下会加重？

　　　B：_____。（在……时候）

（2）A：如果路遇晕倒的患者，打过 120 以后可以马上离开吗？

　　　B：_____。（最好……不要……）

（3）A：2019 年底出现了新型冠状病毒肺炎，你们是怎样预防的？

　　　B：_____。（主要……还要……）

（4）A：如果在外面遇到有人突发心脏骤停，你会为他做人工呼吸吗？

　　　B：_____。（毕竟……）

（5）A：当遇到身边人因呼吸困难需要急救的时候你知道怎么办吗？

　　　B：_____。（一旦……）

5. **情景交际练习。**

情景一：一个中年妇女因为昏迷，由家属送来医院看病。请根据情景，三人或者两人一组进行会话练习。

情景二：患者心脏骤停，心肺复苏后，医生需要找家属了解患者的发病情况。请两人一组模仿医生与家属的对话。

二、读和写

1. **选词填空。**

心情　感觉　运动　伤害　恶化　伤口　吸烟　饭后

（1）大爷，你现在（　　　　）好点儿了吗？

（2）（　　　　）可以健身，因此要多运动。

（3）你继续（　　　　）的话，你的慢性阻塞性肺病就会越来越严重。

（4）建议你在（　　　　）运动一小时，有助于血糖控制。

（5）不要再喝酒了，否则你的肝功能会进一步（　　　　）。

（6）儿童容易发生意外（　　　　）。

（7）你的（　　　　）需要做清创缝合。

（8）你的（　　　　）我们能理解，但也要请你配合我们。

2. **句子排序。**

（1）A. 急性农药中毒　　B. 患者　　　C. 被诊断为　　　　（　　　　）

（2）A. 在厨房　　　　　B. 他的妈妈　　C. 突然昏倒了　　（　　　　）

(3) A. 抽烟　　　B. 不要在室内　　C. 请你　　　（　　）

(4) A. 自主循环　　B. 恢复　　　　C. 做心肺复苏后　（　　）

(5) A. 你妈妈　　　B. 有几天了　　C. 发热　　　（　　）

3. 完成下列句子。

（1）主管　医师　我是　你的

_____。

（2）开始吸　急救医生　分泌物　口腔内

_____。

（3）一定的　了解　很重要　急救知识

_____。

（4）把呼吸机　告诉　准备好　他们

_____。

（5）症状　坚持　会改善　你的　失眠　锻炼

_____。

4. 短文阅读。

　　异物堵塞在呼吸道中会引起非常严重的后果，甚至致命，我们应该学习一些急救方法。下面讲讲海姆立克急救法（Heimlich Maneuver）。

　　如果急救对象是成人，救护者应站在受害者身后，从背后抱住其腹部，双臂围环其腰部，一手握拳，拳心向内，按压受害者肚脐和肋骨之间的部位；另一手成掌，捂按在拳头之上，双手急速用力向里、向上挤压，反复实施，直至异物吐出为止。

　　如果急救对象是三岁以下的孩子，应该马上把孩子抱起来，一只手捏住孩子颧骨两侧，手臂贴着孩子的前胸，另一只手托住孩子后颈部，让其脸朝下，趴在救护者膝盖上。在孩子背上拍1~5次，并观察孩子是否将异物吐出。

　　如果急救对象是婴儿，应该将婴儿的身体扶于救护者的前臂上，头部朝下，救护者用手支撑婴儿头部及颈部，用另一只手掌掌根在婴儿背部两肩胛骨之间拍击5次。如果异物仍未排出，则需实施5次压胸法，将婴儿平卧，面部朝上，躺在坚硬的地面或床板上，救护者跪下或立于其足侧，或取坐位，使婴儿骑在救护者的两大腿上，面部朝前。救护者以两手的中指或食指，放在婴儿胸廓下和肚脐上的腹部，快速向上重击压迫，但要刚中带柔，直至异物排出。

（刘世平）

dì èr shí sì kè　　má zuì kē
第二十四课　麻醉科
Lesson Twenty-four　Anesthesia

huì huà yī　　fù qiāng jìng dǎn náng qiē chú shù qián má zuì zhǔn bèi
会话一　腹腔镜胆囊切除术前麻醉准备

qíng jǐng　　shùqián　má zuì yī shēng yǔ huànzhěgōutōng
情 景：术 前，麻醉 医 生 与 患 者沟通。

rén wù　　gōngrán　má zuì yī shēng
人 物：龚然（麻醉 医 生 ）

wáng lì　　huànzhě
王 力（患 者）

shí jiān　xià wǔ sì diǎn
时 间：下午四点

dì diǎn　　yī yuàngāndǎnwài kē bìngfáng
地 点：医 院 肝胆外科病 房

nínhǎo　 qǐngwènnín shì　 chuáng de wáng lì xiānshengma
龚 然：您好，请 问您是35 床 的 王 力先 生 吗?

shì de
王 力：是的。

wǒ shì cān yù nínmíngtiānshǒushù de má zuì yī shēng　　zài duì nín běn cì rù yuàn de bìng lì hé jiǎnchá jié
龚 然：我是参与您明 天手术的麻醉医 生 ，在对您本次入 院 的病历和检查结

guǒyǒusuǒliǎo jiě hòu　　xiànzài xiǎngduì nínshēn tǐ zhuàngkuàngzuò jìn yí bù de liǎo jiě　　kě yǐ ma
果有所了解后，现在想对您身体状 况做进一步的了解，可以吗?

kě yǐ
王 力：可以。

nínxiànzài de shēngāo　 tǐ zhòngshì duōshao ne
龚 然：您现在的身高、体 重是多少呢?

shēngāo mǐ　 tǐ zhòng　qiān kè
王 力：身高1米7，体 重 70 千克。

níncóngshì shén me gōngzuò　 xiànzài bù xíng dà gàinénggòuzǒuduō jiǔ huòduōyuǎn
龚 然：您从事什么工作? 现在步行大概能够走多久或多远?

wǒ shì kuài jì shī　 píngshí huódòngshǎo　 dàn bù xíng yí gè xiǎoshíméiyǒuwèn tí
王 力：我是会计师，平时活动少，但步行一个小时没有问题。

龚 然：您现在 中 途不休息能爬 上 几楼呢？

王 力：我家住在四楼， 上 下楼梯没有歇过。

龚 然：近期是否参加过徒步、爬山 等 活 动？

王 力：最近没有出 去 旅 行和爬山。

龚 然：进行大 量 活 动 后，有没有出 现 过 胸 闷、 胸 痛、 心悸、昏厥 等 情况？

王 力：没有特别不舒服的情况，但我特别累时偶尔出现过胸 闷，休息一会儿就可以了。

龚 然：是否做过 相 关 检查？

王 力：以前没有做过检查。这次入院检查了心电图和彩超，主管医生 告 诉我有一个瓣膜存在轻度关闭不全，但问题不大，心电图正 常 。

龚 然：好的，待会儿我再去核实一下您的 相 关 检查结果。您以前有心脏 方面 的疾病吗？例如高血压、 冠心病。

王 力：我有高血压，已经三年了，没有 冠心病。

龚 然：您血压最高是多少呢？

王 力：以前血压最高为 160/100 mmHg。

龚 然：现在规律服用 什么药物？ 控 制 得好吗？

王 力：服用苯 磺 酸 氨氯地平片，一天一片，血压控制在 120/80 mmHg 左右，我每天都要自己监测。

龚 然：您做得很好。请 明 天早上 六点之前喝少量清水送服降压药。您平时咳嗽时咳痰多吗？是否有气紧的情况？

王　力：我有支气管炎，偶尔咳嗽咳痰，特别是感冒之后加重，觉得气急、气紧。

龚　然：最近是否有感冒？

王　力：半个月前感冒了，吃了一些药，已经痊愈了。

龚　然：您以前吸烟吗？

王　力：我吸烟。

龚　然：您抽了多长时间的烟呢？一天大概多少支？

王　力：我从年轻的时候就抽烟了，到现在将近20年了，一天也就五六支，不过入院后我的主管医生已经要求我戒烟，现在两周多没抽了。

龚　然：那真是太好了，抽烟不只是损害肺部，对全身各系统都有影响，非常不利于您术后恢复，一定要坚持戒烟。再问一下，您有哮喘、鼻炎等过敏疾病吗？或者对什么食物和药物过敏？

王　力：我没有哮喘，没有对食物过敏，但曾经我做青霉素皮试时出现了过敏症状，周围皮肤出现红疹，非常痒。

龚　然：您平时饮酒多吗？

王　力：我偶尔在家喝几杯白酒。

龚　然：您平时有胃部不适吗？比如嗳气、反酸、烧心，甚至呕吐等。

王　力：我偶尔会嗳气，但休息一会儿又消失了。

龚　然：您有糖尿病吗？

王　力：没有。

龚　然：除了降压药之外，您平时有长期服用其他药物吗？

王　力：没有服用其他药物。

龚　然：您以前有过什么大的外伤吗? 比如车祸。

王　力：没有，都是小的磕碰。

龚　然：您以前做过什么手术吗?

王　力：我十岁时做过阑尾切除手术。

龚　然：请问当时是全身麻醉吗? 手术过程中麻醉出现过什么特殊的情况没有?

王　力：我不是很清楚是什么麻醉方法，手术很顺利，但术后我呕吐了一段时间，非常难受。

龚　然：您以前做过体检吗? 有什么特别的问题没有?

王　力：单位每年安排一次体检。除了高血压病，其他没有什么特殊，我身体很好。

龚　然：您睡觉时打鼾吗?

王　力：我睡觉时会打鼾，特别是饮酒后，鼾声非常大。

龚　然：您在睡觉中出现过因为憋气突然惊醒，需要大口呼吸的情况吗?

王　力：我有过这样的体验，但不是经常出现。

龚　然：请问您有假牙吗?

王　力：我下面有四颗假牙。

龚　然：是活动的还是固定的呢?

王　力：可以取下来。

龚　然：假牙以外的牙齿有松动的吗?

wǒ shàngmiàn mén yá yǒudiǎnsōngdòng
王 力：我 上 面 门 牙 有点 松 动。

zài má zuì de guòchéngzhōnghuìyǒu yí gè kǒu nèi de cāozuò   kě néngzàochéngsōngdòng de mén chǐ tuō luò
龚 然：在麻醉的过 程 中 会有一个口内的操作，可能 造 成 松 动的门齿脱落，

dāngrán   wǒ men huì jǐn liàngbǎo hù
当然，我们会尽 量 保护。

Conversation One
Preparation for Anesthesia before
Laparoscopic Cholecystectomy

Situation：Preoperative communication between the anesthesiologist and the patient.

Characters：Gong Ran（Anesthesiologist）

　　　　　　Wang Li（Patient）

Time：4：30 p. m.

Site：Hepatobiliary surgery ward

Gong Ran：Hello, are you Mr. Wang Li from bed 35?

Wang Li： Yes.

Gong Ran：I am the anesthesiologist who will participate in your surgery tomorrow. After reviewing your medical records and examination results since your hospitalization, I would like to know more about your physical condition. May I ask you some questions?

Wang Li： Sure, thank you.

Gong Ran：What is your current height and weight?

Wang Li： 170 cm, 70 kg.

Gong Ran：What do you do? How long or how far can you walk recently?

Wang Li： I am an accountant. I usually don't do much physical exercise, but I have no problem walking for an hour.

Gong Ran：How many floors can you climb without taking a rest?

Wang Li： My apartment is on the fourth floor. I can go up and down the stairs without resting.

Gong Ran： Have you gone hiking or climbed any mountain recently?

Wang Li： I haven't traveled anywhere recently.

Gong Ran： Have you ever had chest tightness, chest pain, palpitation and fainting after any heavy work or exertion?

Wang Li： There is no particular discomfort, but when I get very tired, I occasionally have chest tightness, which goes away after resting for a short while.

Gong Ran： Have you ever had any tests done for this condition?

Wang Li： I did not have any examinations before. When I was admitted to the hospital, I had ECG and echocardiography. The attending doctor told me that there was a mild valve insufficiency, but it was not serious and the ECG was normal.

Gong Ran： Well, I will check your test results again later. Have you had any heart disease before? For example, hypertension and coronary heart disease.

Wang Li： I have had hypertension for three years but I don't have coronary heart disease.

Gong Ran： What is your highest blood pressure?

Wang Li： In the past, the highest blood pressure was 160/100 mmHg.

Gong Ran： What drugs are you regularly taking? Is your blood pressure under control?

Wang Li： After taking amlodipine tablets, one tablet a day, the blood pressure is controlled at 120/80 mmHg. I monitor it myself every day.

Gong Ran： You are doing very well. Please take medicine for blood pressure with a small amount of water before 6 o'clock tomorrow morning. Additionally, do you usually cough up a lot of sputum? Do you feel short of breath?

Wang Li： I suffer from bronchitis and occasionally cough up sputum. It gets worse after I catch a cold. I feel short of breath during those periods.

Gong Ran： Did you have a cold recently?

Wang Li： Half a month ago, I caught a cold and took some medicines, and now I've recovered.

Gong Ran： Have you ever smoked before?

Wang Li： I do smoke.

Gong Ran： How long have you been smoking? How many cigarettes per day?

Wang Li： I started smoking when I was young. It has been nearly 20 years and I smoke about 5 or 6 cigarettes a day. However, after I was admitted to the hospital, my doctor in charge asked me to quit smoking. Now I have not smoked for more than two weeks.

Gong Ran: That's great. Smoking not only damages your lung, but also impacts all parts of the body. It is very bad for your recovery from surgery. You must continue quitting smoking. Besides, do you have allergic diseases such as asthma and rhinitis? Or are you allergic to any food or medicine?

Wang Li: I don't have asthma, nor am I allergic to any food. I was allergic to penicillin during a skin test after which I developed red itchy rashes on my skin.

Gong Ran: Do you drink alcohol?

Wang Li: I occasionally drink a few glasses of liquor at home.

Gong Ran: Do you usually have abdominal discomfort, such as belching, sour regurgitation, heartburn or vomiting?

Wang Li: I feel belching at times, but it goes away after a brief rest.

Gong Ran: Do you have diabetes?

Wang Li: No.

Gong Ran: In addition to medicine for blood pressure, have you taken any other medicine for a long time?

Wang Li: I don't take any other medicine.

Gong Ran: Have you had any major injuries before, such as a car accident?

Wang Li: No, just small bumps here and there.

Gong Ran: Have you had any surgery before?

Wang Li: I had an appendectomy at the age of 10.

Gong Ran: Was it a general anesthesia? Was there any special event during the surgery?

Wang Li: I am not very sure about the anesthesia method. The operation went well but after the surgery, I vomited for a while. It was very uncomfortable.

Gong Ran: Have you ever had a medical check-up before? Is there any particular problem?

Wang Li: My work unit arranges an annual physical examination. Except for high blood pressure, there is nothing special. I am in good health.

Gong Ran: Do you snore during your sleep?

Wang Li: I do snore during sleep, especially after drinking, and the noise is very loud.

Gong Ran: Have you ever been awakened suddenly from your sleep because you were out of breath and needed to take a deep breath?

Wang Li: I have had such experiences, but it is not that very often.

Gong Ran： Do you have any dentures?

Wang Li： The four lower front teeth are dentures.

Gong Ran： Are they removable or fixed?

Wang Li： They can be removed.

Gong Ran： Is there any other loose tooth besides the dentures?

Wang Li： I have loose upper front teeth.

Gong Ran： There will be an intraoral procedure during the anesthesia process，which may cause the loose teeth to fall off. Of course，we will try to protect them.

---

huì huà èr　　má zuì qián de píng gū yǔ gōu tōng
会话二　麻醉前的评估与沟通

qíng jǐng　shù qián　mázuì yī shēng yǔ huànzhě gōutōng
情 景：术前，麻醉医生与患者沟通。

rén wù　gōngrán　yī shēng
人 物：龚然（医 生）

wáng lì　huànzhě
王 力（患者）

shí jiān　xià wǔ sì diǎn bàn
时 间：下午四点半

dì diǎn　yī yuàngān dǎnwài kē bìngfáng
地 点：医院肝胆外科病房

---

xià miàn wǒ xū yào nín pèi hé yí xià　　duì nín de xīn fèi gōngnéng hé qì dào jìn xíng píng gū　kě yǐ ma
龚 然：下 面 我 需 要您配合一下，对您的心肺功能和气道进行评估，可以吗？

kě yǐ
王 力：可以。

qǐng nín píngjìng hū xī　wǒ yào yòng tīngzhěn qì tīng yí xià nín de xīn yīn
龚 然：请您平静呼吸，我要用听诊器听一下您的心音。

xīn lù guī zhěng　xīn yīn wú zá yīn
（心律规整，心音无杂音）

qǐng nín dà kǒu hū xī　tīng yí xià nín de hū xī yīn
龚 然：请您大口呼吸，听一下您的呼吸音。

hū xī yīn qīng xī　zuǒ yòu duì chèn
（呼吸音清晰，左右对称）

龚　然：请您深吸一口气后尽量屏住。

（屏气时间大于 30 秒）

龚　然：请您伸出舌头，尽量张口。

（马氏分级三级）

龚　然：请您活动一下脖子，并尽量后仰。

（颈部活动自如，甲颏距正常）

龚　然：您是否低头时感觉头晕，或有双手指尖发麻的情况？是否进行过
颈椎检查？

王　力：偶尔有指尖发麻的情况，没有对颈椎进行过检查。

龚　然：谢谢您的配合。我已经对您的整体状况有了进一步的了解，最后我
给您一些建议。

王　力：好的。

龚　然：首先，请您放松心情，相信我们的医疗技术。今晚好好休息，注意
保暖，不要感冒。假如确实失眠，请及时告知值班医生，他能给您
帮助睡眠的药物以缓解紧张情绪。

王　力：好的，那如果手术前紧张怎么办呢？

龚　然：不用担心，我们会根据情况处理。如果您实在紧张，我们会给予一
定剂量的镇静剂。

王　力：那我就放心了。

龚　然：其次，今日晚餐清淡饮食最好，不要太油腻。餐后，可以吃一些水果。
晚上 12 点后请不要再进食，只可以喝一些清水，比如白开水、糖

shuǐ guǒ zhī　　　nín de jiàng yā yàoqǐng yú míng zǎo liù diǎnqiánqīngshuǐsòng fú　　míng zǎo liù diǎn zhī hòu
水、果汁。您的 降 压药请于明早六点前清水送服，明早六点之后

bù néng zài hē rèn hé qīngshuǐ　zhǐ kě yǐ yòngqīngshuǐshuā yá　shùkǒu　yí dìngyào jì de chī jiàng yā
不能再喝任何清水，只可以用清水刷牙、漱口。一定要记得吃降压

yào　fǒu zé xuè yā shēnggāo kě nénghuìyǐngxiǎngshǒushù
药，否则血压升高可能会影响手术。

wǒ míngbai le
王　力：我 明 白了。

zuì hòu　　míngtiānzǎoshangqǐng jì de qǔ xià jiǎ yá liú zài bìngfáng
龚　然：最后，明 天早 上 请记得取下假牙留在病 房。

hǎo de
王　力：好的。

yǐ shàng de zhù yì shì xiàngqǐng yí dìngyào jì zhù　rú guǒ shí zài jì bu zhù　kě yǐ ràngnín jiā rén bāng
龚　然：以 上 的注意事 项 请一定要记住。如果实在记不住，可以让您家人帮

máng tí xǐng yí xià　xiàmiàn wǒ jiǎndān hé níntán tanmíngtiān de má zuìfāng àn　kě yǐ ma
忙 提醒一下。下面我简单和您谈谈明 天的麻醉方案，可以吗？

dāngrán kě yǐ
王　力：当然可以。

fù qiāngjìng xià dǎn náng qiē chúshù cǎi yòng de shì quánshēn má zuì　dà gài zǎoshang bā diǎnzhuǎn yùn shī
龚　然：腹 腔 镜下胆 囊 切除术采用的是全 身麻醉。大概早上 八点 转 运师

fu huìjiāngnín jiē dàoshǒushùjiān　zài ān zhì hǎoshēngmìng tǐ zhēngjiān cè yí　bǐ rú xuè yā jiān cè
傅会 将您接到手术间。在安置好 生 命体 征 监测仪（比如血压监测、

xīndiàn tú　xuèyǎngbǎo hé dù jiǎn cè yí qì　bìngquèdìngsuǒyǒushǒushù rén yuán jiù wèi hòu　wǒ huì
心电 图、血氧 饱和度检测仪器）并确定所有手术人员就位后，我会

cóng hù shi ān zhì de jìngmàitōng lù chù tuī zhùmá zuì yào wù　zhīhòunín jiù huìxùn sù shuìzháo　zài zhěng
从护士安置的静脉通路处推注麻醉药物，之后您就会迅速睡着。在整

gè shǒushùguòchéngzhōng wǒ dōuhuìjiān hù nín de shēngmìngzhuàng tài　qǐngnínfàng xīn
个手术过 程 中我都会监护您的 生 命 状态，请您放心。

xiè xie
王　力：谢谢。

nà nínxiànzài duì má zuìfāng shì hé shùqiánzhù yì shì xiànghái yǒushén me wèn tí ma
龚　然：那您现在对麻醉方式和术前注意事 项 还有什么问题吗？

wǒ shén me shí houhuìqīngxǐng ne
王　力：我 什么时候会清 醒呢？

zài shǒushùcāozuò jié shùhòu wǒ huì jié shùmá zuì yàopǐn de shǐ yòng　nínhuì zài má zuì huī fù shì li mànmàn
龚　然：在手术操作结 束后我会结束麻醉药品的使用，您会在麻醉恢复室里慢 慢

sū xǐng　dàidàonín fú hé chūshǒushù shì biāozhǔnhòu　wǒmenhuìsòngnín huídàobìngfáng　zhěng gè shí
苏醒。待到您符合出手术室标 准后，我们会送您回到病 房，整个时

cháng zài bànxiǎoshí dào yì xiǎoshí zhī jiān
长 在半小时到一小时之间。

hǎo de　xiè xie nǐ men
王　力：好的，谢谢你们。

Conversation Two
Assessment and Communication
before Anesthesia

Situation: Preoperative communication between the anesthesi-
ologist and the patient.

Characters: Gong Ran (Anesthesiologist)

Wang Li (Patient)

Time: 4:30 p. m.

Site: Hepatobiliary surgery ward

Gong Ran: I need your cooperation to evaluate your cardiopulmonary function and airway.
Is that okay?

Wang Li: Sure.

Gong Ran: Please breathe calmly. I will listen to your heart sound with a stethoscope.

(The heart rhythm is normal without murmur)

Gong Ran: Please take a deep breath. I want to listen to your breath sounds.

(The breath sounds are clear and bilaterally equal)

Gong Ran: Please take a deep breath and try to hold it.

(The breath holding experiment is more than 30 seconds)

Gong Ran: Please stick your tongue out and open your mouth as much as possible.

(Markov scale 3)

Gong Ran: Please move your neck and try to lean back.

(The neck can move freely, and the thyromental distance is normal)

Gong Ran: Do you feel dizzy or experience numbness in your fingers when you bow your
head? Have you ever had your neck bones (cervical vertebra) examined?

Wang Li: Occasionally there is numbness at the fingertips. I never had examination of
the neck bones (cervical vertebra).

Gong Ran: Thank you for your cooperation. I have a better understanding of your overall
situation. Finally I would like to give you some advice.

Wang Li: OK.

Gong Ran: First of all, please relax and trust our medical technology. Have a good rest tonight, keep yourself warm, and try not to catch a cold. If you do have insomnia, please inform the doctor on duty in time. The doctor can give you some medicine to help you sleep and calm your nervousness.

Wang Li: OK, what if I am nervous right before the surgery?

Gong Ran: Don't worry, we will deal with it according to the situation. If you are really nervous, we will give you a certain dose of sedative.

Wang Li: Then I am relieved.

Gong Ran: Secondly, it is better for you to have a light diet today, not too oily. After the meal, you can eat some fruits. Please don't eat any food after 12 o'clock at night, just drink some water, such as boiled water, sugar water, juice. Take your antihypertensive medicine with water before 6 o'clock tomorrow morning. You can't drink any water after 6 o'clock tomorrow. You can only brush your teeth and rinse your mouth with water. Be sure to take antihypertensive medicine, or the high blood pressure may interfere with surgery.

Wang Li: I see.

Gong Ran: Finally, please remember to take the denture out and leave it in your ward tomorrow morning.

Wang Li: OK.

Gong Ran: Please be sure to remember the above precautions. If you can't remember it, you can ask your family to remind you. I would like to briefly talk to you about tomorrow's anesthesia program, shall I?

Wang Li: Certainly.

Gong Ran: General anesthesia is used for laparoscopic cholecystectomy. At about 8 o'clock in the morning, the transfer staff will take you to the operation room. After setting up vital signs monitoring (such as blood pressure monitoring, electrocardiogram, oxygen saturation) and making sure all the surgical personnel are in position, I will inject the anesthetic agent through the intravenous line set up by the nurse, and then you will fall asleep quickly. I will be monitoring your vitals during the whole operation, please don't worry.

Wang Li: Thank you.

Gong Ran: Do you have any questions about anesthesia and preoperative precautions?

Wang Li： When will I be awake?

Gong Ran： After the operation, I will end the use of anesthesia drugs. You will wake up slowly in the anesthesia recovery room. We will shift you to your ward after you meet the standards for leaving the operation room . It will take half an hour to an hour for you to wake up.

Wang Li： OK, thank you.

生词

会计师	(名)	kuàijìshī	accountant
徒步	(副)	túbù	on foot
胸闷	(名)	xiōngmèn	chest tightness
昏厥	(动)	hūnjué	faint
氨氯地平片	(名)	ānlùdìpíngpiàn	amlodipine
气紧	(形)	qìjǐn	short of breath
支气管炎	(名)	zhīqìguǎnyán	bronchitis
哮喘	(动)	xiàochuǎn	have asthma
鼻炎	(名)	bíyán	rhinitis
青霉素	(名)	qīngméisù	penicillin
红疹	(名)	hóngzhěn	red rash
嗳气	(动)	ǎiqì	belch
反酸	(名)	fǎnsuān	sour regurgitation
烧心	(动)	shāoxīn	have heartburn
磕碰	(动)	kēpèng	bump
打鼾	(动)	dǎ//hān	snore
假牙	(名)	jiǎyá	denture; false tooth
门齿	(名)	ménchǐ	incisor; front tooth
固定的	(形)	gùdìng de	fixed
松动的	(形)	sōngdòng de	loosened
心肺功能		xīn-fèigōngnéng	cardiopulmonary function
呼吸音	(名)	hūxīyīn	breath sounds
甲颏距	(名)	jiǎ-kējù	thyromental distance

练习

一、听和说

1. 听录音，连线。

胸闷　　　　　　　　　　　sūxǐng

嗳气　　　　　　　　　　　xiōngmèn

鼻炎　　　　　　　　　　　tuōluò

烧心　　　　　　　　　　　hūxīyīn

苏醒　　　　　　　　　　　kuàijìshī

呼吸音　　　　　　　　　　bíyán

哮喘　　　　　　　　　　　jiǎyá

脱落　　　　　　　　　　　xiàochuǎn

会计师　　　　　　　　　　ǎiqì

假牙　　　　　　　　　　　shāoxīn

2. 听录音，选词语。

(1) 王医生，8 床患者（　　　）肚子很厉害，怎么办？

    A. 哪　　　　　B. 那　　　　　C. 拉　　　　　D. 辣

(2) 不知道是不是吃了虾的缘故，昨天下午开始我（　　　）过敏。

    A. 局部　　　　B. 全身　　　　C. 药物　　　　D. 食物

(3) 我的医生朋友告诉我，饭后不要马上进行（　　　）运动。

    A. 剧烈　　　　B. 体育　　　　C. 距离　　　　D. 生活

(4) 在手术前，医生一定要（　　　）跟患者说清楚手术的风险。

    A. 简介　　　　B. 直接　　　　C. 间接　　　　D. 指节

(5) 患者说最先的疼痛部位在肚脐周围，现在转为（　　　）了。

    A. 右上腹　　　B. 左下腹　　　C. 左上腹　　　D. 右下腹

3. 听对话，选答案。

(1) A. 感冒了　　　B. 拉肚子了　　C. 吃饭了　　　D. 睡觉了

(2) A. 同意书　　　B. 注意事项　　C. 疾病史　　　D. 麻醉方案

(3) A. 医生　　　　B. 护工　　　　C. 护士　　　　D. 外科医生

(4) A. 真牙　　　　B. 门牙　　　　C. 固定假牙　　D. 活动假牙

(5) A. 高血压　　　B. 严重感冒　　C. 高血糖　　　D. 高血脂

4. 完成下列会话。

(1) A：你好！我是你的麻醉医生，想了解你以前是否做过体检。

　　B：＿＿＿＿＿＿＿＿＿＿＿＿＿＿＿＿＿＿＿＿＿。（除了……）

(2) A：医生，还有什么事情吗？

　　B：＿＿＿＿＿＿＿＿＿＿＿＿＿＿＿＿＿＿＿＿＿。（进一步……）

(3) A：医生，那我什么时候才能从手术室回到病房呢？

　　B：＿＿＿＿＿＿＿＿＿＿＿＿＿＿＿＿＿＿＿＿＿。（待到……）

(4) A：我一直抽烟，而且通常一天要抽半包烟。

　　B：＿＿＿＿＿＿＿＿＿＿＿＿＿＿＿＿＿＿＿＿＿。（不只是……）

(5) A：医生，您能给我一些术前建议吗？

　　B：＿＿＿＿＿＿＿＿＿＿＿＿＿＿＿＿＿＿＿＿＿。（假如……）

5. 情景交际练习。

情景一：患者要做腹腔镜下胆囊切除术。术前一天，麻醉医生与患者进行术前麻醉注意事项谈话。请以此为情景，两人一组进行会话练习。

情景二：肝癌患者将做肝脏部分切除手术。请以此为情景，两人一组进行会话练习。

二、读和写

1. 选词填空。

全身　流涕　假牙　气道　苏醒　心电图　打鼾　生命

(1) 我奶奶已经88岁了，满口都是（　　　　）。

(2) 麻醉药效过后，这个手术患者（　　　　）过来。

(3) 我室友最近感冒了，鼻子总是（　　　　）。

(4) 你最好做一个（　　　　），排除心脏方面的问题。

(5) 麻醉医生需要对患者的心肺功能和（　　　　）进行评估。

(6) 你晚上睡觉总是（　　　　），弄得我都睡不好觉。

(7) 腹腔镜下胆囊切除术采用的是（　　　　）麻醉。

(8) 在整个手术过程中我都会监护您的（　　　　）状态。

2. 句子排序。

(1) A. 有没有　　　B. 你的体重　　　C. 变化　　　　　（　　　　）

(2) A. 我来给你　　B. 腹部B超　　　C. 做　　　　　　（　　　　）

(3) A. 世界奇迹　　B. 万里长城　　　C. 是一个　　　　（　　　　）

(4) A. 太冷　　　　B. 不算　　　　　C. 这个冬天　　　（　　　　）

（5）A. 安静地　　　B. 睡着了　　　C. 小宝宝　　　　　　　（　　　）

3. 完成下列句子。

（1）手术后　太油腻的　不要吃　食物

_____。

（2）他患了　缺铁性　贫血　严重的

_____。

（3）检查　患者　完成　术前　了吗

_____？

（4）出现过　特殊情况　没有　麻醉　什么

_____？

（5）小便　患者的　有些　发黄

_____。

4. 短文阅读。

　　解除疼痛是医学领域常见的话题，也是至今未解的课题。自古以来，人类在与大自然斗争的过程中，就本能地应用最初级、最原始的方法来缓解疼痛。抚摸、按压、揉擦身体某些部位可以使伤痛（病痛）减轻。

　　新石器时代以后，人类在发现温泉的同时也懂得了利用升高躯体温度来治疗痛病。于是创造了古老的热敷技术，用热泥、热石等敷在疼痛的部位以达到缓解疼痛之目的。后来，又相继出现了使用天然草药在痛处揉擦或贴敷等方法，并逐渐发展成为榨取其浸出物，制成外敷药用以外敷镇痛。据春秋战国时代医书，曾将此称为"熨贴"，即当今"膏药"的雏形。公元前 400 年，已在古老的中国、希腊、罗马、印度等地流传拔罐镇痛等最原始的物理镇痛措施。我国古医籍《黄帝内经·素问》中亦早有记载，称为"角"。

（张　渊）

听力练习录音文本

第一课　呼吸科

1. 听录音，连线。

退烧　浊音　胸片　肺炎　呼吸

咳嗽　胸痛　咯血　发热　口服

2. 听录音，选词语。

（1）一些简便易行的防治呼吸道感染的中医药疗法也颇受欢迎。

（2）婴幼儿免疫功能还不完全成熟，所以住院患儿中得肺炎的最多。

（3）新型冠状病毒的传播方式主要是飞沫传播和接触传播。

（4）患者高热的时候，是否使用退烧药？

（5）根据检查结果诊断，你患的病是右下肺肺炎。

3. 听对话，选答案。

（1）男：医生，我头痛，还很怕冷。

女：你可能发烧了，来，先测量一下体温。

问：这位患者可能怎么了？

（2）男：小张今天没来上班，你知道为什么吗？

女：他病了。咳嗽、胸口痛，还发烧。

问：小张可能得了什么病？

（3）男：你以前还患过其他什么病？

女：5 年前得过肺结核，已经治好了。

问：这位患者在 5 年前患过什么病？

（4）男：医生，我咳嗽、胸痛了一周，需要做些什么检查呢？

女：你先做个胸片检查，再去做个血常规检查。

问：这位患者需要先做什么检查？

（5）男：小王，听说你妈妈生病了。严重吗？

女：问题不大，吃了药好多了。就是得了流感。

问：小王的妈妈得了什么病？

第二课　心血管科

1. 听录音，连线。

心肌　晕倒　血压　血脂　血栓

缺血　心律　缓解　血管　心悸

2. 听录音，选词语。

（1）还好，你来得及时，没有拖延太多的时间。

（2）手术后我感觉非常好，胸痛、心慌都没有了。

（3）如果没有特殊不适，下周一就可以办理出院。

（4）手术后如果不好好吃药，放支架的血管还会再次堵塞。

（5）请躺下来，把衣服解开，让我听听你的心脏和肺部情况。

3. 听对话，选答案。

（1）女：你平时抽烟、喝酒吗？

男：不抽烟，要喝酒。

问：这位男士平时要做什么？

（2）女：你感觉胸痛时用过药吗？用药后胸痛减轻没有？

男：吃了速效救心丸，但效果不明显。

问：这位患者吃了速效救心丸效果怎样？

（3）女：你在你们附属医院有没有做过冠脉造影？

男：没有做过。只做过心电图。

问：这位男士在附属医院做过什么检查？

（4）男：听说你妈妈得了高血压。那她每天都坚持吃降压药了吗？

女：吃了。不吃不行，每天早上都要吃一片。

问：这位女士的妈妈什么时候吃降压药？

（5）女：你喜欢抽烟？那你抽烟的量大不大？

男：不太大，每天差不多抽半包烟。

问：这位男士一天抽多少烟？

第三课　消化内科

1. 听录音，连线。

解痉　腹痛　康复　药物　胆囊炎

手术　饮食　血常规　大便　报告

2. 听录音，选词语。

（1）我今天早上突然感觉肚子很不舒服。

（2）你需要去做一个腹部彩超检查。

（3）你是选择手术治疗还是保守治疗？

（4）医生说胃炎患者需要做胃镜检查。

（5）伤口红肿热痛意味着伤口发炎了。

3. 听对话，选答案。

（1）男：你好，请问王医生在吗？

女：你好，王医生在手术室做手术，你有什么事吗？

问：王医生在干什么？

（2）男：医生你好，我突然感觉右下腹疼痛。

女：我怀疑是急性阑尾炎，先做个腹部 B 超看看。

问：患者哪里不舒服？

（3）男：放暑假后我想去附属医院消化科见习。你呢？

女：太好了，我跟你一样。

问：女生准备去附属医院哪个科室见习？

（4）男：可以把你的内科学笔记借给我看看吗？

女：好的，明天给你。

问：男生找女生借什么笔记？

（5）男：这个药的效果好吗？

女：还不错，就是价格有点贵。

问：女生觉得这个药怎么样？

第四课　内分泌和代谢性疾病

1. 听录音，连线。

饭量　血糖　淀粉　杂粮　脂肪

血钾　失水　补液　输液　酮体

2. 听录音，选词语。

（1）经输液和胰岛素治疗，酮体水平下降，酸中毒可自行纠正。

（2）如果补碱过多、过快，不利于氧合血红蛋白释放氧。

（3）根据感染部位和病原微生物的情况选择使用敏感抗生素。

（4）医生要重视对患者进行相关的糖尿病知识普及。

（5）我相信你们已经掌握了怎样诊断糖尿病酮症酸中毒。

3. 听对话，选答案。

　　（1）男：你食欲怎么样？体重有变化吗？

　　　　　女：饭量很大，但人越来越瘦，瘦了近20斤。

　　　　　问：这位女士饭量怎么样？

　　（2）男：医生，我的检查报告出来了。

　　　　　女：让我看看。你的血糖指数是12.3，小便检查尿糖三个＋，要考虑诊断糖尿病。

　　　　　问：患者可能得了什么病？

　　（3）男：在饮食上我应该注意什么呢？

　　　　　女：不吃含糖量高的食品，少吃含脂肪和淀粉的食品。

　　　　　问：哪种食品更适合这位患者？

　　（4）男：你的甲状腺偏大，眼睛有点突出，可能是甲亢。

　　　　　女：那严重吗？吃药会不会好呢？

　　　　　问：这位女士可能得了什么病？

　　（5）男：我用药后，还需要注意什么？

　　　　　女：用药以后要监测血糖，定期门诊随访。

　　　　　问：患者用药后需要监测什么？

第五课　　血液科

1. 听录音，连线。

溶血　血红蛋白　食欲　血小板　铁蛋白

白血病　瘀斑　腹泻　出汗　单核细胞

2. 听录音，选词语。

　　（1）妈妈，大夫说您现在需要先喝水。

　　（2）刷牙出血是因为你的血小板少了。

　　（3）爸爸，昨天晚上你睡眠怎么样？

　　（4）小张，明天早上抽血前你最好不要喝水。

　　（5）如果你有腹泻，最好先做检查。

3. 听对话，选答案。

　　（1）男：刚才生化老师讲得好精彩。

　　　　　女：是的。不过快点准备下节课的资料吧，汉语老师马上要来了。

　　　　　问：这个对话可能发生在哪里？

　　（2）男：好久不见，你都怀孕4个月了。胎儿发育得很好吧？

女：挺好的，我会定期做超声检查。

问：这位孕妇会定期做什么检查？

（3）男：这个周末你打算怎么过啊？

女：本来想去看电影的，可是我生化作业还没有做完。

问：女生周末的时候可能会做什么？

（4）男：刚才急诊科又收了一个患者，是怎么回事？

女：听说是喝醉后开车，出意外撞树上了。

问：患者因为什么来急诊科？

（5）男：这次检验考试我没有考好，才80分。你考了多少？

女：只比你多五分。我以为可以考90分的。

问：女生考了多少分？

第六课　神经科

1. 听录音，连线。

癫痫　症状　并发症　脑疝　蛛网膜

头痛　头颅　骨折　瞳孔　血肿

2. 听录音，选词语。

（1）我哥哥不小心从树上摔了下来。

（2）患者颅内有一个很大的血肿。

（3）手术前，我们会同时积极完善交叉配血、备皮等准备工作。

（4）患者摔倒时，身体哪个部位先着地？

（5）术后可能会出现出血、癫痫发作等并发症。

3. 听对话，选答案。

（1）男：听说小敏的孩子因为车祸导致颅脑损伤，我们一起去医院看看吧。

女：好的。怎么出的车祸呀？才五岁的孩子！但愿能挺过来。

问：车祸导致孩子哪个部位受伤？

（2）男：神经外科办公室是603还是606？

女：神经外科办公室是608。

问：神经外科办公室的门牌号是多少？

（3）男：老奶奶，我今天带实习生查房。您感觉怎么样了？

女：谢谢万医生！我今天感觉还不错，左手没有那么麻木了。

问：医生带实习生做什么？

（4）男：张女士，你哪里不舒服？

女：上个星期头昏，到医院检查服药后好转。今天偏头痛很厉害。

问：这位女士今天就诊的原因是什么？

（5）男：李大夫，我妈妈有高血压，她说这几天感觉手麻、头晕。

女：你妈妈每天按时吃降血压的药没有？

问：这位男士的妈妈感觉身体的哪个部位麻木？

第七课 传染科

1. 听录音，连线。

慢性 增高 体检 乏力 肝功能

疗程 鼻涕 鼻塞 肝炎 阳性

2. 听录音，选词语。

（1）我这几天一直咳嗽，但没有一直发烧。

（2）新型冠状病毒肺炎的早期症状不明显。

（3）你的呼吸道病毒检测显示阳性。

（4）新型冠状病毒肺炎患者的初始症状多为发热、乏力和干咳。

（5）所有的症状都表明你的肝功能异常。

3. 听对话，选答案。

（1）男：你最近测过的最高体温是多少度？

女：39.5 ℃。

问：女士最近测过的最高体温是多少度？

（2）男：除了咳嗽，你还有其他不舒服的症状吗？

女：还有鼻塞、流鼻涕。

问：选项中哪个不是这个女生的症状？

（3）患者：我的病应该怎么治疗呢？

医生：你的病情比较轻，基本能自愈，不需要吃药。

问：这位患者可能自愈吗？

（4）医生：你哪里不舒服？

患者：我头痛、乏力、干咳。

问：选项中哪一种不是患者的症状？

（5）医生：你患乙肝有多长时间了？

患者：两年前单位体检发现的。

问：患者什么时候发现自己得了乙肝？

第八课 普通外科（一）

1. 听录音，连线。

胀痛　尿急　紧张　护士　消毒

炎症　纱布　过敏　阑尾　手套

2. 听录音，选词语。

（1）医生，我今天一早起来肚子就很痛。

（2）最后的确诊还要等病理报告的结果。

（3）主刀医生正在向患者家属详细讲解患者病情。

（4）早点下床活动可以帮助肠道功能恢复。

（5）如果没有控制住炎症，可能导致阑尾穿孔。

3. 听对话，选答案。

（1）男：喂，你好！请问您是普外一的林大夫吗？

女：你打错了，这里是普外二。

问：这位打电话的男士要找谁？

（2）男：林医生，我觉得伤口好痛，实在有些受不了。

女：麻醉药的作用消失后，伤口是很痛。如果你实在受不了，我可以给你打一针止痛药。

问：如果患者受不了疼痛，医生可以给打一针什么药？

（3）男：王明明昨天没参加踢足球，你知道为什么吗？

女：他病了。做了阑尾切除手术，还住在医院呢。

问：王明明怎么了？

（4）男：你患了急性阑尾炎。可以选择手术治疗，或者保守治疗。

女：哎呀，我害怕见血。如果要做阑尾手术，我还真有些恐慌。

问：这位女士如果做阑尾手术，她会害怕什么？

（5）男：医生，我妈妈可以吃一些东西了吗？

女：现在还不行，要等肛门排气后才可以给她吃点流质食物。

问：男士的妈妈什么时候可以吃东西？

第九课 普通外科（二）

1. 听录音，连线。

胆囊　医院　肝脏　石头　发炎

胰腺　扫描　切除　器械　疤痕

2．听录音，选词语。

（1）半年以后你才能恢复正常饮食。

（2）常规检查完成以后再确定具体手术日期。

（3）这是医院普外科最常见的手术之一。

（4）你的检查结果显示你的胆囊发炎了。

（5）你们谁能告诉我这个病的临床特点是什么？

3．听对话，选答案。

（1）医生：你哪里痛？能指给我看看在哪个部位吗？

　　　患者：在这里，肚子右下方。

　　　问：这位患者哪里痛？

（2）医生：田芳，你妈妈生病后食欲怎么样？

　　　田芳：就是食欲不好。她今天早上就不想吃东西。

　　　问：田芳的妈妈生病后食欲怎么样？

（3）医生：你最近体重有变化吗？

　　　患者：有。这两三个月我的体重减轻了十斤左右。家人都说我明显瘦了。

　　　问：患者体重减轻了多少？

（4）女：哇！你爷爷已经93岁啦！看起来身体挺好的。你奶奶多大年龄呢？

　　　男：86岁。但是，我奶奶身体不好，正在医院住院。

　　　问：谁在医院住院？

（5）男：小敏，今天56床的患者感觉怎么样？

　　　女：跟昨天比，今天好多了，疼痛也减轻了。

　　　问：跟哪天比患者好多了？

第十课　普通外科（三）

1．听录音，连线。

失眠　吞咽　拆除　检查　清醒

观察　半卧位　谵妄　镇静剂　引流条

2．听录音，选词语。

（1）24小时内严密观察有无创口出血和呼吸困难等症状。

（2）我先生说最近总是失眠，感觉心慌，容易发火。

（3）这两个月我的饭量增加了，体重却减轻了。

（4）根据相关检查结果，你确实得了甲状腺功能亢进。

（5）请你拿着这些检查单去做检查，我在这里等结果。

3．听对话，选答案。

（1）男：请问这里是挂号预约室吗？

女：不是，预约室在对面的办公室。

问：挂号预约室在哪里？

（2）男：患者有哪些体征？

女：右下腹压痛、反跳痛和肌紧张，还有点低烧。

问：选项中哪个不属于患者体征？

（3）男：腹部 B 超可以检查胆囊炎、肾结石等问题。

女：请问费用高吗？

问：肾结石可以采用什么检查？

（4）男：你需要进行外科手术。

女：可以不手术吗？我很怕疼。

问：女士为什么不愿手术？

（5）男：患者入院前，请给他做一个胸透。

女：好的，我马上去和患者沟通。

问：什么时候给患者做胸透？

第十一课　烧伤整形外科

1．听录音，连线。

整形　激光　红肿　创面　抓挠

牵扯　油纱　瘙痒　清创　祛除

2．听录音，选词语。

（1）姐姐被开水烫伤的地方很快就出现了红肿。

（2）她正端着装满开水的锅从厨房去阳台，被小孙子撞到了。

（3）我再给你开点儿止痛药，记得每次饭后服用。

（4）我建议用手术方法切除瘢痕，再进行美容缝合。

（5）手术后期再进行激光治疗，瘢痕一般不会太明显。

3．听对话，选答案。

（1）男：医生，这是我的检查结果，请帮我看看吧。

女：好的。你的体温、血常规和心电图都没有问题，但血压有点高。

问：检查结果显示患者哪里有问题？

（2）男：你生病了，应该去看看大夫。

女：没关系，我休息一下就好了。

问：下面哪句话对？

（3）男：做完手术以后不要接触水，不要抓挠伤口。多喝水，多吃水果和蔬菜。

　　　女：好的，医生，我明白了。

　　　问：女士手术以后要注意什么？

（4）男：医生，我的烫伤处会不会留下瘢痕呢？

　　　女：愈合后一般不会留下瘢痕，但烫伤的地方可能会有色素沉着。

　　　问：男士的烫伤处愈合后会怎样？

（5）女：医生，祛掉瘢痕的手术风险大吗？

　　　男：任何手术都具有风险，美容手术患者最常见的并发症是麻醉意外、术中术后出血、术后疼痛、伤口感染、愈合延迟或不愈合。

　　　问：哪种不是美容手术患者常见的并发症？

第十二课　心胸外科

1. 听录音，连线。

　　咯痰　触诊　语颤　胸壁　气胸

　　分压　胸廓　肋间　引流　胸腔

2. 听录音，选词语。

　　（1）我希望将来某一天有机会参加机器人手术大赛。

　　（2）如果看到引流管连接水封瓶的一端有气体排出，则表示引流成功。

　　（3）手术快要结束时，主刀医生发现患者血压下降了。

　　（4）气胸引流的位置比脓胸和血胸引流的位置高一些。

　　（5）我们可以看到患者的两侧胸廓明显不对称。

3. 听对话，选答案。

　　（1）男：张医生，我的检查结果怎么样？

　　　　女：和我预想的一样，你得了自发性气胸，伴有少量胸腔积液。

　　　　问：这位男士的自发性气胸还伴有什么症状？

　　（2）患者：医生，请问我需要接受手术治疗吗？

　　　　医生：按照以往的观念，可以进行手术治疗。但是，根据对这个疾病最新的认识，我们不建议手术治疗。

　　　　问：医生建议患者接受手术治疗吗？

　　（3）男：请所有到会的医护人员关闭你们的手机。

　　　　女：哎呀，我这才发现我的手机忘在手术室的储物柜里啦。

　　　　问：这位女士的手机怎么了？

（4）男：我最近太累了，每天都没精神，还头晕、胸闷。

女：是啊，我也看出来了。除了多休息，我觉得你更应该去做一下体检，你已经两年没有体检了。

问：这位女士建议男士应该做什么？

（5）患者：医生，我还可以喝酒吗？

医生：千万要戒掉酒，否则你的肝脏有可能硬化。

问：医生建议患者做什么？

第十三课　泌尿外科

1. 听录音，连线。

绞痛　尿急　尿频　超声　血尿

腰部　结石　便秘　尿液　碎石

2. 听录音，选词语。

（1）医生，最近几个月我感觉腰部疼痛，还有些尿频、尿急。

（2）疼痛一开始是间断性的绞痛，不久就变成持续不断的了。

（3）你以前得过泌尿道结石吗？比如肾结石、尿结石、膀胱结石。

（4）如果诊断不明确，可能需要进一步做输尿管肾盂造影。

（5）我决定进行体外碎石，但愿冲击波能打下我的结石。

3. 听对话，选答案。

（1）男：你平时尿液是什么颜色的？

女：黄色，但是口服这种药以后就变成红色了。

问：女士口服药物后尿液变成了什么颜色？

（2）男：我最近总是感觉腰背部疼痛，偶尔还尿中带血。

女：你可能是得了尿石症，去医院做 B 超检查明确一下。

问：男士需要去医院做何种检查明确其尿中带血的原因？

（3）男：医生，在刚才的手术中，您取出了多少个结石？

女：一共取出了 5 个结石，其中最大的直径为 1 厘米 ×1.5 厘米。

问：医生手术一共取出了多少个结石？

（4）男：这是你的入院证，你可以带上它去住院部办理入院手续。

女：好的，我寄存了随身物品就去办理入院。

问：女患者需要带上什么证件去办理入院？

（5）男：医生，请问我手术以后需要休息多久才能恢复正常饮食？

女：你手术后休息一个月就可以恢复手术前的饮食习惯。

问：患者手术后需要休息多久才可以恢复正常饮食？

第十四课　骨科

1. 听录音，连线。

裂伤　肿胀　复位　骨折　耳廓

器械　缝合　车祸　伤口　麻木

2. 听录音，选词语。

（1）我的伤口开始痛了，可以给我打止痛针吗？

（2）田芳，可以和我一起完成面部的清创缝合术吗？

（3）现在已经将外固定支架安装好了，你来止血和缝合吧。

（4）我们将骨折的两端游离出来，对齐复位后固定。

（5）这位患者已经出现桡神经受损的表现。

3. 听对话，选答案。

（1）女：老师，你现在分离出来的是桡神经吗？

　　　男：是的。这个患者已经出现了桡神经受损的表现。

　　　问：对话中的两人在哪里工作？

（2）女：同学，请你回答骨折复位的关键是什么？

　　　男：骨折复位的关键是长度、对齐和旋转。

　　　问：对话中的两人可能是什么关系？

（3）男：王大夫，这是我的下肢 X 线检查片。

　　　女：左膝关节没有问题，右膝关节积液明显。

　　　问：这位男士身体哪个部位出现了问题？

（4）女：你的四肢能够活动吗？

　　　男：我的左手、双下肢都没问题，就是右手麻木了。

　　　问：患者哪部分肢体麻木了？

（5）男：护士，请准备好剪刀、消毒液、止血钳、止血纱布等。

　　　女：好的。已经准备好了。

　　　问：选项中的哪一个医疗器械医生没有说到？

第十五课　妇科

1. 听录音，连线。

月经　肌瘤　位置　充气　贫血

试产　阴道　子宫　授权　膀胱

2. 听录音，选词语。

（1）这些症状可能是因为你月经期间出血量过多导致的缺铁性贫血。

（2）通常我的月经周期很有规律，每个月大约在同一时间来。

（3）你的子宫肌瘤比较多，有一个很大，需要进行手术治疗。

（4）我会为你做妇科检查和阴道超声评估你的子宫情况。

（5）一般来说，我们可以从保守治疗开始，随访你的病情进展。

3. 听对话，选答案。

（1）男：你好，我是实习医生李一，你是因为什么来医院就诊？

　　　女：白带增多、外阴瘙痒。

　　　问：李一是什么医生？

（2）男：根据你的症状，可能是阴道炎，需要给你做一个白带常规检查。

　　　女：我到几楼去做检查呢？

　　　问：医生初步诊断该女士得了什么病？

（3）男：你的白带常规提示有滴虫性阴道炎。

　　　女：嗯，知道了。那需要外用药吗？

　　　问：该患者患的是哪一种阴道炎？

（4）男：滴虫性阴道炎需要全身用药，丈夫也需要同时治疗。

　　　女：好的。我们会同时治疗。

　　　问：滴虫性阴道炎需要怎么治疗？

（5）女：现在我的经期是 8～10 天，而且量很多。

　　　男：你使用卫生巾还是卫生护垫，月经总量增加了几倍？

　　　问：女士的月经时间现在是多久？

第十六课　产科

1. 听录音，连线。

妊娠　孕周　预产期　胎动　临产

末次　胎位　产道　引产　早孕

2. 听录音，选词语。

（1）医生如果问你末次月经，是指怀孕前最后一次月经来潮的第一天。

（2）通常12周后，恶心、呕吐、头晕、尿频等早孕反应症状会缓解。

（3）超声检查可以明确妊娠部位，观察胎儿的各个脏器、胎心和胎动。

（4）如果已足月，胎膜早破的患者建议采用头低臀高体位送医院救治。

（5）产力、产道、胎儿和孕妇精神心理因素是决定分娩的四大要素。

3. 听对话，选答案。

（1）女：我现在怀孕32周了，最近一周感觉皮肤瘙痒。

男：你需要进行肝功能检查，排除妊娠期肝内胆汁淤积症。

问：孕妇现在需要进行什么检查？

（2）女：老师，请问妊娠期糖尿病的筛查一般在什么时候做？

男：一般在孕24~28周做。

问：妊娠期糖尿病筛查的时间一般在什么时候？

（3）女：你好，我现在怀孕两个月了，呕吐严重，吃不下东西，请问我该到哪里就诊呢？

男：到二楼的产科。

问：请问患者怀孕几个月了？

（4）女：老师，产后出血最常见的原因是什么呢？

男：子宫收缩乏力。

问：女生在问老师什么最常见的原因？

（5）女：医生，我现在怀孕37周了，应该多久产检一次？

男：你现在应该一周产检一次。

问：孕妇现在怀孕多少周了？

第十七课　儿科

1. 听录音，连线。

接种　黄疸　顺产　羊水　肺热

咳喘　呛奶　患儿　遗传　胎龄

2. 听录音，选词语。

（1）我是孩子的爸爸，孩子出生后就有黄疸，这几天逐渐加重。

（2）注意饮食可增强儿童体质，抵抗疾病，同时也有利于长高。

（3）孩子应多参加室外活动，空气中的负离子和紫外线对身体有好处。

（4）如果孩子继续咳嗽，你可以喂他小儿咳喘口服液。

(5) 母乳喂养的优点很多，其中一项是可以降低婴儿的患病率。

3. 听对话，选答案。

(1) 男：喂，是中心医院儿科吗？

　　女：您好，是的。请问有什么可以帮到您？

　　问：这位男士在给哪个科室打电话？

(2) 男：孩子是什么时候开始咳嗽的？

　　女：好像是前天。

　　问：孩子咳嗽已经几天了？

(3) 男：请问您这是第几次怀孕？

　　女：第二次。

　　问：这位女士怀孕几次了？

(4) 男：您的儿子已经痊愈了，今天可以出院。

　　女：好的，谢谢医生。请给我开一个出院证明吧。

　　问：这位男士从事什么职业？

(5) 女：医生，为什么我女儿皮肤发黄啊？

　　男：有可能是黄疸，让我检查一下。

　　问：医生要做什么？

第十八课　放射科

1. 听录音，连线。

高热　毒素　影像　坏死　恶寒

恶心　呕吐　脾大　囊肿　磁共振

2. 听录音，选词语。

(1) 我最近太忙了，今天才有空，下午去医院看了病。

(2) 到了医院后，医生让我首先做了一个血常规检查。

(3) 请家属帮一下忙，患者 CT 检查需要躺着进行。

(4) 医生告诉我磁共振检查没有辐射。你觉得呢？

(5) 介入手术需要导管作为手术器械。

3. 听对话，选答案。

(1) 男：美红，我刚才听说王林昨天晚上去世了，死于急性坏死性胰腺炎。这么年轻！我好难过！

　　女：哎！我也好难过！他平时饮食习惯不好，经常暴饮暴食，还喜欢喝酒。劝他他也不听。

问：王林死于什么病？

（2）男：付佳，请通知实习的同学，我们今天上午十一点到放射科诊断室二讨论肝硬化的影像学诊断。

女：好的，老师。我会通知他们。

问：上午十一点老师和实习生要讨论什么病的影像学诊断？

（3）男：刚才讲了大叶性肺炎的影像学表现，现在我问你们，大叶性肺炎需要和其他疾病一起鉴别吗？

女：需要。大叶性肺炎可与肺不张一起鉴别。

问：女生说大叶性肺炎可与什么疾病一起鉴别？

（4）男：大叶性肺炎的充血期，X线有什么明显的异常特征？

女：昨天老师讲了，没什么明显征象，仅可见肺纹理增粗。

问：大叶性肺炎的充血期，X线可见什么增粗？

（5）男：赵敏，根据刚才的CT检查，你首先考虑的是什么病？

女：患者CT上的主要表现为双肺磨玻璃样改变，我首先考虑的是新型冠状病毒性肺炎，还需要做核酸检测进一步确诊。

问：赵敏首先考虑患者可能得了什么病？

第十九课　口腔科

1. 听录音，连线。

口腔　保健　黏膜　牙龈　龋坏

菌斑　牙结石　软垢　牙线　牙缝

2. 听录音，选词语。

（1）患者希望进行一次口腔全面健康检查。

（2）患者是否有心脏病、糖尿病、高血压或其他慢性疾病？

（3）在某些牙科治疗过程中，细菌可能会进入血液里。

（4）刷牙是常规的自我口腔保健措施，需要坚持。

（5）您需要用含氟的牙膏，氟能防止牙齿过敏和龋坏。

3. 听对话，选答案。

（1）男：你的牙齿看起来有龋坏。你一天刷几次牙？

女：早晚各一次。

问：女士一天刷几次牙？

（2）男：医生，我家宝宝爱吃糖果和饼干。

女：嗯。要控制一下，吃多了对牙齿不好。

问：孩子吃多了糖果和饼干对什么不好？

（3）男：你会使用牙间刷吗？

女：不会，请教我一下，好吗？

问：女士不会使用什么？

（4）男：从你的情况来看，我建议你进行根管治疗。

女：治疗会很疼吗？费用高不高呢？

问：医生建议怎样治疗？

（5）男：戴上口内矫治器会影响进食吗？

女：不会的，但要注意清洁。

问：戴口内矫治器需要注意什么？

第二十课　眼视光学

1. 听录音，连线。

眼球　近视　远视　下巴　眨眼

眼压　眼睛　眼疼　散光　验光

2. 听录音，选词语。

（1）好奇怪啊，我昨天下午眼睛突然很疼。

（2）我远近都看不清楚，以前做过白内障手术。

（3）现在帮您检查裸眼视力，请您读出视标的缺口方向。

（4）如果你要配眼镜，你希望戴框架眼镜还是隐形眼镜呢？

（5）为了减少眼睛疲劳，请不要长时间阅读，阅读时光线不能太暗。

3. 听对话，选答案。

（1）男：小芳今天怎么啦，怎么没来上班？

女：她得了急性结膜炎。

问：小芳得了什么病？

（2）男：听说小明今天没来上课是因为视网膜脱离？

女：嗯。他太拼了，长时间熬夜。他现在已经住院了。

问：小明因为什么疾病住院？

（3）医生：你哪里不舒服？

患者：我眼胀，想做眼压检查。

问：患者想做什么检查？

（4）患者：王医生，请问我的验光结果怎么样？近视、远视还是散光？

医生：检查结果为近视合并散光。

问：患者检查结果是什么？

(5) 患者：蓝医生，请问我眼睛得了什么病？

医生：根据您的症状和检查结果，诊断为急性闭角性青光眼。

问：患者在哪个科室看病呢？

第二十一课　耳鼻咽喉头颈外科

1. 听录音，连线。

鼻腔　全麻　海绵　填塞　压迫

补充　评估　清理　止血　搏动

2. 听录音，选词语。

(1) 今天早上我的鼻子出血了。

(2) 医生在我的鼻腔里填塞了东西。

(3) 麻醉医生向患者及家属告知全身麻醉风险及并发症。

(4) 鼻出血患者需要卧床休息，防止再次出血。

(5) 重度失血性贫血的患者，需要立刻输血治疗。

3. 听对话，选答案。

(1) 患者：医生，您好，我肚子不舒服。

医生：噢，对不起，你走错地方了。这里是耳鼻咽喉科，你挂的号是普通外科。

问：这位患者应该看什么科？

(2) 患者：张医生，请问我应该去哪里取药呢？

医生：出门向左转上三楼，在2号窗口缴费，再到二楼3号窗口取药。

问：患者应该到几楼的几号窗口取药？

(3) 男：张医生，明天我预约几点来看病比较合适呢？

女：明天上午9点到11点我可能会比较忙，你下午3点来比较合适。

问：医生约患者几点来看病？

(4) 男：你鼻出血以后处理过没有？

女：处理过。社区医生在我鼻腔里塞了一些东西。但还是有血从我口中流出。

问：患者还有血从哪里流出？

(5) 男：请问，朱逸林医生在这里吗？

女：不在。他刚到骨外科会诊去了。

问：朱逸林医生现在可能在哪里？

第二十二课　皮肤科

1. 听录音，连线。

水痘　丘疹　红斑　水疱　面瘫

免疫　皮疹　皮损　环状　风团

2. 听录音，选词语。

（1）在发病前您吃过什么特殊的食物吗？

（2）她喜欢吃鱼虾，此外，还喜欢喝酒。

（3）你有没有感觉呼吸困难或者喉头梗阻？

（4）我看见患者背上和腿上还有一些水肿性红斑。

（5）如果患者出现过敏性休克，就要进行抗休克治疗。

3. 听对话，选答案。

（1）医生：您能让我看一下您的皮疹吗？

　　　患者：当然，就在这儿，我的左侧头面部。

　　　问：这位患者身上哪里有皮疹？

（2）男：老奶奶，您以前有过剧烈的头痛吗？

　　　女：有，只有一两次，但是和这次头痛不一样。

　　　问：老奶奶以前有过多少次头痛？

（3）女：来这里之前，您服用过什么药物没有？

　　　男：我自己服用了一些止痛药，但是根本没有作用。

　　　问：患者已经自行服用了什么药？

（4）女：这是您的处方，请带上去药房取药。祝您早日康复。

　　　男：好的。谢谢您，医生。

　　　问：医生让患者带上什么去取药？

（5）男：你对水痘了解多少？

　　　女：水痘常发于冬春季，最常见于 2～10 岁的儿童，是一种传染性强的疾病。

　　　问：水痘常发于什么季节？

第二十三课　急诊科

1. 听录音，连线。

气道　循环　急救　窒息　湿啰音

心电图　室颤　紫绀　除颤　中毒

2. 听录音，选词语。

 （1）我们这里有一个女孩子晕倒在路边了。

 （2）麻烦您守护一下，我们派出的救护车很快会到的。

 （3）患者一旦呼吸停止，你就给他做心肺复苏。

 （4）请给患者建立静脉通道，准备输入 500 毫升生理盐水。

 （5）患者心跳停了，心电监护仪显示呈室颤。

3. 听对话，选答案。

 （1）男：姑娘，在我们到来之前辛苦你啦。患者有无呼吸？

   女：好像有，但很慢。

   问：患者呼吸怎么样？

 （2）男：请你告诉我准确位置，患者具体在哪个地方？

   女：患者在我们医学院新校区的图书馆二楼阅览室。

   问：患者现在在哪里？

 （3）男：静脉通道已建好，需要使用呼吸兴奋剂吗？

   女：暂时不需要，我们马上给他气管插管。

   问：静脉通道建好后，接着马上要做什么？

 （4）男：护士，这位患者的家属来了没有？

   女：家属没联系上，学校老师刚到，在门外。

   问：谁到了医院？

 （5）男：请查看患者的口袋里有无身份信息，以便联系她的亲属。

   女：患者身上有个工作证，上面有她的公司信息。

   问：医院能首先联系上患者的什么人？

第二十四课　麻醉科

1. 听录音，连线。

 胸闷　暖气　鼻炎　烧心　苏醒

 呼吸音　哮喘　脱落　会计师　假牙

2. 听录音，选词语。

 （1）王医生，8 床患者拉肚子很厉害，怎么办？

 （2）不知道是不是吃了虾的缘故，昨天下午开始我全身过敏。

 （3）我的医生朋友告诉我，饭后不要马上进行剧烈运动。

 （4）在手术前，医生一定要直接跟患者说清楚手术的风险。

 （5）患者说最先的疼痛部位在肚脐周围，现在转为右下腹了。

3. 听对话，选答案。

（1）男：小玉，你今天看起来脸色好苍白，请问怎么了？

　　女：我已经拉肚子拉了 3 天了。

　　问：该女生怎么了？

（2）男：手术前，麻醉医生需要与患者沟通，了解患者的疾病史。

　　女：还要告知患者麻醉方案和一些相关的注意事项。

　　问：哪一个他们没有谈论到？

（3）男：医生，我很想了解手术前的麻醉药物怎么用。

　　女：我会从护士安置的静脉通路处推注麻醉药物，之后你就会睡着。

　　问：麻醉师从谁安置的静脉通路处推注麻醉药物？

（4）男：麻醉过程中会有个口内的操作，容易造成你松动的牙齿或者活动的假牙脱落。

　　女：那我遵照你的要求，进手术室前把活动假牙取下来放在病房里。

　　问：女士会把什么取下来放在病房里？

（5）男：有高血压的患者，手术前一定要清水送服降压药。

　　女：是的。如果患者忘了吃药，血压升高可能会影响手术。

　　问：他们在谈论什么病因为不吃药可能会影响手术？

练习部分参考答案

第一课　呼吸科

一、听和说

2. 听录音，选词语。

　　（1）B　　（2）A　　（3）C　　（4）B　　（5）D

3. 听对话，选答案。

　　（1）C　　（2）D　　（3）A　　（4）B　　（5）A

4. 完成下列会话。

　　（1）根据患者的症状和检查报告，医生初步诊断患者可能患有急性肺炎

　　（2）我多数时候咳出的痰是淡黄色的，偶尔也有血丝，像铁锈色

　　（3）主要使用抗生素如阿莫西林等进行消炎治疗

　　（4）如果患者一直高烧不退，就可以使用退烧药

　　（5）患者的咳嗽有明显好转，高烧也退了

二、读和写

1. 选词填空。

　　（1）咳嗽　　（2）湿啰音　　（3）静脉　　（4）体温

　　（5）正位片　　（6）肺炎　　（7）呼吸　　（8）抗感染

2. 句子排序。

　　（1）BAC　　（2）CAB　　（3）CAB　　（4）ACB　　（5）ABC

3. 完成下列句子。

　　（1）最近几天有没有咯血

　　（2）肺部听诊听到了湿啰音

　　（3）我这几天咳嗽很频繁

　　（4）护士给患者测量体温

　　（5）咳嗽需要服用止咳药吗

第二课　心血管科

一、听和说

2. 听录音，选词语。

（1）C　（2）B　（3）D　（4）A　（5）B

3. 听对话，选答案。

（1）B　（2）C　（3）B　（4）D　（5）A

4. 完成下列会话。

（1）感觉还不错，胸痛、心慌都没有了，只是右手的手术伤口还有点胀痛。

（2）一是监督你是否按医生说的在做，二是看你病情是好转还是进一步恶化

（3）你需要马上住院进行手术治疗，否则病情进一步加重会危及生命

（4）你的情况是不做手术心肌坏死会加重，出现心力衰竭，甚至会危及你的生命

（5）我只有在血压高的时候才吃药，不高的时候就不吃

二、读和写

1. 选词填空。

（1）发慌　（2）微创　（3）冠脉　（4）血栓

（5）心率　（6）支架　（7）体征　（8）胀痛

2. 句子排序。

（1）CBA　（2）BAC　（3）CAB　（4）ACB　（5）BCA

3. 完成下列句子。

（1）现在主要的治疗方案就是抗血小板

（2）生活方面需要注意什么

（3）做手术只是解决你的血管堵塞

（4）你爸爸需要长期服用这两类药

（5）感觉就像胸口压着一块大石头

第三课　消化内科

一、听和说

2. 听录音，选词语。

（1）B　（2）A　（3）C　（4）A　（5）D

3. 听对话，选答案。

    （1）C   （2）D   （3）C   （4）A   （5）B

4. 完成下列会话。

    （1）患者的临床表现有恶心、呕吐，疼痛以右上腹部为主

    （2）在询问病史以及进行基本体格检查后，我们应该有个初步判断

    （3）我吃了药后，胃痛不但没有缓解，反而更加严重了

    （4）为了防止伤口感染，你必须等伤口好了才可以洗澡

    （5）因为我怕痛，所以对我来说做手术是次选

二、读和写

1. 选词填空。

    （1）肚子   （2）白细胞   （3）胆囊炎   （4）麻醉

    （5）淀粉酶   （6）手术   （7）诱发   （8）胃镜

2. 句子排序。

    （1）BCA   （2）ACB   （3）ACB   （4）CAB   （5）ABC

3. 完成下列句子。

    （1）胆囊结石可以手术治疗

    （2）你哥哥发病之前是否饮酒

    （3）腹腔镜手术需要建立操作孔

    （4）你妈妈对食物过敏吗

    （5）血常规是一种辅助检查

第四课 内分泌和代谢性疾病

一、听和说

2. 听录音，选词语。

    （1）B   （2）D   （3）A   （4）C   （5）A

3. 听对话，选答案。

    （1）C   （2）A   （3）D   （4）C   （5）B

4. 完成下列会话。

    （1）患者因为多汗、手抖和消瘦到医院就诊

    （2）胃口倒是挺好的，就是饿得快，人也越来越瘦

    （3）好。如果这种药物疗效不佳，你可以到门诊随访，我们再根据情况换药

    （4）甲亢患者要避免摄入含碘量高的食物，比如海带、紫菜等

    （5）糖尿病患者的饮食并不是一味地减少甚至完全不吃某一种食物，应该是合

理控制总热量，碳水化合物、蛋白质、脂肪、高纤维食物均衡搭配

二、读和写

1. 选词填空。

   （1）甲状腺　　（2）心悸　　（3）胰岛素　　（4）高渗

   （5）糖尿病　　（6）盐水　　（7）长期　　（8）失水

2. 句子排序。

   （1）CAB　　（2）BAC　　（3）CBA　　（4）BAC　　（5）CAB

3. 完成下列句子。

   （1）为什么你太太越来越瘦了

   （2）你需要做血糖和小便检查

   （3）并不是因为糖吃多了才得糖尿病

   （4）饮食上主要需要控制总热量

   （5）我们马上给你测一下血糖

第五课　　血液科

一、听和说

2. 听录音，选词语。

   （1）A　　（2）C　　（3）D　　（4）D　　（5）B

3. 听对话，选答案。

   （1）C　　（2）A　　（3）B　　（4）A　　（5）B

4. 完成下列会话。

   （1）首先你从门诊大楼的后门出去，左转，然后你就可以看到一排平房，检验科就在那里

   （2）因为血常规检查显示你的血红蛋白、平均红细胞体积、平均红细胞血红蛋白浓度、平均红细胞血红蛋白含量都偏低，红细胞分布宽度增高，加上铁蛋白减低等，所以说你是缺铁性贫血

   （3）根据我在检验科的实习经验，你应该注意以下几点：第一，每天实习结束后，应及时复习相关专业知识；第二，需要手工检测的项目，应注意核对患者及标本信息；第三，为保证检验结果的准确，各种上机及手工操作应在指导老师的监督下完成

   （4）第一，饮食；第二，药物；第三，剧烈运动；第四，时间；第五，抽血；第六，标本处置不当……这些都可能影响化验结果

   （5）我平时胃口挺好的，也不挑食，但是，最近胃口不好，一点儿都不想吃

东西

二、读和写

1. 选词填空。

（1）骨髓　　（2）化疗　　（3）白细胞　　（4）红细胞

（5）空腹　　（6）喝水　　（7）血小板　　（8）病理

2. 句子排序。

（1）ACB　　（2）BCA　　（3）CBA　　（4）BCA　　（5）BAC

3. 完成下列句子。

（1）我怀疑你很可能得了白血病

（2）我的身上有瘀斑和瘀点

（3）现在需要做进一步检查

（4）如果不舒服，一定要去看医生

（5）医生说患者的家属还没来

第六课　　神经科

一、听和说

2. 听录音，选词语。

（1）D　　（2）B　　（3）A　　（4）C　　（5）B

3. 听对话，选答案。

（1）A　　（2）D　　（3）A　　（4）C　　（5）D

4. 完成下列会话。

（1）他以前曾经有过一些伤风感冒之类的疾病，可是，都不严重，一般几天就好了

（2）我以为他今天会来复查，然而他到现在还没来

（3）晚饭后，我去看我的妈妈，回来的时候已经很晚了，光线不好。在一个十字路口，突然，一辆卡车闯红灯，我躲不开，就出车祸了

（4）我的患者情况很不好，她不仅脑部受伤，而且合并有颈部损伤

（5）她从山坡上一摔下来就昏过去了，在去医院的路上一直没有醒

二、读和写

1. 选词填空。

（1）严重　　（2）出血　　（3）明确　　（4）组织

（5）帮助　　（6）摔伤　　（7）降压药　　（8）昏迷

2. 句子排序。

　　（1）BAC　　（2）ACB　　（3）CAB　　（4）ACB　　（5）BCA

3. 完成下列句子。

　　（1）我姐姐醒来后呕吐得厉害

　　（2）医生先给患者检查身体

　　（3）我去联系麻醉科及手术室

　　（4）你妈妈的手术挺顺利

　　（5）患者突然出现了病情恶化

第七课　传染科

一、听和说

2. 听录音，选词语。

　　（1）C　　（2）A　　（3）B　　（4）D　　（5）A

3. 听对话，选答案。

　　（1）B　　（2）C　　（3）C　　（4）A　　（5）B

4. 完成下列会话。

　　（1）我在症状出现前的 14 天一直在家里，哪儿也没有去

　　（2）除了咳嗽，我没有其他不舒服的情况。就是一直干咳，喉咙感觉痒痒的

　　（3）好的。你要按时吃药。如果吃了这个药症状减轻了，就继续吃。如果病情加重了，就马上到医院再请医生看看

　　（4）对于一种新的传染性病毒，要马上研制出疫苗几乎是不可能的。一般情况下，一个疫苗从研发到上市至少要经过多年的研发历程

　　（5）新型冠状病毒肺炎以发热、乏力、干咳为主要表现，少数患者伴有鼻塞、流涕、咽痛和腹泻等症状

二、读和写

1. 选词填空。

　　（1）大概　　（2）体温　　（3）急性　　（4）自愈

　　（5）就诊　　（6）症状　　（7）正常　　（8）治疗

2. 句子排序。

　　（1）ACB　　（2）CBA　　（3）BCA　　（4）BCA　　（5）BAC

3. 完成下列句子。

　　（1）他妈妈近期有流行病接触史

　　（2）孩子还有其他不舒服症状吗

（3）拿到化验结果你再来找我

（4）这个病的疗程至少是三年

（5）新型冠状病毒存在一定的潜伏期

第八课　普通外科（一）

一、听和说

2．听录音，选词语。

（1）B　　（2）A　　（3）D　　（4）C　　（5）B

3．听对话，选答案。

（1）C　　（2）B　　（3）D　　（4）C　　（5）A

4．完成下列会话。

（1）患者刚来的时候，肚子疼得厉害，还有些恶心，想呕吐

（2）因为手术后结束了麻醉药品的运用。只要麻醉药的作用消失，你就会觉得
伤口疼痛

（3）结合你的临床症状和各项检查结果，我诊断你得了急性阑尾炎

（4）患者首先需要输液抗感染和口服药物治疗。另外，需要早点下床活动以促
进肠道功能的恢复

（5）手术后，你的身体比较虚弱，要好好休息，尤其要注意控制饮食

二、读和写

1．选词填空。

（1）病变　　（2）无菌　　（3）诊断　　（4）恶心

（5）隐隐　　（6）炎症　　（7）减轻　　（8）麻醉

2．句子排序。

（1）BCA　　（2）BAC　　（3）CBA　　（4）ACB　　（5）ABC

3．完成下列句子。

（1）最近体重有没有变化

（2）你现在暂时还不能吃东西

（3）手术是最好的治疗办法

（4）请到住院部办理手续

（5）药物治疗主要通过药物控制炎症

第九课　普通外科（二）

一、听和说

2. 听录音，选词语。

（1）C　（2）D　（3）B　（4）A　（5）B

3. 听对话，选答案。

（1）B　（2）D　（3）A　（4）C　（5）B

4. 完成下列会话。

（1）本来上周三我觉得都已经好了，但是这两三天流血越来越多了

（2）如果恢复得好，完全没有症状，那么就可以不来；如果发现恢复得不好，那么就要尽快来复查

（3）说实话，我很害怕手术会在我的肚子上留下长长的疤痕，影响美观

（4）我的胆囊里居然有石头，简直令人难以置信

（5）我害怕手术，更愿意保守治疗。不过我还是会听从您的意见

二、读和写

1. 选词填空。

（1）同意书　（2）判断　（3）要点　（4）剧烈

（5）看病　（6）暂时　（7）需要　（8）病情

2. 句子排序。

（1）BAC　（2）BCA　（3）BAC　（4）CBA　（5）ACB

3. 完成下列句子。

（1）你可以早点下床活动

（2）我的胆囊里居然有石头

（3）我今天早上感到恶心

（4）指给我看你哪里最疼痛

（5）我的检查结果还没有出来

第十课　普通外科（三）

一、听和说

2. 听录音，选词语。

（1）D　（2）B　（3）C　（4）A　（5）C

3. 听对话，选答案。

（1）D　（2）A　（3）B　（4）A　（5）C

4. 完成下列会话。

(1) 患者因为失眠、多汗、心悸等情况到医院看病

(2) 我原来不爱出汗，就是最近一段时间才出汗多，尤其是天热的时候

(3) 除了失眠和出汗，患者还常常感到心慌

(4) 除了应用镇静剂、及时供氧、采取降温措施，还应该增加复方碘溶液口服量，每日 4~6 次，每次 15 滴

(5) 我以前没有过这些症状，只是最近两个月才发生的

二、读和写

1. 选词填空。

(1) 失眠　　(2) 谵妄　　(3) 镇静剂　　(4) 生命

(5) 半卧　　(6) 功能　　(7) 切除术　　(8) 引流条

2. 句子排序。

(1) BCA　　(2) CAB　　(3) ACB　　(4) BAC　　(5) ACB

3. 完成下列句子。

(1) 你最近饭量有变化吗

(2) 现在患者的生命体征正常

(3) 要密切观察患者的呼吸情况

(4) 患者术后可以采用半卧位

(5) 医生建议进行手术治疗

第十一课　烧伤整形外科

一、听和说

2. 听录音，选词语。

(1) B　　(2) C　　(3) D　　(4) C　　(5) B

3. 听对话，选答案。

(1) D　　(2) A　　(3) C　　(4) D　　(5) A

4. 完成下列会话。

(1) 她正端着装满开水的锅从厨房去阳台，被小孙子撞到了

(2) 是的。为了避免感染，需要每天都换药

(3) 你的烫伤不严重，一般不会留下瘢痕，但烫伤处会有色素沉着

(4) 还会感觉到做面部动作时瘢痕有点牵扯

(5) 有。就是先用手术方法切除瘢痕，再进行美容缝合

二、读和写

1. 选词填空。

（1）烧伤　（2）水疱　（3）冲洗　（4）缝合

（5）清创　（6）瘙痒　（7）油纱　（8）愈合

2. 句子排序。

（1）CAB　（2）ACB　（3）BCA　（4）BAC　（5）ACB

3. 完成下列句子。

（1）我的伤口涂了牙膏还是很痛

（2）家里还有谁患过类似的疾病

（3）请您体谅并配合我们的治疗

（4）失败的美容手术往往会毁容

（5）伤口愈合后没有进行防疤治疗

第十二课　心胸外科

一、听和说

2. 听录音，选词语。

（1）D　（2）A　（3）C　（4）D　（5）B

3. 听对话，选答案。

（1）A　（2）D　（3）B　（4）C　（5）A

4. 完成下列会话。

（1）一是凭借我多年的经验和你的症状表现，二是检查结果也和我的最初判断一样

（2）主刀医生首先需要给患者及家属讲解病情，然后交代手术风险和可能的并发症

（3）正如我们之前讨论的，我们需要为您行胸腔闭式引流术

（4）术前把患者调整成半卧位，以便胸腔的气体引流

（5）暂时没有生命危险，但是需要及时治疗，不然呼吸困难会越来越严重，还会出现心脏病

二、读和写

1. 选词填空。

（1）引流术　（2）病情　（3）转入　（4）皮肤

（5）左肺　（6）肺炎　（7）结果　（8）胸水

2. 句子排序。

(1) BAC　　(2) CAB　　(3) ACB　　(4) CBA　　(5) ACB

3. 完成下列句子。

(1) 请您到化验室进行血液检查

(2) 您咳嗽是否伴有咯血

(3) 您是否有渐进性吞咽困难

(4) 请您继续使用药物治疗

(5) 我们需要给您做辅助检查

第十三课　泌尿外科

一、听和说

2. 听录音，选词语。

(1) C　　(2) B　　(3) A　　(4) D　　(5) B

3. 听对话，选答案。

(1) B　　(2) A　　(3) A　　(4) C　　(5) D

4. 完成下列会话。

(1) 我特别想小便，一有尿就憋不住

(2) 也不是那么严重。虽然你的输尿管结石多，但好在都不大，体外冲击波碎石可以将其击碎，然后随尿液排出

(3) 患者需要配合多饮水，并加强跳绳等运动锻炼

(4) 我口服止痛药以后，腰痛仍然没有缓解

(5) 你出院以后需要控制饮食，比如要低盐低脂饮食

二、读和写

1. 选词填空。

(1) 输液瓶　　(2) 尿石症　　(3) 止痛药　　(4) 疾病

(5) 手术　　(6) 习惯　　(7) 有创　　(8) 手续

2. 句子排序。

(1) ACB　　(2) BCA　　(3) CAB　　(4) BCA　　(5) ABC

3. 完成下列句子。

(1) 止痛药不能随便服用

(2) 你需要输液治疗才能缓解疼痛症状

(3) 患者和家属通过商量确定了治疗方案

(4) 你有没有觉得发热或者畏寒

（5）请问体外碎石效果怎么样

第十四课　骨科

一、听和说

2. 听录音，选词语。

（1）C　　（2）B　　（3）D　　（4）A　　（5）A

3. 听对话，选答案。

（1）B　　（2）D　　（3）A　　（4）C　　（5）D

4. 完成下列会话。

（1）一般情况下，患者会很担心手术是否成功，怕有生命危险

（2）不一定。普通的骨折可以通过手法复位固定来治疗，但是情况比较严重的，比如骨折端口暴露、伤口污染、出现并发症等就需要手术

（3）在做手术的时候，我们必须分离和保护好桡神经，解除骨折端对它的压迫

（4）在对耳廓软骨和皮肤进行局部清理之后，需要修剪，使断端平整，最后进行缝合

（5）每天需要观察体温和伤口情况，远端的动脉血管波动也需要检查，同时，要密切注意手部的感觉功能

二、读和写

1. 选词填空。

（1）污染　　（2）合并伤　　（3）损伤　　（4）会诊

（5）挫裂　　（6）开放性　　（7）功能性　　（8）清创

2. 句子排序。

（1）CBA　　（2）BAC　　（3）ACB　　（4）BCA　　（5）ACB

3. 完成下列句子。

（1）你的伤口污染比较严重

（2）他的腿骨骨折还有合并伤

（3）你的眼皮需要进行清创缝合术

（4）我渐渐感觉右侧上肢麻木

（5）看看他的脊椎有没有受伤

第十五课　妇科

一、**听和说**

2. 听录音，选词语。

（1）A　（2）B　（3）C　（4）D　（5）A

3. 听对话，选答案。

（1）B　（2）A　（3）C　（4）D　（5）C

4. 完成下列会话。

（1）考虑到你的年龄、肌瘤的大小和位置，我建议你手术切除子宫

（2）在我们做出任何结论之前，先给你做一个阴道超声扫描你的子宫

（3）我今年 48 岁，足月产两次，均为剖宫产，分别是 25 年前和 20 年前

（4）首先需要交代患者的病情、手术指征，其次是手术步骤和手术风险

（5）当病情危及患者生命的时候，一切以抢救生命为主

二、**读和写**

1. 选词填空。

（1）体位　（2）膀胱　（3）子宫　（4）月经

（5）卵巢　（6）肌瘤　（7）腹壁　（8）卫生巾

2. 句子排序。

（1）ABC　（2）CBA　（3）BCA　（4）ACB　（5）CAB

3. 完成下列句子。

（1）第一个穿刺孔一般选择在肚脐周围

（2）宫颈癌的一级预防是注射 HPV 疫苗

（3）妇科门诊最常见疾病就是阴道炎

（4）宫腔镜检查前需要禁止性生活

（5）盆腔磁共振对妇科疾病诊断最准确

第十六课　产科

一、**听和说**

2. 听录音，选词语

（1）A　（2）C　（3）A　（4）B　（5）A

3. 听对话，选答案。

（1）B　（2）A　（3）B　（4）C　（5）D

4. 完成下列会话。

　　(1) 我认识的妇女怀孕后，有的有早孕反应，有的没有

　　(2) 只有当宫口不开、胎心不好等情况出现时，我们才做剖腹产

　　(3) 为了明确妊娠部位，需要进行超声检查

　　(4) 随着胎膜破裂时间延长，宫内感染风险增加

　　(5) 孕期营养应注意营养均衡和适当补充维生素

二、读和写

1. 选词填空。

　　(1) 胎动　　(2) 孕周　　(3) 引产　　(4) 抗生素

　　(5) 脐带　　(6) 月经　　(7) 异位　　(8) 产前

2. 句子排序。

　　(1) ABC　　(2) CBA　　(3) CAB　　(4) BAC　　(5) BAC

3. 完成下列句子。

　　(1) 你是什么时候感觉到胎动的

　　(2) 需要详细询问产科患者的月经和生育史

　　(3) 请先缴费再进行超声检查

　　(4) 这是治疗产后出血的有效方法

　　(5) 不同国家对早产的定义各不相同

第十七课　　儿科

一、听和说

2. 听录音，选词语。

　　(1) C　　(2) B　　(3) D　　(4) C　　(5) C

3. 听对话，选答案。

　　(1) B　　(2) C　　(3) A　　(4) D　　(5) C

4. 完成下列会话。

　　(1) 孩子咳嗽有痰，但是像在喉咙里卡住了，咳不出来

　　(2) 到目前为止，我们还没给宝宝打过任何疫苗

　　(3) 孩子一般不会呛奶，只是偶尔会出现吐奶

　　(4) 大概一岁零四个月才开始自己走路。他走路比较迟

　　(5) 现在看来不是很严重，您不必过分担心

二、读和写

1. 选词填空。

　　（1）关系　　（2）怀孕　　（3）体温　　（4）睡眠

　　（5）异常　　（6）反复　　（7）过敏　　（8）血型

2. 句子排序。

　　（1）BAC　　（2）CAB　　（3）BAC　　（4）ACB　　（5）CBA

3. 完成下列句子。

　　（1）他的体温在不断升高

　　（2）目前还未做任何治疗

　　（3）这种药具有良好的效果

　　（4）小儿黄疸有哪些症状

　　（5）她顺产生了一个胖小子

第十八课　　放射科

一、听和说

2. 听录音，选词语。

　　（1）D　　（2）B　　（3）C　　（4）C　　（5）A

3. 听对话，选答案。

　　（1）B　　（2）A　　（3）B　　（4）D　　（5）C

4. 完成下列会话。

　　（1）在挂完号之后，你再去相应的科室等着叫号

　　（2）实变的肺叶通常与正常时相等，而肺不张的体积会缩小，且肺不张没有空
　　　　气支气管征

　　（3）出来了。这位患者的各项检查显示，他不但有肺癌，而且还有转移的迹象

　　（4）有很多，首先你一定不能携带金属物品进入

　　（5）说得不错，不过，你应该也知道肝硬化会有再生结节吧

二、读和写

1. 选词填空。

　　（1）腹痛　　（2）检查　　（3）发烧　　（4）仰卧

　　（5）禁止　　（6）眼睛　　（7）放射　　（8）影像

2. 句子排序。

　　（1）BCA　　（2）BAC　　（3）BCA　　（4）CAB　　（5）ABC

3. 完成下列句子。

（1）最近有没有乏力的症状

（2）平片对胰腺疾病诊断价值不大

（3）眩晕的患者做 CT 检查很难受

（4）拍胸片时请您配合我转动身体

（5）腹部磁共振需要训练呼吸

第十九课　口腔科

一、听和说

2. 听录音，选词语。

（1）D　　（2）B　　（3）A　　（4）B　　（5）C

3. 听对话，选答案。

（1）B　　（2）C　　（3）D　　（4）A　　（5）A

4. 完成下列会话。

（1）患者是第一次来这里的口腔科就诊

（2）我只有口腔不适的时候才去医院进行口腔健康检查

（3）预防牙病和治疗牙病同样重要

（4）这次检查不仅让患者得到了有效的治疗，而且还学习到了正确的口腔保健方法

（5）牙齿涂氟后不要漱口，三十分钟内不要喝水和吃东西

二、读和写

1. 选词填空。

（1）牙疼　　（2）残渣　　（3）卫生　　（4）抗生素

（5）至少　　（6）牙缝　　（7）特殊　　（8）复诊

2. 句子排序。

（1）CBA　　（2）ACB　　（3）BAC　　（4）BCA　　（5）CBA

3. 完成下列句子。

（1）我女儿还是长了蛀牙

（2）半年后进行下一次牙齿防治

（3）我们并没有每年定期洁牙

（4）这是假牙的金属底冠

（5）口腔预防检查很重要

第二十课　眼视光学

一、听和说

2. 听录音，选词语。

　　（1）A　　（2）D　　（3）B　　（4）C　　（5）B

3. 听对话，选答案。

　　（1）D　　（2）D　　（3）C　　（4）A　　（5）B

4. 完成下列会话。

　　（1）那我的眼睛是真性近视还是假性近视

　　（2）平时阅读时间不要太长，阅读时经常眺望远处以减少眼睛的疲劳，阅读时光线不能太暗

　　（3）双眼屈光平衡检查的目的是让你不仅看得清楚，而且看得更持久

　　（4）如果我在家里看书时间长了，外面天气又很阴沉，那么我的眼睛看东西就会很模糊

　　（5）那我们先到医院去看看。你是要配隐形眼镜还是框架眼镜呢

二、读和写

1. 选词填空。

　　（1）隐形　　（2）框架　　（3）容易　　（4）突然

　　（5）模糊　　（6）眼球　　（7）眼睛　　（8）眼压

2. 句子排序。

　　（1）BAC　　（2）CAB　　（3）CAB　　（4）BAC　　（5）ACB

3. 完成下列句子。

　　（1）以前眼睛有什么问题吗

　　（2）你能看清视标以外的数字吗

　　（3）你的眼睛胀痛有多久了

　　（4）现在请把两只眼睛都睁开

　　（5）现在进行下一步检查

第二十一课　耳鼻咽喉头颈外科

一、听和说

2. 听录音，选词语。

　　（1）C　　（2）B　　（3）A　　（4）D　　（5）B

3. 听对话，选答案。

   （1）B　（2）A　（3）C　（4）B　（5）D

4. 完成下列会话。

   （1）从现在的检查结果来看，有可能是咽喉癌

   （2）由于患者的出血量较大，而且目前仍然有少量活动性出血，我们需要进一步查找鼻腔出血点，建议患者进行急诊手术

   （3）不用担心，我们会尽最大努力争取手术成功

   （4）我会从外向内、从上向下仔细检查鼻腔，寻找出血点

   （5）我一边用吸引管吸除鼻腔分泌物和血液，一边探查可疑的出血点

二、读和写

1. 选词填空。

   （1）探查　（2）黏膜　（3）常规　（4）鼻腔

   （5）输血　（6）血凝块　（7）血管　（8）查找

2. 句子排序。

   （1）CBA　（2）BCA　（3）ACB　（4）BAC　（5）CAB

3. 完成下列句子。

   （1）你有过鼻部或者面部手术史吗

   （2）鼻腔内没有看到新生物

   （3）给你鼻用等离子刀

   （4）这里有一个搏动性出血点

   （5）我们需要先清理后止血

第二十二课　　皮肤科

一、听和说

2. 听录音，选词语。

   （1）B　（2）D　（3）A　（4）C　（5）B

3. 听对话，选答案。

   （1）B　（2）A　（3）D　（4）C　（5）A

4. 完成下列会话。

   （1）我长皮疹的时候全身都是，一会儿出现，一会儿消失

   （2）水痘是该病毒的原发感染，而带状疱疹实际是该病毒潜伏感染后再激活所致

   （3）我先和家属商量一下，确定后再来告诉你

   （4）我生病后觉得有一点呼吸困难，也有一点喉头梗阻，还有皮肤瘙痒

（5）我可以先开一些药给你减轻症状，但是如果没有控制住病情，你的喉头梗阻进一步加重，出现呼吸困难，我建议你马上住院治疗

二、读和写

1. 选词填空。
   （1）头面 （2）针扎 （3）流泪 （4）皮损
   （5）特点 （6）表现 （7）减轻 （8）常常

2. 句子排序。
   （1）BCA （2）CAB （3）BAC （4）ACB （5）CBA

3. 完成下列句子。
   （1）在长皮疹之前我就感到头部疼痛
   （2）您能让我看一下您的皮疹吗
   （3）患者因为起皮疹到医院就诊
   （4）荨麻疹一般伴有不同程度的瘙痒
   （5）过敏性休克可以危及生命

第二十三课　急诊科

一、听和说

2. 听录音，选词语。
   （1）A （2）B （3）A （4）C （5）B

3. 听对话，选答案。
   （1）C （2）B （3）B （4）D （5）A

4. 完成下列会话。
   （1）在我咳嗽或深呼吸的时候，疼痛就会加剧
   （2）最好在120救护车和医护人员来之前不要离开
   （3）我们主要待在家里不外出，外出就必须戴口罩，还要勤洗手
   （4）我会的，毕竟生命只有一次，我还是希望能把人救过来
   （5）知道。我们学过一些急救知识，一旦有人呼吸停止，就要马上给他做心肺复苏

二、读和写

1. 选词填空。
   （1）感觉 （2）运动 （3）吸烟 （4）饭后
   （5）恶化 （6）伤害 （7）伤口 （8）心情

2. 句子排序。
   （1）BCA （2）BAC （3）CBA （4）CAB （5）ACB

3. 完成下列句子。

    （1）我是你的主管医师

    （2）急救医生开始吸口腔内分泌物

    （3）了解一定的急救知识很重要

    （4）告诉他们把呼吸机准备好

    （5）坚持锻炼会改善你的失眠症状

第二十四课　麻醉科

一、听和说

2. 听录音，选词语。

    （1）C　（2）B　（3）A　（4）B　（5）D

3. 听对话，选答案。

    （1）B　（2）A　（3）C　（4）D　（5）A

4. 完成下列会话。

    （1）做过，每年都定期体检。我除了有高血压，没有其他病

    （2）在对您的病历和检查结果有所了解后，我还需要对您的身体情况做进一步了解

    （3）手术结束后，我会结束麻醉药品的使用。待到您符合出手术室标准后，我们会送您回到病房

    （4）抽烟不只是对肺部有损害，对身体的各个系统都有影响。为了身体健康，您得戒烟

    （5）今晚放松心情，好好休息。假如您确实睡不着，请及时告诉值班医生，他能给您一些帮助睡眠的药物以缓解紧张情绪

二、读和写

1. 选词填空。

    （1）假牙　（2）苏醒　（3）流涕　（4）心电图

    （5）气道　（6）打鼾　（7）全身　（8）生命

2. 句子排序。

    （1）BAC　（2）ACB　（3）BCA　（4）CBA　（5）CAB

3. 完成下列句子。

    （1）手术后不要吃太油腻的食物

    （2）他患了严重的缺铁性贫血

    （3）患者完成术前检查了吗

    （4）麻醉出现过什么特殊情况没有

    （5）患者的小便有些发黄

MPR 出版物链码使用说明

本书中凡文字下方带有链码图标"——"的地方，均可通过"泛媒关联"App 的扫码功能或"泛媒阅读"App 的"扫一扫"功能，获得对应的多媒体内容。

您可以通过扫描下方的二维码下载"泛媒关联"App、"泛媒阅读"App。

"泛媒关联"App 链码扫描操作步骤：

1. 打开"泛媒关联"App；
2. 将扫码框对准书中的链码扫描，即可播放多媒体内容。

"泛媒阅读"App 链码扫描操作步骤：

1. 打开"泛媒阅读"App；
2. 打开"扫一扫"功能；
3. 扫描书中的链码，即可播放多媒体内容。

扫码体验：

听和说